Allitera Verlag

Otto Mayr

Die schwedische Belagerung der Reichsstadt Lindau 1647

Der Dreißigjährige Krieg am Bodensee und in Oberschwaben

Herausgeber:

Historischer Verein Lindau e. V.

Neujahrsblatt 53
2016

Allitera Verlag

Weitere Informationen über den Verlag und sein Programm unter:
www.allitera.de

Dezember 2016
Allitera Verlag
Ein Verlag der Buch&media GmbH, München

Umschlaggestaltung unter Verwendung des Bildes »Die Belagerung Lindaus in Vogelschau von Süden«. Kupferstich von Matthäus Merian nach Vorlage von Georg Wilhelm Kleinstrattl, 1707.

Umschlag innen links: »Lindau und Hinterland«, 1628. Kupferstich von Johann Morell, 1643, nach der verschollenen Landtafel von Johann Andreas Rauh, Wangen, 1628.

Umschlag innen rechts: »Lindau im Jahre 1823«. Der erste wissenschaftlich präzise Stadtplan zeigt die Stadt zwei Jahrhunderte nach dem Dreißigjährigen Krieg. Außer dem neuen Hafen und den modernen Befestigungen am Landtor ist die Stadt noch praktisch unverändert im Zustand von ca. 1650.

Frontispiz: »Belagerung der Stadt Lindau durch die Schweden 1646«. Ölgemälde nach Vorlage eines Flugblatts von Lukas Schnitzer, Maler unbekannt, 1647. Oben (von links) Porträts von Truchsess Maximilian Willibald von Waldburg-Wolfegg, Kaiser Ferdinand III., Baron Eusebius von Crivelli. Die Schneelage zeigt den niedrigen Wasserstand des Sees.

ISBN print 978-3-86906-888-6
ISBN PDF 978-3-86906-956-2
ISBN ePub 978-3-86906-957-9
Printed in Europe

INHALT

6. Schwedischer Einbruch in Oberschwaben (1632–1633)

7. Kaiserlicher Gegenangriff (1633)

8. Krieg am Bodensee, Liquidierung Wallensteins, Nördlingen (1634)

9. Kleinkrieg und politische Vorstöße (1635–1640)

10. Oberst von Waldburg-Wolfegg – Ruhe vor dem Sturm (1640–1646)

11. Wrangels Marsch zum Bodensee (1646)

12. Belagerung und Einschließung von Lindau (von Januar 1647 bis März 1647)

13. Beschießung und Nahkampf am Brückenkopf (bis März 1647)

14. Kriegsende (1647–1649)

VORWORT

Schon zweimal haben Lindauer Historiker über die Belagerung durch die Schweden im Winter 1647 berichtet. Das erste Mal war 1869, als der Lindauer Theologe Gustav Reinwald im ersten Jahrgang der Schriften des neugegründeten *Vereins für Geschichte des Bodensees und seiner Umgebung* eine glänzende Abhandlung über die Belagerung selbst, sowie über ihren Chronisten Jacob Heider veröffentlichte.[1] Mit dieser Arbeit begründete Reinwald eine Tradition von Lindauer Geschichtsschreibung durch Lindauer Historiker. Ein Höhepunkt wurde 1909 erreicht mit der monumentalen *Geschichte der Stadt Lindau im Bodensee*, herausgegeben von Karl Wolfart[2] (ebenfalls ein evangelischer Theologe). Das zweibändige Werk bestand aus einem ersten Band mit einer vollständigen Geschichte der Stadt (773 Seiten) und einem zweiten Band mit vielen Einzeluntersuchungen (470 Seiten). Das ganze Werk, von Lindauer Bürgern verfasst, zeigt hohes wissenschaftliches Niveau. Die Darstellung des Dreißigjährigen Kriegs von Dr. H. Loewe umfasste 58 Seiten, von denen zehn der Belagerung galten. So erscheint es heute, über hundert Jahre später, gerechtfertigt das Thema dieses Krieges wieder von Neuem aufzugreifen, mit besonderer Aufmerksamkeit auf seinem entscheidenden Ereignis: der Belagerung.

Die Frage liegt nahe, was sich seit der Veröffentlichung von Wolfarts Buch geändert hat. Gewiss hat die Geschichtswissenschaft in der Zahl der aktiven Forscher, der Ausbildungsstätten und der Forschungseinrichtungen zugenommen, und die Erforschung der Vergangenheit hat sich zu einem internationalen Gemeinschaftsunternehmen entwickelt. Tiefgreifenden Wandel erfuhr die Geschichtswissenschaft durch die digitale Revolution. Es war ein unauffälliger Wandel, der sich in den letzten rund 30 Jahren auf vielen Ebenen, in vielen, undramatischen, kleinen Schritten vollzog. Es war ein willkommener Wandel, der die Arbeit der Historiker erleichtert und ihre Möglichkeiten erweitert hat. Dieser Wandel ist nicht abgeschlossen, auch lässt sich nicht voraussagen, wohin er noch führen mag. Gewiss ist aber, dass auch eine vergleichsweise unkomplizierte Arbeit, wie die vorliegende, der neuen digitalen Technik viel verdankt.

Am Anfang dieser Arbeit stand eine Vorstellung von der Lindauer Belagerung als einem überschaubaren, wohl abgegrenzten historischen Ereignis, dem man auf beschränktem Raum gerecht werden könnte. Bald ließ sich jedoch erkennen, dass die

---

1 Reinwald, Gustav: »Dr. J. Heider's Tagebuch über den Verlauf der Belagerung Lindau's durch die Schweden«, *SVG* 1 (1869), S. 74–107.

2 Wolfart, Karl (Hg): *Geschichte der Stadt Lindau im Bodensee.* 2 Bände, Lindau, 1909.

Belagerung im Grunde ein politisches Ereignis war, dessen Wurzeln weit in die Vergangenheit zurückreichten. Damit begann diese Geschichte, an Umfang zuzunehmen. So beginnt sie mit dem Kriegsausbruch und der Entstehung der Kräfte und Strömungen, die zur Lindauer Belagerung führten. Und da es sich beim Gegner um eine ausländische Armee, die des Königs von Schweden, handelte, wurde es notwendig, ihre verwickelten Bewegungen auch außerhalb Lindaus genauer zu verfolgen. So wuchs die Geschichte von der Lindauer Belagerung im Winter 1647 an zu einer Übersicht über die wichtigeren Kriegsereignisse in Oberschwaben und dem Bodenseegebiet während des ganzen Dreißigjährigen Kriegs.

Dennoch ist dies keine Geschichte der Reichsstadt Lindau im Dreißigjährigen Krieg. Für eine solche würde hier Vieles und Entscheidendes fehlen. Quantitative Betrachtungen – Bevölkerungsstatistiken, Mannschaftsstärken der Truppen, usw. – beschränken sich hier auf Angaben, die in den Quellen sowohl als gesichert als auch verständlich erscheinen. Über die komplexen wirtschaftlichen Grundlagen des Kriegs, über Einkünfte, Abgaben und Kontributionen allgemein, und über die verwickelten finanziellen Abhängigkeiten zwischen Armeen, Städten und herrschaftlichen Regierungen kann diese Darstellung keine befriedigende Aufklärung geben. Ebenso schwierig ist es, die Lebensmittelversorgung von Stadt, Garnison, und durchziehenden Truppen, sowie deren Finanzierung, im Einzelnen zu erklären, ein Thema, über das Lindauer Quellen (namentlich die *Lindauer Kriegschronik*) ausnahmsweise viel, doch hauptsächlich recht rätselhaftes Material liefern. Bei allen solchen Fragen, die sich zahlenmäßig genau nicht beantworten lassen, musste ich mich mit Schätzungen begnügen.

Der Rolle von Schätzungen im Bereich der quantitativen Angaben ist ähnlich derjenigen der Vermutung oder Spekulation gegenüber historischen Problemen. Spekulationen haben einen schlechten Ruf, weil ihre Ergebnisse gelegentlich mit angeblichen Tatsachen verwechselt werden. Vermutungen sind aber nicht nur zulässig, sondern auch reizvoll, weil sie die Fantasie anregen und notwendig sind für die Aufstellung von Hypothesen und als Ausgangspunkt für sachliche Untersuchungen. Wichtig ist nur, dass Spekulationen als solche deutlich gekennzeichnet sind. Von dieser Möglichkeit wird im Folgenden nicht selten Gebrauch gemacht, nicht zuletzt, um den Leser zu selbstständigem Denken und Stellungnahme herauszufordern.

Zu den Beschränkungen dieser Arbeit gehören gewisse Einseitigkeiten in der Quellenlage. Schon bei den Lindauer Quellen soll man nicht übersehen, dass unsere Zeit- und Augenzeugen ausschließlich dem evangelischen Patriziat angehörten. Allerdings war die ganze Stadt einheitlich evangelisch-lutherischer Konfession. Mangel an Symmetrie fällt auch auf, wenn man die Zugänglichkeit der deutschen, insbesondere der Lindauer Quellen vergleicht mit der schwierigen Erreichbarkeit der schwedischen

Quellen. Von den deutschen Quellen ist wahrscheinlich ein großer Teil des relevanten, vorhandenen Materials gesichtet und ausgewertet worden. Ganz anders ist die Lage bei den schwedischen Quellen. Zum einen liegen hier die Schwierigkeiten in der Sprache. Zwar ist es ein Glücksfall, dass Deutsch die offizielle Sprache der schwedischen Armee war, und mindestens vom Offizierscorps einheitlich beherrscht wurde. So ist zum Beispiel die Gesamtausgabe von Oxenstiernas Korrespondenz zum großen Teil in deutscher Sprache veröffentlicht. Die moderne schwedische, wissenschaftliche Literatur ist dagegen in schwedischer Sprache geschrieben, und hier gibt es für den Forscher keinen Ausweg als Schwedisch zu lernen. Größer ist die Schwierigkeit, das schwedische Quellenmaterial kennenzulernen und durchzumustern. Obwohl ich eine ermutigende Menge relevanten Materials auswerten konnte, war dies quantitativ gewiss nur ein Bruchteil alles Vorhandenen. Die Schuld liegt nicht bei den schwedischen Archiven; über ihre Leistungsfähigkeit und Hilfsbereitschaft kann man nur das Beste sagen; sie sind wohl ausgestattet und organisiert, und bereit, einem ausländischen Forscher auch per Post und Internet wesentliche Hilfe zu leisten. Das Problem liegt vielmehr in ihrer Vielzahl und Reichhaltigkeit. Bedeutende Archive sind weit über das große Land verteilt (zum Beispiel befindet sich ein großer Teil von Wrangels Schriften im Schloss Skokloster bei Uppsala), und dieser Vielfalt ist schwer gerecht zu werden. Nichtsdestoweniger ist der unerlässliche erste Schritt immer ein Besuch bei den großen Archiven von Stockholm. Er reicht nicht aus, wenn man in die Tiefe dringen will. Was die vorliegende Arbeit angeht, so sind die Ergebnisse über die schwedischen Kriegszüge in Deutschland durchaus als vorläufig zu betrachten.

Ein Gegensatz besteht zwischen dem katastrophalen Charakter des Dreißigjährigen Kriegs im Ganzen und dem glimpflichen Ausgang des Krieges für die Lindauer. Der Gegensatz beruht nicht auf mangelndem Verständnis oder fehlerhafter Beobachtung oder falscher Analyse, sondern bestand in Wirklichkeit. Der Dreißigjährige Krieg hat in Deutschland Unglück über die Bevölkerung und Schaden über das Land gebracht in einem Ausmaß, das schwer zu übertreiben ist. Die Zahl der durch den Krieg verursachten Todesopfer ist nicht ermittelbar, doch die Schätzungen liegen zwischen einem Fünftel und einem Drittel der Gesamtbevölkerung. Die materiellen Verluste – durch Zerstörung, planmäßige Ausplünderung (namentlich durch die schwedische Armee und ihre Führung), und Verluste an landwirtschaftlichen Arbeitskräften – führten zu jahrhundertelang anhaltender Verarmung des Landes. Auch Lindau hat eine gewisse Verarmung erfahren, Handel und Landwirtschaft haben gelitten. Doch der Feind hat die Stadt nie betreten, die Zahl der Todesopfer durch Kampfhandlungen war gering. Selbst die Schäden, die eine intensive Beschießung während der Belagerung angerichtet hatte, erwiesen sich als mäßig. Grausamkeiten und Greuel, wie sie die Kriegführenden untereinander, vor allem aber an der Bevölkerung verübten, und wie sie in der Literatur zum Dreißigjährigen Krieg ausführlich geschildert sind, werden von den Lindau-Quellen nicht verzeichnet. Nach Kriegsende konnten die Lindauer ihr gewohntes Leben schnell wieder aufnehmen. Insgesamt kamen sie aus den Prüfungen und Gefahren des schlimmen Krieges glücklich hervor. Der Grund war wohl zum einen die glückliche Insellage ihrer Stadt, zum anderen die Tatsache, dass sie in der langen Krise die Nerven behalten und im Wesentlichen immer das Richtige getan haben. Dies soll die folgende Geschichte zeigen.

Otto Mayr
Ashburn / Virginia, Oktober 2016

1. LINDAU ZU KRIEGSBEGINN (1618)

Kalenderfragen

Während des ganzen Dreißigjährigen Krieges folgten die beiden Gegner verschiedenen Kalendern, und gleiches taten die über sie berichtenden Quellen. Die katholische Kirche hatte 1582 unter Papst Gregor XIII. eine längst fällige Kalenderreform durchgeführt, die im ›Gregorianischen Kalender‹ resultierte, welchem sich die Protestanten starrsinnig verweigerten, um am alten, unzulänglichen Julianischen (von Julius Caesar stammenden) Kalender festzuhalten. Obwohl der praktische Unterschied geringfügig und die Umrechnung vom einen zum anderen einfach ist (für jeden beliebigen Tag ist das Gregorianische Datum um zehn Tage später als das Julianische), führt diese Dualität zu viel Verwirrung, Mißverständnissen und Fehlern.[1]

Heute ist der neue Kalender selbstverständlich überall und universell im Gebrauch, und historische Daten, wenn Mißverständnisse nicht zu befürchten sind, werden oft stillschweigend in den modernen Kalender umgerechnet. Bei älteren Quellen gilt im Zweifelsfalle der im jeweiligen Kulturkreis gültige Kalender. Auch half der Brauch, den verwendeten Kalender durch die Hinzufügung von s. v. (stilo vetero) oder s. n. (stilo novo) zu identifizieren. Am klarsten ist es jedoch, beide Daten nebeneinander anzugeben, mit dem neuen Kalender immer zuerst.

Daß die Wahl des Kalenders inhaltliche Bedeutung haben kann, zeigen zwei Beispiele: Die Schweden hatten Bregenz am Freitag, dem 25. Dezember 1646 s. v., also am ersten Weihnachtsfeiertag (genauer am 4.1.164/25.12.1646) erobert. Obwohl sie es nur dem alten Kalender verdankten, daß ihnen dieser Erfolg gerade an einem so hohen Feiertag geschenkt wurde, hatte es für sie dennoch eine gewisse fromme Bedeutung. Für die katholischen Bregenzer dagegen, die dem neuen Kalender anhingen, war dieser schwarze Tag nichts weiter als der 4. Januar 1647 s. n., ein gewöhnlicher Freitag. Oder: Am 11. Januar 1647 s. n. (oder genauer am 11./1.1.1647) hörte man in Lindau ein gewaltiges Schießen aus der Bregenzer Richtung und fragte sich, welcher Feind die Schweden in Bregenz angegriffen hätte. Tatsächlich schossen die Schweden nichts weiter als einen ausgiebigen Neujahrssalut.

---

1 Für Einzelheiten siehe Grotefend, Hermann: *Taschenbuch der Zeitrechnung des Deutschen Mittelalters und der Neuzeit*, Hannover, 1960.

1.1 Reichsstadt und Kaiser

Am 17. Juli 1640 war Oberst Augustin von Vitzthum, der Kommandant der kaiserlichen Festung Lindau, plötzlich infolge eines Schlaganfalls verstorben. Eilkuriere benachrichtigten den Kaiser, und schon am 27. Juli traf das kaiserliche Antwortschreiben ein mit der Ernennung des Nachfolgers. Der neue Kriegskommandant und kaiserliche »Gubernator« war Maximilian Willibald Truchsess von Waldburg-Wolffegg.[2] Die Eile, mit der Vitzthums Nachfolge entschieden wurde, verrät die Nervosität, mit welcher der kaiserliche Hof die Reichsstadt Lindau betrachtete, und die Angst, die Lindauer auch nur für kurze Zeit ohne straffe kaiserliche Aufsicht zu wissen. Die Spannungen zwischen Lindau und Wien, ein entscheidender Faktor in der folgenden Geschichte, gingen einige Zeit zurück, doch sie hatten nicht immer bestanden.

Vor dem 16. Jahrhundert genoss Lindau besondere kaiserliche Gunst. König Rudolf I. gab der Stadt 1274/75 ihre erste Verfassung,[3] und Kaiser Maximilian I. zeichnete sie dadurch aus, dass er hier 1496/97 einen Reichstag abhielt.[4] Es war die Reformation, die einen Riss in die Beziehung brachte, denn die Bürger von Lindau hatten sich Martin Luthers Lehre sehr früh, nahezu einstimmig und mit besonderer Hingabe angeschlossen. Das Haus Habsburg, dem alle Kaiser seit Mitte des 15. Jahrhunderts angehörten, lehnte die Reformation schroff ab, aber seine Mittel zu ihrer Bekämpfung waren beschränkt, da das Reich seit der Goldenen Bulle und der umfassenden Reichsreform Maximilians I. sich immer mehr einer konstitutionellen Monarchie annäherte, in welcher wichtige Entscheidungen nicht durch den Kaiser selbst, sondern durch die Reichsstände auf den Reichstagen getroffen wurden.

Ein Meilenstein in der Auseinandersetzung über die Reformation war der Reichstag von Augsburg von 1530. Zum Nachweis, dass es sich bei Luthers Lehre nicht um Häresie handelte, sondern nur um Reformen, die in vollständigem Einklang mit der Heiligen Schrift standen, hatte Melanchthon eine sorgfältig formulierte Kurzfassung dieser Reformen verfasst, welche nachwies, dass sie weithin mit katholischem Dogma übereinstimmten und die Unterschiede unwesentlich waren. Der Text wurde vor dem jungen Kaiser Karl V. und den Reichständen unter starkem Beifall verlesen. Dieses »Augsburger Bekenntnis« (*Confessio Augustana*) galt fortan als das grundlegende Manifest der deutschen Lutheraner. Die vom Kaiser beauftragte Erwiderung durch katholische Theologen, eine Verurteilung der evangelischen Lehre, entsprach der Po-

2 KrChr, S. 446–447.

3 Wolfart, I.1, S. 58ff.

4 Burmeister, Karl Heinz; Dohrees, Werner; Niederstätter, Alois: *Der Reichstag zu Lindau 1496 / 97*, Neujahrsblatt 38, Lindau 1998.

sition des Kaisers. Er war aber bedächtigen Temperaments und behielt sich weitere Maßnahmen vor. Tatsächlich war es ihm schon aus politischen Gründen unmöglich, einer Glaubensspaltung in seinem riesigen Reich (in dem seit der Eroberung Südamerikas »die Sonne nicht unterging«) zuzustimmen. Jedenfalls war nun anerkannt, dass es sich bei Luthers Lehre nicht um Häresie handelte, sondern – im Gegensatz zu allen anderen reformatorischen Bewegungen – um eine rechtsgültige Konfession.

Die Lindauer spielten in dieser Auseinandersetzung eine Sonderrolle. Die südwestdeutschen Theologen, grundsätzlich Anhänger Luthers, aber wohlvertraut mit der Reformationsbewegung in der deutschen Schweiz, bevorzugten in einigen Punkten, vor allem in der Abendmahlslehre, die nüchternere Anschauung des Zürcher Reformators Huldrych Zwingli. Unwillig, die Augsburger Konfession zu unterschreiben, schlossen sich die vier Städte Straßburg, Konstanz, Lindau und Memmingen zu einem eigenen Manifest zusammen, das die Straßburger Theologen Martin Bucer und Wolfgang Capito verfasst hatten. Diese »Vierstädtekonfession« oder *Confessio Tetrapolitana* wurde dem Reichstag neben der Augsburger Konfession getrennt vorgelegt, dort allerdings kaum beachtet und später dieser stillschweigend zugeordnet.[5]

Nach dem Reichstag ließ der Kaiser, mit Kriegen gegen Türken und Franzosen beschäftigt, die Sache zunächst ruhen, während die evangelischen Reichsstände dazu neigten, den kaiserlichen Widerspruch zu ignorieren. So hing eine Spannung im Raum, die sich früher oder später entladen musste. Zur Absicherung vereinigten sich die evangelischen Reichstände zu einem Defensivbündnis gegen die kaiserliche Religionspolitik, dem Schmalkaldischen Bund (1531). Das Bündnis war militärischen Charakters und hatte, dank starker Beteiligung, zunächst bedeutenden Einfluss. Auf die Dauer fehlte ihm aber der Zusammenhalt und seine Macht bröckelte. Als Kaiser Karl V. seine außenpolitischen Aufgaben bewältigt hatte, wandte er sich Anfang 1546 der Auseinandersetzung mit den Protestanten zu. Der Schmalkaldische Bund setzte seine Truppen in Marsch und hatte im Juli Anfangserfolge. Aber inzwischen begannen viele Reichsstände, wie zum Beispiel auch die Stadt Lindau selbst, zu begreifen, dass sie einen Krieg gegen den Kaiser schon angesichts der ungeheuren Kosten nicht durchhalten konnten und dass sie in einem solchen auch grundsätzlich im Unrecht waren. Sobald der Kaiser seine Armee mobilisiert und durch ausländische Hilfstruppen weiter verstärkt hatte, wendete sich das Kriegsglück zu seinen Gunsten. So fanden es die süddeutschen Reichsstädte am klügsten – eine nach der anderen –, ihr Kriegsvolk zurückzurufen und sich dem Kaiser zu unterwerfen. Lindau war eine der letzten Städte, die mit geschickter Diplomatie und demütiger Bitte um Vergebung mit knapper Not im Februar 1647 die kaiserliche Gnade zurückgewannen. Der

---

5 Wolfart, I.1, 4. Buch, 4. Kapitel.

Schmalkaldische Krieg endete mit der Schlacht bei Mühlberg am 24. April 1647, in der der Rest des Bundes, hauptsächlich das Heer von Sachsen, entscheidend geschlagen wurde.[6]

Das Schicksal, dem Lindau damit entronnen war, zeigt das Beispiel von Konstanz. Der Rat der alten Bischofsstadt hatte es abgelehnt, sich gleich den anderen Reichsstädten zu demütigen, und darauf vertraut, dass ihr der Kaiser von sich aus einen gesichtswahrenden Weg zurück in den Kreis der Reichsstädte anbieten würde. Die Konstanzer warteten zu lange. Als sie schließlich verhandlungsbereit waren, fanden sie die gestellten Bedingungen zu hart. Doch waren sie überrascht, als ihnen mit Wirkung vom 6. August 1548 die Reichsacht erklärt wurde. Am frühen Morgen desselben Tages standen auch schon einige Regimenter spanischer Truppen vor ihren Toren und begannen die Stadt zu berennen. Sie wurden zurückgeschlagen und zogen abends ab. Neue Unterhandlungsversuche der Konstanzer beantwortete der Kaiser mit dem Befehl zur Exekution der Reichsacht. Konstanz verlor seinen Rang als Reichsstadt und musste am 11. Oktober seiner Übergabe an Österreich zustimmen.[7] Verbunden mit dem Wechsel der Obrigkeit war zwangsläufig die Rückkehr zum Katholizismus.

Die deutschen Protestanten begriffen nun, dass sie Auseinandersetzungen mit ihrem katholischen Kaiser militärisch nicht gewinnen konnten; sie mussten sich unterwerfen und in Zukunft ihre Interessen auf diplomatischem Weg verfechten. Die weiteren Unterhandlungen kamen zum Abschluss mit dem Abschied des Reichstags von 1555 in Augsburg, in dem ein allgemeiner Religions- und Landfriede verkündet wurde. Die Augsburger Konfession wurde endgültig als der katholischen gleichberechtigt anerkannt. Damit war der Zustand der Glaubensspaltung, der sich längst eingestellt hatte, rechtlich abgesichert nach der Formel »cuius regio, eius religio«; fortan bestimmte die jeweilige Obrigkeit die Religion ihrer Untertanen. Daraus folgte, dass regierende Fürsten katholischer Konfession das Recht, ja die Pflicht hatten, »unkatholische« Untertanen zwangsweise zu rekatholisieren. Mit Religionsfreiheit und konfessioneller Toleranz hatte dies nichts zu tun; so waren auch im evangelischen Lindau Katholiken unwillkommen.

Das wichtigste Ergebnis des Augsburger Reichstags war neben dem Religionsfrieden der Abschluss der von Kaiser Maximilian I. begonnenen Reichsreform. Unter ihren Ergebnissen ragt die Gründung bzw. Verstärkung von drei Reichsinstitutionen heraus, deren Autorität über den ganzen Umfang des Reiches galt und die bis zum

6 Wolfart, I.1, 4. Buch, 5. und 9. Kapitel.

7 Burkhardt, Martin; Dobras, Werner; Zimmermann, Wolfgang: *Konstanz in der frühen Neuzeit*. Konstanz, 1991, S. 133–146.

Ende des Reiches in Kraft blieben: das Reichskammergericht, die Reichskreise und der Reichstag.

Wichtig war auch, Lindau direkt betreffend, eine vom Kaiser verfügte Neuordnung der Verfassungen der Reichsstädte (1551–53). Ihre Bedeutung lag darin, dass sie die traditionelle Vorherrschaft der quasi-demokratischen Zünfte in der Stadtregierung durch eine solche des Patriziats ersetzte, weil der Kaiser diese als konservativer und der alten Lehre anhänglicher beurteilte. Die Entmachtung der Zünfte wurde als so radikal empfunden, dass man sie als *Staatsstreich* bezeichnet hat.[8] Es ist jedoch anzumerken, dass das kaiserliche Gebot der Verfassungsänderung bemerkenswert behutsam durchgesetzt wurde; der Stadt wurde Gelegenheit zu Diskussion und Widerspruch gegeben, und die kaiserlichen Beamten, wie auch der Kaiser selbst, begegneten dem hartnäckigen Widerstand der Stadt mit Geduld. Man einigte sich endlich auf eine Regelung, welche den Wünschen des Kaisers einigermaßen entsprach, die sich aber auch in der Praxis als interpretierbar erwies, sodass die Lindauer mit ihr noch weitere zweieinhalb Jahrhunderte lang arbeiten konnten. Im Gegensatz zu der bisher gültigen mittelalterlichen Ratsverfassung, in welcher der Rat von den Zünften beherrscht wurde (deren zahlreiche Mitglieder Wahlrecht hatten), lag nunmehr die Regierung der Stadt in den Händen eines exklusiven Patriziats. Formale Wahlen jedoch fanden in Lindau kaum noch statt, und Ämterbesetzungen wurden in kleineren Kreisen ausgehandelt, in denen Mitglieder der Patriziergesellschaft »zum Sünfzen« vorherrschten.[9] Kaiser Karl V. zog sich im folgenden Jahr in ein spanisches Kloster zurück, wo er 1558 starb. In Lindau wird man in ihm mehr einen Gegner als einen Freund gesehen haben, doch beschreiben ihn Lindauer, die ihm persönlich begegnet sind, als einen zugleich geradlinig-direkten als auch liebenswürdig-humorvollen Mann.[10]

Während sich Deutschland noch mit der Reformation auseinandersetzte, tagte von 1545 bis 1563 in Trient ein Konzil der katholischen Kirche, um allerhand überfällige

---

8 Stolze, S. 31, 72, 80.

9 Wolfart, I.1, S. 370–381; Stolze, S. 174–177. Die wesentlichen Bestimmungen der Stadtverfassung von 1551–1553 waren: Die Stadt hatte drei Bürgermeister, die je auf ein Jahr gewählt wurden (Wiederwahl war zulässig und üblich); in der Funktion des »Amtsbürgermeisters« wechselten sie sich alle vier Monate ab. Neben den drei Bürgermeistern standen zwei Geheimräte, die zusammen mit jenen einen »Geheimen Rat« bildeten (gewöhnlich bezeichnet als »die fünf Geheimen«). Ein »Innerer« oder »Kleiner Rat« von 15 Mitgliedern (einschließlich der obigen fünf) war die eigentliche Regierung der Stadt, unter Führung der »Fünf Geheimen«. Ein »Großer Rat« von 20 Mitgliedern (auch die »Gemeinde« genannt) trat nur bei Bedarf zusammen. Die Wehrverfassung war insofern geändert, als die Stadt in sechs militärische Stadtbezirke eingeteilt war, die jeweils unter dem Befehl eines Mitglieds des Großen Rates standen. Das Stadtgericht hatte 15 Beisitzer mit dem »Stadtammann« an der Spitze.

10 Zum Beispiel Wolfart, I.1, S. 360, 365, 376–77.

Reformen durchzuführen und um über den richtigen Weg in die Zukunft zu beraten. Zu den Zielen gehörten die Beseitigung der Glaubensspaltung und die Rückführung aller Christen zur katholischen Kirche (die »Rekatholisierung«). Ein wichtiges Mittel dazu war die Förderung katholischer Erziehung, bei der die führende Rolle dem neu gegründeten Orden der Jesuiten zugewiesen wurde. Die im Trientiner Konzil gewonnenen Beschlüsse und Zielsetzungen (die *Gegenreformation*) hatten schwerwiegende Folgen.

Trotz des am Augsburger Reichstag 1555 beschlossenen »Religions- und Landfriedens« war das folgende Halbjahrhundert in Deutschland kein friedliches. Ein Kernproblem lag auf der Ebene der Rechtsprechung. Die Organe des Reiches – genauer: das Reichskammergericht, der Reichshofrat und die Kaiser selbst[11] – erwiesen sich als außerstande, die Vielzahl der im ganzen Land dauernd anfallenden Rechtsstreitigkeiten zu bewältigen,[12] die besonders schwerwiegend waren, wenn sie auf der Ebene von Reichsfürsten und anderen Reichsständen auftraten. Die Unfähigkeit des Reiches, solche Streitfälle hinreichend rasch zu entscheiden und seine Urteile durchzusetzen, verleitete die Beteiligten immer wieder dazu, die Lösung auf eigene Faust mit den Waffen zu suchen. So entbrannten immer wieder kleine lokale Kriege, welche Schaden anrichteten und die Machtlosigkeit des Reiches zur Schau stellten.

Wenn Selbsthilfe anstatt des Rechtsweges als Mittel zur Durchsetzung eigener Interessen in allgemeinen Gebrauch kam, war der nächste logische Schritt das Bündnis mit gleichgesinnten Partnern. Ein solches Bündnis war der Schmalkaldische Bund gewesen, dessen unrühmliches Ende von einer Wiederholung hätte abschrecken sollen. Dennoch wurde 1608 zu einem solchen Verteidigungsbündnis der protestantischen Reichsstände von Neuem eingeladen. Daraus wurde die »Protestantische Union«. Das Bündnis stand nominell unter Führung des pfälzischen Kurfürsten Friedrich V., doch Initiator und treibende Kraft war Christian von Anhalt-Bernburg (1568–1630), Landesfürst eines kleinen Fürstentums und zu der Zeit pfälzischer Kanzler in Heidelberg sowie Statthalter in der Oberpfalz. Die Mitglieder der Union verpflichteten sich zur Bereitstellung von Geld und Soldaten. Ein beachtlicher Teil der protestantischen Reichsstände schloss sich an, doch viele, darunter der Kurfürst von Sachsen, ihr unerklärter Führer, verweigerten sich. Die Lindauer hätten manchen Grund gehabt, der Union beizutreten, entschieden sich aber dagegen. Primär war sicher die Gefahr, sich

11 Ferdinand I. (1556–1564), Maximilian II. (1564–-1576), Rudolf II. (1576–1612) und Matthias (1612–1619).

12 Zum Beispiel der Kölner Krieg (1572), der Straßburger Bistumsstreit (1592), der Vierklösterstreit (1600), die Exekution von Donauwörth (1607), der Jülich-klevische Erbfolgestreit (1610). Für Einzelheiten siehe Ritter, Moriz: *Deutsche Geschichte im Zeitalter der Gegenreformation und des Dreissigjährigen Krieges*. 3 Bände, Stuttgart, 1895–1908, Reprint Darmstadt 1974, hier II, S. 8–80.

dem Vorwurf der Untreue und des Ungehorsams gegenüber dem Kaiser auszusetzen. Außerdem waren ihnen vermutlich die Schwäche und die unzulängliche Struktur der Union nicht entgangen. In der Folge beobachtete Lindau gegenüber der Union ein Gleichgewicht zwischen diplomatischer Freundlichkeit und sorgfältiger Distanz.

Mit der Gründung der Protestantischen Union war man einem möglichen Krieg einen Schritt näher gerückt. Die Union war deutlich gegen das katholische Kaiserhaus Habsburg und dessen gegenreformatorischen Kurs gerichtet, und sie ließ keinen Zweifel an ihrer Bereitschaft, bei künftigen Auseinandersetzungen auch zu den Waffen zu greifen. Der Gegenseite war diese Gründung anscheinend nicht unwillkommen, denn sie lieferte Herzog Maximilian I. von Bayern, dem mächtigsten der katholischen Reichsfürsten, einen Grund, 1609 ein analoges Gegenbündnis zu organisieren, die »Katholische Liga«. Dennoch bedeutete das nicht, dass die gegensätzliche Paarung von Union und Liga notwendig zum Krieg führen musste – und sie tat es auch nicht. Vielmehr wurde der zehn Jahre später ausbrechende Konflikt, der sich schließlich zu einem dreißigjährigen Krieg ausweiten sollte, nicht durch diese Allianzen verursacht, sondern durch einige zum Äußersten entschlossene Männer, die sich diese Allianzen zu Instrumenten machten.

1.2 Ein Krieg in Böhmen

Der Dreißigjährige Krieg begann nicht mit dem Prager Fenstersturz vom 23. Mai 1618. Vielmehr erforderte es einen ausgedehnten Prozess – beginnend mit dem Tod des Kaisers Matthias am 20. März 1619 und abgeschlossen mit der Schlacht am Weißen Berge am 8. November 1620 –, um die Lawine des großen Krieges ins Rollen zu bringen. Das Folgende ist ein Versuch, die verwickelten Ereignisse, die den Krieg auslösten, in wenigen Sätzen – und grober Vereinfachung – zu skizzieren.

Böhmen war noch im 14. Jahrhundert ein selbstständiges Königreich gewesen, dessen König im Reichsverband als Kurfürst mitgewirkt hatte; es hatte mehrere deutsche Kaiser gestellt, darunter den bedeutenden Kaiser Karl IV. (1333–1378), dem das Reich die Goldene Bulle verdankte. Böhmens slawische Sprache war als offizielle Reichssprache anerkannt.[13] An das Haus Habsburg fiel Böhmen erst, als sein letzter König Ludwig II. im Türkenkrieg von 1526 umkam. Da dieser, ein sehr junger Mann, keine Nachkommen hatte, benutzte das Haus Habsburg diese Gelegenheit, sich das Königreich Böhmen als eines seiner Stammländer einzuverleiben; der Kaiser war nun zugleich, ohne Wahl, auch böhmischer König.

---

13 Burmeister, Karl Heinz: »Der Lindauer Reichstag 1496 / 97«, Neujahrsblatt 38, Lindau 1998, S. 26.

Im 16. Jahrhundert hatte die Bevölkerung von Böhmen, der Tradition von Johan Hus getreu, sich großenteils zur Reformation bekannt. Der so entstandene Zustand, eine vorwiegend evangelische Bevölkerung unter katholischer Herrschaft, widersprach den Bedingungen des Augsburger Religionsfriedens. Die Spannungen zwischen dem Anspruch der Böhmen auf Religionsfreiheit und auf die Wiederherstellung ihres alten Rechts der freien Königswahl gegenüber der unbeugsamen kaiserlichen Macht, beides zu bestimmen, hielten sich zunächst im Rahmen friedlicher politischer Verhandlung. Tatsächlich gelang es den Böhmen, Kaiser Rudolf II. beides in einem sogenannten »Majestätsbrief« vom 9. Juli 1609 abzuringen.[14] Unter der Regierung von dessen Nachfolger Kaiser Matthias (1612–1619) wurde Erzherzog Ferdinand von Steiermark im Juni 1617 zum böhmischen und 1618 zum ungarischen König gewählt und damit zum künftigen Kaiser designiert. Die Wahl fand unter umstrittenen Begleitumständen statt, ohne Beteiligung der böhmischen Stände.

Erzherzog Ferdinand II. (1578–1637) war wie seine beiden über zwanzig Jahre älteren Vettern, die Kaiser Rudolf II. und Matthias, Enkel des Kaisers Ferdinand I. Doch im Gegensatz zu diesen gehörte er einer neuen Generation an. Während jene Vorgänger der Gedankenwelt des Augsburger Religionsfriedens von 1555 und dem Staatsbegriff eines verfassungsmäßigen Reiches verpflichtet waren, war Ferdinand II. durch eine jesuitische Erziehung vom Geist der Gegenreformation und der Staatsphilosophie des Absolutismus geprägt. Er war von unbedingter, streng katholischer Frömmigkeit und verfolgte das Ziel der vollständigen Rekatholisierung des Reiches mit blinder Konsequenz. Die vollständige Beseitigung der Glaubensspaltung und die Rekatholisierung des ganzen Reiches waren ihm nicht nur politisches Programm, sondern göttlicher Auftrag. Wie kompromisslos er dabei vorzugehen bereit war, hatte er bereits in seiner Regierung als Erzherzog von Innerösterreich (1596–1619) gezeigt. Das Ultimatum an seine »unkatholischen Unterthanen« hieß »Rückkehr zur römischen Kirche oder Auswanderung«, und er führte es dermaßen rücksichtslos durch, dass der gewünschte Erfolg in wenigen Jahren erzielt war, allerdings auf Kosten der Ausweisung eines großen Teils der Bevölkerung und einer erheblichen Einbuße an wirtschaftlicher Leistungsfähigkeit des Landes.

Als Regent war Kaiser Ferdinand II. bemerkenswert wirksam. Er erwies sich als geschickter Politiker und guter Manager, war leutselig, gesellig und charmant im persönlichen Umgang.[15] Er regierte in enger Zusammenarbeit mit einem Kreis gleichgesinnter Vertrauter; tonangebend unter ihnen waren sein Beichtvater, der ideologisch kompromisslose Jesuit Wilhelm Lamormaini (1570–1648), und sein Freund

14 Ritter, II, S. 269.

15 Eine ausführliche Charakterisierung von Ferdinand II. gibt Ritter, III, S. 24–25.

und Kabinettschef, der fähige, pragmatische Freiherr Johann Ulrich von Eggenberg (1568–1634). Entscheidungen, die in diesem Vertrautenkreis getroffen waren, wurden dann in solcher Weise zur Ausführung gebracht, dass der Kaiser von allzu viel Detailkenntnis abgeschirmt blieb, damit er für besonders unangenehme Entscheidungen, zum Beispiel das Blutbad nach dem böhmischen Freiheitskampf oder die Ermordung von Wallenstein, möglichst nicht persönlich verantwortlich gemacht würde. Wie sich zeigte, fehlte ihm jedoch die Fantasie, sich vorzustellen, zu welchen Folgen seine Politik führen musste.

Nach seiner Wahl zum König von Böhmen, aber noch vor dem Tod seines Vorgängers Kaiser Matthias, begann Ferdinand, seine Autorität durchzusetzen mit dem Ziel, Böhmen nach dem Prinzip »cuius regio, eius religio« zu rekatholisieren. Die im »Majestätsbrief« zugestandene Religionsfreiheit und Wiederherstellung des Rechts der freien Königswahl lehnte er schroff ab. Während böhmische und kaiserliche Unterhändler noch über diese Fragen verhandelten, beschloss eine radikale Minderheit aus dem protestantischen böhmischen Adel den Aufstand gegen den Kaiser und warf als sichtbares Zeichen ihrer Rebellion drei hohe kaiserliche Beamte am 23. Mai 1618 aus dem Fenster der Prager Burg. Nach dieser wohltuenden, jedoch kurzsichtigen Geste waren weitere Unterhandlungen nicht mehr möglich. Die böhmischen Rebellen begannen, eine selbstständige Regierung ihres Landes aufzubauen, Streitkräfte für ihre Verteidigung zu organisieren und eine Verfassung für das künftige böhmische Königreich zu entwerfen.[16] Auf der anderen Seite sammelte die kaiserliche Regierung ihre Kräfte, um die Rebellion niederzuwerfen und Böhmen wieder unter ihre Herrschaft zu zwingen.

Kaiser Matthias starb am 20. März 1619. Im nun folgenden kaiserlosen halben Jahr beschleunigten sich die Entwicklungen. Am 31. Juli 1619 vollendeten die Böhmen die Verfassung ihrer »Böhmischen Konföderation« und setzten den 1617 gewählten König Ferdinand formal ab, um ihn durch einen König eigener Wahl zu ersetzen. Sie einigten sich auf den jungen Kurfürsten Friedrich V. von der Pfalz (1596–1632), der am 26. August gewählt wurde. Er zog am 31. Oktober in Prag ein und wurde am 4. November feierlich gekrönt. Ferdinand, König von Böhmen (seine Absetzung ignorierte er) und Ungarn wurde in absichtlicher Gleichzeitigkeit mit seinem Rivalen am 28. August zum Kaiser gewählt und als Ferdinand II. am 9. September gekrönt. Nun mussten beide, wieder gleichzeitig, ihre Regierungen in den Griff bekommen und ihre Länder auf die kommende Auseinandersetzung vorbereiten. Vielleicht hätte diese Auseinandersetzung als intern böhmische Angelegenheit behandelt werden können. Dabei blieb es jedoch nicht. Vielmehr nahmen die beiden konfessionellen Verteidi-

---

16 Für Einzelheiten siehe Ritter, II, S. 418–458.

gungsallianzen im Reich, die Protestantische Union und die Katholische Liga, sich rasch der beiden gegnerischen Parteien an.

Die führende Persönlichkeit in der Union war Christian von Anhalt, Landesfürst eines winzigen ererbten Fürstentums, bestellter Kanzler der Kurpfalz und zugleich Statthalter der Oberpfalz. Im Namen des verstorbenen Kurfürsten Friedrich IV. von der Pfalz sowie dessen noch sehr jungen Sohns Friedrich V. betrieb er eine ehrgeizige Politik. Begonnen hatte er 1608 als Gründer und treibende Kraft der Protestantischen Union. Mit ihrer Hilfe gelang es ihm, den jungen pfälzischen Kurfürsten mit der Tochter des englischen Königs zu verheiraten und auf den böhmischen Königsthron bringen. Das so geschaffene protestantische Königreich Böhmen sollte nun im Ensemble der Reichsstände die protestantische Seite dermaßen stärken und die katholische entsprechend schwächen, dass die katholische Vorherrschaft des Hauses Habsburg ein für alle Mal gebrochen wäre. Selbstverständliche Gegner dieses Plans waren Kaiser Ferdinand II., das Haus Habsburg und die Katholische Liga.

Im Herbst 1619 begannen die beiden frisch gekrönten Herrscher, der deutsche Kaiser Ferdinand II. und der böhmische König Friedrich I., ihre neuen Reiche in den Griff bekommen und auf den Krieg vorzubereiten. Das geschah unter ungleichen Bedingungen. Das deutsche Reich war nicht nur um ein Vielfaches mächtiger als Böhmen, es besaß auch eine funktionierende Organisation, mit welcher der neue Kaiser längst vertraut war. Der junge, unerfahrene König von Böhmen dagegen hatte es auf sich genommen, ein fremdes, konfessionell ungeeintes Land, dessen Sprache er nicht verstand, zu regieren, ja in den Krieg zu führen. Dennoch war sich der Kaiser nicht sicher, mit der kaiserlichen Armee allein diesem Feind gewachsen zu sein, und wandte sich um Hilfe an seinen Vetter, Herzog Maximilian I. von Bayern (1573–1651). Die beiden waren nicht nur verwandt und verschwägert,[17] sondern auch jesuitisch erzogen, zum Teil gemeinsam an der Universität von Ingolstadt. Beide waren dem Ziel der Rekatholisierung des Reichs bedingungslos verpflichtet. Beide hatten bereits die nötige Brutalität gezeigt, um dieses Ziel durchzusetzen, nämlich Maximilian gegenüber der Reichsstadt Donauwörth, Ferdinand in der Steiermark. Trotz solcher Gemeinsamkeiten war die persönliche Beziehung der beiden Vettern kühl.

Maximilians Antwort auf Ferdinands Hilferuf – diktiert wohl weniger von der Religion als von der Realpolitik – war der Vorschlag eines Geschäfts: Er war bereit, seine Armee (zu der Zeit die beste in Deutschland, geführt von Graf Johann Tserclaes von Tilly, einem der besten Feldherrn Europas) in den bevorstehenden Krieg ein-

17 Kaiser Ferdinand II. war verheiratet mit Maria Anna von Bayern, einer Schwester von Maximilian I. von Bayern, welcher seinerseits später eine Tochter von Ferdinand II. heiratete. Außerdem war Ferdinands Mutter eine Wittelsbacherin und Maximilians Großmutter eine Habsburgerin.

zubringen, zum Preis der pfälzischen Kur und mindestens eines Teils ihres Gebiets. Ferdinand sagte dies gern zu; nicht nur war dies eine Erfolgsgarantie, sie kostete ihn auch nichts.[18] Der Abschluss dieses Geschäfts war der eigentliche Anfang des Krieges; und das Beharren auf der totalen Rekatholisierung des Reiches machte ihn zu einem sehr langen. Bemerkenswert ist, daß bei jedem der beiden Verbündeten sich frommer Eifer mit der Aussicht auf bedeutenden Gewinn an Macht und Ländereien verband.

Nun folgten die Ereignisse schnell aufeinander. Während der neue böhmische König sich noch in Prag einrichtete und versuchte, die Regierung des ihm fremden Landes zu meistern, bereiteten beide Seiten ihre Streitkräfte vor. Beide Armeen bestanden aus heterogenen Bestandteilen. Die Streitkräfte des böhmischen Königs, einheimische böhmische Truppen sowie Einheiten der Protestantischen Union, standen unter dem Oberbefehl von Christian von Anhalt. Auf kaiserlicher Seite standen, deutlich getrennt, die kaiserliche Armee unter Karl Graf von Bucquoy und die bayerische Armee unter Graf Tilly, verstärkt durch Truppen des spanischen Königs. Das Oberkommando hatte Bucquoy. Die Gesamtstärke der böhmischen Armee kam auf rund 14000 Mann, die der gesamten kaiserlichen Streitkräfte auf mehr als das Doppelte. Trotz seiner Unterlegenheit akzeptierte Christian von Anhalt die Schlacht. Als Schlachtfeld hatte er den »Weißen Berg«, eine Anhöhe rund zehn Kilometer westlich von Prag, gewählt, aber nicht Zeit gehabt, sich zu verschanzen. Die Schlacht fand am 8. November 1620 statt. Sie war kurz und endete mit der vollständigen Niederlage der Böhmen. Das Regime des Königs von Böhmen brach sofort zusammen und er selbst floh nach Norddeutschland. Fortan lebte er als Heimatloser und starb 1632 in Mainz. Der Spottname »Winterkönig« wurde ihm von der katholischen Propaganda schon früh, lang vor seiner Vertreibung, angeheftet; tatsächlich regierte er etwa 14 Monate.

Von Böhmen ergriff der neue Kaiser Ferdinand II. schnell und brutal Besitz. Für die angeblichen Rebellen veranstaltete er in Prag eine öffentliche Massenhinrichtung. Der zahlreiche und außerordentlich begüterte protestantische Adel Böhmens wurde enteignet; böhmische Protestanten, die nicht zur katholischen Konfession übertreten wollten, wurden verbannt. Die Protestantische Union löste sich am 14. Mai 1621 auf. Die Katholische Liga bestand noch bis zum Prager Frieden 1635, ein Machtmittel in der Hand Maximilians I. von Bayern. Wie vereinbart, erhielt dieser 1623 die Kurwürde und die Oberpfalz.

Für die kaiserliche Seite nahm der Krieg, nach ermutigendem Anfang, weiterhin einen erfreulichen Verlauf. Sie war politisch geeint und hatte in Tilly und Wallenstein hervorragende Feldherren. Die protestantische Seite war zersplittert, nicht nur, weil der Loyalitätskonflikt zwischen Reich und Konfession sich nicht leicht auflösen

18 Ritter, III, S. 57–60.

ließ, sondern auch aus Mangel an befähigten Führern sowohl auf politischer wie auf militärischer Ebene. So gewannen die Kaiserlichen die meisten Schlachten und operierten schließlich, nachdem sie Süddeutschland fest im Griff hatten, vorwiegend und ziemlich ungehindert in Norddeutschland (zum Beispiel ließ sich der unersättliche Generalissimus Wallenstein 1629 zum Herzog von Mecklenburg erheben). Je mehr Kaiser Ferdinand II. sein Ziel, die Auslöschung der Reformation, näherrücken sah, desto unnachgiebiger wurde er in der Behandlung der evangelischen Reichsstände. Der Höhepunkt seiner Selbstsicherheit war das Restitutionsedikt vom 6. März 1629, welches die Rückgabe aller seit 1552 von protestantischer Seite eingezogenen geistlichen Güter befahl. Was es forderte, war nicht nur undurchführbar, es zeigte auch seinen Willen, die deutschen Protestanten öffentlich zu demütigen, und zerstörte damit jede Aussicht auf erfolgreiche Friedensverhandlungen. Die Phase kaiserlicher Überlegenheit, das erste Drittel des Dreißigjährigen Krieges, endete mit der Schlacht bei Breitenfeld am 17. September 1631, als die von König Gustav Adolf von Schweden kommandierte protestantische Armee eine kaiserlich-ligistische Armee unter Tilly vernichtend schlug.

1.3 Die Freie Reichsstadt im Krieg

Als Freie Reichsstadt war Lindau eine dem Kaiser direkt unterstellte Stadtrepublik. Sie regierte und verwaltete sich selbst nach einer vom Kaiser verliehenen Verfassung und schuldete ihm Treue, Gehorsam und Steuerzahlung. Für ihre Sicherheit war die Reichsstadt selbst verantwortlich. Gemeinschaftlich bauten und unterhielten die Bürger die Befestigungen ihrer Stadt, beschafften sich die nötigen Waffen und Rüstungen und übten sich in deren Handhabung. An auswärtigen Kriegen hatten sich Lindauer im Rahmen von Bündnissen hin und wieder beteiligt und dabei gelernt, die Verstrickung in solche Abenteuer tunlichst zu vermeiden. Sie wussten, dass ihre kleine Stadt militärisch kein Gewicht hatte, trauten sich aber zu, sie mit Erfolg zu verteidigen.

Etwa ab Beginn des 17. Jahrhunderts wurden die Lindauer Bemühungen um die Verteidigung intensiver. Vielleicht hatte das mit dem militanten Einfluss des Trientiner Konzils zu tun oder mit der zunehmenden Häufigkeit kleiner lokaler Kriege. Die Gründung der Protestantischen Union und der Katholischen Liga, die beide ausdrücklich ihren rein defensiven Charakter beteuerten, verlieh kriegerischen Impulsen eine bestimmte Richtung. Die Freie Reichsstadt Lindau trat keiner der beiden Vereinigungen als Mitglied bei, doch zu beiden, Union wie Liga, pflegte sie gute Beziehungen. Mit den protestantischen Reichsständen verband sie der gemeinsame Glauben. Dem fanatisch katholischen Kaiser war sie als Freie Reichsstadt grundsätzlich zu Treue und Gehorsam verschworen. Mit den katholischen Reichsständen, insbesondere mit den beiden mächtigen Nachbarn, dem Herzog von Bayern und dem Erzherzog von Tirol, arbeiteten die Lindauer pragmatisch zusammen. Überhaupt war es altes Grundprinzip der Kaufmannsstadt, alle Spannungen, einschließlich solcher, die sich aus konfessionellen Differenzen ergeben mochten, mit Diplomatie und Konzilianz von vornherein aus dem Weg zu räumen. So verfolgte Lindau konsequent eine Politik der Neutralität. Für den Notfall pflegte die Stadt aber ihre Verteidigungsmittel: die Wehrkraft ihrer Bürger, die Stärke ihrer Befestigungen und die Qualität ihrer Waffen.

Die Lindauer Sicherheitsbemühungen richteten sich auf drei Ebenen: Steigerung der Wehrfähigkeit der Bürger; Beschaffung der nötigen Vorräte an Nahrungsmitteln, Waffen und Kriegsgerät; Bau und Pflege der Befestigungen. Die zwei wichtigsten Bürgerpflichten waren Wehr- und Wachtdienst sowie Steuerzahlung. Diese Leistungen wurden unerbittlich eingefordert, unter Androhung harter Strafen. Die Bürgerwehr war einfach organisiert. Das Oberkommando, auch im Gefecht, hatte grundsätzlich der amtierende Bürgermeister. Ihm unterstanden sechs Wehrbezirke, in welche die Stadt eingeteilt war und deren Hauptleute aus dem großen Rat abgeordnet waren. Der Amtsbürgermeister hatte die Freiheit, die mit dem militärischen Oberkommando zusammenhängenden Pflichten ganz oder teilweise an andere zu delegieren, insbesondere einen berufsmäßigen Stadthauptmann zu berufen. Der einzelne Wehrpflichtige hatte sich zu stellen, wann immer er aufgerufen wurde, oder er musste einen Ersatzmann bezahlen. Er hatte sich auf eigene Kosten mit einem Harnisch und den nötigen Waffen auszurüsten und diese Ausrüstung immer zu Hause bereit zu halten. Wehr und Waffen durfte er nicht verpfänden. Um Anzahl und Tauglichkeit der Wehrfähigen festzustellen, hielt man von Zeit zu Zeit Musterungen ab. So kam man bei einer Musterung der Lindauer Bürgerschaft im August 1612 auf 1164 Mann, Musterungen des Landvolkes im Jahr 1617 zählten 500 Bauern für Lindau und 370 für Wasserburg.[19]

Von 1614 bis 1627 war Matthias Polan Stadthauptmann; er war verantwortlich für die Sicherheit der Stadt.[20] Polan bemühte sich, diesen Wehrpflichtigen eine militärische Grundausbildung zu geben. Er ließ sie regelmäßig exerzieren und drillte sie im

---

19 Wolfart, I.2, S. 10.

20 Matthias Polan (geb. ca. 1555 in Passau, gest. 1635 in Lindau) hatte 1580 bis 1582 als spanischer Soldat im Krieg gegen Portugal gedient und lebte von 1584 bis 1599 und wieder ab 1612 in Lindau. Von etwa 1614 bis 1627 war er Stadthauptmann und von 1619 bis 1635 Mitglied der Patriziergesellschaft zum Sünfzen. Sein schriftlicher Nachlass ist im Hauptstaatsarchiv Stuttgart Sig. B 123 M Bü 34, Film 2010. Für Weiteres über Polan siehe Wolfart, I.2, S. 9 und II, S. 119, Stolze, S. 102, 114, 118 und 241, und die Stadtchronik von Ulrich und Alexius Neukomm-Chronik, Stadtarchiv Lindau Lit 25.

Gebrauch der Waffen. Am wichtigsten war die Fertigkeit in der Handhabung der Musketen und Hakenbüchsen; man errichtete Schießstände für regelmäßiges Scheibenschießen und veranstaltete sportliche Wettkämpfe mit den Schützen der Nachbarorte.[21] Matthias Polan[22] hatte als spanischer Soldat von 1580 bis 1582 an Feldzügen gegen Portugal teilgenommen und sich 1584 als Beisäß (Einwohner ohne Bürgerrecht) in Lindau niedergelassen. Ab 1599 war er lange abwesend, vermutlich in auswärtigem Kriegsdienst. 1612 kam er wieder zurück nach Lindau. Bald fand er Anstellung bei der Stadt, zunächst bei der Organisation einer Musterung der wehrfähigen Bürger. Im Jahr 1614 beriefen ihn die Lindauer Stadtväter schließlich zum Stadthauptmann. Seine Bestallung wurde im selben Jahr bestätigt, mit einem Jahresgehalt von 200 Gulden. Nun blieb er in Lindau; er war viermal verheiratet und blieb bis zu seinem Tod 1635 Mitglied der Lindauer Patrizier-Gesellschaft Sünfzen[23]. Als gebürtiger Passauer war Polan vermutlich Katholik. Er war mit dem Grafen Hugo von Montfort-Tettnang, einem engen Vertrauten des Kaisers und feindlichen Nachbarn von Lindau, befreundet (ihm vertraute er seinen schriftlichen Nachlass an) und machte aus seinen Habsburger Sympathien keinen Hehl. Ärgerlich war es für radikal-evangelische Lindauer, zu sehen, dass er alle Laden an seinem Haus weiß und rot anstreichen ließ und die Lindauer Obrigkeit es ihm nicht verübelte.[24] Polans Hauptaufgaben waren der Aufbau einer einsatzfähigen Bürgermiliz und die Errichtung von widerstandsfähigen Befestigungen. Im Amt zeigte er Tatkraft und Sinn fürs Praktische. Die Ausbildung seiner Mannschaft bestand aus regelmäßigem Drill und konzentrierte sich auf die Verteidigung. Betont wurde vor allem das Schießen mit Muskete und Hakenbüchse in neu eingerichteten Schießständen, vor Ort auf den verschiedenen Bastionen und sogar vom fahrenden Schiff.

Über die Qualität seiner Krieger urteilte Polan illusionslos, dass die Lindauer »Bürgerschaft im Kriegswesen ganz unerfahren, und fast nur beim Wein, und dann wider ihre Obrigkeit, große Helden und Rittersleut sein«[25]. Die Bürgermiliz war für den Einsatz für die Verteidigung der Stadt bei Belagerungen gedacht, doch hatte lange keine Gelegenheit gehabt, sich zu bewähren. Vielleicht war sie grundsätzlich nicht mehr zeitgemäß, denn schon von 1620 bis 1623 hatte die Stadt einige hundert

---

21 Zum Beispiel berichtet Neukomm, Ne 428: »Die Bregenzer khomen gen Lindo zu einem gesellen schießen und gewinnen nix.«

22 Die wichtigste Quelle für Polans Biografie ist sein Nachlass. Ferner ist Polan mehrfach erwähnt in den Stadtchroniken von Neukomm Lit 25 und Heider Lit 26 sowie bei Wolfart und Stolze.

23 Stolze, S. 241.

24 Neukomm-Chronik, S. 451.

25 Nachlass Polan: *Gründtlicher Bericht*, 1628, Nr. 7.

Söldner angeworben, zum Beispiel für Wacht- und Aufsichtsfunktionen gegenüber einquartierten fremden Truppen, doch auch sie wurden im März 1624 wieder entlassen.[26] Waffen und militärisches Gerät im Besitz der Stadt wurden im Bürgerzeughaus aufbewahrt. Ausführliche Inventare[27] aus den Jahren 1581 und 1620 sowie die Stadtchronik von Neukomm[28] beschreiben dort sehr umfangreiche Bestände an Bewaffnung und Ausrüstung. Die schwereren Kanonen standen auf den Befestigungswerken selbst.

1.4 Die Befestigungen und die Brücke

Befestigungen[29] waren für den Begriff *Stadt* von juristischer Bedeutung. Da das Stadtrecht sich vom mittelalterlichen Burgrecht ableitete, war eine Stadt immer zuerst auch eine Burg; das bedeutete: Eine Stadt hatte befestigt zu sein. Die Verlegung des Äschacher Markts auf die Insel um ca. 1100 infolge des Investiturstreits und die bald darauf folgende Gründung der Stadt machten den Bau einer Brücke notwendig; diese, um den Zugang zur Insel zu beherrschen, erforderte die Errichtung eines Stadttors. Das *Burg-* oder *Landtor* war der erste Schritt zu einer Stadtbefestigung. Der Aufbau des Gemeinwesens auf der Insel erfolgte darauf so rasch, dass Lindau schon zu Anfang des folgenden 13. Jahrhunderts die Rechte einer Reichsstadt verliehen wurden. Bebaut war nur die (etwas größere) östliche Hälfte der Insel, der unbebaute westliche Teil wurde durch einen Graben, den *Inselgraben*, und später zusätzlich durch eine Mauer abgetrennt. So bestand Lindau nun aus zwei Inseln; die Lindauer bezeichneten die westliche Insel als *Insel (Insul, Insoll* usw.) und die östliche, auf der sie wohnten, als die *Stadt*. Vervollständigt wurde das Ensemble durch eine kleine dritte Insel, die *Burg* oder *Römerschanze*; die mit ihren knapp 2000 Quadratmetern etwa 100 Meter südlich der Stadt lag und mit dieser durch einen hölzernen Steg verbunden war. Eine erste Ummauerung der eigentlichen *Stadt* (mit Ausnahme der dem See zugewandten Südseite) war vermutlich schon zu Anfang des 13. Jahrhunderts abgeschlossen, die

---

26 Neukomm-Chronik, S. 743ff., 748, 759.

27 Friedrich Meß: »Beitrag zur Kriegsgeschichte von Lindau«, *SVG* 17 (1888), S. 110–123, insbes. S. 117–121 liefert ausführliche Inventare.

28 Neukomm-Chronik, S. 371.

29 Eine definitive moderne Darstellung der Geschichte der Lindauer Befestigungen fehlt. Am informativsten sind: Horn, Adam; Meyer, Werner: *Die Kunstdenkmäler von Lindau (Bodensee).* Lindau, 1955, S. 73–91; Wolfart, Friedrich Meß: *Beitrag zur Kriegsgeschichte von Lindau, SVG* 17 (1888), S. 110–123; Jordan, Hans: »Die Baugeschichte Lindaus als die Stadt noch Festung war«, Neujahrsblatt *7*, Lindau 1926, S. 18–33.

der *Insel* erst im 16. Jahrhundert. Die Stadtmauer stand dicht am Wasser und besaß die üblichen Wehrgänge sowie eine stattliche Anzahl von Türmen und Toren. Eine wichtige Ergänzung der Mauern ergab ein Ring von Palisaden, eine Reihe von nebeneinander eingerammten Pfählen, der die ganze Insel ab Anfang des 15. Jahrhunderts umgab. Die Palisaden waren ein wirksamer Schutz gegen feindliche Annäherung zu Wasser, mussten allerdings ziemlich oft kostspielig erneuert werden.

Etwa zur Wende zum 17. Jahrhundert begannen die Lindauer, der Pflege ihrer Befestigungen vermehrte Sorgfalt zu widmen. Dank ihrer Insellage hatten sie sich mit deren Modernisierung Zeit gelassen, doch nun begriffen sie, dass weitere Untätigkeit Gefahren barg. Nicht nur hatten sie die Befestigungen in den vergangenen Jahrzehnten ein wenig vernachlässigt. Fortschritte in Technik und Einsatz der Artillerie hatten die Befestigungsarchitektur gewandelt. Anstatt von Steinmauern benötigte man nun dicke Erdwälle und statt hoher Türme niedrige Bastionen[30], die als Artillerieplattformen dienten. Die mittelalterlichen Türme hatten ihren Wert verloren. Manche, zum Beispiel den Fledermaus-, den Siegels- und den Krattlerturm, trug man ab (die Steine waren willkommen als Baumaterial). Andere, zum Beispiel der Pulverturm und die Heidenmauer, wurden verkürzt und, wenn möglich, zu Artillerieplattformen umgewandelt; auch das stattliche Landtor erlitt dieses Schicksal. Einige jedoch, der Turm der Peterskirche, der Diebsturm und der Mangturm, blieben zur Freude der Nachwelt erhalten.

Die ganze Inselensemble, vom Siegelsturm zum Pulverturm, war gut einen Kilometer lang; sein Umfang aber, dem Verlauf der Stadtmauern folgend, maß rund drei Kilometer. Diese drei Kilometer wollten befestigt und bewacht sein. Zwar waren nicht alle Teile der Mauer gleich gefährdet. Die dem See zugewandten drei Viertel des Umfangs luden zum Angriff weniger ein; sie waren nur per Boot zu erreichen und konnten vom Festland weder eingesehen noch mit Artillerie bestrichen werden. Für den Angreifer war diese Seite nur von Reiz, wenn er hier Stellen entdecken konnte, die unbefestigt und unbewacht waren. Daher genügte es, wenn die Stadt einem Feind von der Seeseite einen Anblick bot, der ihm den Appetit auf einen Angriff von vornherein verdarb. Man musste ihm hier lückenlose Palisaden vorsetzen, Schanzen mit auf ihn gerichteten Kanonenrohren und starke, abweisende Mauern mit Wachen, die auf jede Annäherung energisch reagierten.

30 Zur Nomenklatur: Die zu der Zeit verwendeten Ausdrücke wie Schanze, Bastei, Bastion, Bollwerk, Ravelin usw., die in der gelehrten Fachliteratur durchaus differenzierte Bedeutungen hatten, wurden im allgemeinen Sprachgebrauch austauschbar verwendet; sie meinten immer ein vorspringendes Erdwerk mit ein wenig zurückgelehnter Außenmauer, oben mit einer Brustwehr versehen, und dahinter mit einer größeren ebenen Fläche für die Aufstellung von Kanonen.

Die steinerne Dammbrücke von Lindau mit ihrer imposanten Länge von 300 Metern. Ausschnitt aus einem Ölgemälde der Gesamtansicht der Insel Lindau, Maler unbekannt, 1579.

Viel gefährdeter dagegen war das nördliche Ufer der Insel, wo ein Teil der Stadtmauer, nach Nordosten gerichtet, eine etwa 150 Meter lange, geradlinige Flanke gegenüber dem Festland präsentierte. Hier befand sich die verwundbarste Stelle der Insel, die lange, steinerne Brücke, die den einzigen Zugang zur Stadt bot. Hier war die Insel nur 300 Meter vom Festland entfernt; hier war die Tiefe des Sees am geringsten; hier kam im Winter, wenn der Seespiegel regelmäßig drastisch absank, der Boden des Sees zutage, insbesondere unter der Brücke und vor der Stadtmauer. Selbstverständlich bot die Brücke den bequemsten Zugang zur Stadt, daher war es der Traum jedes Angreifers, sie unversehrt in die Hand zu bekommen. Das radikalste Mittel, dies zu verhindern, war es, die ganze Brücke zu entfernen. Als dies gegen Ende des Krieges von der Generalität befohlen wurde, sträubten sich die Lindauer mit aller Kraft, doch die schmerzhafte Amputation musste vollzogen werden. Der Widerstand gegen den Abbruch war darum so stark, weil die Bedeutung der Brücke auf vielen Ebenen lag. Zum einen war sie für das tägliche Leben einer Handels-, Markt- und Hafenstadt unentbehrlich; dann verkörperte sie eine gewaltige Investition; auch war sie Symbol der Stärke und des Reichtums der Stadt. Ihre Bedeutung wurzelte aber noch tiefer, denn die Brücke war älter als die Stadt selbst; tatsächlich hatte erst sie den Aufbau des Gemeinwesens auf der Insel ermöglicht.

Die Geschichte der Brücke ist noch nicht gründlich erforscht. Vermutlich wurde eine erste Holzbrücke um ca. 1100 errichtet, aber über das Alter der Lindauer Steinbrücke gibt es keine Quellen, nur die vorherrschende Meinung, dass sie aus dem 15. Jahrhundert stammte und dem gotischen Baustil angehörte. Über ihre genaue Bauweise ist nichts überliefert, gewiss ist aber, dass sie über die Jahrhunderte durch Anbringung, Auswechslung und Entfernung von Zugbrücken, Türmen und Brückenköpfen ihr Aussehen oft gewechselt hat. Die überlieferten Abbildungen – Gemälde, Holzschnitte, Handzeichnungen usw. – zeigen kein Interesse an technischen Einzelheiten. Bei dem Bestreben, die schöne Inselstadt vor ihrem Hintergrund von See und Gebirge wirksam abzubilden, war die große Länge der Brücke störend. So zeigen frühe Ansichten von Lindau stark verkürzte Brücken von bescheidenem Format mit vier bis acht kleinen Bögen, während die großen, heute noch erhaltenen gotischen Steinbrücken von ähnlicher Länge mindestens doppelt so viele und dazu unvergleichlich massivere Bögen besitzen.[31] Zum Beispiel hat die Steinerne Brücke in Regensburg (1156) mit 336 Metern Länge 16 Bögen und die Karlsbrücke in Prag (1357) mit 1516 Metern Länge ebenfalls 16 Bögen. Das sind gewaltige Bauwerke von monumentalem Aussehen. Hätte die Lindauer Steinbrücke ähnliches Format besessen, dann hätte es sich gewiss in zeitgenössischen künstlerischen Darstellungen ausgedrückt.[32] Daher ist zu vermuten, dass die Lindauer »Steinerne Brücke« keine Bogenbrücke war, sondern eine Art von Dammbrücke, bestehend aus einem gemauerten Damm mit einigen bogenförmigen Durchlässen. Solche Dammbrücken waren einfacher und billiger zu errichten. Für Flüsse mit einiger Strömung waren sie ungeeignet, da sie einem Hochwasser nicht widerstehen konnten; in einem See von geringer Tiefe und ohne Strömung boten sie jedoch große wirtschaftliche Vorteile. Eine solche Brücke zeigt die Lindauer Stadtansicht eines anonymen Malers, bezeichnet durch den Stifternamen Anthoni Remm, datiert 1579.[33]

Am landseitigen Ende der Brücke, d. h. am Brückenkopf, hatte man irgendwann das sog. Schänzlein errichtet, eine kleine Festung, die bei der späteren Belagerung, gegen alle Erwartung, dem Feind den Zugang zur Insel verweigert und ihn dadurch um Abzug veranlasst hat. Über das Datum und die näheren Umstände seiner Errichtung schweigen die Quellen. Am anderen Ende der Brücke stand das Landtor. Ebenso wie die Brücke selbst war seine Aufgabe, Zugang zu ermöglichen und nicht

31 https://de.wikipedia.org/wiki/Karlsbr%C3%BCcke [zuletzt geöffnet am 26.10.2016]

32 Kern, Gustav: Kriegsgeschichte, Nürnberg, 1833, S. 129, vertritt die Meinung, dass die Lindauer Brücke 74 Joche hatte. Seine Quelle (S. 124), die Chronik von B. Rönich, war mir nicht zugänglich. Nach dem Krieg, als man den Ersatz der abgebrochenen Steinbrücke debattierte, kam noch einmal eine Steinbrücke von 48 Jochen ins Gespräch. Wolfart, I.2, S. 98.

33 Ölgemälde, Original im Lindauer Stadtmuseum, siehe auch Burmeister S. 34.

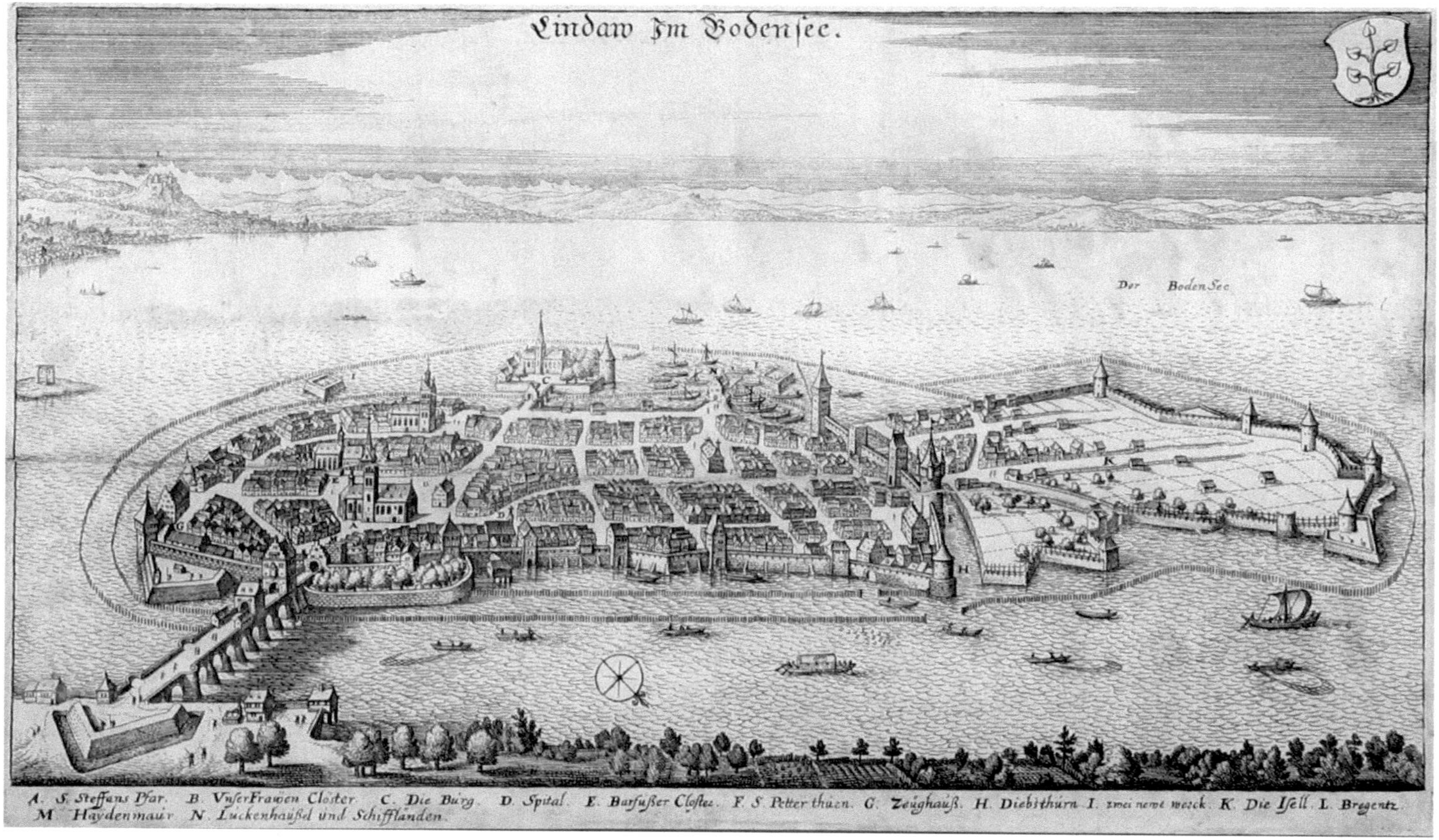

»Lindaw im Bodense«. Kupferstich von Matthäus Merian, 1643. Die Stadtansicht ist fehlerhaft, denn die stark verkürzte Bogenbrücke ist reine Fantasie.

zu versperren. Zwar konnte es unerwünschte Besucher aussperren, aber es war nicht fähig, konzentrierter Gewalt zu widerstehen. Für einen entschlossenen Angreifer war es leichter, das Stadttor aufzubrechen als in die Stadtmauer eine Bresche zu schlagen. Ein erstes Burg- oder Landtor wurde vermutlich schon bald nach Bau der ersten Brücke im frühen 12. Jahrhundert errichtet. Seitdem ist es immer wieder durch neue Konstruktionen ersetzt worden, zum letzten Mal vor dem Krieg im Jahr 1569 durch einen Renaissancebau mit Staffelgiebel. Für die Verteidigung im Krieg war das Tor nur mehr von geringem Wert, so wurde es im es 1635 durch ein unauffälliges Gewölbetor ersetzt, das über die Stadtmauer nicht mehr herausragte.

Wenn man die nördliche Seite der Insel im Zustand vor den modernen Aufschüttungen betrachtet, wie ihn der älteste, auf exakter Vermesssung beruhende Stadtplan von 1823 zeigt, so sieht man, dass sie nach Norden (etwa vom Heiliggeistspital bis zum kaiserlichen Zeughaus) eine lange, geradlinige Front von knapp 400 Metern Länge aufweist und östlich anschließend in ungefähr südöstlicher Richtung einen ebenfalls geradlinigen Abschnitt (vom Heiliggeistspital bis zum Bürgerzeughaus, heute Maxkaserne) von etwa 130 Metern Länge. Zu Anfang des 17. Jahrhunderts waren die beiden Eckpunkte dieses letzteren Abschnitts markiert durch den Fledermausturm im Westen (links) und den Siegelsturm (auch Knöpfles- oder Huyersturm) im Osten (rechts). Die beiden Türme waren baufällig, militärisch bedeutungslos und wurden bald abgetragen, dienten aber noch einige Zeit lang als topografische Bezeichnungen. Der genannte Abschnitt zwischen Fledermausturm und Siegelsturm mit dem Landtor und der Brücke in der Mitte war während des ganzen Krieges für die Lindauer Verteidigung die kritische Zone.

Da Brücke und Tor unvermeidlich Schwachstellen in der Verteidigung waren, mussten angrenzende Befestigungen ihren Schutz zu übernehmen. Mit dieser Aufgabe war man ständig beschäftigt. Schon zwischen 1556 und 1561 hatte man hier die alte Stadtmauer durch eine davor gesetzte starke Mauer verstärkt.[34] 1607 hatte man zwischen Burgtor und Spital zwei neue Dämme, vermutlich durch Aufschüttungen, angelegt und dies bis 1609 fortgesetzt mit dem Ergebnis einer »neuen stattlichen Pastey« vom Spital bis zum Bürgerzeughaus, »mit wasser gräben, und anderem, so zu einer festen notwehr gehörig, nicht ohn anwendung großes uncosttens«[35]. Damit war entlang der Stadtmauer über die ganze Länge dieses Abschnitts, einige Meter vorwärts in den See hinein, eine langgestreckte Bastion geschaffen. Fragt man, wer für diese Arbeiten verantwortlich war, dann möchte man vermuten, dass dies ein (namentlich nicht bekannter) Stadtbaumeister war, der sich mit seiner Mannschaft

34 Horn und Meyer, S. 81.

35 Bertlin, S. 662, 670.

fortwährend und ziemlich selbstständig um Unterhalt, Reparatur und Verbesserung der Befestigungen kümmerte.

Gleichzeitig und von solchen einheimischen Bemühungen unabhängig zeigte sich eine parallele Initiative.

Der Steiermärker Edelmann und Exulant Adam Seenus von Freudenberg, der um 1600 zugezogen und sich in Lindau eingebürgert hatte, war bei den Bemühungen der Lindauer um Verbesserung ihrer Befestigungen mit den Herren des Stadtrats ins Gespräch gekommen und hatte diese überzeugt, dass dieses Problem beiderseits des Landtors eine viel grundsätzlichere Lösung erforderte als die bisher begonnenen Maßnahmen. Sogleich lud Seenus den Basler Festungsbaumeister Valentin Friderich[36] zu einem Besuch ein.[37] Dieser kam nach Lindau, vermaß die Örtlichkeit und legte dann ein sorgfältig ausgearbeitetes Projekt vor, bestehend aus einem maßstäblichen Grundriss, signiert »VF.1607« (Valentin Friderich),[38] und ausführlichen schriftlichen Erklärungen.[39] Die vorgeschlagene Anlage bestand aus zwei zusammenhängenden Schanzen, die schmetterlingsförmig symmetrisch zu beiden Seiten des Landtors angeordnet waren und sich vorwärts weit in den See hinaus erstreckten. Der Rat war begeistert und beschloss, zunächst eine Hälfte der geplanten Anlage, den linken, westlichen Flügel des Schmetterlings, auszuführen. Bald konnte Johann Bertlin in seiner Chronik berichten: »Anno 1609 sind auff anleitung Herrn Adam Seenus von Freudenberg, eines vertribnen Steyrmarckischen Edelmanns, die Herren zu Lindaw räthig worden, auff der lincken hand beym Burgthor ein neu Pastey zu bauen, welche auch in dießem Jahr stattlich und köstlich angefangen worden, und hat man den überschlag gemacht, daß dieser gewaltige Bau in die 40 000 fl kosten werde.«[40]

Allerdings enthielt der Plan des Schweizer Baumeisters einige Schwierigkeiten. Zum einen war der Entwurf nicht vereinbar mit den nüchtern-ökonomischen Arbeiten der Lindauer Bauabteilung, welche bereits ausgeführt waren; diese hätten zugunsten des neuen Plans beseitigt werden müssen. Das bedeutete Verschwendung von Material und Arbeitskraft. Zum anderen würde die neue Anlage weit in den See hinausragen;

---

36 Der Baumeister Valentin Friderich stammte aus Franken, war gelernter Schreiner, hatte 1600 geheiratet und das Basler Bürgerrecht erworben, dann im Kanton Bern als Festungsbaumeister erfolgreich gearbeitet; 1635 gehörte er dem Berner Großen Rat an. Siehe auch Hofer, Paul: *Die Wehrbauten Berns*, Bern 1953. Ich verdanke diese Mitteilung Herrn Staatsarchivar Daniel Kress, Staatsarchiv Basel-Stadt.

37 Vielleicht verdankte Seenus den Kontakt zu Friderich seinen Verbindungen als Zwinglianer. Domeisen, Norbert: Zwingliana, Gesamtregister 1897–1996. Register zu Band 14 (1974–78). Adam Seenus: S. 210, 213–221.

38 Hauptstaatsarchiv München, Plansammlung Nr. 11511.

39 Eine Kopie des zugehörigen Angebotsschreibens befindet sich im Nachlass Polan.

40 Bertlin, S. 690.

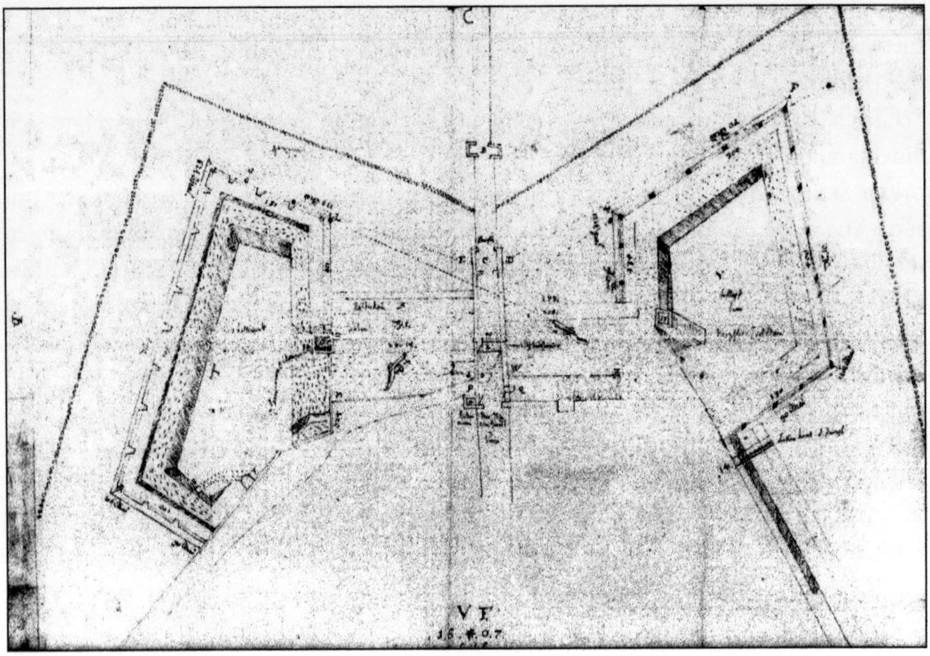

Grundriss einer projektierten Bastion am Landtor, signiert »V. F. 1607 fecit«. Maßstäbliche Federzeichnung auf Papier von Valentin Friderich, Baumeister zu Basel. Der kostspielige Entwurf wurde nicht ausgeführt, diente aber als Anregung.

das bedeutete gewaltige Aufschüttungen von Erdreich, die aber nur erfolgen konnten bei äußerst niedrigem Wasserstand, wie man ihn nur im Hochwinter vorfand. Weitere Einwände lagen im hohen Personalbedarf der riesigen Anlage sowie in der geometrischen Orientierung der Schanzen. Schnell folgte auf die erste Begeisterung Ernüchterung, und der kostspielige Entwurf wurde zu den Akten gelegt und geflissentlich vergessen. Danach findet man in den Quellen keine weiteren Erwähnungen von Seenus.[41]

In den Jahren zwischen 1614 und 1622 wurde unter Polans Leitung an den Befestigungen viel gebaut. Zu den Ergebnissen gehörten mehrere neue oder verbesserte Schanzen auf der »Insul« und im Hafenbereich; die Befestigung der Burg wurde mehrfach verbessert. Ca. 1620 kam eine neue Bastion, die Gerberschanze hinter der Fischergasse, hinzu, welche die Südostflanke der Stadt sicherte (und welche noch heute in ursprünglicher Form erhalten ist).

41 Man fragt sich, ob Seenus, verstimmt durch den Fehlschlag seiner generösen Geste, Lindau verlassen hat und in die zwinglianische Umgebung der Schweiz umgezogen ist.

Schwieriger waren die Aufgaben an der Nordostflanke im Bereich von Brücke und Landtor. Wieder kam ein Anstoß von außen. Im Sommer 1619 machte Graf Friedrich von Solms, ehemaliger Generalwachtmeister der Evangelischen Union, einen kurzen Besuch in Lindau. Er war ein alter Bekannter der Stadt aus der Anfangszeit der Evangelischen Union, als Lindau von dieser heftig, aber vergebens umworben worden war. Nun sprach der Graf nach Besichtigung der Befestigungen vor einigen Ratsherren eine beunruhigende Warnung aus: »Ihr Herren von Lindau, wie seidt ihr so gar sicher und bloß, gedenckht nur nicht anderst, dann der erst herr der kombt, dessen aigen seit ihr. Allso wann wir (die unierte Armada mainendt) anfangs kommen, so seit ihr unser aigen. Kommen dann die Catholischen vor unß, so seit ihr auch deren aigen.«[42] Von Polan mögen die Ratsherren solche Warnungen schon oft gehört haben, doch von einer auswärtigen Autorität kommend machten sie stärkeren Eindruck. Nun erinnerte man sich wieder an den alten Entwurf des Schweizer Baumeisters. Polan suchte ihn aus den Akten hervor, studierte ihn und verfasste eine gründliche Kritik.[43] Zu den Schwächen der vorgeschlagenen Anlage gehörten ihre übertriebene Größe, die dadurch erforderliche zahlreiche Besatzung, die verkehrte Orientierung und Proportionierung der Schanzen und die exzessiven Baukosten. An ihrer Stelle schlug Polan eine einfachere, kompaktere Anlage vor, die nur einen Bruchteil der Kosten erforderte. Der Rat stimmte zu und gab Polan den erforderlichen Auftrag.

Polans neues Konzept bestand darin, dass er die bereits massiv verstärkte gerade Mauer vom Fledermausturm bis zum Siegelsturm mit dem Landtor dazwischen hinnahm und an ihren beiden Enden zwei getrennte Schanzen von mäßiger Größe vorwärts in Richtung zum See anbaute. Polan konzentrierte sich zunächst auf die östliche Schanze beim Siegelsturm und brachte sie auch zügig zum Abschluss. Später betrachtete er sie, neben der Gerberschanze, als seinen deutlichsten Erfolg. Unter seinen Nachfolgern wurde daran weiter gearbeitet, doch auf den vorhandenen Abbildungen zeigt sie immer die gleiche ursprüngliche Form. Schwierig war die Frage ihres Namens. Der benachbarte Siegelsturm, der bald abgetragen wurde und auf den Abbildungen nicht sichtbar ist, eignete sich nicht als Namensgeber. Schließlich, in den 1640er-Jahren, bürgerte sich die Bezeichnung »Königsschanze« ein – ob zu Ehren des Stadtkommandanten Franz Peter König, der an ihr keine Verdienste hatte, oder des vormaligen Königs von Ungarn (und späteren Kaisers Ferdinand III.), ist nicht zu entscheiden.

---

42 Nachlass Polan: Gründtlicher Bericht, 1628, S. 11.

43 Nachlass Polan: Kurzer Bericht ... wegen des Baslerischen Bawherrens Visierung ..., 10. Februar 1620, S. 22–25.

Die gegenüberliegende Schanze – die Fledermausschanze (dieser Name blieb bestehen) – hatte eine schwierige Entstehung. Für den Februar 1620 verzeichnete der Chronist Ulrich Neukomm, dass die »neue große Pastey« zur Linken des Tors »noch des wärenden Sees willen unausgeführt«[44] bleibt. Sie litt an technischen, finanziellen und schließlich politischen Schwierigkeiten. Zum einen erforderte ihr Fundament einen niedrigen Wasserstand des Sees, wie er nur für kurze Zeit im Hochwinter gegeben war. Zweitens brauchte man hier erhebliches Geld für Arbeitskräfte und behauene Quadersteine. Später verursachte ihr Bau, wie noch zu berichten ist, ernste politische Schwierigkeiten mit Erzherzog Leopold, dem Landesfürsten von Tirol, welcher in ihr den Ausdruck von unstatthaftem Machtstreben der Lindauer sah. So wurde der Bau zeitweise ganz eingestellt.

Es bleibt noch das Schänzlein (auch »Hornwerk« genannt[45]) zu besprechen, eine unscheinbare Bastion am Brückenkopf, über welche die Quellen schweigen und deren Bedeutung darin liegt, dass bei der späteren Belagerung der Ansturm der Schweden an ihr gescheitert ist. Über die Vorgeschichte des Schänzleins ist wenig bekannt; seine Form kennen wir nur von einer einzigen, etwas unbefriedigenden Abbildung auf einer Stadtansicht von Matthäus Merian von 1638. Die früheste schriftliche Erwähnung des Schänzleins datiert vom Frühjahr 1632[46], als die Schweden erstmals vor der Stadt standen. Fragt man, wann und von wem sie am wahrscheinlichsten gebaut wurde, darf man die Festungsjahre seit 1628 ausschließen, in denen mangels eines ordnungsgemäßen Stadtkommandanten keine nennenswerten Festungsprojekte angefangen worden waren, und ebenso die vorhergehenden Jahre seit etwa 1622, in denen die Lindauer wegen der Missbilligung des Tiroler Landesfürsten alle bedeutenderen Befestigungsarbeiten einstellten. So kommt man in die Zeit der Wirksamkeit des Stadthauptmanns Polan, dem unter anderem der Bau der Siegelsturmschanze und der Gerberschanze gelungen war. Zweifellos war er erfahren genug, um die Notwendigkeit einer widerstandsfähigen Befestigung des Brückenkopfes zu begreifen, und tatkräftig genug, um eine solche herzustellen. So steht die Tatsache fest, dass eine Schanze am Brückenkopf tatsächlich gebaut worden ist, dass aber durch die Zufälle der Überlieferung kein Bericht über ihre Errichtung erhalten ist. Die Form des Schänzleins be-

---

44 Neukomm-Chronik, S. 437.

45 Waldburg-Wolfegg, Maximilian Willibald von: *Kurze Relation von der Verteidigung Lindaus gegen die Königl. Schwedische Armee im Winter 1647*, Manuskript, Lindau Februar / März 1647, Gesamtarchiv Waldburg-Wolfegg, Inv. Nr. 15810, Z.51.

46 Die Lindauer Kriegschronik S. 277 berichtet von einer nächtlichen Unterhaltung zwischen einem schwedischen Offizier, dem Führer eines Spähtrupps zu Erkundung der Lindauer Befestigungen, und einem Lindauer Bürger. Auf die Frage des Schweden, ob der Brückenkopf Befestigungen aufweise, erhielt er eine kurze Bestätigung.

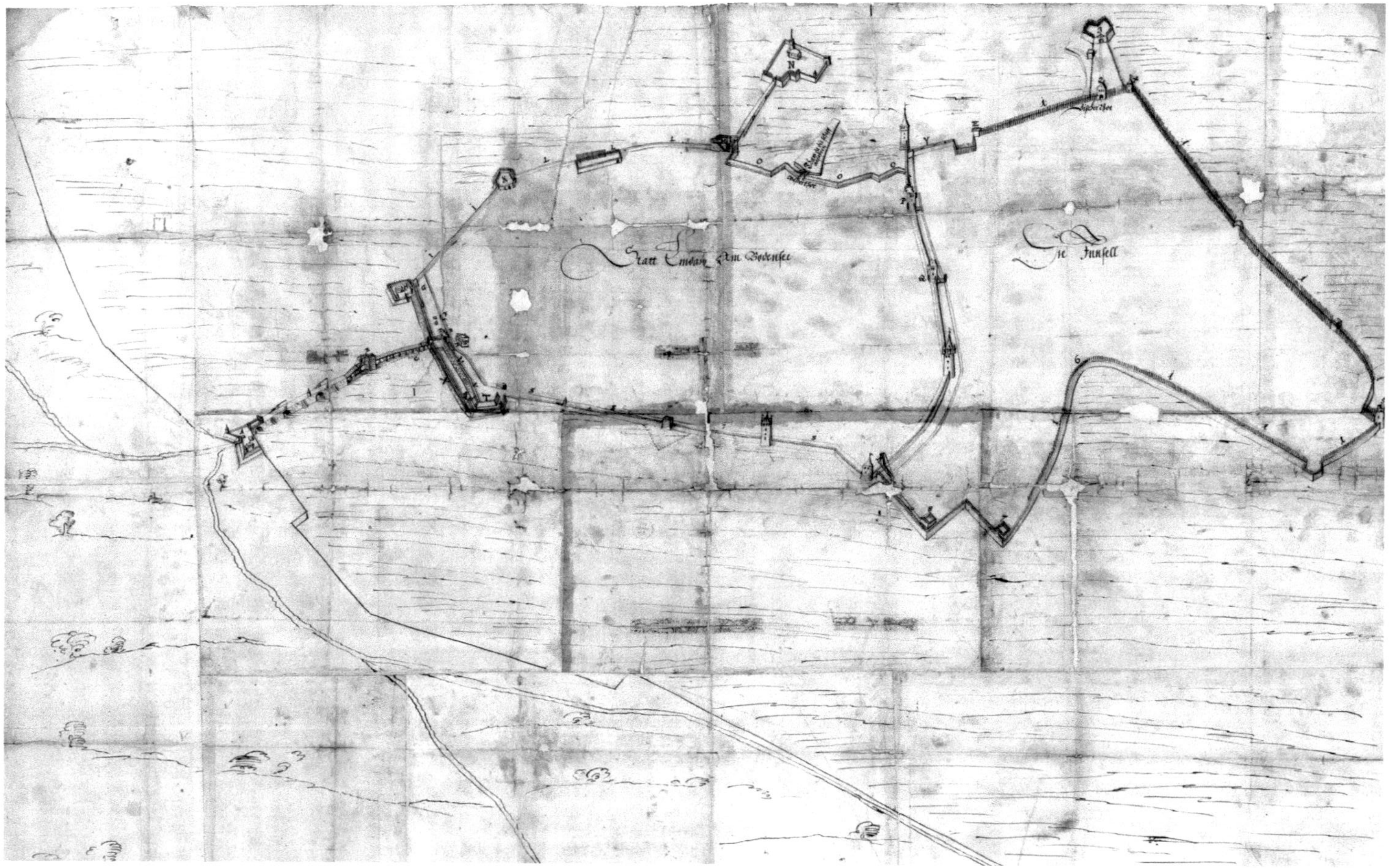

»Statt Lindaw am Bodense«. Übersicht über die Befestigungen. Urheber unbekannt. Bleistiftzeichnung auf Papier, ca. 1635–40. Der präzise gezeichnete Plan, vermutlich vom Stab des Stadtkommandanten, zeigt den Stand der Befestigungen Ende der 1630er-Jahre. Die schmetterlingsförmige Schanze am Brückenkopf ist nicht durch Quellen belegt, vermutlich handelte es sich nur um einen Vorschlag.

treffend, haben wir nur das Zeugnis von Merians Stadtansicht von Lindau, erstmals veröffentlicht im Jahr 1638. Sie zeigt am Festland vor der Brücke eine Bastion in Form eines Pflugs, die mit Max Willibald von Waldburg-Wolfeggs Bezeichnung Hornwerk durchaus verträglich ist. Die dargestellte Bastion ist in friedensmäßigem Zustand; es fehlt eine Zugbrücke und der Graben ist nicht mit dem See verbunden; diese Mängel lassen sich allerdings mithilfe der tüchtigen Lindauer Zimmerleute und der auf dem Lande reichlich zur Verfügung stehenden Frohner innerhalb von wenigen Tagen beheben.

1.5 Truppendurchzüge

Der Krieg hatte schon vierzehn Jahre angedauert, bevor Lindau zum ersten Mal mit dem Feind in Berührung kam. Bis dahin machte er sich nur unblutig bemerkbar, unter anderem in Form von Steuerauflagen und Kontributionsforderungen der verschiedenen Machthaber. Solche Forderungen konnten von drückender Höhe sein, doch sie waren überschaubar und wurden in offiziell-ordnungsgemäßer Form abgewickelt. Dagegen waren es die Truppendurchzüge, die den Bürger mit der Brutalität und der chaosstiftenden Gewalt des Krieges bekannt machten. Sie suchten die Inselstadt mit überdurchschnittlicher Häufigkeit heim und prägten das Leben der Bürger stärker als andere Aspekte des Krieges. Es waren nicht feindliche Truppen, die die Stadt besuchten, sondern nur solche, die auf der katholischen Seite des Konflikts standen. Dabei verhielt sich die evangelische Reichsstadt Lindau nicht anders als die katholischen Städte in der Nachbarschaft, mit denen sie zusammenarbeitete.[47] Um den Durchzügen in ihrer militärischen, aber mehr noch in ihrer wirtschaftlichen Bedeutung gerecht zu werden, wäre eine gesonderte und unvermeidlich recht umfangreiche Untersuchung erforderlich, wie sie im vorliegenden Rahmen nicht geleistet werden kann, zumal Durchzüge gerade mit der Belagerung selbst, einer zweimonatigen Episode im 29. Kriegsjahr, wenig zu tun hatten. Daher beschränken sich folgende Bemerkungen auf einige charakteristische Aspekte.

Ein Truppendurchzug war das, was eine Stadt erlebte, wenn sie von einer Einheit eigenen oder verbündeten Militärs, die sich auf dem Marsch befand, besucht wurde. Solche Truppen kamen in Erwartung von Nachtquartier und Verpflegung. Für die betroffene Stadt waren diese Erwartungen schon aus praktischen Gründen nicht leicht zu befriedigen. Lindau zum Beispiel mit rund 3000 Einwohnern, die innerhalb der Stadtmauern in rund 400 Häusern lebten, war eine für Deutschland ganz

47 Wolfart, I.1, S. 20–27; Neukomm-Chronik, passim; KrCh, passim.

durchschnittliche Stadt, vergleichbar in Charakter und Größe mit Hunderten von anderen. Für Gäste war innerhalb ihrer Mauern und unter ihren Dächern nur wenig Platz. Das Militär dagegen trat in ganz anderen Größenordnungen auf. Schon eine Kompanie-Infanterie hatte 100 bis 300, ein Regiment 1000 bis 3000 Mann; eine mittlere Armee war vielleicht ca. 10 000 Mann stark und bestand gewöhnlich zu einem bis zwei Dritteln aus Kavallerie.[48] Daneben besaß sie eine Artillerie von wenigstens einem oder zwei Dutzend leichter Feldgeschütze, welche je sechs bis zwölf Zugpferde benötigten.[49] So kam die Zahl der mitgeführten Pferde leicht in die Größenordnung von 4000 oder 5000. Und das berücksichtigt noch nicht den Tross, eine Einrichtung, über welche die zeitgenössischen Quellen ebenso ungern sprechen wie die moderne Literatur. Der Tross war eine Kolonne von Hunderten von Wagen samt den nötigen Pferden, die in einigem Abstand neben oder hinter der Armee einherzog. Trosse waren wirtschaftlich selbstständige Gebilde, außerhalb der Autorität der Kommandeure und von diesen verabscheut, nicht nur wegen ihres widerwärtigen Aussehens, sondern auch weil sie die Manövrierfähigkeit der Armee behinderten. Doch für die einfachen Soldaten waren sie unentbehrlich (und von diesen leidenschaftlich verteidigt), weil sie lebensnotwendige Dienstleistungen erbrachten. Im Tross reisten Ehefrauen, Gefährtinnen und Kinder der Soldaten sowie Hilfspersonal aller Art vom Barbier und Apotheker bis zum Altwarenhändler (für den Verkauf der Kriegsbeute), deren Zahl oft nicht weit unter der der aktiven Soldaten lag. Der Tross beförderte und bewahrte die beweglichen Besitztümer der einzelnen Soldaten und die fürs Reisen und Biwakieren gemeinschaftlich benötigten Gerätschaften.[50]

Wenn bei Durchzügen schon das Missverhältnis zwischen der begrenzten Aufnahmefähigkeit einer Stadt und der Zahl der Unterkunft suchenden Soldaten Schwierigkeiten bereitete, dann kam noch hinzu, dass die Soldaten oft unbezahlt, ausgehungert, krank und zerlumpt waren und ihr Verhalten nicht immer das Beste. Doch das eigentliche Problem lag woanders. Im Dreißigjährigen Krieg wurde das Kriegsrecht, *ius belli* – genauer genommen das Recht des Stärkeren – von den kriegführenden Parteien allgemein auf radikale Weise ausgelegt. Grundlegend war die zynische Regel, dass der Krieg sich selbst zu ernähren hätte – *bellum se ipsum alit* –, dank welcher kriegslustige Fürsten sich für berechtigt hielten, selbst bei völliger Mittellosigkeit

48 Beispiele *großer* Armeen sind die Armeen von Wallenstein (31 000 Infanterie und 12 000 Kavallerie) und Gustav Adolf (28 000 Inf. und 17 000 Kav.), die sich August 1632 bei Nürnberg gegenüber standen (Wilson, S. 504), oder gegnerische Armeen bei der Schlacht von Nördlingen September 1634, nämlich ca. 20 000 Inf. und 15 000 Kav. auf kaiserlicher und 16 000 Inf. und 10 000 Kav. auf schwedischer Seite (Wilson S. 545f.).

49 Engerisser, *Von Kronach*, S. 575–591.

50 Ebenda, S. 505–515.

Krieg zu führen. Die Verpflichtung, ihren Truppen den geschuldeten Sold zu zahlen und für ihre Bekleidung und sonstige Fürsorge aufzukommen, hatten die kriegführenden Fürsten und ihre Kommandeure längst in den Wind geschlagen; stattdessen wurden die einzelnen Einheiten angewiesen, sich aus den örtlichen Mitteln des Kriegsschauplatzes selbst zu versorgen.[51] Zwar war dabei zunächst an die Mittel eines besiegten und zu plündernden Feindes gedacht, doch in dessen Ermangelung zögerte man nicht, sich an der eigenen Bevölkerung schadlos zu halten. Aus dieser Regel leiteten durchziehende Truppen den Anspruch ab, auf Kosten heimgesuchter Städte beherbergt, verpflegt und möglichst noch mit einem finanziellen Beitrag ausgestattet zu werden. Selbstverständlich hatte das Militär die Macht, sich das Gewünschte mit Gewalt zu nehmen.

Da die evangelische Freie Reichstadt Lindau inmitten von kaiserlichen und daher katholischen Ländern lag, gehörten die durchziehenden Truppen grundsätzlich zur kaiserlich-katholischen Seite. Die Entscheidung über Art und Größe der von der heimgesuchten Stadt geforderten Leistungen lag bei der Erzherzoglichen Verwaltung in Innsbruck, war aber für die praktische Durchführung an die Vogtei Bregenz delegiert. Dabei hatte die Reichsstadt grundsätzlich kein Recht auf Mitsprache, bestenfalls Gelegenheit, über Art und Ausmaß der geforderten Leistungen zu verhandeln. Dabei gab sich die Vogtei ihrerseits Mühe, ihre Forderungen, angesichts offenkundiger Belastungsgrenzen, im zumutbaren Rahmen zu halten. So bekam Lindau meistens kleinere Einheiten zugeteilt oder die Betreuung größerer Einheiten nur, wenn diese im Freien biwakierten. Die Dauer eines »Durchzugs« beschränkte sich nicht, wie das Wort andeuten könnte, auf eine Nacht; vielmehr konnte es sich auch um viele Tage, ja Wochen handeln.

Die Kaufmannsstadt Lindau verdankte ihren Reichtum einer günstigen Verkehrslage, denn sie lag beherrschend an der besten Handelsstraße von Südwestdeutschland über die Bündner Alpenpässe nach Mailand (St. Bernardino, Splügen oder Septimer; die nächsten Alternativen waren im Osten der Brenner und im Westen der Gotthard oder der Simplon). Lindau teilte die Gunst der Lage mit seiner Nachbarstadt Bregenz. Für den Zugang zum Rheintal hatte der Reisende die Wahl zwischen dem Landweg über Bregenz und dem Seeweg von Lindau über den See. Der Landweg führte, an Lindau vorbei, durch den befestigten Engpass der »Bregenzer Klause« und eine schmale Straße am steilen Pfänderhang entlang, mitten durch Bregenz und weiter

51 Auch dem frommen Schwedenkönig Gustav Adolf war diese zynische Philosophie Grundlage der Kriegführung. Jedoch war es, wie Moriz Ritter ausführlich gezeigt hat, der kaiserliche Generalissimus Wallenstein, der mit stillschweigender Ermutigung des Kaisers das Erpressungsverfahren zu höchster Perfektion gesteigert hat. Ritter, III, S. 301–304.

rechtsrheinisch stromauf über Feldkirch und Chur zu den Pässen. Dabei konnte man kontrolliert und zur Mautzahlung angehalten werden. Für den Personenverkehr war der Weg durch Bregenz nicht sehr bequem, für den Frachtverkehr dagegen ganz unüblich. Für den Seeweg war Ausgangspunkt der Lindauer Hafen, wo sich eine Flotte von leistungsfähigen Segelschiffen für die Überfahrt nach Fußach in Vorarlberg oder Rheineck und Rorschach in der Schweiz anbot. Am kürzesten (7 km) war der Seeweg nach Fußach, wo ein gut organisiertes Personen- und Frachttransportsystem nach Oberitalien bereitstand. Gewiss hatte auch die Seefahrt ihren Preis, zuzüglich der Lindauer Hafengebühren und Zölle, doch sie bot Zeitersparnis und Bequemlichkeit und wurde allgemein vorgezogen.

Die Lindauer Durchzüge zu Anfang des Krieges waren recht unterschiedlichen Charakters. Praktisch zu jeder Zeit waren im Reich militärische Einheiten unterwegs. Ziel eines Marsches musste nicht nur ein tatsächlicher Kriegsschauplatz sein, sondern auch eine bisher unberührte Landschaft für die Erholung einer ausgehungerten Armee oder irgendein anderer beliebiger Zug auf dem Schachbrett des Feldherrn. Die Stadtchronik der Brüder Neukomm, welche über das Geschehen in Lindau zwischen 1598 und 1626 berichtet, erwähnt rund drei Dutzend Episoden, die sich als Durchzüge bezeichnen lassen. Dazu gehören die großen Durchzüge, die einem Wechsel von Kriegsschauplätzen galten, aber auch viele kleinere, die keinem edleren Zweck dienten als eine ausgesogene, ausgeplünderte Landschaft gegen eine solche auszutauschen, die einige Wochen lang Nahrung versprach. Gewiss sah Lindau Durchzüge in östlicher oder westlicher Richtung, aber die besondere Eigenschaft von Lindau und Bregenz war, dass sie den Zugang zum oberen Rheintal und zu den nach Oberitalien führenden Alpenpässen beherrschten. Da sich in den ersten Kriegsjahren mehrere wichtige Konflikte des Hauses Habsburg in Oberitalien abspielten, an denen Truppen aus Österreich und Süddeutschland teilnahmen, passierte der damit zusammenhängende Verkehr zum größten Teil durch Lindau oder Bregenz. Ein Vorspiel war der *Uskoken-* oder *Friaulische Krieg* (1615–1617) mit der Republik Venedig. Dieser Konflikt war entstanden, weil Österreich sich verpflichtet fühlte, die Uskoken – eine kroatische Volksgruppe an der nördlichen Adria, die von Seeräuberei auf Kosten der venezianischen Schifffahrt lebte – zu verteidigen. Da Venedig Unterstützung von anderen seefahrenden Nationen wie Holland und England fand, bekam der Streit auch konfessionelle Farben und zog sogar Freiwillige aus Süddeutschland an. So marschierten Kriegslustige auf beiden Seiten von Lindau über die Alpen zum Kriegsschauplatz und schließlich wieder zurück. Der Konflikt endete, als Habsburg die nötigen Zugeständnisse machte und als der *Böhmische Krieg* für neue militärische Beschäftigung sorgte. So erlebte Lindau 1618–1619 größere Durchzüge, vorwiegend von spanischen oder neapolitanischen Truppen, von Oberitalien nach Böhmen. Nach dem Böhmischen

Krieg richtete sich der militärische Verkehr von Lindau wieder nach Süden, zunächst, als sich das Haus Habsburg in den frühen 1620er-Jahren den *Aufstand der Bündner* niederzuschlagen bemühte. Eine besondere Episode darin war der *Prättigauer Aufstand* von 1622, in dem die Kämpfe bereits in die Nähe von Lindau vordrangen. Die Bündner Unruhen klangen schließlich ab, endeten aber erst 1639 mit dem Kapitulat von Mailand, welches die Unabhängigkeit des geeinigten Graubündens begründete. Gegen Ende des Jahrzehnts ließ sich der Kaiser in einen dynastischen Krieg in Oberitalien verwickeln, den sogenannten *Mantuaner Erbfolgestreit*, in dem er fast die gesamte kaiserliche Hauptarmee aufs Spiel setzte, was wiederum gewaltige Truppenbewegungen südwärts und wieder zurück auslöste (worüber weiter unten, im richtigen chronologischen Zusammenhang, ausführlicher zu berichten sein wird).

Wichtig im Zusammenhang mit transalpinen Truppendurchzügen ist der Begriff der *Spanischen Straße* (*Spanish Road, Camino Espanol*). Allerdings ist zu berücksichtigen, dass es sich nicht um eine spezifische, topografisch genau definierte Straße handelt, sondern um eine makro-geografische Abstraktion, die übrigens Lindau nicht direkt berührte. Das Königreich Spanien als Teil des Hauses Habsburg führte seit Jahren einen langwierigen Krieg gegen die um ihre Unabhängigkeit kämpfenden Niederlande. Da die holländische Kriegsflotte den Spaniern den Zugang zu den Nordseehäfen versperrte, konnte Spanien seine dort kämpfenden Truppen nur von Genua aus über den Landweg versorgen und verstärken. Die Bezeichnung »Spanische Straße« umfasst alle Marschrouten von Genua über Mailand nach Brüssel, welche von spanischen Truppen und Nachschubkolonnen während des neunzigjährigen niederländischen Freiheitskrieges benutzt wurden.[52] Alle diese vielfältigen Wegführungen hatten nur *eine* Voraussetzung zu erfüllen: Sie mussten durch habsburgisches oder verbündetes bzw. befreundetes Gebiet führen, wo jeder Durchzug im Voraus genehmigt sein musste. Daher war der Weg durch Frankreich, die Schweiz und die weiteren protestantischen Länder von vornherein versperrt. Die Gesamtzahl der benutzten Marschrouten kommt auf mehrere Dutzend, da fast jeder Zug von den verschiedenen Hauptrouten nach Belieben an der einen oder anderen Stelle abwich.

Die meisten Routen der Spanischen Straße verliefen westlich des Rheins und waren daher für Lindau ohne Belang. Die Lindau am nächsten liegenden Bündner Pässe St. Bernardin, Splügen und Septimer waren für Habsburger Truppen, je nach den wechselhaften Beziehungen mit den Bündner Kantonen, oft nicht zugänglich. So

---

52 Zur Spanischen Straße siehe die Wikipedia-Beiträge »Spanische Straße« und »Spanish Road« sowie die spanische Website www.elcaminoespanol.com [zuletzt geöffnet am 26.10.2016].
Das vielzitierte Buch von Geoffrey Parker, *The Army of Flanders and the Spanish Road, 1567–1659*, Cambridge 1972, bietet eine originelle, doch nicht leicht zugängliche Diskussion dieses komplexen Themas.

blieb östlich des Rheins nur ein einziger brauchbarer Weg von Mailand über die Alpen: Er führte durch das Veltlin und über das Wormser oder das Stilfser Joch ins Inntal und weiter durch das untere Inntal nach Österreich oder über den Fernpass nach Oberschwaben. Auch dieser Weg enthielt ein Hindernis, denn das Veltlin, ein Bündner Untertanenland, war ursprünglich reformierter Konfession. Die Lösung des Problems war der *Veltliner Mord*. Im Juli 1620 organisierten Mitglieder der katholischen Veltliner Minderheit mit Ermutigung und Unterstützung des spanischen Herzogtums Mailand ein großangelegtes Massaker. Rund 500 Mitglieder der reformierten Führungsschicht des Veltlins wurden ermordet und der Rest der reformierten Bevölkerung vertrieben; daraufhin wurde das Veltlin von spanischen Truppen besetzt. Damit hatten diese den Weg nach Österreich, Deutschland und Flandern in der Hand. Dieser Erfolg hatte aber seinen Preis, denn er löste den bereits erwähnten Volksaufstand der Bündner gegen das Haus Habsburg aus.

In den Sommern 1633 und 1634 sah die Spanische Straße zwei vielbeachtete Züge von Mailand durchs Veltlin über die Alpen, zuerst unter dem Herzog von Feria, dann unter dem Kardinalinfanten Ferdinand, über die unten im richtigen zeitlichen Zusammenhang noch zu berichten sein wird. In der Folge änderte sich der Charakter der Durchzüge. Märsche über große Entfernungen wurden seltener, sie nahmen mehr taktischen als strategischen Charakter an und dienten zunehmend nicht mehr der eigentlichen Kriegsführung, sondern dem reinen Überleben. Die Gesamtzahl der Soldaten im Verhältnis zur Gesamtbevölkerung nahm ständig zu. Bauern, deren Felder verwüstet und Höfe abgebrannt waren, fanden im Soldatenberuf eine letzte Zuflucht. So wurden aus Produzenten von Lebensmitteln Verbraucher, und die Suche nach Nahrung wurde zum Hauptzweck von Truppenbewegungen. Oft jedoch überstieg ihr Bedarf die tatsächlich vorhandenen Lebensmittel, und die Soldaten hungerten gemeinsam mit der Zivilbevölkerung. So kam es vor, dass ausgehungerte, demoralisierte Soldaten zur Selbsthilfe schritten und jene Exzesse entfesselten, für die der Dreißigjährige Krieg berüchtigt wurde. Schlechte Ernährung und Unterbringung hatten ferner zur Folge, dass viele Soldaten krank waren (an Krankheit starben im Dreißigjährigen Krieg mehr Soldaten als an im Kampf empfangenen Wunden). So waren die herumziehenden Armeen gefürchtet als Verbreiter von Krankheiten. Über die ganze Dauer des Krieges blieben Truppendurchzüge eine Begleiterscheinung des Lebens. Man nahm sie hin wie Naturkatastrophen, handhabte sie pragmatisch und übte sich in Geduld.

2. SPANNUNGEN MIT HABSBURG (1619–1625)

2.1 Lindau und die Protestantische Union

Für die Lindauer war der Prager Fenstersturz vom 23. Mai 1618, den man später zum Anlass für den Ausbruch des Dreißigjährigen Krieges erklärte, ein Ereignis ohne Bedeutung. Doch der fast gleichzeitige Beginn einer Verschlechterung ihrer Beziehungen zum Kaiserhaus war nicht zu übersehen. Auf diese Entwicklung waren sie nicht vorbereitet; sie ahnten, dass ihre Schwierigkeiten mit den Unruhen in Prag zusammenhingen, konnten aber nicht erkennen, auf welche Weise. Tatsächlich war das Problem der Lindauer nicht direkt mit der Krise in Böhmen verbunden, doch beide hatten eine gemeinsame Ursache. Der Tod des alten Kaisers Matthias im Jahr 1619 hatte eine Kette von dramatischen Ereignissen ausgelöst. Zu diesem Monarchen waren die Beziehungen gut gewesen, nicht zuletzt dank der toleranten Politik seines Kanzlers, des Kardinals Melchior Klesl; noch 1614 hatte er den Lindauern in einem persönlichen Brief seine Freundschaft bekräftigt.[1]

Die neue Generation von Herrschern, im Geist des Trientiner Konzils und des Absolutismus erzogen, zeigte einen ganz anderen Stil. Beide Ideologien prägten das Denken Kaiser Ferdinands II. ebenso wie das des bayerischen Herzogs (und späteren Kurfürsten) Maximilian I., also der beiden eigentlichen Urheber des Krieges. Die Freien Reichsstädte, republikanisch im Charakter und in besonderem Maße von der alten Reichsverfassung geprägt, waren schon aufgrund ihrer Verfassung mit absolutistischer Ideologie schwer vereinbar. Es war dieser Gegensatz, der die neuen Spannungen zwischen Lindau und dem Kaiserhaus erzeugte. Gegen den Ansturm des neuen Staatsbegriffs, dessen Vertreter mit der Anwendung von Gewalt nicht zögerten, konnte sich eine kleine Reichsstadt wie Lindau nur mit diplomatischen und politischen Mitteln verteidigen.

In dem halbjährigen Interregnum zwischen dem Tod von Kaiser Matthias am 20. März 1619 und der Krönung seines Nachfolgers Kaiser Ferdinand II. am 9. September 1619 wurde das Reich verfassungsgemäß durch den Reichsvikar (*vicarius imperii*), nämlich den Pfalzgrafen bei Rhein regiert, in diesem Fall durch den jungen Kurfürsten Friedrich V. von der Pfalz; die Lindauer Bürger erfuhren davon durch Plakatanschläge in den Kirchen. Dieser Kurfürst war gleichzeitig auch nominelles

---

1 Kaiser Matthias I. an den Rat von Lindau, Wien, 18. April 1614. In: Wolfart, II, S. 339f., Wolfart, I.2, S. 420 und I.2, S. 5 und 7.

Haupt der Protestantischen Union und Anwärter auf den böhmischen Königsthron. Man war miteinander bekannt. Wie schon berichtet, hatten die Gründer der Union 1608 sich heftig bemüht, Lindau als Mitglied zu werben, aber Lindau hatte, unter Wahrung freundlicher Beziehungen, entschieden widerstanden. Auf der Seite der Katholischen Liga meinten jedoch manche, dass Lindau seine Ablehnung des Beitritts in die Union nur vorgetäuscht hätte und es insgeheim durchaus Mitglied sei.

Während des Interregnums, zwischen Frühling und Herbst 1619, ereignete sich in Lindau eine Anzahl von an sich trivialen Vorfällen, die sich jedoch als Indizien geheimer Unionszugehörigkeit auslegen ließen und für die Stadt nachhaltige Schwierigkeiten auslösten.[2] Bald nach Beginn des Interims machten der Lindauer Bürgermeister Buschor und der Ratsjustitiar Dr. Daniel Heider einen Besuch beim Reichsvikar an seinem Hof zu Heidelberg. Es ging um einen alten Rechtsstreit, der am Wiener Hofkammergericht stecken geblieben war und den die Lindauer unter den nunmehr günstigeren Umständen der Interimsregierung zügig zu erledigen hofften. Den Zweck ihrer Reise hatten sie nicht bekannt gegeben (der Chronist Ulrich Neukomm schrieb anzüglich: »warum? das wissen wenig leit«[3]), und so wurde von manchen vermutet, es ginge um Angelegenheiten der Union.

Etwa gleichzeitig (April 1619?) war in Lindau eine Abordnung evangelischer Pfarrer vom Niederrhein empfangen worden, welche um finanzielle Hilfe für den Wiederaufbau ihrer im Jülich-Clevischen Erbfolgestreit zerstörten Kirchen und Schulen baten und eine ansehnliche Spende erhielten; Missgünstige witterten darin eine Spendenaktion zugunsten der Protestantischen Union.

Dann erschien in Lindau im Sommer (Juli?) unangemeldet und ungeladen ein alter Bekannter, der Graf Friedrich zu Solms, General und hoher Funktionär in der Protestantischen Union, der, laut Kriegschronik, früher schon einmal »unser Statt bestelter Oberster gewesen«[4]. Angeblich hatte er als Teilnehmer an einer Konferenz in Ulm zur Überbrückung einiger freier Tage einen privaten Vergnügungsritt zum Bodensee unternommen. Er wurde von Johann Andreas Funck, einem befreundeten Lindauer Patrizier, auf seinem Schloss Senftenau zum Essen eingeladen. Auf dem Weg dahin begegnete ihm zufällig der ihm ebenfalls bekannte Stadthauptmann Matthias Polan, der mit Hund und Pirschbüchse spazieren ging; es ergab sich eine kurze Unterhaltung über Lindauer Geografie und Befestigungen. Der Besuch wurde als inoffiziell und privat dargestellt, doch ist nicht zu übersehen, dass Johann Andreas Funck Bruder des Ratsadvokaten Dr. Hans Ulrich Funck und Schwager des anderen Ratsadvokaten

2 KrChr, S. 7ff.

3 Neukomm-Chronik, S. 431.

4 KrChr, S. 7.

Dr. Daniel Heider war, welche beide in Lindaus auswärtiger Politik führende Rollen spielten.

Eine weitere Episode wenig später (September?) betraf eine kleine Gruppe abgedankter württembergischer Offiziere, die im nunmehr aufgelösten Regiment »Schaffalizki« in Oberitalien und Graubünden gegen die Kaiserlichen gekämpft hatten. Sie waren, auf dem Rückweg in die Heimat von Fußach per Schiff über den See kommend, abends in Lindau eingekehrt, aber noch vor Torschluss weitergeritten. Sie waren unbewaffnet; Venedig und Österreich hatten längst miteinander Frieden geschlossen, und die Feldzugsteilnehmer waren amnestiert. Dennoch beschwerte sich der kaiserliche Generalkommissar Aloysius Baldiron, dass Lindau die Offiziere nicht festgenommen hatte, und nannte es einen Akt von Parteilichkeit.

Diese Vorfälle erzeugten einiges Gerede, vor allem in Bregenz. Mit wiederholtem Weitererzählen nahmen diese Geschichten bald den Charakter von erwiesener Zusammenarbeit oder gar Verschwörung der Lindauer mit der Protestantischen Union an. Solche Berichte stiegen schnell auf zu den höheren Regierungsebenen in Bregenz, Innsbruck und schließlich Wien. Die Metamorphose von ein paar oberflächlich beobachteten und ungenau berichteten harmlosen Episoden zum gefährlichen Staatsverrat wurde sicherlich genährt durch die angespannte Atmosphäre im Kaiserhaus, da die Protestantische Union, mit welcher Lindau konspiriert haben sollte, in dem sich zuspitzenden Böhmischen Krieg als Hauptgegner auftrat. Die Lindauer vermuteten den Ursprung ihres Problems zunächst in Bregenz. Sobald sie von der Verbreitung der sie belastenden Gerüchte erfuhren, sandten sie Erklärungen an den Bregenzer Vogt und den Erzherzog in Innsbruck. Von Letzterem kam nun ein »scharfes Schreiben« zurück, das von Lindau »demütigst« und ausführlich erwidert wurde. Damit hielten die Lindauer die Sache für erledigt. Tatsächlich war es erst der Anfang. Die Lindauer waren über den unverständlichen Vertrauensentzug verletzt und erklärten sich die Verstimmung des Kaiserhauses und die Ungnade, in die sie gefallen waren, als Ergebnisse von Verleumdungen.

In der Vergangenheit war das Verhältnis zwischen den beiden Nachbarstädten durchaus normal, wenn auch nicht ohne gelegentliche kleine Spannungen gewesen. Bregenz, die alte Römerstadt, war katholisch geblieben; die jüngere und reichere Kaufmannsstadt Lindau, Freie Reichsstadt seit dem Mittelalter, hatte sich früh der Reformation angeschlossen. Gewiss waren die beiderseitigen Bürgerschaften miteinander bekannt, befreundet und verschwägert; gewiss behandelte man sich gegenseitig mit Höflichkeit und Hilfsbereitschaft, schon weil man voneinander abhing. Doch die politische Lage hatte den konfessionellen Gegensatz verschärft. Gegenüber Bregenz, das politisch eindeutig im kaiserlichen Lager stand, erschien Lindau mit seiner Neutralitätspolitik als unredlich und unzuverlässig. Bedeutsam waren auch die Unterschiede in der Regierungsform. Lindau war eine Stadtrepublik, dem Kaiser zwar zu Treue und Gehorsamkeit verschworen, sonst aber unabhängig. Für seine Nachbarn in Tirol-Vorarlberg war Lindau Ausland. Die Vogtei Bregenz-Hohenegg unterstand, ebenso wie die drei anderen Vorarlberger Vogteien (Feldkirch, Bludenz-Sonnenberg und Neuburg) dem Landesfürsten in Innsbruck. Jede der Vogteien stand unter einem vom Landesfürsten ernannten – stets adeligen – Vogt, welcher seinerseits die erforderlichen Beamten, Amtmänner usw. berief. Militärisch standen alle vier Vogteien zusammen unter dem Kommando eines gemeinsamen Obrist-Hauptmanns, gewöhnlich des Bregenzer Vogts.

2.2 Erzherzog Leopold V.

Zu diesem Zeitpunkt (von 1603 bis 1636) war der Freiherr Hans Werner von Raitenau, der dieses Amt von seinem Vater geerbt hatte und es auch schließlich an seinen Sohn weitergab, Vogt von Bregenz-Hohenegg. Er hatte im späteren Teil seiner Amtszeit auch das Amt des Obrist-Hauptmanns inne.[5] Der Bregenzer Vogt und seine zuständigen Beamten hatten selbstverständlich die Pflicht, über politische Neuigkeiten, besonders wenn sie Lindau betrafen, an ihre vorgesetzte Behörde, die erzherzogliche Verwaltung in Innsbruck, zu berichten. Solche Berichte, mit denen sich keine feindselige Absicht verbinden musste, hatten aber zur Folge, dass manche Lindauer dem Herrn von Raitenau besondere Schuld an den Spannungen mit dem Kaiserhaus zuwiesen. Sie konnten noch nicht erkennen, dass die Ursache nicht auf der Bregenzer Ebene der Verwaltung lag, auch nicht auf der nächsthöheren in Innsbruck, sondern in der Persönlichkeit des neuen Landesfürsten.

Seit Anfang des Jahres 1619 regierte in Innsbruck Erzherzog Leopold V. (1586–1632) als Landesfürst von Tirol und den Vorlanden. Seine Ernennung war nicht direkt kausal mit der böhmischen Krise und der Krönung Kaiser Ferdinands II. verknüpft, doch im Hintergrund gab es bedeutsame Zusammenhänge. Er war der jüngste Bruder des Kaisers und stand diesem im Eifer für Gegenreformation, Rekatholisierung und Absolutismus nicht nach.[6] Vom geistlichen Stand als Fürstbischof von Passau und Straßburg, für den ihn die Familie vorgesehen hatte, war er gelangweilt und träumte von

5 Für die politischen Strukturen in Vorarlberg: Niederstätter, Alois: »Die Vogteien Bregenz, Feldkirch, Bludenz und Neuburg bis 1750. Ein Beitrag zur Verwaltungsgeschichte Vorarlbergs«, *Montfort: Zeitschrift für Geschichte Vorarlbergs* 1 (2011), S. 86, 89–90.

6 Die folgenden Bemerkungen über Erzherzog Leopold von Tirol folgen der Abhandlung von Weiß, Sabine: »Erzherzog Leopold V. – Ritter des Ordens vom Goldenen Vlies«, *Tiroler Heimat* 66 (2002), S. 29–80. Siehe auch: Weiß, Sabine: »Eine italienische Prinzessin als Landesfürstin in Tirol«, *Tiroler Heimat* 69 (2005), S. 41–52.

kriegerischem Ruhm und landesfürstlicher Macht. Noch in seiner Eigenschaft als Fürstbischof hatte er sich in eine Anzahl von militärischen und politischen Abenteuern gestürzt, die sämtlich ruhm- und erfolglos geendet hatten, sodass sein scharfzüngiger Vetter, Herzog Maximilian I. von Bayern, ihm das Zeugnis ausstellte, er habe fast jedermann beleidigt und sei nicht die geringste Ursache des jetzigen Übelstands im Reich; er habe »den khayser gleich gar umb den rest seiner lender bringen helffen, ingenio satis inquieto, welcher auch in seinen actionibus schlechten verstand erzaigt und darzue khein glükh noch stern«[7] habe. Bei seiner fürstlichen Stellensuche wurde Leopold von seinen Verwandten kräftig unterstützt, nicht etwa aus Sympathie oder wegen seiner Eignung, sondern nur weil er bei seinen früheren Unternehmungen riesige Schulden aufgehäuft hatte, für welche sie befürchteten, selbst aufkommen zu müssen, falls Leopold nicht versorgt würde (ein Teil seiner Schulden überlebte ihn dennoch). Leopolds Rettung war Ende 1618 der Tod seines Vetters Erzherzog Maximilian, des Landesfürsten von Tirol, genannt »der Deutschmeister«. Nun konnten sein anderer Vetter, Kaiser Matthias, und sein Bruder Ferdinand, böhmischer König und künftiger Kaiser, ihm gemeinsam am 14. Januar 1619 die Regentschaft über Tirol und die Vorlande übertragen.[8] Bald legte er seine kirchlichen Ämter nieder und heiratete 1626 Claudia de' Medici. Er starb 1632 unerwartet, nur 46 Jahre alt.

Gegenüber der Freien Reichsstadt Lindau stand der Tiroler Landesfürst rechtlich an des Kaisers Stelle. So schuldete die Reichsstadt ihm – ungern – genauso wie dem Kaiser selbst Gehorsam und Treue. Und da der Kaiser mit der Führung des böhmischen Krieges reichlich belastet war, blieb den Lindauern nichts übrig, als mit diesem neuen Herrn umgehen zu lernen. Für Erzherzog Leopold seinerseits war die Regierung seiner umfangreichen, uneinheitlichen Länder eine Aufgabe, auf die er durch nichts in seiner bisherigen Laufbahn vorbereitet worden war. Auf fast allen Seiten war er von Nachbarländern umgeben, die in Kriege verwickelt waren, gelegentlich gegen ihn selbst. Was die Inselstadt Lindau anging, so hätte er sie, sei es wegen ihrer landschaftlichen Reize, ihres Reichtums oder ihrer strategischen Lage, gern besessen. Allerdings war sie behaftet mit den Schönheitsfehlern ihrer reichsstädtischen Unabhängigkeit, ihrer evangelischen Konfession und, wie er anscheinend allen Ernstes glaubte, ihrer geheimen Mitgliedschaft in der Protestantischen Union.

Die Protestantische Union betrachtete man auf katholischer Seite in den ersten Kriegsjahren als ernste Bedrohung. Sie hatte diplomatische Erfolge erzielt: Ihr titu-

---

7 Maximilian an seinen Abgesandten zum Mühlhausener Kurfürstentag vom 11. Juli 1611, ebenda, S. 47.

8 Diese Position war auf Lebenszeit, aber nicht erblich. 1623 gelang es aber seinem Bruder Ferdinand, nunmehr Kaiser, ihn mit der erblichen Herrschaft über Tirol und die Vorlande zu belehnen, und ihn 1625 noch zusätzlich zum Gubernator / Statthalter, nur auf Lebenszeit, über das Elsaß, den Sundgau und den Breisgau zu machen.

larer Führer, Kurfürst Friedrich V. von der Pfalz, war eine spektakuläre Ehe mit der Tochter des Königs von England eingegangen, und seine Wahl zum König von Böhmen hatte ihn zum prominentesten evangelischen Fürsten des Reiches gemacht. Da man sich die – bisher ungeprüfte – militärische Macht der Union nach dem Maßstab ihrer diplomatischen Erfolge vorstellte, befürchtete man, dass sie mit einer starken Armee unverzüglich durch Angriffskriege im Reich die Oberhand anstreben würde. So war die Union für Erzherzog Leopold, als er Anfang 1619 in Tirol eintraf, ein gefürchteter Feind. Es war erst die Schlacht am Weißen Berg am 8. November 1620, die eine solche Vorstellung als Phantom enthüllte.

Wegen Lindaus angeblicher Geheimverbindung mit der Union ging in den ersten Herbstwochen von 1619 ein lebhafter Verkehr von Botschaften und Schreiben zwischen Lindau, Bregenz und Innsbruck ergebnislos hin und her. Nun kam noch ein weiterer Streitpunkt hinzu. Leopold besaß aus der Zeit seiner erfolglosen militärischen Abenteuer eine schlecht besoldete und entsprechend disziplin- und gesetzlose Privatarmee, bekannt als die *Passauer* oder *Leopoldischen Völker*, die ihm nunmehr getreulich nach Tirol folgten, vielleicht nur, weil er ihnen immer noch Sold schuldete.[9] Im Frühsommer 1619 erschienen Teile dieser Truppe im Lindauer Gebiet und trieben ihre Räubereien so hemmungslos, dass die Bauernschaft auf die Insel flüchtete. Die Lindauer brachten ihre Kanonen in Stellung und bemannten die Mauern.[10] Gleichzeitig allerdings, und nicht untypisch, verhandelten sie auch mit dem befehlshabenden Hauptmann der Truppe, welcher versprach, gegen das Geschenk des besten Pferdes aus dem Lindauer Marstall von einem größeren Durchzug durch das Lindauer Gebiet abzusehen.[11]

Unter dem Eindruck der zunehmenden Durchzüge von teilweise recht verwilderter Soldateska und in Reaktion auf bedrohliches Geschwätz unter der Bregenzer Bevölkerung[12] hatte der Lindauer Rat beschlossen, die Befestigungen der Stadt energisch zu verstärken und hundert Berufssoldaten anzuwerben. Sie sollten die Mauern, Tore und Grenzen fachmännisch bewachen, denn die Lindauer Bürgerschaft hatte sich für diese Aufgabe als nicht besonders geeignet bzw. begeistert erwiesen. Der Lindauer Rat hatte diese Maßnahmen den kaiserlichen Regierungen vorsorglich angezeigt. Dadurch noch weiter beunruhigt, entschied nun die landesfürstliche Verwaltung in

9 Für Material zu Leopolds Armee siehe Wilson, S. 232, 235–238, 239–241.

10 Neukomm-Chronik, S. 431.

11 Ebenda, S. 432.

12 »Zu Bregenz und Feldkirch entstehet ein geschrey, Lindow hab sollen geblündert und verbrant, die burger aber im See ertrenckht werdten, wann nit das frembde kriegsvolckh eilend hette fort müßen.« Neukomm-Chronik, S. 435 (Dezember 1619).

Innsbruck (gewöhnlich als »die Geheimräte« bezeichnet), eine größere Kommission nach Lindau zu entsenden, um sich vor Ort Klarheit zu verschaffen. Am Samstag, dem 21. Oktober 1619, nachmittags gegen 4 Uhr landete, von Fußach kommend, im Lindauer Hafen ein Schiff mit 15 hohen Vertretern der Vorarlberger Beamtenschaft. Die Delegation war angeführt von Freiherr Hans Werner von Raitenau, Vogt von Bregenz und Obrist-Hauptmann von Vorarlberg; Sprecher der Gruppe war Dr. jur. Diethelm Jelin, Amtsverwalter (und später Amtmann) von Bregenz, künftig der gewohnte Gesprächspartner für die Lindauer Ratsadvokaten. Namentlich zu nennen ist ferner der kaiserliche Oberst-Kriegskommissar Aloysius Baldiron. Die anderen Delegierten waren Vertreter von Bludenz, Feldkirch, Gözis, Montafon und vom Hinteren Bregenzer Wald. Auf Lindauer Seite saßen ihnen gegenüber der amtierende Bürgermeister Calixt Buschor und die beiden Ratsadvokaten Dr. jur. Ulrich Funck und Dr. jur. Daniel Heider. Die Gespräche wurden in durchaus rücksichtsvollem, ja freundlichem Ton geführt.

In seiner Einführung erwähnte Dr. Jelin die wichtigeren Punkte, welche wirkliche oder vermeintliche Reibung zwischen Lindau und Vorarlberg verursachten. Dazu gehörten: unkonziliantes Verhalten der Lindauer Grenzwachen; der Fall Graf Solms; die neu geworbenen Lindauer Soldaten. Dr. Heiders Antwort setzte die beklagten Vorfälle im Einzelnen auseinander, mit dem allgemeinen Tenor, dass es sich dabei um Missverständnisse oder um Belanglosigkeiten handelte. Obrist-Hauptmann Raitenau, als Führer der Delegation auch ihr militantester Vertreter, beklagte, dass Graf Solms die Bregenzer Grenze übertreten hätte und dass man seinen Besuch vorher hätte anmelden sollen. Darauf entgegnete Dr. Funck, dass Graf Solms als Privatmann in seinen Bewegungen nicht überwacht würde und es allgemein unüblich wäre, Fremdenbesuche bei auswärtigen Herrschaften anzuzeigen, schon allein weil zu jeder Zeit viel zu viele Besucher in Lindau einträfen. Der Bürgermeister erinnerte noch einmal an den zugrunde liegenden Streitpunkt, Lindaus angebliche Mitgliedschaft in der Protestantischen Union, und insbesondere daran, dass Lindau bereits mehrmals in allen Einzelheiten nachgewiesen hätte, dass es mit der Union niemals eine Verbindung hatte; dass die Verdächtigungen gegenstandslos wären und er hierzu nichts Neues mehr zu sagen wüsste. Darauf fasste der Oberstkriegskommissar Baldiron zusammen, dass man sich mit den Erklärungen der Lindauer begnügen könnte, und zum Abschied bemerkte Herr von Raitenau gemütlich, dass viele Missverständnisse vermieden würden, wenn man sich nur öfter träfe. Inzwischen war es dunkel geworden. Die Gäste konnten die Einladung des Rats zu Abendessen und Beherbergung nicht annehmen, sondern mussten wieder ihr Schiff besteigen. Am Hafenausgang feuerte das Schiff zum Abschied seine beiden »Stücklein« ab.

Bei der kurzen Dauer des Besuches mussten Erörterungen einzelner Themen oberflächlich bleiben. Doch die vorherrschende freundschaftlich-nachbarliche Atmosphäre zeigte, dass der Ursprung der Spannungen nicht in Bregenz oder Vorarlberg lag, sondern in Innsbruck oder höher. Nun begriff der Lindauer Rat, wie dringend es war, gute diplomatische Beziehungen zu dem neuen, persönlich bisher noch nicht bekannten Erzherzog Leopold in Innsbruck herstellen. Gegen Ende des Jahres 1619 ging Erzherzog Leopold auf eine längere Reise in den Westen seines Landes. Im Dezember wurde er in Lindau gesichtet, auf der Durchreise über Ravensburg in Richtung Elsass (welches zu seinem Herrschaftsbereich Vorderösterreich gehörte).[13] Auf dem Rückweg hielt er in Konstanz und danach in Feldkirch Landtage. Dort erhielt er bezüglich Lindau und seiner Bedeutung »von ihr der Statt übelwollenden leuthen« eine höchst feindselige Lagebeurteilung: Die Stadt stehe unter dem Befehl und im Dienst der Union mit dem Auftrag, dieser einen Stützpunkt zu errichten für die Beherrschung des Bodensees und der umliegenden Orte; dass die Stadt also hinter einer Fassade von Neutralität und untertäniger Kaisertreue heimlich mit der Union zusammenarbeite und so ein zutiefst falsches Spiel betreibe.[14] Diese Meinung zeigt, neun Monate vor der entscheidenden Schlacht am Weißen Berge, die Nervosität im kaiserlichen Lager, aber auch eine Überschätzung der Stärke der Union. Solchen Verleumdungen entgegenzuwirken, war schwer, weil die Lindauer Gesandten beim Erzherzog nicht vorgelassen wurden. Schließlich, wohl im Februar 1620 in Feldkirch, gelang es den Lindauer Ratsgesandten, den Landesfürsten persönlich zu begrüßen. Dieser erklärte ihnen seinen Standpunkt ganz direkt: Es wäre dem Haus Österreich so viel an der Stadt Lindau »alß ihro selbst gelegen« und halte der Stadt Fortifikation an sich selbst für unnötig, der »Kayserlichen Majestät und dem Haus Oesterreich für verdächtig, und den benachbarten Orten schädlich«. Auch »wären die Einwohner zu Manutenierung derselben nicht genugsam mächtig«. So schlage man vor, »daß Bürgermeister und Rath entweder die Sache mit Demolierung der neuen Bauten wieder in den alten Zustand richten, oder aber in Verbleibung derselben sich unter Kaiserlichen Schutz begeben und eine Besatzung einnehmen sollten«[15]. Die krause Logik des Ultimatums, die sich kaum zu analysieren lohnt, macht jedoch eines klar: Leopolds Absicht, die Stadt unter seine eigene Herrschaft zu zwingen. Die einzelnen Beschwerden – verräterische Geheimbeziehungen zur Protestantischen Union, unzulässiger Festungsbau usw. – waren nur Angriffspunkte, an denen er versuchte, seinen Hebel anzusetzen. Die Methode, eine reichsunmittelbare Reichsstadt zu mediatisieren, war bekannt: Man musste sie nur dahin manövrieren, wo sie sich des Ungehorsams oder der Un-

13 »Leopoldus ist wider im land, zeucht dem Elsaß zuo und rayset nach Ravenspurg, ganz blaich und traurig.« Neukomm-Chronik (Dezember 1619).

14 KrCh, S. 13

15 KrCh, S. 15.

treue gegenüber dem Kaiser schuldig machte und dadurch die Reichsacht auf sich zog; in deren Exekution wurde sie dann ihres reichsfreien Status entkleidet und rekatholisiert. Als Schulbeispiele dieses Verfahrens kannte man die Fälle von Konstanz (1548) und Donauwörth (1607). Daraus hatten die Lindauer allerdings die nötigen Lehren gezogen. Was der Erzherzog nun vorschlug, war ein abgeändertes Verfahren mit gleichem Ziel: War die kaiserliche Besatzung einmal in der Stadt, dann war die Reichsfreiheit, wenigstens bis auf Weiteres, aufgehoben. So hüteten sich die Lindauer Gesandten, in eine solche Falle zu treten; sie erklärten, dass sie diesen Vorschlag nicht beantworten, sondern lediglich dem Rat der Stadt übermitteln könnten.

Es folgten nun drei Monate (März bis Mai 1620) diplomatischen Tauziehens zwischen der Reichsstadt, vertreten durch ihre zwei Ratsadvokaten Dr. Ulrich Funck und Dr. Daniel Heider,[16] und dem Landesfürsten, vertreten durch seine »Geheimen Räte«. Diese Innsbrucker Beamten, deren Namen nie genannt werden, erwiesen sich oft als hilfreich, indem sie, wenn der Erzherzog sich in eine extreme Position verstieg, den Lindauern Auswege andeuteten, die zu Kompromissen führen konnten. So behandelten sie die ursprüngliche Forderung des Erzherzogs, alle neueren Befestigungswerke wieder abzutragen, als Verhandlungstaktik und machten das Gegenangebot, die Arbeit an ihrem neuesten, noch nicht weit fortgeschrittenen Projekt einzustellen, alle anderen, älteren Werke aber im gegenwärtigen Zustand zu belassen (und auch, wenn nötig, zu reparieren). Bei den zwei bereits fertigen Schanzen handelte es sich um Hauptmann Polans neue Schanze östlich des Landtors (vor dem ehemaligen Siegelsturm, später Königsschanze genannt) und um die von der Fischergasse aus zugängliche Gerberschanze. Mit dem neuen, noch unfertigen Werk war vermutlich die geplante Schanze westlich des Landtors gemeint, die schon aus technischen Gründen (das Werk sollte weit in den See hineinragen, was in der ersten Bauphase einen niedrigen Wasserspiegel erforderte) nur langsam vorwärts kam. Damit nicht zufrieden, brachte der Erzherzog eine zusätzliche Real-Assekuration, ein Unterpfand von hohem materiellem Wert für Lindauer Wohlverhalten, ins Gespräch. Auch dieser Vorschlag verschlug nicht, weil ein geeignetes Objekt sich nicht anbot. Schließlich einigte man sich darauf, dass die Lindauer ihr Wohlverhalten durch eine Eidesverpflichtung garantieren sollten, eine Lösung, die den Erzherzog ebenso wenig befriedigte. So gab er das Problem resigniert an seinen Bruder, den Kaiser, weiter (17. / 27 Juni 1620).

Bisher hatte der Erzherzog geglaubt, die Lindauer an zwei Punkten angreifen zu können: ihrer angeblichen Verschwörung mit der Protestantischen Union und ihren Verteidigungsmaßnahmen. Im Frühjahr 1620 wurde er durch einen Beamten des Reichshofrats auf eine dritte Möglichkeit aufmerksam gemacht. Der Kaiser hatte

16 KrCh, S. 15–17.

diesen entsandt, den rechtlichen Status der sog. Reichsvogtei über die vier Kellenhöfe von Reitnau, Schönau, Äschach und Rickenbach[17], die zu der Zeit bei der Stadt Lindau lag, auf die Möglichkeit zu prüfen, sie in katholische Hand zu verlegen. Diese vier Landwirtschaften (aus denen die heutigen gleichnamigen Dörfer in der Nähe von Lindau hervorgegangen sind) stammten aus dem Besitz des Lindauer Damenstifts, wurden aber schon seit dem frühen 14. Jahrhundert von einer Reichsvogtei gemeinsam verwaltet, welche als Pfandschaft (d. h. gegen einen beim Kaiser hinterlegten »Pfandpfennig«) an verschiedene Herrschaften, zuletzt Lindau, verliehen war. Die Bezeichnung »Reichsvogtei« ist frühestens 1334 belegt, und der Stadt Lindau wurde die Reichsvogtei erstmals 1430 durch Kaiser Sigismund »als ewiger Besitz« zugewiesen; die Pfandsumme betrug 1300 Gulden.[18] Fortan blieb die Reichsvogtei in Lindauer Hand, mit einer Unterbrechung von 1497 bis 1500 wegen einer Meinungsverschiedenheit mit Kaiser Maximilian I. Die nun angekündigte Überprüfung der Pfandschaft zog Erzherzog Leopold an sich, der sie der Tagesordnung der geplanten kaiserlichen Untersuchungskommission hinzufügte.[19]

Der Entschluss des Erzherzogs, das Lindauer Problem an seinen kaiserlichen Bruder weiterzureichen, war den Lindauern willkommen. Sie baten den Kurfürsten von Sachsen, der als Führer der protestantischen Reichsstände galt und stets freundliche Beziehungen zum Kaiser pflegte, um Vermittlung. Tatsächlich gewährte ihnen der Kaiser eine Audienz am 27. Juli 1620. Funck war schon zwei Wochen vorher in Wien angekommen und hatte so Zeit, die Strukturen und das Funktionieren der kaiserlichen Bürokratie zu studieren, persönliche Kontakte zu knüpfen und, anhand mitgebrachter Akten, um Verständnis für die Lindauer Situation zu werben.[20] Über den Verlauf der Audienz selbst gibt der Chronist folgende Darstellung, welche wohl auf Funcks Bericht zurückgeht: Der Kaiser hatte den Lindauer Gesandten »nach länge willigst angehört, und darauf selbst mündlich zu bescheid gegeben, es bedörffe der verstatteten gnädigsten audienz halber keines dancksagens, thuen solches ihrem tragenden Kays. ambt nach willig und gern; bedancken sich der gutherzigen gratulation ganz gnädig; des übrigen und prinzipal anbringens halben, seye wohl etwas nachdenckliches an ihn gelangt, deßwegen er seinen geliebten bruder, Erzherzog Leopoldo, umb aufsicht zu haben geschrieben; ermahne uns gnädigst, daß wir bey

17 KrCh, S. 12.

18 Wolfart, I.1, S. 96, 106, 148.

19 KrCh, S. 13, 38f.

20 Der folgende Bericht über Funcks Besuch in Wien hält sich an die Darstellung in der Kriegschronik. Eine ausführlichere Darstellung, beruhend auf zusätzlichen Quellen, gibt Wolfart, I.2, S. 22–23 und II, S. 340–341.

anerbotener standhaffter treu und gehorsam also verharren, dero wir wohl genießen, und von seinem Haus einige ungebühr oder beschwärung gewißlich nicht besorgen oder erfahren sollen; wolte sich in den überreichten schrifften ersehen, und ihn abgesandten mit förderlichem bescheid wider abfertigen lassen.«[21] Das war liebenswürdig und kaiserlich gesprochen. Gewiss blieb die Auflösung des Streits weiterhin Aufgabe Erzherzog Leopolds, aber die Kaiseraudienz erzeugte eine nützliche Idee, die der Kaiser selbst in die Sache eingebracht hatte, nämlich die Einsetzung einer neuen, nunmehr kaiserlichen Untersuchungskommission, die den Disput noch einmal vor Ort in Lindau untersuchen sollte, aber in neuer Besetzung und mit genügend Zeit. Nach der Kaiseraudienz blieb Funck noch bis zum September in Wien und widmete sich vor allem den für Lindau zuständigen kaiserlichen Räten. Anhand der zugehörigen Akten erklärte er ihnen die Lindauer Seite des Streitfalls und erfuhr einiges über die Quellen der Verleumdungen gegen Lindau, die immer noch eingingen.

2.3 Der Bündner Krieg

Gegen Ende des Sommers, nach Funcks Rückkehr von Wien und nach Eingang des kaiserlichen Befehls einer erneuten Untersuchung, trat Beruhigung in den Streit ein. Die Planung der Untersuchungskommission war Sache der Innsbrucker Beamten; die Lindauer konnten nur abwarten. Seit dem kaiserlichen Sieg am Weißen Berg am 8. November 1620 war der Vorwurf geheimer Zusammenarbeit der Lindauer mit der Union gegenstandslos; sie war mit der Niederlage zusammengebrochen und hatte sich am 14. Mai 1621 offiziell aufgelöst.[22] Inzwischen war jedoch der Krieg nähergerückt. Der Ort war Graubünden, die Ursache die bereits erwähnte Spanische Straße. Dieser Landweg von Mailand nach Brüssel für die Versorgung in den Niederlanden kämpfender spanischer Truppen führte durch das Veltlin und war für die Spanier durch die protestantische Bevölkerung des Veltlins blockiert. Sie beseitigten das Hindernis durch den »Veltliner Mord«, ein Massaker von rund 500 Protestanten im Juli 1620, das ihnen diese Straße eröffnete, aber auch die über zwanzig Jahre lang andauernden »Bündner Wirren« auslöste.[23]

In der ersten Phase dieses Bündner Krieges hatten kaiserlich-katholische Kräfte unter Erzherzog Leopold die Oberhand und begannen sofort mit der Rekatholisierung

21 KrCh, S. 12.

22 Ritter, III, S. 136.

23 Diese Kurzdarstellung ist dem ausgezeichneten Wikipedia-Artikel »Bündner Wirren« (datiert 31. März 2012) verpflichtet.

der protestantischen Bevölkerung. Diese trieb die Bauern des südlich an Vorarlberg angrenzenden Prättigauer Tals im April 1622 zu einem erneuten Aufstand und damit den Krieg in für Lindau fast sichtbare Nähe, denn der Prättigau liegt direkt hinter den von Lindau aus sichtbaren Bergen (wie zum Beispiel der Schesaplana). Die Grenze im Rheintal vor der St. Luzisteig wurde von einem kräftigen Aufgebot von Vorarlberger Miliz unter dem (uns schon bekannten) Obrist-Hauptmann Hans Werner von Raitenau bewacht. Als diese Truppe sich am 5. Mai 1622 am Fläscher Berg von den Aufständischen in eine Falle locken ließ, wurde ihnen eine blutige Niederlage bereitet, die in panischer Flucht endete. Der Obrist-Hauptmann persönlich wurde wegen des auffälligen Galopps, in dem er das Schlachtfeld verließ, heftig kritisiert.[24] Wenig später, am 14. Juni, war Erzherzog Leopold, der zu der Zeit die verschiedenen Truppenbewegungen, welche den Prättigauer Aufstand rasch niederwarfen, recht wirksam leitete, in Bregenz. Darin sah der Lindauer Rat die schon lange gesuchte Gelegenheit, dem unnahbaren Fürsten endlich einmal persönlich aufzuwarten. Als sie mit dem Wunsch, Ihrer Durchlaucht eine Gabe von »wein, haber, fischen und etwas Welschen früchten verehren zu lassen«, vorsprachen, hat er sie nicht nur empfangen, sondern auch »bey der tafel behalten«. Für die Lindauer Diplomatie war das ein Fortschritt.[25]

Die Prättigauer Aufständischen wurden nach Anfangserfolgen von übermächtigen österreichischen Truppen wiederum niedergeschlagen. Der Aufstand fand mit dem »Lindauer Frieden« vom 30. September 1622 seinen formalen Abschluss. Teilnehmer waren nicht nur die bevollmächtigten Räte des Landesfürsten und die Gesandten Graubündens, sondern auch Vertreter aller Kantone der Eidgenossenschaft, und das Ergebnis war ein österreichisches Diktat von für Graubünden überaus harten Bedingungen. Lindau selbst hatte mit der Friedenskonferenz weiter nichts zu tun, als einen angenehmen, neutralen Rahmen zu bieten. Doch bot dies den Lindauern Gelegenheit, die ihnen schon vertrauten Beamten der Landesregierung in Innsbruck an ihren immer noch nicht abgeschlossenen Disput zu erinnern. In Innsbruck ließ man sich jedoch Zeit. Das Jahr 1622 verstrich ohne jede Handlung, ebenso das Jahr 1623. Endlich, am 9. Januar 1624, erhielt der Lindauer Stadtrat ein Schreiben von Graf Jacob Hannibal von Ems, Vogt der Herrschaft Feldkirch, und Dr. Diethelm Jelin, Amtsverwalter der Herrschaft Bregenz, des Inhalts, dass sie selbst zu Subdelegierten der kaiserlichen Kommission verordnet seien, dass es aber »aus allerhand Verhindernussen« noch nicht möglich war, einen Sitzungstermin zu bestimmen.[26] Nach einem weiteren

---

24 Ransperg, Franciscus: *Geschichte von Mehrerau zur Zeit des 30jährigen Krieges*. Handschrift, ca. 1660. Vorarlberger Landesbibliothek, Bregenz, Nr. 5780, S. 48–50.

25 KrCh, S. 33.

26 KrCh, S. 46.

Dreivierteljahr gelang endlich eine Entscheidung. Am 2. September 1624 berichtete Graf von Ems, dass man zunächst als geeigneten Termin den 11. / 21. November ausgewählt, aber dann entdeckt hatte, dass gerade dies die Zeit des Lindauer Jahrmarkts war, und darum auf Montag St. Sebastiani, den 20. Januar s. n. 1625 ausgewichen sei.[27] Dabei sollte es bleiben.

2.4 Eine Kaiserliche und Erzfürstliche Kommission in Lindau

Die Kaiserliche und Erzfürstliche Kommission, die am 20. Januar planmäßig ankam, bestand aus drei Kommissaren, Graf Jacob Hannibal zu Ems, Vogt der Herrschaft Feldkirch, Dr. jur. Diethelm Jelin, Amtsverwalter der Herrschaft Bregenz, und Dr. jur. Christoph Schalck, Vogteiverwalter der Herrschaft Feldkirch.[28] Sie wurden empfangen von den zwei Lindauer Bürgermeistern Calixt Buschor und Ulrich Müller, dem Ratsherrn und künftigen Bürgermeister Kaspar Vögelin; weiter von den drei Lindauer Ratsadvokaten Dr. Daniel Heider, Dr. Johann Ulrich Funck und Dr. Abraham Rehm[29]. Außerdem war noch der Memminger Ratsadvokat Dr. Jacob Jenich anwesend, den der Rat hinzugebeten hatte. Zur Begrüßung wurden den Kommissaren zwei Fässer Wein, Hafer und Fische verehrt.[30] Die Sitzung dauerte die ganze Woche. Die Arbeit begann am Dienstag im großen Sitzungszimmer des Rathauses. Den

---

27 KrCh, S. 47.

28 Wolfart, I.2, S. 24, nennt als weiteres Mitglied der Kommission einen »Graf von Zollern«. Diese Information stammt aus der Neukomm-Chronik, S. 458. In der Kriegschronik wird dieser Name nicht genannt, und die Information ist skeptisch zu betrachten, da der Autor der letzteren Chronik als Beteiligter mit den Ereignissen intim vertraut war, während der mit dem Lindauer Stadtrat verfeindete Alexius Neukomm für seine Kenntnisse auf Hörensagen angewiesen war.

29 Stolze, S. 110; Dr. Abraham Rehm war Schwiegersohn von Daniel Heider und starb 1632.

30 Die Hauptquelle für die Sitzung der Kaiserlichen Untersuchungskommission in Lindau vom 20. bis 26. Januar 1625 ist die ausführliche Darstellung in der Kriegschronik (KrCh, S. 50–64). Diese Darstellung vertritt, in sehr sachlichem Stil, den Standpunkt der Reichsstadt; eine Darstellung der gegnerischen kaiserlichen Seite steht nicht zur Verfügung. Erwähnung verdienen zwei zeitgenössische Chronisten, die der Kommissionssitzung kurze Kommentare widmen. – Die *Neukomm'sche Chronik* stammt im späteren, hier relevanten Teil von Alexius Neukomm, einem seiner Obrigkeit feindlich gegenüberstehenden, evangelischen Pfarrer. Seine kurzen, schlecht informierten Bemerkungen wollen zeigen, daß es Ziel der Sitzung war, die Lindauer Stadtregierung zu demütigen (Neukomm-Chronik, S. 823). Interessanter sind die Bemerkungen des Bregenzer Benediktiner-Priors Franz Ransperg. Auch er hatte seine Vorurteile; er verachtete (als gebürtiger Schweizer) die in Bregenz eingesessene Adelsherrschaft, und seine schlechte Meinung über die Nachbarstadt Lindau war der zur Zeit in Bregenz landläufigen ziemlich gleich. Er liefert einen kurzen, richtigen, wenn auch unvollständigen Abriss vom Sitzungsverlauf (sein Informand war vermutlich Dr. Diethelm Jelin), mit dem Schluss: »In wehrender comission hat man dapfer und ritterlich gesoffen, und in kurzer zeit 600 fl. hindurch geiagt. Sonsten aber nit vil außgericht.« Ransperg, Bregenzer Handschrift, S. 65.

Mittwochvormittag einschließlich des Mittagessens verbrachten die Kommissare bei der Äbtissin des Damenstifts, nachmittags folgte eine Begehung der Befestigungsanlagen. An den letzten drei Tagen bemühte man sich, dem weitgehend schon hergestellten Konsens eine Form zu geben, welche die nicht anwesenden Auftraggeber, insbesondere Kaiser und Erzherzog, zufrieden stellen würde. Die letzten Teilnehmer reisten erst am Samstag, dem 26. Januar wieder ab.

Der Abschluss der Verhandlungen gelang auf überraschend einfache Weise. Zunächst beschloss man, das ganze Bündel von Vorwürfen und Verdächtigungen im Zusammenhang mit der (schon seit vier Jahren nicht mehr existierenden) Protestantischen Union einstweilen beiseite zu setzen und sich auf die Frage der Befestigungen zu konzentrieren. Nach einer Besichtigung an Ort und Stelle hatten die Kommissäre sich folgende Meinung gebildet: Die beiden bereits fertigen Schanzen (vermutlich die Siegelsturmschanze östlich vom Landtor sowie die Gerberschanze bei der Fischergasse) beurteilten sie als für die Verteidigung sinnvoll und zweckmäßig. Die neue, unfertige Schanze »bey der bruggen« (vermutlich links bzw. westlich vom Burgtor, auch bekannt als die Fledermausschanze) könnte zwar im vollendeten Zustand ein imposantes Aussehen haben und vielleicht auch mehr zur »Aemulation« (Ehrgeiz, Geltungsdrang) als zur Verteidigung geplant worden sein; dennoch wäre auch für sie, abgesichert durch eine geeignete Kautionsverschreibung, die Genehmigung ihrer Fertigstellung gerechtfertigt.[31] So blieb nur noch die Aufgabe, eine solche Kautionsverschreibung zu verfassen und zu unterzeichnen.

Den Entwurf einer solchen Kautionsverschreibung hatten die Kommissäre schon mitgebracht. Im Gegensatz zu den konzilianten Manieren der Herren zeigte das Schriftstück unerwartete Härte. Während die Lindauer sich als Bürger einer souveränen Stadtrepublik verstanden, unter einer eher theoretisch begriffenen Protektion des Kaisers, und diesem dafür neben grundsätzlicher Treue und Gehorsam nur einige wohldefinierte praktische Pflichten schuldeten, ging dieser Entwurf von dem absolutistischen Prinzip aus, dass kaiserlicher Macht absoluter Zugriff auf alle Aspekte des Lebens aller Untertanen zustand, dass die »Freiheit« der Freien Reichsstädte (im Gegensatz zu gewöhnlichen Reichsstädten) in einer begrenzten Anzahl von aus der Vorzeit ererbten Privilegien bestand, die man aus praktischen Gründen einstweilen respektierte, aber eigentlich für überflüssig und hinderlich hielt. Praktisch sollte Lindau nun zu Österreich gehören, und zum Reich nur noch mittelbar.

Die Kautionsverschreibung sollte die Form eines Briefs von Bürgermeister und Rat an die Römisch-Kaiserliche Majestät haben, mit dem Charakter eines Vertrags. Darin verspricht die Stadt, dass sie weder Feinden des Hauses Österreich (im Zweifelsfalle

31 KrCh, S. 55 und 57.

ist dieses zu befragen) Zutritt zur Stadt (bzw. zu ihrem Gebiet) gestatten noch mit solchen öffentlich oder heimlich verkehren wird. Zur Abwehr solcher Feinde wird Lindau sein gesamtes Vermögen und alle seine Einkünfte einsetzen und verpfänden. Und falls »inskünftig etwas wider diese … caution … beschehe, alßdann [soll] der Erzherzog von Österreich … macht und gewalt haben …, sich selbsten gemeiner unserer Statt territory zu bemächtigen …«. Der Brief war bereits auf den letzten Sitzungstag, Freitag, den 24. Januar 1625, vordatiert, und sollte, versehen mit den nötigen Unterschriften und angehängtem Siegel der Stadt Lindau, rechtskräftig und vertraglich bindend werden.

Die Ratsdeputierten reagierten mit »starcker lamentation« und beanstandeten den Entwurf insbesondere »wegen der reassumirten ohnschuldigen suspicionen und imputationen, wie auch der gemeiner Stadt Lindaw und anderen Reichsständen hochpraejudicierlichen [d. h. belastende Präzedenzfälle schaffenden] clausulierung«[32]. Darauf berichteten die Kommissäre, dass der Entwurf nicht, wie man vermuten könnte, von Erzherzog Leopold, sondern vom Kaiser selbst stammte. Den Inhalt betreffend, versprachen sie, sich um annehmbarere Formulierungen zu bemühen, warnten aber, dass der Streitpunkt wohl nicht in der Form, sondern in der Sache selbst beruhte. Dr. Jelin von Bregenz erwähnte dann noch eine neue Rechtsmeinung der Kaiserlichen Kommission bezüglich der Unterscheidung zwischen gewöhnlichen Reichsstädten und Freien Reichstädten, nämlich dass gewöhnliche Reichsstädte für den Bau von Befestigungen besondere kaiserliche Genehmigungen benötigten, freie Reichsstädte aber nicht. Demnach wäre der ganze, besonders von Erzherzog Leopold betriebene Streit über die Lindauer Befestigungen gegenstandslos. Jedenfalls erklärten die Lindauer Ratsdelegierten sich als nicht befugt, über den vorgelegten Entwurf einer Sicherheitskaution zu entscheiden, sondern konnten nur versprechen, diesen dem Rat der Stadt bei frühester Gelegenheit vorzulegen. Man war gezwungen, die Verhandlung am folgenden Tag fortzusetzen.

Am Samstag, dem 25. Januar 1625, herrschte Aufbruchsstimmung. So musste man alle Verhandlungspunkte recht oder schlecht zum Abschluss bringen. Was die Sicherheitskaution über die Lindauer Befestigungen anging, wurde verabredet, dass die Lindauer den vorliegenden problematischen Entwurf dem gesamten Stadtrat vorlegen würden, während die Kommissäre sich um einen neuen, annehmbareren Entwurf bemühen wollten. Bezüglich der Reichsvogtei der vier Stiftischen Kellenhöfe, über die das Damenstift mit den Kommissären unter Ausschluss der Reichsstadt direkt verhandelt hatte, verlangte die Stadt Einsicht in den gesamten schriftlichen Vorgang, den das Stift aber auf Rat seines Anwalts nicht herausgeben wollte. Wegen der Ka-

32 KrChr, S. 59.

lenderreform, gegen deren Einführung abgesehen von protestantischer Tradition es keine sachlichen Einwände gab, verschob man die Auseinandersetzung aus Zeitmangel auf spätere Zeit. Und über die vom Damenstift gewünschte Restitution des zur Zeit der Reformation enteigneten Barfüßerklosters versprach die Stadt ein Gutachten. Mit solchen recht unverbindlichen Verabredungen trennte man sich. Über den weiteren Verlauf des vielfältigen Disputs ist nichts überliefert. Eigentlich gab es auch nichts weiter zu verhandeln; der Kaiser bestimmte die Regeln, ob die Reichsstadt sie akzeptierte oder nicht. Die Kautionsverschreibung wurde nie unterschrieben. Bei der Arbeitsweise der kaiserlichen Kommission allgemein fällt auf, dass die Kommissäre ihre Lindauer Verhandlungsgegner recht kollegial, ihre Dienstherren und Auftraggeber, Kaiser Ferdinand II. und Erzherzog Leopold V., bemerkenswert distanziert behandelten und insgesamt sich ganz neutral verhielten. Die Lindauer Diplomatie, die mit historisch-juristischen Argumenten arbeitete, die in höflicher, aber undurchdringlich gelehrter Sprache vorgetragen wurden, hatte sich wieder bewährt.

Der Erzherzog selbst, der einst mit Anfängereifer die Reichsstadt Lindau aufs Korn genommen hatte und nun des ganzen Streits herzlich leid war, widmete sich jetzt ernsthafteren Herausforderungen in Graubünden und im Elsass. Inzwischen war auch sein Entschluss gereift, die geistlichen Ämter niederzulegen und zu heiraten. Verhandlungen um die Verbindung mit Claudia de Medici, der jungen Witwe des Herzogs von Urbino, begannen 1623. Im November 1625 reiste Leopold nach Florenz, wo er Claudia erstmals sah, und weiter nach Rom, wo er vom Papst die Genehmigung erhielt, von seinen beiden Bistümern zurückzutreten[33] und zu heiraten. Die Hochzeit fand am 19. April 1626 in Innsbruck statt. Das Paar hatte fünf Kinder. Nach seinem Tod schon 1632 im Alter von 46 Jahren regierte Erzherzogin Claudia Tirol allein mit beachtlichem Erfolg.

---

33 Die Bistümer Straßburg und Passau wurden an des Erzherzogs 10-jährigen Neffen Leopold Wilhelm, den jüngsten Sohn des Kaisers, übertragen (der schließlich, wie noch zu berichten ist, ähnlich wie Leopold, das geistliche Amt gegen den Soldatenberuf eintauschte).

3. DER NEUKOMM-AUFSTAND UND SEINE FOLGEN (1626–1628)

3.1 Die Wiedereinführung der Privatbeichte

Im Jahr 1626, als die Reichsstadt mit militärischen Durchzügen bis an die Grenzen belastet war, erlitt sie ein folgenreiches Missgeschick. Es war selbstverschuldet, eine Folge übergroßen Vertrauens auf die eigene Virtuosität in der Handhabung des Allheilmittels Diplomatie, und hätte sich leicht vermeiden lassen. Es handelt sich um einen Bürgeraufstand, den man nach seinem Urheber als den »Neukommhandel« bezeichnet. Magister Alexius Neukomm, geboren in Lindau 1570, stand seit 1599 im Dienste der Stadt. Unter den fünf evangelischen Predigern von Lindau war er der rangälteste. Er galt als brillanter Theologe, hatte als Kanzelredner großen Zulauf, war aber auch ein unverträglicher, rachsüchtiger Mensch.[1] Charakteristisch sind zwei Episoden: Im Jahr 1609 stritt er sich mit dem Rektor der Lateinschule Johann Hebenstreit (einem vom Kaiser gekrönten *poeta laureata*) wegen des Kirchengesanges. Darauf griff er diesen in öffentlicher Predigt wegen seiner Lehrmethoden dermaßen hemmungslos an, dass des Rektors Autorität zerstört war und die Stadt ihn entlassen musste. Und 1618 erschien in Lindau eine anonyme Schmähschrift über allerhand Missbräuche in der Lindauer Kirche, die schließlich sogar am Kaiserhof in Wien Aufmerksamkeit erweckte, gerade im Moment, da die Stadt dort ohnehin mit Argwohn beobachtet wurde. Neukomm leugnete die Urheberschaft, wurde aber schließlich durch seine Handschrift überführt und bat demütig um Verzeihung.

Um Missstände wie die dort behaupteten künftig zu verhindern, gründete Dr. Daniel Heider einen Kirchen- und Schulrat. Neukomm reagierte darauf am Bartholomäustag (24. August 1624) mit einer, wie er in seiner Stadtchronik selbst schrieb, »scharffen, notwendigen Predigt wider die Juristen, welches die beiden Ratsadvokaten Dr. Daniel Heider und Dr. Johann Ulrich Funck, zwei allernächsten Schwäger,

---

1 Literatur zum Neukomm-Aufstand: KrCh, S. 90–150; Riesch, Bonaventura: *Lindauische Prediger- und Schul-Historie.* Lindau, 1739, Lindau Stadtarchiv, Lit 16, S. 79–88; Loewe, Hans: »Der Prediger Alexius Neukomm und der Lindauer Kirchenhandel des Jahres 1626«, *Forschungen zur Geschichte Bayerns*, 1906, S. 272–288 und 1927, S. 47–71; Ders.: »Der Neukommhandel«, in: Wolfart, I.2, S. 28–44; II, S. 339–347. Alexius Neukomm schrieb auch, seinem Bruder Ulrich Neukomm nachfolgend, von Februar 1621 bis Juni 1626 eine Lindauer Stadtchronik (Lit 25).

über die Maßen übel verdrossen«[2]. Dabei bediente er sich einer Sprache von ungewöhnlicher Maßlosigkeit, indem er von »diesem juristischen Ungeziefer, das jetzt in der Stadt … zunimmt« sprach, und fragte: »Wie geht es zu, daß die fromme Stadt zur Hure geworden? Sie war voll Recht, und Gerechtigkeit wohnte darin, aber jetzt Mord.«[3] Der so provozierte Lindauer Rat sprach den angegriffenen Ratsadvokaten in einem Ratserlass öffentlich sein Vertrauen aus, erteilte Neukomm einen scharfen Verweis und entsetzte ihn bis auf Weiteres seines Amtes. Drei Monate hielt dieser die ihm auferlegte Kaltstellung aus, dann leistete er, am 14. Dezember 1624, vor dem versammelten Rat reumütige Abbitte und versprach in schriftlicher Form Besserung. Er wurde in sein Amt wieder eingesetzt.

Zur Krise kam es in der Karwoche 1626, als der Kirchen- und Schulrat Beratungen über die Wiedereinführung der Privatbeichte aufnahm. Der Vorschlag kam vonseiten der Theologen. Im Zuge der Reformation hatten die Lindauer, gleich den Anhängern des Schweizer Reformators Huldrych Zwingli, die Privatbeichte abgeschafft, während Luther und mit ihm die Augsburger Konfession die Beichte in der Form, wie sie in der katholischen Kirche traditionell geübt wurde, unverändert beibehalten hatten. Für die Rückkehr zur traditionellen Beichte sprach zum einen, wie die seelsorgerische Praxis zeigte, dass für die Privatbeichte in der Bevölkerung ein Bedarf bestand. Zum anderen versprach der Schritt politische Vorteile. Im Reich war die Luthersche Lehre in der Form der Augsburger Konfession die einzige protestantische Lehre, die neben der katholischen als rechtmäßige Konfession anerkannt war; sie war also, im Gegensatz zu den anderen, juristisch keine »Ketzerei«. In der gegenwärtigen Phase des Krieges, da die auf Rekatholisierung des Reiches fanatisch verschworene katholisch-kaiserliche Seite militärisch unaufhaltsam vordrang, musste die auf Neutralität bedachte Freie Reichsstadt Lindau Wert darauf legen, dass sie in katholischen Augen theologisch möglichst wenig Widerspruch erregte.

So wurde die Wiedereinführung der Privatbeichte vom Kirchen- und Schulrat tatsächlich beschlossen, allerdings in einer Weise, dass sie nur *zusätzlich zu,* nicht *anstelle von* der gegenwärtig geübten öffentlichen Beichte angeboten würde und somit niemand benachteiligte. Der Beschluss war einstimmig, allerdings mit Ausnahme von Neukomm, der sich von der Teilnahme an der Sitzung wegen Krankheit entschuldigt hatte. Als man seine Zustimmung nachträglich einholen wollte, verweigerte er diese, nicht etwa aus theologischen Gründen, sondern weil man ihn übergangen hätte und jetzt wäre es dafür zu spät. Damit verriet er, dass es ihm um die Privatbeichte überhaupt nicht ging und er an sachlicher Diskussion kein Interesse hatte. Nichtsdestowe-

---

2 Neukomm-Chronik, S. 454 (August 1624).

3 Wolfart, I.2, S. 33f.

niger beschloss am 9. Juni 1626 der gesamte Rat der Stadt die Wiedereinführung der Privatbeichte, und am 11. Juni wurde eine genaue Erklärung der Maßnahme in den Kirchen öffentlich verlesen.[4]

Sofort begann Neukomm den Kampf gegen diesen Ratsbeschluss; er tat es im Gottesdienst von der Kanzel aus, mit wortgewaltiger Rhetorik. Hemmungslos verwendete er geschmacklose Übertreibungen, faktische Entstellungen und nachweisbare Unwahrheiten; er zögerte nicht, Einzelpersonen mit unbewiesenen Verleumdungen persönlich anzugreifen, wohl wissend, dass die einmal gelungene Rufschädigung durch spätere Retraktion nicht mehr auszulöschen war. Wenn er dann zur Rechenschaft gezogen wurde, leugnete er wenn möglich, machte sich aber nicht die Mühe, seine Behauptungen zu verteidigen, sondern zeigte sich, wenn er einmal überführt war, reumütig und bußfertig. So kam er immer wieder mit Verweisen davon, auch wenn man ihm zuvor mit Entlassung aus dem Amt gedroht hatte. Zu spät erkannte der Rat, dass er die Debatte mit Neukomm, auf die er sich eingelassen hatte, verlieren würde. Während der Rat sich immer noch bemühte, die Öffentlichkeit, wie auch Neukomm selbst, in sachlicher Weise von der Richtigkeit der Wiedereinführung der Privatbeichte zu überzeugen, entfesselte Neukomm von der Kirchenkanzel aus seine Demagogie. Damit hatte er mehr Erfolg als der Rat; denn während die Erlasse des Rats, an Wänden angeschlagen, kaum gelesen wurden, zog Neukomm ein ständig wachsendes Publikum an. Schon durch ihren Stil versprachen seine Predigten vorzügliche Unterhaltung. Und in der Pose des aufrechten, mutigen Mannes, der unbeirrt gegen eine arrogante, anmaßende Obrigkeit kämpft, fand er Bewunderer. Sein Publikum waren Lindauer Bürger und Bauern aus der Umgebung, welche die schwierigen Lebensbedingungen der Kriegszeit nicht zuletzt auch der Stadtregierung vorwarfen, sowie eine undefinierte Gruppe, die in den Quellen als »der gemeine Pöbel« bezeichnet wird.

3.2 Neukomms Rebellion gegen die Regierung der Stadt

Bald nachdem Neukomm die Agitation gegen die Privatbeichte wieder aufgenommen hatte, wurde er aufs Rathaus zitiert und erhielt einen scharfen mündlichen Verweis, der mit einem formalen Ratsdekret bekräftigt wurde (21. Juni 1626). Hier wurde die Verderblichkeit seines Wirkens umfassend verurteilt; wieder einmal wurde er suspendiert (dass er nicht entlassen wurde, verdankte er nur der Fürsprache geistlicher und auswärtiger Freunde), und wieder wurde er für den Fall der nächsten Wiederholung

4 Ebenda, S. 34.

mit endgültiger Entlassung und einer schweren Geldstrafe bedroht. Er antwortete mit einer nichtssagenden Entschuldigungsschrift. Doch als er wenig später ein weiteres Beispiel von Widerstand gegen der Rat abgab, erhielt er wieder nur einen Verweis, verbunden mit der Frage, ob er sich dem Ratsbeschluss füge und die Einführung der Privatbeichte aktiv zu fördern bereit sei. Seine Antwort war ein klares »nein«. Und am Sonntag, dem 5. November 1626, verkündete er auf dem Jahrmarkt in einer »pur lauteren Lärmpredigt« seine radikale Verurteilung des Rats.

Endlich rang der Rat sich dazu durch, dem rebellischen Prediger ein Mindestmaß an Festigkeit entgegenzusetzen. Es war zu spät. Am 6. November gegen Abend händigte ein Ratsbote Neukomm das Absetzungsdekret aus, welches ihm verbot, sein Haus zu verlassen und die Kanzel zu betreten.[5] Darin enthalten war auch das Verbot, die gewohnte Dienstagspredigt zu halten; mit dieser wurde nunmehr sein Kollege Magister Matthias Hager beauftragt. Neukomm wies die Absetzung zurück und erklärte sich entschlossen, seinen Beruf weiterhin auszuüben und am morgigen Dienstag seine Predigt zu halten. Auf des Boten Rückmeldung hin wurden zwei Ratsmitglieder und der Stadtschreiber Johann Heinrich Fels d. Ä. zurückgeschickt mit dem Auftrag, den ursprünglichen Befehl nachdrücklich zu wiederholen. Inzwischen hatte sich das Haus mit Neukomms Anhängern und Verwandten angefüllt. Dieser erklärte, es sei schon zu spät am Tage, als dass er von der Dienstagspredigt absehen könne. Als man ihn auf die Folgen solchen Ungehorsams gegenüber der Obrigkeit aufmerksam machte, erklärte er, in geistlichen Dingen schulde er Gott größeren Gehorsam als den Menschen. Man trennte sich im Bewusstsein der bevorstehenden Auseinandersetzung. Am folgenden Morgen hatte sich nichts geändert. Während Neukomm auf seinem Beschluss beharrte, rief der Rat Neukomms Anhänger aufs Rathaus, um sie noch einmal durch Dr. Daniel Heiders ruhige Beredsamkeit vor den Folgen aller rebellischen Schritte warnen zu lassen.

Inzwischen hatte sich in der Fischergasse, insbesondere vor Neukomms Haus, eine größere, teils bewaffnete Menschenmenge angesammelt. Der Amtsbürgermeister Calixt Buschor, immer noch auf seine persönliche Autorität und die Macht vernünftiger Argumente vertrauend, trat persönlich vor sie, um zur Ruhe zu mahnen. Schon läuteten die Glocken zum Gottesdienst. Angesichts eines drohenden Tumults willigte Neukomm nun ein, dass an seiner Stelle sein Kollege Hager die Predigt halte. Als dies klar wurde, drangen Aufständische in Neukomms Haus ein, zogen ihm den Talar wieder an und geleiteten ihn triumphal zur Kirche. Bürgermeister Buschor, zu Pferde, versuchte, sie mit einigen Stadtknechten aufzuhalten und befahl, Neukomm

5 Das Haus in der Fischergasse, heute Nr. 29 (Wolfart, I.2, S. 328), befindet sich noch heute im Besitz der Evangelischen Kirchengemeinde.

festzunehmen. Die Aufständischen, zahlenmäßig überlegen, erhoben nun ihre Waffen, schlugen einen der Knechte mit der Hellebarde zu Boden und wandten sich gegen den Bürgermeister selbst, dem nichts übrig blieb als schleunige Flucht. Die schnell anwachsende rebellische Menge zog zur Kirche unter solchem Lärm, dass die bereits versammelte Gemeinde die Kirche schnell verließ. Neukomm selbst floh in sein Haus, und die beiden Prediger Hager und Müller mussten sich im Kirchturm verstecken.

Von diesem Moment am Morgen des Dienstags, des 7. Novembers 1626 an war die Reichsstadt in der Gewalt von Aufständischen. Und ihre Zahl stieg schnell an, als die Lindauer Bürger, und wenn nur aus Neugier, auf die Straßen gingen und viel Volk aus der Umgebung über die Brücke hereinströmte. Schnell besetzten diese Leute die Tore, das Zeughaus und andere öffentliche Gebäude, und mit diesen als Faustpfand stellten sie dem Stadtrat ihre Forderungen: Wiedereinsetzung von Alexius Neukomm in sein Amt und in sein Recht, die Amtspredigten an Sonn- und Feiertagen zu verrichten; Wiederaufnahme von Bürgermeister Müller in den Rat (aus dem er wegen eines geschäftlichen Disputs zurückgetreten war); Aufschub der Einführung der Privatbeichte; Amnestie für alle am Aufstand Beteiligten. Über die Gewährung dieser Forderungen verlangten sie eine schriftliche Bescheinigung, versehen mit dem amtlichen Siegel der Stadt. Vorher würden sie nicht auseinandergehen. So wollten sie die Stadtregierung dazu zwingen, mehrere rechtmäßig getroffene, übrigens politisch und konfessionell höchst zweckmäßige Maßnahmen zurückzunehmen und die Urheber eines für die Stadt überaus schädlichen bewaffneten Aufstands pauschal zu amnestieren. Bürgermeister und Rat wussten, dass sie nach Recht und Gewissen nicht befugt waren, diese Forderungen zu gewähren. Sie sträubten sich nach Kräften, versuchten bessere Bedingungen auszuhandeln, stellte aber noch am selben Tag den geforderten Schein aus.

3.3 Erfolg des Aufstands und Kapitulation des Stadtrats

Der Ratsschein vom 7. November 1626, eigentlich eine Kapitulationsvereinbarung, war zweifellos rechtsungültig, weil unter Zwang zugestanden. So war es nun für die Stadt die dringendste Aufgabe, diese Abmachung durch einen rechtsgültigen Vergleich zwischen den gegnerischen Parteien zu ersetzen. Da die sogenannten Aufständischen keine definierbaren Verhandlungspartner waren, traten die Zünfte und eine Vertretung der Bauernschaft an ihre Stelle. Sie mussten den Entwurf einer Vereinbarung für die Beilegung der verschiedenen Streitpunkte ausarbeiten, der für alle Kontrahenten annehmbar war. Diese Arbeit dauerte über drei Wochen, aber das Ergebnis war für die Stadt unbefriedigend, weil es den Rat immer noch zwang, den Aufständischen allerhand unannehmbare Zugeständnisse zu machen. Dennoch wurde die Vereinbarung am 30. November 1626 von den Beteiligten beeidet.

Um die Angelegenheit zum vertretbaren Abschluss zu bringen, bat nun der Lindauer Rat die Nachbarstädte Ulm, Memmingen und Kempten um Hilfe bei der Beilegung der Lindauer Turbulenzen. Es ging nicht nur darum, dass die Verhandlungen mit der Bürgerschaft vor unabhängigen Zeugen stattfanden, sondern auch, dass dem Kaiser darüber in objektiver Form berichtet werden konnte. Abgeordnete der drei Städte kamen in Lindau am 16. Dezember an. In erneuten Gesprächen mit den Zünften und der Bauernschaft erzielte man nun einen zufrieden stellenden Vergleich.[6] Darüber sandten die drei Nachbarstädte dem Kaiser einen ausführlichen Bericht.[7] Der fatale Ratsschein vom 7. November war damit endlich außer Kraft gesetzt. Im Gefühl, eine zutiefst beunruhigende Krise überstanden zu haben, hielt man in den Lindauer Kirchen – es war gerade Weihnachten – Dankgottesdienst und sang das TeDeum.

Der Neukomm-Aufstand war für Bürgermeister und Rat, für die stolze Freie Reichsstadt insgesamt, eine unerhörte Demütigung. Sie demonstrierte gegenüber dem ganzen Land, dass die Lindauer unfähig wären, in schwerer Zeit ihr Gemeinwesen zu regieren. Man fragte sich, wie dieses Unglück geschehen konnte. Klar ist, dass in den Kriegsjahren das Vertrauen zwischen dem Rat der Stadt und der Bürgerschaft gelitten hatte. Die acht vergangenen Kriegsjahre hatten die Lindauer schwer belastet. Zwar war in Lindau noch nicht geschossen worden und es war noch kein Blut geflossen, doch hatten Truppendurchzüge, Einquartierungen und Kontributionszahlungen mit allen ihren Begleiterscheinungen den Lindauern schwer zugesetzt. Diese Belastungen waren umso entmutigender, als man sie nicht abwehren konnte und sie sich in der unbestimmten Zukunft fortzusetzen versprachen. Die Stadtregierung vertrat die Interessen der Bürger mit Geschick, doch standen ihr nur die Mittel einer Diplomatie zur Verfügung, die unsichtbar hinter den Kulissen eingesetzt wurde und deren Wirksamkeit gegenüber der durchziehenden Soldateska begrenzt war.

Eine tiefere Ursache für den Vertrauensschwund lag in der 1551–53 von Kaiser Karl V. eingeführten neuen Stadtverfassung, welche die Regierungsfunktion auf Kosten der Zünfte vorwiegend in die Hände des Patriziats gelegt hatte. Diese Verfassung konnte nur funktionieren, solange die patrizische Stadtregierung ihrer Pflicht, die Interessen der Zünfte, d. h. der überwältigenden Mehrheit der Bürgerschaft, zu de-

6 Der ausführliche Rezess über diese Unterhandlungen, datiert 24. Dezember 1626, ist in KrCh, S. 117–119 wiedergegeben.

7 Der Bericht der drei Städte an den Kaiser, datiert 30. Dezember, ist wiedergegeben in KrCh, S. 119–120.

ren Zufriedenheit zu vertreten, gewissenhaft nachkam. Diese Aufgabe schien in den letzten Jahren vernachlässigt worden zu sein. Nichtsdestoweniger war der Urheber des Unglücks der Prediger Alexius Neukomm selbst. Seit mehreren Jahren hatte er sich angewöhnt, die Stadtregierung zu bekämpfen: im Gottesdienst von der Kanzel, systematisch, in aller Offenheit und in gröbster Form. Seine Ziele waren verworren, klar aber war, dass er die Stadtregierung und ihre Vertreter, insbesondere diejenigen, die ihm Widerstand leisteten, hasste. Neukomm war ein wirksamer Demagoge, er hatte Anziehungskraft und Einfluss. Ihm gelang es, einen beachtlichen Teil der Lindauer zum offenen Aufruhr gegen ihre Regierung zu treiben. Die Lindauer Stadtregierung ihrerseits hatte gegenüber ihrer Pflicht, im Interesse des Friedens in der Stadt ihre Funktionsfähigkeit zu bewahren, Neukomms böswilliges Wirken rechtzeitig zu unterbinden und den Aufstand selbst zu beherrschen, kläglich versagt.

Als man in Lindau nach Beilegung des Aufstands mit Dankgottesdienst und Te-Deum ins neue Jahr 1627 eintrat, mögen viele geglaubt haben, dass die Ereignisse vom vergangenen November nun aus der Welt geschafft wären. Wer sich aber erinnerte, mit welch dürftigen und widersprüchlichen Vorwänden Kaiser Ferdinand II. und sein Bruder Erzherzog Leopold V. seit ihrem Amtsantritt immer wieder versucht hatten, die Reichsstadt Lindau in ihren Besitz oder wenigstens unter ihre Herrschaft zu bringen, der wusste, dass man von ihnen noch hören würde. Das geschah.

3.4 Kaiserliche Untersuchungskommission

Am 28./18 April 1627, einem Mittwoch, trafen in Lindau unangemeldet zwei hohe Adelige ein. Es waren die Herren Hans Caspar von Stadion und Hugo Graf von Montfort-Tettnang, die als »verordnete« kaiserliche Kommissare den Auftrag hatten, eine kaiserliche Untersuchungskommission zu leiten.[8] Sie stiegen in der *Krone*, dem ältesten und besten Gasthof Lindaus, ab und schickten einen Boten zum Rathaus, um den Ratsadvokaten Dr. Daniel Heider zu sich zu bitten. Diesem wiesen sie sich mit einem Beglaubigungsschreiben aus und ließen an Rat und Gemeinde den Befehl übermitteln, sich um 7 Uhr früh des folgenden Morgens im Rathaus einzufinden, wo sie jenen ihren Auftrag erläutern würden.

Die beiden Kommissäre waren enge Vertraute des Kaisers. Hans Caspar von Stadion (1567–1641) gehörte zu jenem kleinen Kreis von bewährten Freunden, auf deren

8 Die Hauptquelle für die Arbeit der kaiserlichen Untersuchungskommission ist KrCh, S. 121–144; neuere Darstellungen dieses Gegenstands geben Wolfart, I.2, S. 45f. und Vochezer, Joseph: *Geschichte des kurfürstlichen Hauses Waldburg und Schwaben*, 3 Bände, kempten, 1907, hier III, S. 677f.

Rat der Kaiser sich bei schwierigen Entscheidungen in besonderem Maß verließ. Er war ein Berufssoldat von bewährter Klugheit und Sachlichkeit und hatte von 1619 bis 1624 als Stadtobrist von Wien und Präsident des kaiserlichen Hofkriegsrats gedient. Seit 1626 war er Landkomtur der Ballei Elsass und Burgund des Deutschen Ritterordens, seit 1627 Hochmeister und später Deutschmeister. Später nahm er als persönlicher Berater des künftigen Kaisers Ferdinand III. an der Schlacht von Nördlingen teil.[9] Gegenwärtig war sein Hauptquartier in Altshausen (unweit nördlich von Ravensburg). Graf Hugo IV. von Montfort-Tettnang (1599–1662)[10] war kaiserlicher Geheimrat und Kämmerer. Seine Residenz war das benachbarte Tettnang, auch gehörte ihm die kleine Inselfestung vor Langenargen. Wenn die Beziehungen zwischen seinem Haus und der Stadt traditionell nicht besonders warm waren, hatte das weniger persönliche als sachliche Gründe. Zum einen hatten seine und die Lindauer Gebiete gemeinsame Grenzen, über die gelegentliche Dispute entstanden, zum anderen litt der uradelige, wohlverbundene Graf trotz riesigen Grundbesitzes unter chronischem Mangel an Cashflow, während das quasi-republikanische Städtchen von Kaufleuten und Handwerkern beneidenswerten Reichtum genoss. Nach allen Anzeichen erwies er sich aber immer als ein freundlicher, wohlmeinender Mann. Graf Hugo war seit 1618 verheiratet mit Johanna Euphrosina von Waldburg-Wolfegg (1596–1651)[11], der ältesten Schwester von Bischof Johannes von Waldburg-Wolfegg und von Truchsess Max Willibald von Waldburg-Wolfegg, dem künftigen Verteidiger von Lindau. Zur Untersuchungskommission gehörten ferner als Subdelegierte der Jurist Dr. Albrecht Eberhard von Miltenburg, ein Beamter der Deutschen Ordens; der Hauptmann Georg Wilhelm Thum von Neuburg, ein Ordensritter; und der Gräflich-Montfortische Rat Hans Wolf Schmid von Wellenstein.[12]

Die Verhandlungen begannen früh am folgenden Morgen (Donnerstag, 29. / 19 April 1627) im Rathaus vor der versammelten Lindauer Stadtregierung. Als Sprecher der Kommission ergriff Dr. Albrecht Eberhard das Wort. Beunruhigt durch den vor wenigen Monaten in Lindau vorgefallenen »weit aussehenden, ärgerlichen Aufstand«, der leicht in »völlige Sedition« hätte ausarten können, erachte es der Kaiser für notwendig, Ursache und Urheber des Tumults zu ermitteln. Der Kommission Aufgabe gehe aber über die Aufklärung des Aufstandes hinaus, und ihr eigentliches Ziel sei die Verbesserung des gegenseitigen Vertrauens zwischen Kaiser und Stadt.

---

9 Engerisser: *Nördlingen*, S. 64.

10 Burmeister, Karl Heinz: *Die Grafen von Montfort.* Forschungen zur Geschichte Vorarlbergs NF2, Konstanz, 1996.

11 Vochezer, III, S. 663, 677–78.

12 KrCh, S. 137.

Die Kommission sei bei ihrer Arbeit »aus treuherziger väterlicher fürsorg« zum Besten der Stadt bewegt, aber für ihr Gelingen sei sie auch auf die gutwillige Mitarbeit der Bürgerschaft angewiesen. Daher erboten sich die Kommissäre ihrerseits, in der Hoffnung auf entgegenkommende Mitarbeit der Stadt, alles guten nachbarlichen Willens. Für die Vertreter der Stadt antwortete darauf, ein wenig kühler, der Ratsadvokat Dr. Heider: Sie hätten die Ausführungen der Kommissäre »mit gebührender Reverenz in tiefster Demut vernommen« und täten »sich gegenüber allerhöchster ... kaiserlicher Majestät für allermildeste, getreueste Fürsorge alleruntertänigst« bedanken; sie wüssten der Kommission »gewogentliches Anerbieten« zu schätzen und versprachen ihrerseits »allermöglichste Erwiderung«.

Darauf, nach kurzer Rücksprache mit den Kommissären, trat Dr. Eberhard zu den Lindauer Bürgermeistern und Ratsadvokaten heran mit der delikaten Frage nach ihrer grundsätzlichen Einstellung zu den zu erwartenden Ergebnissen; genauer gesagt: Beabsichtigten sie, gegen die Ergebnisse der Untersuchung vor Gericht zu klagen? Die Lindauer Herren antworteten, sie hätten von der Einsetzung einer kaiserlichen Untersuchung nichts gewusst, hätten daher die ganze Angelegenheit mit dem durch die drei Nachbarstädte erarbeiteten Vergleich als längst erledigt betrachtet und wären bei diesem auch gern geblieben. Nichtsdestoweniger seien sie fest entschlossen, die Ergebnisse einer kaiserlichen Kommission gehorsam zu befolgen. Daraufhin wurden entsprechende Diskussionspapiere ausgetauscht und besprochen. Am folgenden Tag, Freitag, legte die kaiserliche Kommission ein abschließendes Protokoll vor, das in feinster Diplomatensprache ihre eigene Position als einen erarbeiteten beiderseitigen Konsens darstellte.

Die eigentliche Untersuchung begann am Samstag, dem 1. Mai / 21. April. Das Ziel war, Ursache und Urheber des Tumultes zu ermitteln. Da lag es nahe, dass die Kommissäre die Vertreter der Stadt, an der Spitze den Amtsbürgermeister, direkt nach den Schuldigen fragten, und es überraschte sie, dass diese ihnen keine Namen nennen wollten. Eingehend und behutsam setzten sie die Günde ihrer Weigerung auseinander. Sie lagen auf zwei Ebenen. Zum einen erinnerten sie daran, dass der bereits erfolgte Vergleich nach damaligem Verständnis endgültig war. Dass die Sache vonseiten des Kaisers noch einmal aufgerollt würde, konnten sie nicht wissen. Die darin enthaltenen Vereinbarungen, einschließlich der damals gewährten Amnestie, waren für sie daher bindend; sie jetzt rückgängig zu machen, wäre vertrags- und eidbrüchig. Eine andere Erwägung betraf die zukünftige Regierungspraxis. Würden sie, die Vertreter der Stadtregierung, nunmehr die Namen einzelner Aufständischer preisgeben, dann wären sie bei der Bevölkerung künftig als Verräter gebrandmarkt und verlören damit alle Autorität und Glaubwürdigkeit. Die kaiserlichen Kommissäre waren über diese Weigerung nicht erfreut, akzeptierten sie aber in guter Fassung und trösteten sich mit der Zuversicht, dass die kommende Ermittlung alles klar genug ans Licht bringen würde. Die beiden Kommissäre, Graf Hugo von Montfort und Deutschmeister Hans Kaspar von Stadion, verabschiedeten sich nun und legten die Verantwortung für die weitere Untersuchung in die Hände der Subdelegierten.

Das Verfahren bestand darin, dass die drei Subdelegierten gemeinsam mit einzelnen Personen ausführliche Gespräche führten. Dafür nahmen sie sich viel Zeit. An 17 Tagen sprachen sie mit rund 80 Personen, was sich, einschließlich einer vierwöchigen Pause, über die Zeit vom 1. Mai / 21. April bis zum 18. / 8 Juni, also über ungefähr sieben Wochen, erstreckte. Die drei Subdelegierten führten gewöhnlich drei Gespräche pro Halbtag. Die befragten Zeugen waren ziemlich bunt ausgewählt. Unter ihnen waren alle Mitglieder der Stadtregierung und viele Patrizier, aber auch Vertreter der Zünfte, Handwerker und einfache Arbeiter. Besondere Beachtung fanden natürlich die Vertreter der Aufständischen. Es fehlte nur der Hauptschuldige: Der Prediger Alexius Neukomm war, von den Chroniken unbeachtet, schon am 26. Februar 1627 gestorben. Sein Bruder, der Stadtammann Andreas Neukomm, dessen Beteiligung am Aufstand wegen seines Amtes als besonders anstößig galt, wurde mehrmals vernommen. Ebenfalls befragt wurde die Witwe von Alexius. Über den genauen Charakter der Gespräche – damals meist als Inquisitionen bezeichnet – haben wir keine ausdrückliche Auskunft; aus dem Zusammenhang des gesamten Verfahrens in der sehr ausführlichen Darstellung der Kriegschronik wird deutlich, dass es sich nicht um »peinliche« Verhöre[13] handelte (ein Ausdruck, der gewöhnlich die Anwendung von Folter andeutete), sondern um entspannte Gespräche unter freien Bürgern. Das Ziel war offenbar weniger die Feststellung der zu bestrafenden Schuldigen als ein allgemeines – nahezu wissenschaftliches – Verständnis der Dynamik eines spontanen Aufstandes in einer kleinen Stadt.

In die Zeit der Untersuchung fällt ein Ereignis, das die weite Ausstrahlung des Verfahrens beleuchtet. Am Sonntag, dem 3. / 13 Juni 1627 erhielt Lindau, nach vorheriger Anmeldung, den Besuch eines »Kreuzgangs«, einer feierlichen Prozession von frommen Bregenzern nach Lindau und zurück. Die Demonstration sollte an die seit der Reformation in Lindau fehlende katholische Präsenz erinnern. Offensichtlich war die Anwesenheit der Untersuchungskommission für die Nachbarn eine ideale Gelegenheit, die hochmütigen Lindauer auf friedliche Weise ein wenig zu sticheln, und Letztere waren auch außerordentlich verdrossen, dass sie keine Wahl hatten, als diese Aufmerksamkeit mit freundlicher Miene hinzunehmen. Das Ereignis war, unter Mitwirkung der Lindauer Behörden, sorgfältig geplant. Alle Beteiligten, Prozessionsteilnehmer wie Zuschauer, zeigten gute Disziplin, und nicht weniger als 1820 Personen

13 So zum Beispiel Wolfart, I.2, S. 45.

sollen teilgenommen haben, darunter auch Graf Hugo und die drei Subdelegierten der Untersuchungskommission.

3.5 Abschluss und Urteilsverkündung

Anfang Juni, als die Untersuchung sich ihrem Abschluss näherte, kam der Graf noch einmal nach Lindau, und am Freitag, dem 18./8 Juni 1627 erklärte die Kommission offiziell ihren Abschluss. Am nächsten Tag reisten die Delegierten ab. Dass die aufwendige Untersuchung zu Konsequenzen führen würde und Letztere für die Lindauer nicht erfreulich sein würden, war wohl einigermaßen klar. Doch die kaiserliche Bürokratie nahm sich Zeit. Inzwischen sorgten die gewohnten Belästigungen durch Truppendurchzüge, Einquartierungen und Kontributionsforderungen für Ablenkung. Die Wartezeit dauerte bis zum nächsten Frühling.

Die Urteilsverkündung hatten die kaiserlichen Behörden sorgfältig inszeniert. Als am Abend vom Montag, dem 20./10 März 1628 am Lindauer Rathaus der Befehl des Generals Wolf Graf von Mansfeld[14] eintraf, zwei Kompanien Infanterie, die von Ulm her bereits auf dem Marsch waren, einzuquartieren und mit gehörigem Unterhalt zu versehen, hatte das noch den Anschein, als ob es sich um die gewohnte Ankündigung eines Truppendurchzugs handelte. Dann kam am Donnerstag, dem 23. März die Ankündigung, dass Graf Hugo von Montfort-Tettnang in Begleitung des Bischofs von Konstanz, Johannes Truchsess von Waldburg-Wolfegg, am folgenden Tag den Rat der Stadt aufsuchen wollten. Jetzt dürften die Lindauer begriffen haben, dass es sich bei der Gleichzeitigkeit der militärischen Einquartierung und des prominenten Besuches nicht um einen Zufall handelte. Freitag, den 24. März morgens um 9 Uhr erschienen die Herren am Lindauer Rathaus und wünschten, die drei Bürgermeistern nebst den zwei *Geheimen* (Geheimräten) zu sprechen. Zuerst stellte Graf Hugo das neue Mitglied der Kommission, den Bischof von Konstanz, Johannes Truchsess von Waldburg-Wolfegg (1589–1644)[15], vor; er sollte die Nachfolge des Deutschmeisters Hans Kaspar von Stadion übernehmen, welcher gezwungen war, von der Kommission zurückzutreten, weil er seit seiner Erhebung zur »fürstlichen Dignität des Hochmeistertums« nicht mehr in der Nähe wohnte. Der Bischof von Konstanz war (als Bruder von Euphrosina von Waldburg-Wolfegg) ein Schwager des Grafen Hugo von Montfort sowie ein Bruder des Truchsessen Max Willibald von Waldburg-Wolfegg, der später in unserer Geschichte noch eine Rolle spielen wird.

---

14 Wolfgang Graf von Mansfeld-Bornsted (1575–1638).

15 Ausführlich zu Bischof Johannes von Konstanz: Vochezer, III, S. 666–712.

Graf Hugo kam schnell zur Sache: Er habe einen kaiserlichen Befehl an die Stadt Lindau zu übermitteln, den der Kaiser in einem langen Schreiben an ihn, datiert Prag, den 14./4 Februar 1628, ausführlich formuliert hatte.[16] Der Befehl begann mit einigen grundsätzlichen Verfügungen und ging dann über zu allerhand spezifischen Anweisungen. Grundsätzliche Eingriffe in die Regierung der Stadt waren:

- Die Einführung einer kaiserlichen Garnison
- Die Ablösung der Reichsvogtei über die vier Kellenhöfe im Lindauer Hinterland von der Reichsstadt und ihre Übertragung an den Grafen von Montfort-Tettnang
- Die Wiedereinführung der katholischen Konfession in den Dörfern der Reichsvogtei
- Alle geeigneten Bemühungen, um dem Franziskanerorden zur Restitution seines durch die Reformation verlorenen Gotteshauses und Einkommens zu verhelfen

Zu den praktischen Anordnungen gehörten:

- Die Entwaffnung der Bürgerschaft (ausgenommen der Magistrat, weil der Aufstand *gegen* diesen gerichtet gewesen war)
- Die Entlassung der Bürgerwachen und die Übergabe der Wachtfunktion an die Garnison
- Eine Versammlung von Vertretern der Zünfte, um auch ihnen die kaiserlichen Befehle zu erklären
- Die Übertragung der Schlüsselgewalt über Stadttore und Zeughaus an die Garnison
- Die angemessene Bestrafung der am Neukomm-Aufstand Schuldigen

Weitere Maßnahmen würden folgen, wenn es die Umstände erforderten. Wie diese kaiserlichen Verfügungen sich im Einzelnen auf das praktische Leben in der Stadt auswirken würden, musste sich noch zeigen. Eines war aber sofort klar: Mit dem kaiserlichen Befehl vom 14. Februar 1628 hatte Lindau seine Reichsfreiheit verloren, jedenfalls für die Dauer des Krieges.

---

16 Wörtlich abgedruckt in Wolfart, II, S. 348–350.

4. KAISERLICHE FESTUNG (1628–1632)

4.1 Die Stadt unter militärischem Kommando

Der Augenblick, in dem aus der Freien Reichsstadt eine kaiserliche Festung wurde, kam nachmittags um 5 Uhr, als der Obristwachtmeister (Oberstleutnant) Lorenz Delafossa mit zwei Kompanien des Regiments Verdugo der Armee des Generals Wolfgang Graf von Mansfeld-Bornstedt einrückte. Nachdem die Soldaten in ihre Quartiere eingewiesen waren, bat der befehlshabende Offizier um die Schlüssel zum Stadttor. Diesem Wunsch kam man nach, allerdings unter der Vereinbarung, dass die Schlüssel an einem beiderseits gleich zugänglichen Ort aufbewahrt würden. Daraufhin wurden die Aufstellung der Wachtposten sowie eine geeignete Räumlichkeit für eine Wachtstube (in »Abraham Schludins Haus am Markt«)[1] bestimmt.

Die Kommandoübernahme hatte mehrere Zwecke. Zum einen hatte sie punitiven Charakter. Die Lindauer Bürger hatten durch einen Volksaufstand ihre Regierung gestürzt, und diese ihrerseits hatte durch ihr Versagen in der Krise ein Maß an Führungsschwäche an den Tag gelegt, das man als politische Unzuverlässigkeit auslegen konnte. Ferner kannte man die Lindauer als überzeugte lutherische Protestanten und hielt sie daher für unmotivierte Partner in einem Krieg, welcher die Rekatholisierung des Reiches zum Ziel hatte. Zwar beflissen sie sich strikter Neutralität und lieferten jeden Beweis ihrer Kaisertreue, doch kaiserlicherseits fand man es opportun, solche Bemühungen zu beargwöhnen und ihrer Treue zu misstrauen. Der eigentliche Zweck der Maßnahme lag jedoch tiefer. Dank seiner Lage beherrschte Lindau die Schifffahrt auf dem Bodensee und den Zugang zu den Graubündner Alpenpässen. Handel und Verkehr, aber auch eigene Produktivität machten die Stadt wohlhabend, ja reich. Da galt es nicht nur zu verhindern, dass die Stadt anderen in die Hände fiel, sondern auch, sie selbst zu besitzen. Dahinter stand vermutlich das Fernziel, die Stadt bei günstiger Gelegenheit auch formal-rechtlich und dauerhaft den Habsburger Stammländern einzuverleiben. Zwar war Lindaus rechtlicher Status als Freie Reichsstadt mit dem Einzug einer kaiserlichen Garnison nicht grundsätzlich und endgültig widerrufen, wohl aber bis auf Weiteres (d. h. wenigstens bis Kriegsende) aufgehoben. Für Lindau bedeutete das eine große Einbuße an Freiheit. Zwar würden Bürgermeister und Stadtrat ihre gewohnten Pflichten erfüllen, doch unter kaiserlicher Aufsicht. Die Macht des Stadtkommandanten war umfassend, selbst wenn er verstand, dass es für

---

1 KrCh, S. 191f.

ihn und die Garnison vorteilhafter war, mit der Stadt einvernehmlich zusammenzuarbeiten, anstatt sie durch umstrittene Maßnahmen zu provozieren. Zwar unterstand er seinerseits dem Generalissimus der kaiserlichen Armee, doch dieser ließ sich durch seinen Generalkriegskommissar oder den jeweils regional zuständigen kaiserlichen General der Armee weitgehend vertreten.

Zur Bestrafung der Lindauer gehörten ihre Entwaffnung und ihre Entlassung aus der Wehrpflicht, d. h. die Entfernung aus allen Ämtern und Pflichten, die der Verteidigung der Stadt nach außen, aber auch der Aufrechterhaltung von Ruhe und Ordnung im Inneren dienten. All dieses war jetzt Aufgabe der Garnison. Zuvorderst wollte man wohl Aufruhr von der Art des Neukomm-Aufstands verhindern. Da dieser von radikal-evangelischen Geistlichen der Stadt angestiftet gewesen war, sich aber zum erheblichen Teil aus eigens von außen in die Stadt gerufenem »Pöfel« rekrutiert hatte, war der von ihnen angegriffene Magistrat, der sich zwar ungeschickt, doch zweifellos loyal verhalten hatte, von der Entwaffnung befreit. Ihre Schusswaffen gaben die Lindauer ohne viel Widerstand ab (sie gingen ins Bürgerzeughaus), aber sie empfanden es als entwürdigend, der Seitenwehr (Degen und Dolch) entblößt zu werden, denn sie war Kennzeichen des freien Mannes. So bemühte man sich, diesen Teil des Verbots zu unterlaufen. Zum Beispiel gab man nur einen Teil der Seitenwaffen ab, ließ aber den anderen einstweilen verschwinden (manche mauerten sie ein), bis man es wagen konnte, sich wieder damit zu zeigen. Weder die Lindauer Ordnungskräfte noch die Garnison selbst hatten Zeit oder Lust, das Waffenverbot energisch erzwingen, und so drückte man schließlich angesichts von Bürgern mit Dolch oder Degen ein Auge zu. Erst wenn aus irgendeinem Grund zwischen Garnison und Stadt eine neue Missstimmung entstand, wurde die Entwaffnung wieder in Kraft gesetzt. Dieser Zyklus, der sich einige Male wiederholte, wurde schließlich als eine Art von Gesellschaftsspiel genossen.

Der Posten des Stadtkommandanten oder Gubernators blieb bis Frühjahr 1632 unbesetzt. In Routineangelegenheiten vertrat ihn der jeweils rangälteste Kompaniechef, der »Kommandierende Hauptmann«, doch in wichtigeren Fragen sprang der Generalkriegskommissar, Oberst (und ab 26. Septmeber 1634 Feldmarschall-Leutnant) Wolfgang Rudolf Freiherr von Ossa (1574–1639)[2] selbst ein, den man für die ersten

2 Wolfgang Rudolf Freiherr von Ossa (1574–1639) war für die Schwedenkriege der 1630er-Jahre in Schwaben und Elsass gewiss eine der wichtigsten Persönlichkeiten. Sein Charakter ist umstritten; Golo Mann meldet: »Den Obersten Ossa muß er [Wallenstein] ausnehmlich geschätzt haben, einen, wie seine Rapporte zeigen, ehrlich-rauhen und klugen Mann.« *Wallenstein*, S. 798. Peter Engerisser dagegen bezeichnet Ossa »als einen der rücksichts- und skrupellosesten Kriegsakteure«, weil er mindestens einmal für ein Vergehen die unmenschliche Todesstrafe »durch Spießen« verhängt hat. Engerisser: *Nördlingen 1634*, S. 39. Eine biografische Behandlung von Ossa fehlt; ein nützlicher erster Schritt ist die Materialsammlung von Warlich, Bernd: »Ossa, Wolf Rudolf Freiherr von«, in: *Der*

Jahre als den De-facto-Kommandanten der Lindauer Garnison betrachten konnte. Die praktische Regierung der Stadt blieb unverändert in den Händen von Bürgermeister und Rat, die allerdings ihre Entscheidungen mit dem Stadtkommandanten sorgfältig abstimmten. Ossas Verantwortungsbereich als Generalkriegskommissar für den Südwesten des Reiches reichte vom Elsass bis nach Vorarlberg. Neben seiner eigentlichen Aufgabe – der Versorgung der Armee mit Lebensmitteln, Munition, Bekleidung, Waffen und vor allem Geld – übernahm er auch gelegentlich die Rolle eines Feldherrn und organisierte selbstständige (allerdings gewöhnlich wenig erfolgreiche) Feldzüge. Insgesamt zeigt sich Ossa als ein brillanter Manager, der angesichts schwieriger Kommunikation seinen weitverzweigten Verantwortungsbereich erstaunlich gut im Griff behielt, sich aber gegenüber großen objektiven Schwierigkeiten und angesichts begrenzter persönlicher Kräfte und Mittel gelegentlich übernahm.

Er und sein Stab hatten ihre Geschäftsstelle in Memmingen und später in Ravensburg, doch um dem großen Gebiet auch nur annähernd gerecht zu werden, saßen sie fast dauernd im Sattel. Neben den zur Armee gehörigen Kriegskommissaren gab es einen Kreiskommissar, einen Beamten des Reichskreises Oberschwaben, der mit den Kriegskommissaren zusammenarbeitete. Einer dieser Kriegskommissare war der Festung Lindau ständig zugeteilt und hielt sich da immer wieder längere Zeit lang auf. Auch Oberst von Ossa besuchte Lindau recht oft, was vielleicht nicht allein einem Gefühl der Verantwortlichkeit für die neu geschaffene Festung entsprang, sondern auch persönlicher Vorliebe; seine Ehefrau wohnte hier mehrere Jahre lang, und er selbst behandelte die Stadt, trotz seiner bekannten Härte, mit unverkennbarer Fürsorglichkeit.

Dreißigjährige Krieg in Selbstzeugnissen, Chroniken und Berichten, 2013; www.30jaehrigerkrieg.de [zuletzt geöffnet am 26.10.2016]. – Obwohl Ossa immer zwei Rollen spielte, als Kriegskommissar und als Truppenführer, war er in Ersterer bedeutender als in der Zweiten, denn als Generalkriegskommissar war er verantwortlich für die Versorgung und Bezahlung der ganzen Armee. Er hatte das Metier des Eintreibers hoher finanzieller Kontributionen aus verarmten Bevölkerungen vom Großmeister des Kontributionswesens selbst, Wallenstein, gelernt und praktizierte dieses seit 1626. Da sein Erfolg unerbittliche Härte erforderte, war er überaus unbeliebt und wird daher vielleicht gelegentlich ungerecht beurteilt. Seine Härte beruhte nicht auf seinem Charakter, sondern seinem Pflichtgefühl. Wenn die kaiserlichen Heere hungerten und ihren Sold nicht erhielten, sah er darin persönliches Versagen. Und da der Kaiser die Einkünfte des Reichs für Hofhaltung und Familie, kaum aber für die Kriegführung ausgab, musste der Kriegskommissar das Geld in der Form von Kontributionen, Strafgeldern, Brandschatzungen usw. eintreiben, was nur mit Druckausübung zu erreichen war. Zweifellos waren Ossas Methoden hart und so mangelte es ihm nicht an Feinden. Dass ihn das unbeliebt machte, nahm er in Kauf, er sah keine andere Wahl. Seine Privatkorrespondenz zeigt, dass er diese Arbeit verabscheut hat.

Geld und Naturalien

Grundsätzlich sollte Lindau alle Kosten der Garnison bezahlen.[3] Die Einzelheiten arbeitete man mit dem zuständigen Kriegskommissar aus. Die von der Stadt erhobene Kontribution drückte sich pro Zeiteinheit aus in einer Geldsumme, die teils in bar, teils umgerechnet in Naturalien in pragmatisch vereinbarten Zeitabständen zu liefern war. Da beide Partner gegensätzliche Motive hatten, führte das zu schwierigen Unterhandlungen, die sich aber meistens in kooperativen Kompromissen auflösten. Die Kosten der Garnison waren ihrer Mannschaftstärke proportional. Als die Garnison 1628 eingesetzt wurde, hatte man eine Mannschaftstärke von 600 Mann vereinbart und eine regelmäßige Kontribution auf entsprechender Höhe für tragbar gehalten. Daneben galt aber auch die Faustregel, dass die Garnison wenigstens dieselbe Stärke benötigte wie die Zahl waffenfähiger Bürger in Lindau, nämlich rund 700, weil man den evangelischen Lindauern nicht trauen dürfe. Entsprechend scherzte der Truchsess von Waldburg-Wolfegg gern, er befürchtete, dass ihn die Lindauer »hinausschmeißen wollten«. Der kaiserliche General Geleen dagegen sagte, dass er theologische Argumente in militärischen Fragen nicht gelten ließe.

Die Erfahrung zeigte jedoch bald, dass die Stärke der Garnison eine inhärente Neigung hatte, von selbst zu steigen, zum Beispiel, wenn Hauptleute neue Rekruten ohne Genehmigung anwarben. Zu Zeiten akuter Bedrohung war eine erhöhte Mannschaftsstärke wohl gerechtfertigt und konnte dann auch bis auf 1500 oder mehr ansteigen. Viel schwieriger war es jedoch, nach der Krise die Mannschaftsstärke wieder zum tragbaren Normalmaß abzusenken, denn für die Kommandeure bedeutete Truppenstärke auch Macht. An solcher Absenkung waren nur die Lindauer interessiert, denn sie mussten die Garnison bezahlen. Die tragbare Grenze lag bei etwa 600 Mann; waren es mehr, ging es auf Kosten der Verschuldung der Stadt.

---

3 Die folgende kurze Übersicht über die finanziellen Aspekte der Lindauer Belagerung erhebt keine wissenschaftlichen Ansprüche. Die Schwierigkeit liegt nicht im Mangel, sondern im Überfluss an Material. Die beste Quelle ist die *Kriegschronik*, verfasst von drei aufeinander folgenden Stadtschreibern (Johann Heinrich Fels und seine beiden Söhne David und Johann Heinrich Fels jr.). Sie waren innerhalb der Stadtregierung für Finanzfragen und Lebensmittelversorgung verantwortlich und lieferten darüber durch die ganze Chronik hindurch eine Unmenge an Material, das allerdings für den Uneingeweihten ziemlich undurchdringlich ist und dessen Aufbereitung den konzentrierten Einsatz eines Wirtschaftshistorikers erfordern würde. Eine gute Einführung bietet Wolf, Thomas: *Reichsstädte in Kriegszeiten: Untersuchungen zur Verfassungs-, Wirtschafts- und Sozialgeschichte von Isny, Memmingen, Lindau und Ravensburg im 17. Jahrhundert,* Memmingen, 1991.

Die Rechtfertigung dieses brutalen Verfahrens lag in der Grundregel des Dreißigjährigen Kriegs: »Der Krieg ernährt sich selbst.« Demnach mussten die Kosten der Garnison – für Besoldung, Unterhalt, Verpflegung usw. – immer von denjenigen getragen werden, die ihren Schutz genossen, also der Stadt Lindau selbst. Da diese als Hauptfestung einige kleinere Festungen im Bodenseeraum zu betreuen hatte (Langenargen, Mainau, Reichenau), wurde eine Anzahl von benachbarten Reichsständen und Herrschaften verpflichtet, zum Unterhalt der Festung Lindau durch regelmäßige Kontributionen beizutragen. Natürlich waren diese einfallsreich im Ersinnen von Gründen, warum sie nicht zahlen konnten, und im Appellieren an hochgestellte Förderer, die sich für sie gegen die Zahlungspflicht einsetzen sollten. Das Festsetzen und Einsammeln der Kontributionen war Aufgabe der Kriegskommissare. Das Machtmittel, mit dem ein Kommissar unwillige oder säumige Kontribuenten disziplinieren konnte, waren »Exekutionen«, wenn er in Begleitung von Militär Sachwerte in Höhe der Schuld konfiszierte.

Die Finanzierung der Garnison war schon im Konzept kompliziert, in der praktischen Ausführung aber ziemlich chaotisch. Schon die Aufteilung in Bar- und Sachleistungen führte zu Disputen. Und gegenüber tatsächlicher, nachgewiesener Zahlungsunfähigkeit waren selbst kaiserliche Kriegskommissare machtlos. Im Übrigen mussten die Kommissare auch im Verkehr mit hartnäckigen Weigerern eine Basis von Kooperation und Kollegialität aufrechterhalten; daher ist von wirklich rücksichtslos durchgeführten Exekutionen selten zu hören. Tatsächlicher Mangel konnte vorliegen, besonders in den späteren Kriegsjahren, wenn alle Mittel erschöpft waren; dann erhielten die Soldaten keinen Sold, die Steuern stiegen immer höher, die Lebensmittelversorgung stockte, und die Stadt musst, über ihre vertraglichen Verpflichtungen hinaus letzte Reserven angreifen und zu Anleihen Zuflucht nehmen.

Lebensqualität

Neben den Kosten in Form von Geld und Sachwerten bedingte die Garnison auch andere Arten von Beeinträchtigung, die sich kaum quantifizieren lassen, die aber die Bürger von Lindau auf eine viel schmerzhaftere Weise trafen als die objektiven Kosten. Es handelt sich um die Verschlechterung der Lebensumstände, ja die Zerstörung der Lebensqualität in der Stadt. In den Chroniken, vor allem in der Kriegschronik, nehmen Klagen über die vielfältige Art und Weise, in der die Auswirkungen der Garnison das Leben unerträglich machten, breiten Raum ein. Sie beschreiben in endloser Wiederholung und Variation die mannigfaltigen Schmerzen und Verletzungen, das erlittene Unrecht und die stumpfe Hoffnungslosigkeit, welche die Garnison verursachte. Zweifellos war ein Teil des Verlusts an Lebensqualität in der Stadt eine Folge des Krieges allgemein, und er trat ein zu Kriegsbeginn, lange vor der Einsetzung der

Garnison. Schon damals, in den Jahren zwischen 1618 und 1628, gab es Truppendurchzüge, Kontributionspflicht sowie sinnlose Forderungen von höheren Autoritäten und auswärtigen Machthabern. Jedoch blieb die Stadtregierung weiterhin souverän und behielt die Freiheit, auftretenden Schwierigkeiten selbstständig und originell zu begegnen. Die Umwandlung der Stadt zur Kaiserlichen Festung und die Einlegung einer Garnison änderten wenig an diesen Gegebenheiten, aber es kamen erschwerend hinzu die Entmachtung der eigenen Regierung, die erhöhte und zugleich unberechenbare Kontributionspflicht und vor allem die Belegung mit sehr vielen fremden Soldaten. Unter solchen Gegebenheiten entstand ziemlich rasch ein höchst unangenehmer Dauerzustand, eine Festungsatmosphäre, um nicht zu sagen *Festungsmisere*, die dann über 20 Jahre lang, von 1628 bis 1649, andauerte.

Die folgenden Bemerkungen versuchen, das Leben in der überfüllten Festungsstadt, unerträglich selbst ohne feindliche Einwirkung, im Einzelnen zu beschreiben. Die Quelle für die folgenden Bemerkungen ist vor allem die Fels'sche *Kriegschronik*, andere Chronisten – Neukomm, Ransperg, Jakob Heider und Calixt Hünlin – liefern zusätzliches Material. Es liegt in der Eigenart von Chroniken, dass sie ihr Material ungeordnet in der Reihenfolge darbieten, in der es dem Chronisten zur Kenntnis kam. Aus dieser Vielfalt wähle ich eine kleine Anzahl von Themen aus, die das Leben in der Festung zu bestimmen schienen.

Enge

Die Kosten der Garnison beschränkten sich also nicht auf Leistungen in Geld oder Sachwerten, sondern sie machten sich auch in jenen abstrakten Bereichen geltend, die man als Lebensqualität bezeichnet. Das zeigte sich am deutlichsten anhand der Frage von Lebens- und Wohnraum. Mittelalterliche Städte, nach außen hin durch Stadtmauern eingegrenzt, waren ohnehin eng. Als Lindau durch kaiserlichen Befehl plötzlich gezwungen wurde, zusätzlich viele Hunderte von Soldaten in seinen Mauern aufzunehmen – und zwar auf die Dauer von Jahrzehnten –,erhielt es für deren Unterbringung weder Rat noch Hilfe. Neubauten kamen nicht infrage. Die erforderlichen Quartiere mussten improvisiert werden. Vorübergehend legte man Soldaten in Gasthäuser, öffentliche Gebäude, auch in rasch errichtete (nicht winterfeste) Baracken, schließlich aber vor allem in die Häuser und Wohnungen der Bürger. Ursprünglich war vereinbart, dass die Garnison sich auf 600 Mann beschränken sollte. Tatsächlich waren es selten weniger, meistens aber mehr, bei akuter Bedrohung bis an die 1500 und mehr Mann. In Lindau lebten annähernd 3000 Einwohner in rund 400 meist recht kleinen, schmalen Häusern; so kamen auf ein Haus oder eine Familie zwei oder drei Soldaten.

Die Quartierverteilung oblag, im Namen der Stadt und unter dem Druck der Garnison, einem Quartiermeister, einem städtischen Beamten mit der Autorität, quartiersuchende Soldaten nach Gutdünken in geeignete Bürgerhäuser zu legen, auch gegen Widerspruch des betroffenen Hausbesitzers. Dabei hatte er Anweisung, die einflussreicheren Bürger – mit den geräumigsten Häusern – nach Kräften zu verschonen. Vielsagend ist die Anordnung des Kommandanten, dass nicht mehr als zwei Soldaten in einem Bett schlafen durften. Hinzu kam, dass einquartierte Soldaten von ihren Quartiergebern verpflegt werden mussten. Auch wenn sie ihr tägliches Kommissbrot dazu beisteuerten, ist unklar, wie, wenn überhaupt, die Quartiergeber dafür entschädigt wurden. Das System der zwangsweisen Einquartierung schuf schon von vornherein Spannungen und Konflikte zwischen den Beteiligten. Wenn es zu gewaltsamen Ausbrüchen kam, war die Hauptursache gewöhnlich der Wein, entweder im Mangel – wenn Soldaten von ihren Wirten Wein stahlen oder raubten – oder im Überfluß – wenn sie, betrunken, Sachschäden oder Körperverletzungen (nicht selten mit Todesfolge) verursachten. Vor solchen Übergriffen fanden Bürger weder Schutz noch nachher Genugtuung. Einquartierte Garnisonssoldaten waren jedoch nicht der einzige Grund für die Überfüllung der Stadt. Hinzu kamen kurzfristige Flüchtlinge, Schutzsuchende aus der Umgebung und allerhand Dauergäste, zum Beispiel Adelige, die Sondervergünstigungen forderten, ganz zu schweigen von dem selten erwähnten, aber im Hintergrund immer gegenwärtigen Tross der Garnison.

Die Überbelegung der Stadt belastete alle Aspekte des Lebens –Beziehungen der Menschen untereinander, Aufrechterhaltung der öffentlichen Ordnung, Verfolgung von Gesetzesübertretungen, Versorgung mit Lebensmitteln, Krankenfürsorge, Reinlichkeit der Straßen und öffentlichen Plätze, sanitäre Einrichtungen usw. Am meisten litten unter der Enge die Garnisonssoldaten mit ihrem Anhang und die mittellosen Flüchtlinge, auf deren Ankunft die Stadt nicht vorbereitet war und für deren Fürsorge sich niemand verantwortlich fühlte. An den nötigen Vorkehrungen hat es auch deshalb gemangelt, weil die Krisen sich erst einstellten, nachdem die Garnison die Verantwortung übernommen hatte, sich aber für humanitäre Maßnahmen nicht zuständig fühlte.

Die Pest

Im Zusammenspiel der Faktoren Enge in der Stadt und Gewährleistung einer ausreichenden Reinlichkeit und Hygiene der Straßen, Plätze und sanitären Einrichtungen stellt sich die Frage, wie man in Lindau die Pest erfahren hat. Leider ist hier nur eine vorläufige Antwort möglich, da dieser Gegenstand wissenschaftlich bisher nicht bearbeitet worden ist und wir uns mit spärlichen Angaben der Sekundärliteratur begnügen müssen.[4] Es scheint, dass seit Beginn des 17. Jahrhunderts in Lindau drei große Ausbrüche der Pest zu verzeichnen waren, und zwar 1612, 1628–29 und 1634–35. Die Zahl der Todesopfer bewegte sich jeweils in der Größenordnung von 200 bis 300. Die Verhinderung der Pest verstand man besser als ihre Heilung, sie bestand aus kompromissloser Reinlichkeit in allen Lebensumständen, besonders der Vermeidung von Ungeziefer in der Kleidung, in ausreichender Ernährung und klarem Trinkwasser. Infizierte Menschen wurden isoliert, und die beste Vorkehrung war rechtzeitige Flucht in pestfreie Umgebungen. Dennoch war es möglich, die Pest zu überleben. Man sprach nicht gern über sie –sei es wegen ihres widerwärtigen Charakters, sei es wegen der eigenen Hilflosigkeit gegenüber der Seuche.

Ein Eintrag in der Kriegschronik vom 25. Juni 1635 sv mag das illustrieren: »25. dito begehrte der Herr von Ossa, mann soll umb der leidigen Pest willen daß betel gesind aus der Statt, und samb denen, so sich stetiges auf dem Plaz vor dem Thor aufhalten, hinaus für des Nachrichters hauß schaffen, und ihnen ein Allmosen samblen, darzu er das seinige auch thun wolle. Zu dem end soll mann wochentlich von seinem hoffmeister fl 5. abholen lassen. Item wolle Herr Obrist einen Pfaffen hinaus auff das Land verordnen, welcher die krancken besuchen solle, und soll Ein Ers. Rath seines Theils einen Predicanten hinaus bestellen, welche beharrlich daraussen verbleiben und dieser zeit nicht in die Statt gelassen werden sollen. Über welches verordnung geschehen, daß das Betelgesind für die Aachbrugg hinaus geschafft, denselben ein Almosen eingesamblet, und wochentlich ausgetheilt werden solle.«[5]

Gerüchte, Verleumdung, Propaganda

Dass die Lindauer das Gespräch lieben, ist bekannt, denn Gespräch gehört zur Kultur. Bis zum Aufkommen der Zeitungen, welche übrigens gerade im Laufe des Dreißigjährigen Krieges in der deutschen Öffentlichkeit Einzug hielten, war das Hörensagen für die meisten Leute die einzig zugängliche Informationsquelle und das Gespräch die angenehmste Unterhaltung.

Allerdings ist das gesprochene Wort ein unzuverlässiger Informationsträger, und was man nur vom Hörensagen wusste, stimmte meistens nicht ganz genau. Da der Wahrheitsgehalt einer Geschichte schwerer zu beurteilen ist als ihr Unterhaltungswert, wurde vieles geredet, das nicht stimmte, sei es aus Mangel besseren Wissens, sei es aus Erfindungslust oder auch zur gezielten Irreführung. So war nicht immer sicher, ob es sich bei einer Mitteilung um eine Nachricht, ein Gerücht oder eine Ver-

---

4 Wolfart, I.2., S. 14, 55ff., 8. 2.278. Auer, Rosmarie: *Das Lindauer Hospital.* Neujahrsblatt 51, Lindau 2013, S. 40f., 141.

5 KrChr, S. 351.

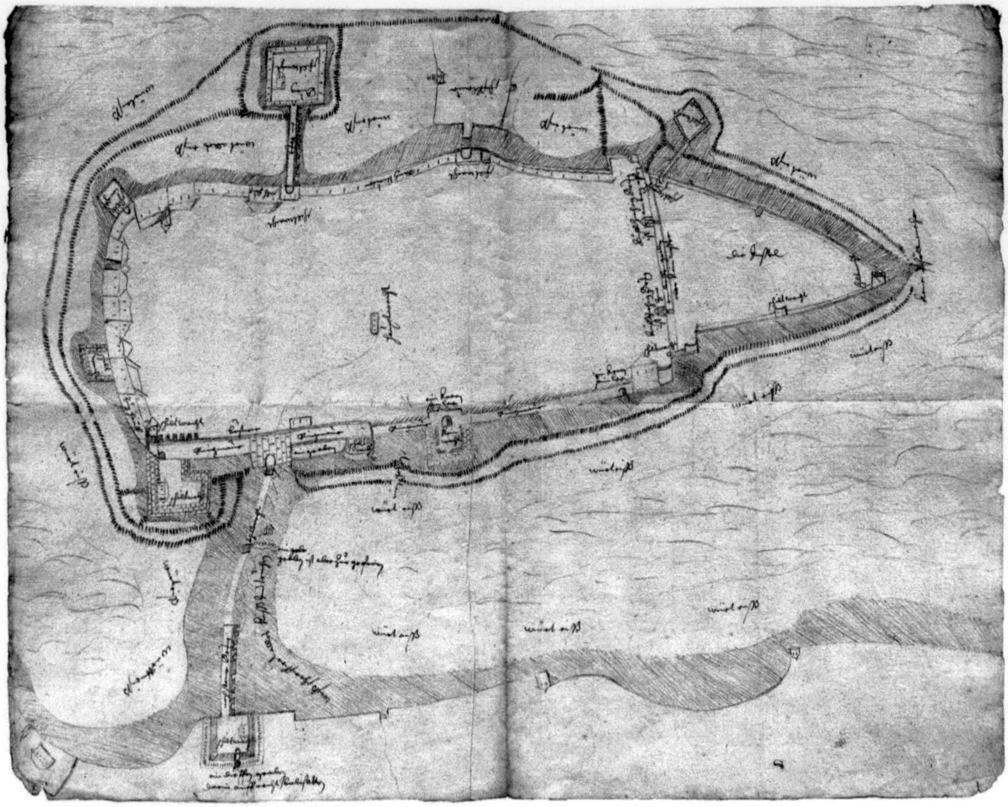

Festungsplan eines Lindauer Spions, vermutlich bestellt und bezahlt von Oberst Wiederhold, Kommandant des Hohentwiels. Zahlreiche handschriftliche Einträge über Bewachung, Zugang und Sonderheiten der Befestigungen zeigen den verräterischen Zweck der Zeichnung. Nach dem dargestellten Bauzustand datiert der Plan von ca. 1643–45.

leumdung handelte. Unter den Bedingungen des Festungslebens, wo die Menschen in besonderer Nähe zusammenlebten, hat die Gesprächslust vermutlich nicht gelitten. Da Gerüchte und Verleumdungen im täglichen Leben eine große Rolle spielten, wusste man auch damit umzugehen. Der Chronist berichtet darüber in unaufgeregt-gelassenem Stil. Jeder der drei Stadtkommandanten, Ossa, Vizthum und Waldburg-Wolfegg, musste sich gelegentlich gegen Verleumdungen verteidigen, und Oberst Königs schließliche Verhaftung war vielleicht nur durch falsche Vorwürfe ausgelöst. Grundsätzlich wurden Denunzianten und Urheber böswilliger Behauptungen vor den Rat geladen, nach Feststellung des Sachverhalts streng ermahnt und vielleicht auch öffentlich bloßgestellt, doch nicht eigentlich bestraft. Auch war man fähig, die in solchen Episoden manchmal innewohnende Komik zu genießen.

Neben der Vielzahl von zufällig-vielfältigen Gerüchten, die zu jeder Zeit umliefen, gab es von Zeit zu Zeit auch Propaganda mit bestimmtem Zweck. Diese waren auf der in der Lindauer Garnison vorherrschenden konfessionellen Vielfalt begründet. Wie schon erwähnt, hingen die Lindauer Bürger ziemlich einheitlich und fest der evangelisch-lutherischen Konfession an, die übrigens durch die Augsburger Konfession offiziell als eine wirkliche Konfession anerkannt war, im Gegensatz zu den verschiedenen anderen protestantischen Alternativen, deren rechtlicher Status der einer Häresie oder Ketzerei war. Die Lindauer Garnison bestand aus Einheiten, die wie die kaiserliche Armee allgemein zum erheblichen Teil aus Offizieren und Soldaten protestantischer Konfession bestanden. Sie waren mit ihren Kommandeuren als geschlossene Einheiten gekommen und zogen als solche nach einiger Zeit wieder ab. In der Hektik des ersten Schwedeneinbruchs in Oberschwaben, als die Schweden nicht nur das Vorland zwischen Ravensburg und Bregenz beherrschten, sondern auch direkt vor der Insel erschienen, hatte man dringendere Prioritäten, als die Konfession der Garnisonssoldaten zu hinterfragen. Während des kurzen Kommandos des Oberst König entwickelte sich jedoch eine Atmosphäre von Argwohn, in der wilde Verdächtigungen umliefen, insbesondere den Oberst selbst betreffend, welche schließlich zu dessen Verhaftung führten. Das führte zum Ruf nach größerer politischer und konfessioneller Zuverlässigkeit der Garnison.

Noch am Tag von Königs Verhaftung (am Neujahrstag 1634) zog Oberst von Vitztum, als er das Kommando übernahm, mit 250 Reitern in die Stadt ein.[6] Das waren kriegserfahrene reguläre Truppen, vermutlich von der üblichen, konfessionell gemischten Zusammensetzung. Damit war man – in der Generalität und vor allem am Hof des Erzherzogs in Innsbruck – noch nicht zufrieden und befahl zusätzlich den Einzug von zwei Kompanien »Bregenzisch volckh, ... auf die 400 starckh«. Einige Wochen später kamen weitere 200 »Montafuner und Feldkircher«. Bei diesen Vorarlberger Truppen handelte es sich nicht um reguläres Militär, sondern um eine undisziplinierte Bauernmiliz[7], und ihre Ankunft hatte nicht die Form eines Einzugs in eine befreundete, verbündete Stadt, sondern diejenige einer Eroberung. Läden wurden geplündert, Keller aufgebrochen, Menschen auf der Straße beschimpft und verletzt. Es folgte ein Schreckensregiment, in dem Verratsverdächtige, insbesondere Patrizier verhaftet und verhört wurden. Bürger wurden entwaffnet, auf den Straßen

---

6 KrChr, S. 298–301.

7 Im Kampf war die Vorarlberger Miliz außerordentlich erfolglos. Beispiele sind die Einsätze am Fläscher Berg, beim Versuch auf Wangen zu ziehen, in der Auseinandersetzung mit Herzog Bernhard von Sachsen-Weimar bei Weienried, bei mehreren Versuchen auf Buchhorn und Langenargen zu ziehen, gegenüber Wrangel bei Isny und schließlich beim Fall von Bregenz. Das Versagen hatte zwei Hauptursachen: außerordentlich schlechte Führung und Mangel an Disziplin.

griffen Soldaten Passanten an, Ordnungskräfte fehlten. Zu einem gewissen Grad gewöhnte man sich aneinander, doch der übermächtige Anteil dieser Vorarlberger Miliz an der Lindauer Garnison sowie ihre feindselige Haltung gegenüber den Lindauern schienen durch den Krieg hindurch angedauert zu haben. Unter anderem äußerte sich das darin, dass sie ihre Heimat, vor allem Bregenz, immer wieder mit neuen Verdächtigungen der Lindauer belieferten – grundsätzlich des Inhalts, dass die Lindauer die Ermordung der gesamten Garnison und die Übergabe der Stadt an den Feind planten. Solche ganz wirklichkeitsfremden Fantasien wurden getreulich nach Innsbruck und Wien weitergeleitet und allseits ernstgenommen. Auch der kluge und unabhängig urteilende Prior Ransperg vom Kloster Mehrerau schloss sich kritiklos an. Für die Festung Lindau war es tragisch, einen solchen Verbündeten dauerhaft in ihrer Garnison installiert zu sehen.

Spionage

Die Sorge, dass in Lindau geheime Agenten, Verräter und Spione am Werk wären, die Stadt auf die eine oder andere Weise in die Hand des Feindes zu bringen, war in Lindau selbst nicht groß, wurde aber in den Köpfen der ortsfernen Generalität von Zuträgern ständig gespeist. Solche Hinweise wurden dem Kommandanten stets mitgeteilt. Andererseits war jeder Kommandeur auf evangelischer Seite, der die Festung gern besessen hätte, seien es die Schweden, die Weimarer unter Herzog Bernhard oder Oberst Wiederhold vom Hohentwiel, gierig auf deren innere Geheimnisse, die ihnen vielleicht den Schlüssel zu ihrem Zugang verraten könnten. So legte der Feind Wert – oft übertriebenen Wert – auf Nachrichten von innerhalb der Mauern. Zweifellos gab es auf der Insel evangelische Sympathisanten, die einem solchen Bewerber wohlwollten; natürlich blieben sie sorgfältig in Deckung. Da das Stadttor fast immer geöffnet war und viele Lindauer als Kaufleute oft unterwegs waren, war es kaum möglich, ihren Kontakt mit Hohentwielern gänzlich zu unterbinden. Nur ist es schwer, sich vorzustellen, welche Geheimnisse es zu verraten gegeben hätte. Das Hauptstaatsarchiv Stuttgart besitzt einige einfache Handskizzen der Festung, die mit hoher Wahrscheinlichkeit vom Kommandanten des Hohentwiel bestellt und bezahlt worden sind. Bei genauerem Hinsehen erweisen sie sich sofort als wertlos. Selbst Wiederhold, dem ein sensationeller Handstreich auf die Festung Überlingen gelungen war, begriff, dass Lindau ein Problem von ganz anderer Größenordnung war. Nichtsdestoweniger betrieb er ein kleines Spionagezentrum über die militärischen Verhältnisse am Bodensee einschließlich Lindau, und es hieß, dass gewisse Lindauer bei ihm gesehen worden wären. In Lindau fühlte man sich verpflichtet, solche Leute zu belangen, gab die Versuche aber als unergiebig auf.

Vermeintliche Spionagetätigkeiten hatten weder für die Kriegführung noch für die Diplomatie irgendwelche Folgen.

Gewaltverbrechen und Insolentien

Viel zu berichten haben die Chronisten von Insolentien, also Fehlverhalten unterhalb der Ebene des Verbrechens, von Diebstahl, Einbruch und bewaffnetem Raub und von Gewaltverbrechen bis hin zu Mord und Totschlag. Wechselseitige Spannungen waren die Folge des Zusammenlebens von Menschen auf engstem Raum. Während die einheimischen Lindauer, die einander kannten und über die Jahrhunderte urbane Umgangsformen entwickelt hatten, mit dieser Schwierigkeit umzugehen wussten, fehlten den zufällig in die Stadt verschlagenen und dazu häufig notleidenden Flüchtlingen und Soldaten solche Fähigkeiten, und so waren sie umso mehr in Gefahr, zu Diebstahl und Raub und zu vielerlei Tätlichkeiten Zuflucht zu nehmen. Solche Verhaltensformen waren natürlich ansteckend und führten manche Lindauer in Versuchung, Gleiches zu tun. Der Chronist berichtet häufig über Insolentien der Soldaten (einschließlich der »Soldatenweiber«). Hauptmotiv bei den Männern war die Suche nach Alkohol und bei den Frauen die Suche nach Lebensmitteln, insbesondere in fremden Gärten und auf fremden Feldern. Anekdotische Berichte von solchen Vorfällen, oft von Alkohol angeregt, liefern die Chroniken in Menge und Vielfalt, aber keine Statistiken. Über die Bestrafung von Insolentien seitens der Garnison erfahren wir wenig, vermutlich weil tatsächlich wenig gestraft wurde, nicht nur wegen der Schwierigkeit der Untersuchung einzelner Fälle, sondern auch weil man den Lebensbedingungen der Soldaten Rechnung trug. Während die Eigentumsdelikte eine rationale und damit verständliche Basis hatten, entstanden Gewaltverbrechen meistens durch das Zusammentreffen von unglücklichen Umständen mit Alkoholgenuss als dem häufigsten Auslöser. Gewiss trug die Beengtheit der Festung zu deren Häufigkeit bei. Viele Missgriffe geschahen spontan, durch die Umstände provoziert, und die Kommandeure machten die Erfahrung, dass selbst die Todesstrafe wenig Wirkung hatte. Ein Sonderfall waren die »Bregenzischen Soldaten« der Lindauer Garnison, d.h. Mitglieder der Vorarlberger Miliz, die aus entlegenen, streng katholischen Gegenden stammten, als Glaubenskrieger indoktriniert waren und die evangelischen Lindauer als Feinde behandelten. Das führte nicht selten zu Zwischenfällen, sie beschimpften die Einheimischen als Rebellen, Ketzer und Diebe, plünderten ihre Läden und verübten Gewalttaten, nicht selten mit tödlichem Ausgang.

Festungsalltag

Die geschilderten Zustände waren diejenigen Faktoren, die am meisten dazu beitrugen, das tägliche Leben in der Festung schwierig, ja unerträglich zu machen. Natürlich musste dieses Leben dennoch ertragen werden, und das nicht nur ein paar Wochen oder Monate, sondern von 1628 bis 1649, also einundzwanzig Jahre. Diese lang währende Qual war die direkte Folge der Umwandlung der Freien Reichsstadt in eine kaiserliche Festung. Sie war auch eine nicht ganz so direkte Folge des großen und so vermeidbaren Krieges. Die Schilderung dieser Bedingungen, die jeden einzelnen Tag sowie die ganzen 21 Jahre prägten, soll im Folgenden nicht wiederholt werden, sie gilt jedoch für jeden Tag.

Die erste Phase des Zusammenlebens der Bürgerstadt mit der kaiserlichen Garnison war eine Zeit des Experimentierens. Selbst die äußeren statistischen Merkmale der eingelegten Truppen – Mannschaftsstärke, Zusammensetzung und Dauer – wechselten oft und unregelmäßig, abhängig von der Verfügbarkeit der Truppen oder anderweitigem Bedarf. Grundsätzlich versuchte man die Garnison auf einer Stärke von etwa zwei Infanteriekompanien zu halten (Kavallerie war unwillkommen, denn für Pferde gab es auf der Insel keinen Platz), doch gelegentlich konnten es auch drei Kompanien sein oder gar keine. Die erste Besatzung, zwei Kompanien des Generals von Mansfeld, blieb zwei Monate. Nach einem garnisonsfreien Intermezzo von neun Monaten, das die Stadt durch entsprechend erhöhte Kontributionszahlungen ausgleichen musste, folgten, mehrmals abwechselnd, jeweils zwei Kompanien des Regiments Collalto.

5. EIN WENDEPUNKT DES KRIEGES (1630)

5.1 Der Mantuanische Erbfolgestreit

Ab dem Frühjahr 1629 ließ sich der Kaiser in ein kostspieliges militärisches Abenteuer verwickeln. Er tat es nicht aus eigenem Interesse, sondern als Gefälligkeit gegenüber seinen spanischen Verwandten, und wusste nicht, dass er dabei in eine Falle trat, die ihm Kardinal Richelieu, Leitender Minister des französischen Königs, gestellt hatte. Richelieus Hauptziel war es, das Haus Habsburg aus seiner in Europa dominierenden Position zu verdrängen und dessen Platz für Frankreich frei zu machen. Nach seiner Ernennung 1624 war Richelieu zunächst mit der Beilegung des Religionskrieges mit den Hugenotten beschäftigt gewesen, hatte sich aber sofort nach der Kapitulation von La Rochelle im Oktober 1628 auf den Kampf gegen Habsburg konzentriert. Dazu bot ihm der *Mantuanische Erbfolgestreit*[1] einen willkommenen Ansatzpunkt. Sein Plan war, als Nachfolger für den verstorbenen Herzog von Mantua einen Vasallen des französischen Königs durchzusetzen, was dem Kaiser darum unangenehm war, weil Mantua ein kaiserliches Lehen war, vor allem aber, weil Spanien, im Hinblick auf die Versorgung seiner in den Niederlanden kämpfenden Armee, eine französische Präsenz in Oberitalien nicht dulden konnte. Als im Februar 1629 eine französische Armee von 9400 Mann nach einer winterlichen Überschreitung des Col de Montgenèvre in der Po-Ebene erschien, war für den Kaiser die Zeit des Verhandelns vorbei und der Moment gekommen, militärische Macht vorzuweisen.

Im April 1629 begannen kaiserliche Truppen nach Oberitalien zu strömen, größtenteils über die Bündnerpässe. Zunächst waren es rund 20 000 Mann, später nach und nach weitere, bis schließlich an die 30 000 Mann der kaiserlichen Armee in Oberitalien gebunden waren, und zwar auf eine Dauer von über zwei Jahren. Als gemeinsamer nördlicher Sammel- und Abmarschpunkt waren Lindau und Bregenz besonders eignet, da von hier aus der Weg über die Alpen durch das obere Rheintal und über die klassischen Bündnerpässe, oder durch Lechtal und Unterengadin übers Stilfser Joch ins Veltlin die kürzesten Reisezeiten für Personen, Material und Nachrichten bot. Die meisten haben den Marsch über die Alpen von Lindau und Bregenz aus angetreten. Am Bodensee sorgte das Mantuaner Kriegsgeschehen für ständigen Verkehr hin und her zwischen der Lombardei und Oberschwaben, darunter insbe-

1 Eine klare Darstellung dieses verwickelten Konflikts gibt Wilson, Peter H.: *The Thirty Years War*, im Kapitel »Mantua and La Rochelle«, S. 438–446, 457f.

sondere die militärischen Kuriere zwischen den örtlichen Befehlshabern und dem Oberkommando. Die Regie führte, sozusagen als Hausherr, der Generalkriegskommissar Ossa. Er hatte sein Hauptquartier in Memmingen, war aber oft in Lindau. Er scheint seine Aufgabe, bestehend neben Konfliktschlichtung und allerhand sonstigen unmöglich erscheinenden Problemen, gut gelöst zu haben. Es gelang ihm, alle Soldaten und Pferde des großen Heeres mit Nahrung und Proviant zu versorgen. Und als ans Licht kam, dass es der Armada an Munition mangelte, konnte er alles Gewünschte aus dem kaiserlichen Zeughaus in Lindau liefern.

Ein Höhepunkt war die Woche vom 20./10. Mai 1629. Aus allen Teilen des Reichs hatten sich Truppen vor Lindau versammelt, die, zur Verzweiflung der Landwirte, auf Wiesen und Feldern biwakierten und diese verwüsteten. Zunächst war beabsichtigt, die Armee mit Schiffen nach Fußach überzusetzen; doch als eine Musterung ergab, dass es sich um über 12 000 Mann zu Fuß und 900 Mann zu Pferde handelte, nebst einem Tross von »etlichen 100 Bagagewägen«, gab es keine Wahl als den Landweg durch die Klause und die Stadt Bregenz. Das Unternehmen begann mit einem nächtlichen Marsch (am Samstag, dem 26./16. Mai 1629) nach Bregenz, dessen Durchquerung, unter den staunenden Augen der Bevölkerung und streng überwacht von Ordnungskräften, sich allerdings noch bis weit in den nächsten Tag hinzog.[2] Über den Durchzug von 18 000 Mann (oder ca. 13 000 laut Kriegschronik) durch Bregenz im Sommer 1629 berichtet ein Augenzeuge, der Benediktinerprior Franz Ransperg vom Kloster Mehrerau. Der Durchzug erstreckte sich über »unterschiedene Zeiten und Tage« und bestand aus vielen unterschiedlichen Einheiten. Entlang der Straße von der Laiblachbrücke bis zur Stadtgrenze zum Rheintal waren beide Straßenseiten von bewaffneten Bürgern und Bauern eng eingesäumt, um einzelnen Soldaten das Ausbrechen aus der Kolonne unmöglich zu machen. Unzuverlässige Einheiten wurden schon am Stadteingang entwaffnet und erhielten ihre Waffen, die per Schiff nach Fußach geliefert wurden, erst dort wieder zurück.[3]

---

2 KrChr, S. 212.

3 Ransperg, Innsbrucker Handschrift, S. 59f.: »... anno 1628 (1628, 3. Jun) [sind] zue underschidenen zeiten und tagen die Kayserische Völckher in schöner ordnung und droppen- oder auch regimenter weiß durch unser Claus, und Landtschaft paßiert, und zwar die erste volckhreiche antiguardi aufs aller best und schönst mundiert sich sechen laßen, auch in aller eyl dem pass auf der [St.Luzien-]Steig zuegeeilet und denselbig glückhlich einbekomen ehe und zuevor die Pündtner solches erkundigen, oder auch glauben haben khünden. War wohl ein angenemes und darneben entsezliches spectacel so vil, über 18 000 gerechnete wohl mundierte generales, obristen, officieren, und soldaten in ihrer rüstung, wehr undt waffen anzuesechen. Als solche, wie gsagt, nit auf einmahl, sondern bißweilen zertheilter weiß dergestalt durch paßiret seindt, das von den ersten grenzen unser Herrschaft an, nemblich von der Leiblach prugg biß zue endt derselben grenzen daß landt volckh und bürgerschaft in ihren waffen gestanden, und alle gelegenheit den durch-gehendten soldaten abgeschniten, auß der ordnung zue tretten, und dem Landt einen schaden zue zuefüegen. Welcheß alleß auß vorsichtigkeit

Der Weg ging weiter über Feldkirch, die St. Luzisteig und Chur zu den Pässen, wahrscheinlich zum Splügenpass, obwohl manche auch die Kombination Julier-Berninapass wählten. So waren die Jahre 1629 und 1630 nicht nur für Lindau, sondern für den ganzen östlichen Bodenseeraum von der Argen bis zum Rhein eine Zeit großer Truppenbewegungen, akuten Mangels an Geld und Lebensmitteln, unklarer Verteilung der Verantwortung und fehlender einheitlicher Organisation und Führung – oder kurz: von Verwirrung und Chaos. Für Lindau, wo man das Unternehmen aus der Nähe beobachten konnte, bedeutete das eine spannende Ablenkung, die bis zum Anfang 1631 andauerte.

Inzwischen hatte der Kandidat für die Nachfolge, Herzog Karl Gonzaga-Nevers (1580–1637)[4] seinen Erbanspruch unter Umgehung des Kaisers direkt mit der Gonzaga-Verwandtschaft in Mantua ausgehandelt und wurde von ihnen prompt zum Herzog von Mantua erklärt. Die offizielle Belehnung durch den Kaiser, eine Formalität, wie er meinte, beantragte er erst nachher. Es war aber weniger dieser diplomatische Fauxpas, der den Kaiser befremdete, als der Gedanke, einen Vasallen des französischen Erzfeinds als Nachbarn direkt an der Grenze seines Herzogtums Mailand zu wissen. Dennoch war er kompromissbereit – gegen Gewährung gewisser Zugeständnisse. Charles von Nevers zeigte sich aber unnachgiebig. So setzte der Kaiser das erledigte Herzogtum unter Sequester, während Charles von Nevers bereits in Mantua saß und sich wie ein rechtmäßiger Herzog gebärdete. Kaiserliche Truppen kamen aus anderen Teilen des Reichs und aus Spanien. Die Aufgabe der riesigen Armee[5], die sich im Spätsommer zwischen Mantua und Casale versammelte, war es, diese beiden Festungen einzunehmen.[6] Die Belagerung von Mantua begann im Herbst und wurde

des Herren von Raitnaw undt Herren Obrist Schmidts hergefloßßen. Fürnemblich hat iez vormelter Herr von Raitnaw sich ernstlich erzeiget, und bißweilen den kayl. soldaten, welche die ordinanz nit an-nehmen wollen, mit dem strang getrohet, und mit ernsthaftigkeit in der ordnung erhalten. Ich erinnere mich auch etliche mahl geschehen zue sein, daß man zue mehrer verhietung aller ungelegenheiten den durch pasierendten volckher ihre wehr undt waffen vor der Clauß abgenomen, in die schiff geladen undt selbige über See bis nacher Fussach abgeführt, und alsdan erst an gehörigen orthen ihnen zue gestelt hat. So vil hat damahlen die authorität Herren Vogts, und Obristen, so mit allem ernst in dergleichen fählen sich brauchen laßen, verfangen mögen. Schimpflich ist zue vernemen, daß ein kayl. ritter oder curisir, mit seiner rüstung angethan, in der enge des weegß vor der Ach brugg, von anderen reüteren genöthiget, in einen gumpen der Ach von der höche nit so fast gefallen, alß mit seinem gaul gesprungen, und ohnverlezt davonkomen mit sagen: es habe zwar der teüffel einen griff nach ihm gethan, iedoch nit erwischt. Gedenkhe wohl: was erhenckht soll werden, thue dem sprichwort nach nit ertrinkhen.«

4 Wikipedia: »Charles Gonzaga, Duke of Mantua and Montferrat«.

5 Man spricht von über 30 000 Mann, Wilson, S. 443.

6 Das Oberkommando hatte Feldmarschall Ramboldo Graf von Collalto (1575–1630), ein Vertrauter des Kaisers und Präsident des Hofkriegsrats. Die Belagerung von Casale durch spanische Truppen leitete der berühmten Feldherr Ambrosio Spinola (1569–1630), der erst im September 1629 als Gouver-

kurz vor Jahresende vorübergehend abgebrochen. Im Spätsommer 1629 trat in den kriegerischen Aktivitäten eine gewisse Beruhigung ein und Ossa zog sich auf seine Güter im Elsass zurück.

Kurz vor Weihnachten, am 16./26. Dezember 1629, erhielt Lindau einen seltsam-bedeutungsvollen Besuch. Am Rathaus erschien der »kaiserliche Feldmarschalls-Adjutant und Oberstleutnant« Franz Peter König[7] und erklärte, dass ihm das Kommando in Lindau und das Kriegskommissariat im Reichskreis Schwaben übertragen worden sei; zum Nachweis legte er ein Beglaubigungsschreiben von Oberst von Ossa vor.[8] Er hatte sich bereits im Haus von Dr. Daniel Heider sr. einquartiert, war aber in großer Eile und musste früh morgens weiterreisen, um in Franken und Thüringen eine aus Pommern anmarschierte Truppe von 8000 Mann zu »Ross und Fuß« zu übernehmen und nach Italien zu führen. Als seinen Vertreter benannte er den Kriegskommissar Wenig. Im Übrigen hinterließ er zwei Diener und eine Anzahl Pferde mit allerhand verwickelten Instruktionen. Am folgenden Morgen war er schon abgereist, und etwa zwei Monate lang sah und hörte man nichts von ihm. Als er wieder auftauchte, vermutlich im Februar 1630, war er in höchst ungnädiger Stimmung. Missgelaunt nach einer langen Winterreise zu Pferde und zusätzlich provoziert durch Klagen seiner Diener über ungenügenden Respekt der Lindauer, inszenierte er vor den Ratsherren einen theatralischen Wutanfall, den diese aber gelassen zur Kenntnis nahmen; seine Drohungen werde »mann nun dahin gestelt sein lassen müssen und es Gott befehlen«[9]. Damit machte sich Oberstleutnant König in Lindau bekannt und verabschiedete sich zugleich. Jetzt kannte man seinen Stil. In den folgenden Monaten ließ König sich von Zeit zu Zeit sehen; sein Briefwechsel verriet, dass er lieber gleich seinen Kameraden in Italien einen lustigen und einträglichen Krieg führen würde als am Bodensee eine Festung zu bewachen. Schließlich erwirkte er sich ein Kommando im Mantuaner Feldzug und brach Anfang Mai mit einer Abteilung von 1000 Musketieren dahin auf. Er zog über den Julier- und den Bernina-Pass ins Veltlin und schloss sich in Troana am Talausgang der kaiserlichen Armee an. Damit verschwand er vor-

---

neur des Herzogtums Mailand eingesetzt worden war. Vor Mantua teilten sich das Kommando die beiden Generalfeldwachtmeister und Grafen Matthias Gallas (1584–1647) und Johann von Aldringen (1588–1634). Sie waren Kriegskameraden aus der Wallensteinschen Schule, enge Freunde und, durch Heirat mit zwei Töchtern des Grafen Arco, verschwägert.

7 Über Franz Peter König von Mohr (6. August 1594–11. Dezember 1647) Villiger, Verena; Steinauer, Jean; Bitterli, Daniel: *Im Galopp durchs Kaiserreich: Das bewegte Leben des Franz Peter König.* Baden, 2006; Bitterli, Daniel (Hg.): *Franz Peter König: Ein Schweizer im Dreissigjährigen Krieg. Quellen.* Fribourg, 2006.

8 KrCh, S. 245, 246.

9 KrCh, S. 247.

übergehend aus dem Lindauer Blickfeld, tauchte aber Anfang 1632, etwa gleichzeitig mit den Schweden, wieder auf.

In Oberitalien wurden die Belagerungen im Frühling 1630 wieder aufgenommen. Im Februar 1630 hatte König Louis XIII. einen zweiten Zug über die Alpen unternommen, wieder über den Montgenèvre-Pass, dann aber, Susa südlich umgehend, über Pinerolo und Saluzzo in die Po-Ebene. Durch Einnahme dieser beiden Städte, besonders der Festung Pinerolo, gewann Frankreich einen sicheren und bequemen Zugang nach Italien. Die Belagerungen von Mantua und Casale dauerten an. Casale hielt bis zum Kriegsende aus.

Auch für die drei beteiligten Großmächte hatte der Mantuanische Krieg Konsequenzen. Für Frankreich, welches die Krise ausgelöst hatte, um das Haus Habsburg zu schwächen, war das Ergebnis nicht unbefriedigend, denn es hatte in Oberitalien eine Basis gewonnen. Erstmals war es dem Reich militärisch entgegengetreten – ein erster Schritt zur künftigen Kriegserklärung. Spanien hatte in Italien nichts erreicht, aber Truppen eingesetzt, die ihm dann im Kampf gegen die Niederlande bitter fehlten. In Deutschland konnte am 6./16. Juli 1630 (fast auf den Tag gleichzeitig mit dem Fall von Mantua) der Schwedenkönig Gustav Adolph mit einer kleinen Armee in Vorpommern landen und sich ungehindert entfalten, während ein großer Teil der kaiserlichen Armee in Oberitalien lag.

Mantua kapitulierte am 18. Juli, nachdem über 10 000 Einwohner bei der Belagerung umgekommen waren. Der hartnäckige Herzog von Nevers wurde als Herzog von Mantua und Montferrat bestätigt, doch was ihm blieb, waren ein verkleinertes Herrschaftsgebiet, eine ausgeplünderte Stadt und eine tragisch verringerte Bevölkerung. Mit Konzilianz wäre er weiter gekommen. Doch die Beute entsprach den Erwartungen. Der Befehlshaber der ganzen Heeresgruppe, Feldmarschall Graf Ramboldo Collalto, nahm die mehr als beachtlichen Kunstschätze der Herzöge von Mantua in Besitz; die beiden führenden Generäle, Johann Aldringen und Matthias Gallas, waren plötzlich reiche Männer, und selbst die einfachen Soldaten schienen zufrieden gestellt. Im Spätsommer 1630 zog die Armee wohlgelaunt zurück über die Alpen und in die Heimat. Dort traf sie allerdings auf eine veränderte Kriegslage.

5.2 Kaiserliche Fehler

Die ersten zwölf Jahre des Krieges waren zu Kaiser Ferdinands II. bester Zufriedenheit verlaufen: Er hatte alle Gegner geschlagen, alle Schlachten gewonnen und mit der Rekatholisierung des Reiches die erfreulichsten Fortschritte gemacht. Das bewies ihm, dass Gott seine Bestrebungen unterstützte, die angewendete Brutalität billigte und den eingeschlagenen Kurs bestätigte. So schien dem Kaiser der Moment gekommen, einen weiteren Schritt zu tun und das Programm der Rekatholisierung zum logischen Abschluss zu bringen. Was er vorhatte, würde den Protestanten des Reiches schlecht schmecken, aber er meinte, in der gegenwärtigen Lage würden sie es schlucken. So erließ er am 6. März 1629 das *Restitutionsedikt.* Dieses bestimmte, dass der geistliche Besitzstand im Reich wieder zurück auf den Stand des Jahres 1552 gebracht werden sollte. Die Konsequenzen dieses täuschend einfachen Satzes waren weitreichend und schwer durchschaubar. Für die Anhänger der Augsburger Konfession (alle anderen protestantischen Konfessionen, vor allem der Calvinismus, sollten einfach verboten werden) bedeutete das Edikt nicht nur eine unversöhnlich-feindselige Geste, sondern auch schweren persönlichen und wirtschaftlichen Schaden. Bedeutsam war übrigens, dass der Erlass nicht die übliche Form eines vom Reichstag beschlossenen Gesetzes hatte, sondern den Reichsständen und Untertanen als Edikt eines souveränen Herrschers, als Ausdruck selbstbewusst-absolutistischen Machtgefühls, vorgesetzt wurde.

Ein Kurfürstentag (im gewollten Gegensatz zu einem Reichstag) wurde für Anfang Juli 1630 in Regensburg anberaumt, um das Edikt sowie noch einige weitere schwierige Fragen zu erörtern. Die Ablehnung des Restitutionsedikts durch die evangelischen Reichsstände war vorauszusehen, nicht jedoch die erbitterte, einstimmige Form, in der sie auftrat. Unerwartet war beachtlicher katholischer Widerstand, welchen allerhand versteckte Einzelheiten des Edikts erweckt hatten. Am Ende erwies sich der Widerstand als unüberwindlich. Zunächst versprach der Kaiser, das Edikt noch einmal zu überprüfen – das versöhnte niemanden. Im Prager Frieden von 1635, seinem großen Versuch, mit den Protestanten Frieden zu schließen, musste er zugestehen, dass das Edikt für die nächsten 40 Jahre außer Kraft bleiben werde, und im Westfälischen Frieden 1648 wurde es endgültig aufgehoben. So führte das Restitutionsedikt zu Kaiser Ferdinands II. erster großen politischen Niederlage.

Ein anderer schwieriger Verhandlungspunkt am Regensburger Kurfürstentag betraf Wallenstein, den Generalissimus der kaiserlichen Streitkräfte. Seine Größe als Heerführer und seine Verdienste als Urheber der militärischen Erfolge des bisherigen Krieges waren unbestritten. Der Kaiser schuldete ihm Dank und war von ihm abhängig. Doch die Reichsstände lehnten Wallenstein ab und forderten einstimmig seine Entlassung. Hauptgrund der Ablehnung war seine viel zu große, einfach nicht mehr finanzierbare Armee. Wallensteins Kontributionssystem, durch welches er, unter Androhung grausamer Repressalien, aus der Bevölkerung unerschwingliche Geldbeträge erpressen ließ, hatte die Volkswirtschaft im ganzen Reich ruiniert, während sich der Zustand der Armee ständig verschlechterte. So hatte der Kaiser keine Wahl, als Wallenstein zu entlassen; dessen »Erstes Generalat« endete am 13. August 1630. Dieser Schritt vermochte aber das Problem nicht zu lösen, sondern erzeugte zwei neue: Wer sollte Wallenstein ersetzen? Und: Wie sollte eine Reform der Armee aussehen, welche diese bei drastisch verringerter Mannschaftsstärke leistungsfähiger machen würde? Man fand nur Verlegenheitslösungen: Das Oberkommando der Armee übernahm der Kaiser selbst, mit dem 71-jährigen General-Leutnant Johann Tserclaes Graf von Tilly als Stellvertreter und tatsächlichem Befehlshaber. Die Armeereform bestand neben der Entlassung von Mannschaften aus einem neuen Finanzierungssystem, welches das Kontributionssystem durch verbesserte Steuererfassung ersetzen sollte. Die Ergebnisse dieser Maßnahmen (wenig später erlitt die kaiserliche Armee die katastrophale Niederlage von Breitenfeld) waren so unerfreulich, dass dem Kaiser nichts übrig blieb, als schon zum 15. Dezember 1631 den Generalissimus zurückzurufen. Wallensteins zweites Generalat dauerte bis knapp vor seine vom Kaiser befohlene Ermordung am 25. Februar 1634.

5.3 König Gustav Adolfs Landung in Deutschland

Im selben Moment, als in Regensburg über die Probleme der kaiserlichen Kriegführung debattiert wurden, kam noch ein neues hinzu. Am 6. Juli / 26. Juni 1630 landete König Gustav Adolf von Schweden in Peenemünde auf der Insel Usedom mit einer Invasionsarmee von 13 500 Mann. Der Kaiser ließ sich durch diese Nachricht nicht beunruhigen und Gustav Adolf ging zunächst bedächtig vor. Den Rest des Jahres verwendeten die Schweden dazu, sich an der Odermündung und in Vorpommern eine politische und logistische Basis für die kommenden Feldzüge zu schaffen. Wichtig war aber, dass es dem König gelang, sich mit Frankreich zu verbünden. Am 23. Januar 1631 schlossen die beiden Königreiche in Gustav Adolfs Hauptquartier in Bärwalde in der Neumark (heute Mieszkowice in Polen) einen Vertrag ab, der Gustav Adolf verpflichtete, bei seiner Kriegsführung in Deutschland 30 000 Mann zu Fuß und 6000 Reiter einzusetzen, während Frankreich versprach, ihn dabei mit einer jährlichen Zuwendung von einer Million Livres (400 000 Reichstaler) pro Jahr zu unterstützen, zuzüglich 300 000 Livres für das abgelaufene Jahr. Das Abkommen sollte für fünf Jahre gelten und war verlängerbar.[10] Diese Unterstützung war für das finanzschwache Schweden überaus wertvoll. Diesem virtuellen Eintritt Frankreichs in den deutschen Krieg folgte der tatsächliche erst 1635. Das folgende Jahr 1631 verlief für König Gustav Adolf triumphal. Höhepunkt war der große schwedische Sieg in der Schlacht bei Breitenfeld am 17. September 1631. Bis Jahresende waren auch die letzten Reste der kaiserlichen Armee aus Norddeutschland vertrieben. Mit den evangelischen Reichsfürsten und Reichsständen Norddeutschlands hatte Gustav Adolf Bündnisse

10 Ritter, III, S. 479f.

und Verträge abgeschlossen, die ihm eine Basis für die erfolgreiche Fortsetzung des Krieges sicherten.

Im Rückblick wird deutlich, dass derjenige, der zu Gustav Adolfs Erfolgen die wichtigsten Beiträge geleistet hatte, kein anderer war als der Kaiser selbst. Zum einen hatte er den deutschen Protestanten mit dem Restitutionsedikt einen Grund gegeben, die schwedische Invasion mit vermehrter Herzlichkeit willkommen zu heißen. Dann hatte er zugunsten eines überflüssigen spanisch-französischen Erbstreits jenseits der Alpen über zwei Jahre lang einen großen Teil seiner Armee vom norddeutschen Kriegsschauplatz abgezogen, gerade als diese Streitkräfte vielleicht genügt hätten, um die schwedische Invasion abzuwehren. Darüber hinaus hatte der Kaiser durch seine Einmischung in Oberitalien das Frankreich des Kardinals Richelieu von einem friedlichen politisch-diplomatischen Konkurrenten in einen aktiven Feind verwandelt (man stelle sich vor, welchen Verlauf der Krieg in Deutschland ohne die Teilnahme Frankreichs genommen hätte!).[11] Und schließlich hatte der Kaiser durch Wallensteins Entlassung (oder genauer durch seine eigene Unfähigkeit, mit diesem zusammenzuarbeiten) die kaiserliche Armee gerade im Moment ernster Gefahr ihrer Führung beraubt. So erfuhr die seit Kriegsbeginn 1618 bisher stetig aufsteigende Linie der Geschicke des Hauses Habsburg im Sommer 1630 einen Knick und tendierte von nun an über den Rest des Krieges hin stetig abwärts.

5.4 Lindau in Erwartung der Schweden

In Lindau sah man im Frühjahr 1631 die letzten Heimkehrer vom Mantuanischen Erbstreit. Von den Erfolgen der Schweden in Norddeutschland spürte man noch nichts. Von lokalem Interesse war, dass im August 1631 der Generalwachtmeister Johann Aldringen zum Befehlshaber der kaiserlichen Truppen in den süddeutschen Reichskreisen ernannt worden war, mit Hauptquartier in Memmingen; ihm unterstanden fortan der Generalkriegskommissar Oberst von Ossa und damit die Lindauer Garnison. Aldringen seinerseits berichtete dem bayerischen General Tilly, der während Wallensteins vorübergehender Absetzung eingesprungen war, und dann wieder, während seines »zweiten Generalats«, Wallenstein.

Für Lindau beschränkten sich die Eingriffe des Oberkommandos zunächst auf gelegentliche Ermahnungen, die »Verwahrung« oder »Versicherung« der Stadt zu verbessern. Zunächst verstärkte Ossa die Lindauer Garnison von zwei auf drei Kompanien. Dann nahm er die Befestigungen persönlich unter die Lupe; am 29. Januar / 8. Feb-

---

11 Vgl. Mann, Golo: *Wallenstein: Sein Leben erzählt.* Frankfurt, 1971, S. 644–647.

ruar 1632, auf der Reise zum Elsass, machte er in Begleitung von 80 Reitern eine kurze Zwischenstation in Lindau. Obwohl es Sonntag war, beorderte er die führenden Vertreter des Stadtrats und den »Kommandierenden Hauptmann« Cottner zu einer Besichtigung der Befestigungen. Das war ein willkommener Wandel, denn in den vergangenen Jahren war die Haltung von Erzherzog Leopold von Tirol und seiner Regierung gegenüber den Lindauer Befestigungen gleichgültig, wenn nicht ablehnend gewesen. So war Ossas Drängen, die liegen gebliebenen Arbeiten wieder aufzunehmen, ermutigend. Bei der Besichtigung zeigte sich Ossa als ein erfahrener Fachmann, der die Sache ernst nahm. Allerdings ging es jetzt auch um die Vorbereitung auf den Ernstfall.

Das Ergebnis war eine stattliche Liste von auszuführenden Arbeiten[12] (die Diskussion der technischen Aspekte folgt weiter unten). Dazu gehörten zum einen allerhand kleinere Reparaturen und Verbesserungen, zum anderen radikalere Maßnahmen aufgrund der Erkenntnis, dass einfache, senkrechte Steinmauern und hohe Türme gegenüber moderner Artillerie unwirksam waren. Besondere Aufmerksamkeit erhielt der am meisten gefährdete Abschnitt am Nordostende der Insel, wo das Festland am nächsten und der See am seichtesten ist und wo die Landbrücke eine zusätzliche Gefährdung bedeutete. Über das empfindliche Thema – die Brücke selbst oder genauer über ihren Abbruch – sprach man noch nicht. Was die Durchführung dieser Maßnahmen anging, so forderte Ossa den Rat auf, täglich 100 Fronarbeiter herbeizuschaffen und so viele Maurer wie möglich einzustellen. Bürger, die Pferde hatten, sollten damit die Fronarbeiter unterstützen; solche, die sich zu drücken versuchten,

---

12 »Jan.29. Darauff Sontags der Herr Obrist von Ossa selbst mit 80 pferdten alhero kommen, welcher mit Eines Ers.Rathes deputirten, und dem Comandirenden Hauptmann Cottner, alle der Statt wöhrungen und posten besichtigt und anordnung gethan, was an einem und dem anderen orth verbessert und gemacht werden solle. Sonderlich daß mann die ahngelegte pastey bey des Sigels oder Huyers Turm (welcher von den Oesterreichischen hievor hinderstellig gemacht worden) aufbauen, das Burgthor abheben, und die stein zu der pastey brauchen solle. Bey des Steuren? Thor eine auf ziehende brugg machen. Die maur bey der Stahel und Schießhüten gegen dem See und der Statt abbrechen [auf dem Festland, westlich und östlich der Brücke, siehe Landtafel von Andr. Rauh, 1626]. Auf der pastey bey dem Fledermaus Turm die Gießhütten hinweg thun, und eine streichwöhr daselbst hin machen. Bey dem Sigels Turm und den schusslöchern kleine schanz körblein, damit der soldat besseren stand hab. In der Schanz oder Pastey an der Fischergassen, die stegen ändern, daß rundel eben machen und eine höhere maur aufführen und mit holz erhöhen. Umb die Insul die pfäl verbessern, und brustwöhren machen wo es nötig. Die schusslöcher etwas höher und theils enger machen. Die brugg welche der Herr Obrist Leutenandt König machen laßen hinweg zu thun. Den grünen thurn solte mann ausfüllen, den obern boden wohl mit dillen oder geträmt versehen und stuckh darauff pflanzen. Die schanzkorb dicker und den Paradies Thurn, wie den grünen Thurn, die Wachtstuben aber in das Waschhaus richten.« KrCh, S. 273f.

würde er »in Eisen schlagen« lassen.[13] Ferner versprach Ossa, bei der Beschaffung von zusätzlichen Arbeitskräften aus Wasserburg und Neuravensburg behilflich zu sein.

Am folgenden Tag (30. Januar / 9. Februar 1632) ritt Ossa mit seiner kleinen Truppe weiter, zunächst zur Insel Mainau, gleichfalls einer kaiserlichen Festung in beunruhigendem Zustand. Die Ratsherren waren nach genauerer Prüfung von Ossas Aufträgen beunruhigt; sofort sandten sie ihm zwei Herren aus ihrer Mitte zur Mainau nach mit der Bitte um finanzielle Unterstützung sowie dem Hinweis, dass die Fertigstellung der Fledermausschanze bei gegenwärtig hohem Wasserstand unmöglich sei. Ossa reagierte geduldig; finanzielle Hilfe wäre zurzeit nicht zu haben; bei den Befestigungen »solte mann machen und bauen, so viel sich werde thun lassen«; am wichtigsten wäre aber die Zugbrücke vor dem Landtor.

Von der Mainau ritt Ossa weiter ins Elsass. Je weiter die Truppen der Schweden und verbündeter evangelischer Reichsfürsten im Frühjahr 1632 rheinaufwärts vordrangen, desto ernster wurde die Bedrohung der linksrheinischen vorderösterreichischen Stammländer (Anfang Juni erreichten die Schweden Straßburg[14]). Im Elsass besaß Ossa mehrere Güter[15], und hier wohnte seine Frau. Jetzt hielt er die dortige Kriegsgefahr für ernst genug, um seine Frau nach Lindau umziehen zu lassen. Tatsächlich sollte er im Laufe des Sommers seine dortigen Besitzungen, die freilich ihrerseits nur Kriegsbeute waren, sämtlich verlieren.[16] Frau von Ossa erreichte Lindau am 29. Februar / 10. März 1632 und wurde im Benspergischen Haus einquartiert. Ossa selbst machte einen Umweg über Breisach, um sich um Hilfstruppen für Oberschwaben zu kümmern. Als er etwas später auch selbst in Lindau eintraf, bedrängte er den Rat wieder, die Befestigungen der Stadt einsatzbereit zu machen und die Stadt auf eine Belagerung vorzubereiten. Bei dieser Gelegenheit kam er auch auf die noch offene Frage der Fledermausschanze zurück; sie bestand in dem Vorschlag »die bey der Landporten angefangne Pastey mit etwas einziehung derselben (weilen mann wegen des wassers nicht zu kommen, noch selbige so weit machen, alß sie angelegt gewesen) aufbauen …«[17]. Ossa hatte mit seinen Befehlen der Überholung der Befestigungen einen wichtigen Anstoß gegeben. Die Ausführung solcher Aufträge fiel den Stadtbaumeistern und ihrer Mannschaft zu und die Qualitätskontrolle, wie bisher, Ossa selbst; die Quellen berichten darüber nur selten. Oberst von Ossa hatte bisher, und

---

13 KrCh, S. 276.

14 Heydendorff I, S. 94.

15 Bei Haguenau, Saverne und Barr. Warlich: *Ossa*, S. 1.

16 Wallenstein bot Ossa aus seinem eigenen unermesslichen Landbesitz in Mähren Ersatz für den Verlust an. Mann, Golo: *Wallenstein*, S. 798.

17 KrCh, S. 276f.

vielleicht nicht einmal ungern, neben seinen eigentlichen Pflichten als Generalkriegskommissar die Rolle eines Stadtkommandanten von Lindau selbst gespielt. Jetzt, als unter dem Druck unmittelbarer Kriegsgefahr die Anforderungen an beide Posten stark zunahmen, sah sich Ossa gezwungen, einen selbstständigen Stadtkommandanten zu berufen. Er kam zurück auf den in Lindau schon bekannten Obersten Franz Peter König von Mohr. Dieser hatte den Posten des Lindauer Stadtkommandanten im Dezember 1629 schon einmal kurz innegehabt, ihn aber wieder abgegeben zugunsten eines Kommandos im Mantuanischen Feldzug. Im Herbst 1630 war er mit guter Beute aus Italien zurückgekehrt und verbrachte das Jahr 1631 ohne feste Anstellung zwischen Wien, Luzern und der Heimatstadt Fribourg. Schließlich nahm er den Kontakt mit Oberst Ossa wieder auf, mit dem Ergebnis, dass er seinen alten Posten zum zweiten Mal antrat.[18] Am 20. / 10. April 1632 führte Ossa ihn in aller Form in das Amt des Stadtkommandanten und Gubernators der Kaiserlichen Festung Lindau ein. Kaum hatte der Lindauer Rat König mit den üblichen Höflichkeitsgesten willkommen geheißen, als sich die Ereignisse überstürzten.

18 Villiger, S. 152ff.

6. SCHWEDISCHER EINBRUCH IN OBERSCHWABEN (1632–1633)

6.1 Der Vorstoß zum Bodensee

Als Ergebnis der Feldzüge von 1631 hatte König Gustav Adolf seine Herrschaft in Norddeutschland durch Bündnisverträge mit einer Vielzahl von einzelnen Reichsständen gefestigt. Noch vor Jahresende hatte er begonnen, solche Bündnisse auch in Süddeutschland abzuschließen. Mit Ulm, dem »Vorort« der schwäbischen Städte, hatte er schon im Februar 1632 einen Pakt abgeschlossen, welcher die Stadt verpflichtete, sich einem schwedischen Gouverneur zu unterstellen samt einer schwedischen Garnison von 1200 Mann. Für diese Aufgabe hatte der König den langgedienten schottischen Oberst Patrick Ruthven[1] bestimmt, der bereits Ende Februar in Ulm eingetroffen war. Ruthvens erste Aufgabe war, katholische Städte und Gemeinden der Umgebung kontributionspflichtig zu machen und mit den so gewonnenen Mitteln sechs neue Regimenter anzuwerben.[2] Der König selbst brach am 13. März 1632 in Mainz mit der schwedischen Hauptarmee auf und erreichte Donauwörth am 5. April mit über 30 000 Mann. Hier hatte er ein Rendezvous mit Ruthven, um das weitere Vorgehen abzusprechen. Der König wollte mit der Hauptarmee über den Lech nach Osten ziehen ins eigentliche Bayern, während Ruthven mit seiner stark vermehrten Truppe westwärts nach Oberschwaben vorging. Dort sollte er selbstständig operieren,

---

1 Patrick Ruthven (1573–1651) war Schotte von Geburt, ein Mann aus einfachen Verhältnissen und von beschränkter Schreib- und Lesefähigkeit. Er stand seit 1612, d. h. seit Gustav Adolfs Krönung, in schwedischen Diensten und hatte schon an den Feldzügen im Baltikum teilgenommen. Generalmajor (Mai 1632) und schließlich Feldmarschall, kehrte er 1638 in die Heimat zurück. Im englischen Bürgerkrieg stand er auf der Seite des Königs und machte sich durch die Einführung von Gustav Adolfs Schlachtordnung so verdient, dass er schließlich zum Rang eines Lords erhoben wurde. In Ulm erzählte man, dass er Anfang 1632 »in armer Gestalt, mit etlichen Kleppern« ankam, und »am 15. Oktober 1633 mit sechs sechsspännigen Packwagen und vielen schönen Handpferden« abzog, Schultes, D. A.: *Chronik von Ulm*, Ulm, 1915, S. 196. Der Name Patrick Ruthven (ausgesprochen etwa »Redwen« oder »Riwen«) lud die Deutschen zu allerhand Verballhornungen ein, von *Rittwein, Redwein* bis hin zu *Pater Rotwein* (in Anerkennung legendärer Trinkfestigkeit), Macray, Wm. Dunn (Hg.): *Ruthven Correspondence: Letters and Papers of Patrick Ruthven, Earl of Forth and Brentford and his Family, AD 1615–1662*, London, 1868; Ritter, III, S. 534; Engerisser, S. 126; Schilling: »Patrick Ruthven«, *Württembergische Vierteljahreshefte* 11 (1888), S. 149.

2 Vochezer, III, S. 387. Diese Bemühungen müssen erfolgreich gewesen sein, denn zum Lohn wurde Ruthven vom König mit der vormals Fuggerschen Grafschaft Kirchberg (etwa halbwegs zwischen Ulm und Memmingen) belehnt und zum Generalmajor ernannt, *Ruthven Correspondence*, S. XI.

unabhängig vom König, den er in den folgenden Monaten nur ein- oder zweimal sah. So gestalteten sich die schwedischen Unternehmungen des Sommers von 1632 als zwei voneinander unabhängige Feldzüge, von denen jener des Oberst Ruthven in Oberschwaben wegen seines Lindauer Bezugs ausführlich zu behandeln ist, während für des Königs Besuch in Bayern eine kurze Übersicht genügen mag.[3]

Der schwedische[4] Versuch der Besetzung von Oberschwaben begann Ende Februar 1632 mit Ruthvens Amtsantritt als Gouverneur von Ulm. Schon im März gelang es ihm, durch energische Erhebung von Kontributionen katholischer Herrschaften und Städte in der Ulmer Umgebung Geldmittel zur Anwerbung zusätzlicher Truppen zu beschaffen. Das große strategische Ziel war es, Oberschwaben, nämlich das Land zwischen Donau, Lech, Alpenrand, Bodensee und Schwarzwald, unter königlich-schwedische Herrschaft zu bringen. Wie diese Herrschaft beschaffen sein und wie sie funktionieren sollte, blieb im Dunkeln. Praktisch beschränkte sich aber das Bestreben der schwedischen Armee in Oberschwaben auf nichts weiter als sich zu ernähren und zu bereichern, und zwar nach der Methode aller in Deutschland konkurrierenden Armeen: Erpressung – Erpressung in großem Maßstab. Ein Unterschied wurde zwar gemacht nach der Konfession der angezielten Gemeinde. Evangelische Städte und Reichsstände wurden, wenigstens anfangs, wie Freunde oder Verbündete behandelt, vorausgesetzt, dass sie diese Haltung auch erwiderten. Und die von ihnen geforderten Leistungen, so atemberaubend sie tatsächlich auch sein mochten, waren maßvoll verglichen mit den Forderungen, welche sie an die als Feinde behandelten katholischen Städte, Gemeinden und Stände stellten.

Das angewendete Verfahren begann mit einer höflichen Aufforderung, sich unter königlich schwedischen Schutz zu stellen und der schwedischen Obrigkeit zu huldigen. Zur Ermunterung wies man darauf hin, dass die Stadt Augsburg dies bereits getan hatte, dass die Regierungen der Stadt Augsburg sowie des schwäbischen Reichskreises nunmehr mit Vertretern des schwedischen Königs besetzt waren und dass auch das Bistum Augsburg die schwedische Oberhoheit anerkannt hatte. Beim ersten Mal öffneten darauf die meisten evangelischen Städte freundlich ihre Tore, nahmen bereitwillig eine schwedische Garnison an, akzeptierten die Kosten von deren Sold

---

3 Über die schwedischen Operationen in Oberschwaben in den Jahren 1632–1634 unterrichten Engerisser, *Nördlingen 1634,* Weißenstadt, 2009; siehe auch Baumann, Franz Ludwig: *Geschichte des Allgäus,* Band 3, Kempten, 1894. Vochezer, III. Heydendorff, Walther Ernst: »Vorderösterreich im Dreißigjährigen Kriege«. *Mitteilungen des Österreichischen Staatsarchivs,* 12 (1959), S. 74–141 und 13 (1960), S. 107–195. Bilgeri, Benedikt: *Geschichte Vorarlbergs,* Band 3, Graz, 1977.

4 Das Adjektiv »schwedisch« gilt hier nur im politischen Sinne; tatsächlich bestand die Armee aus Soldaten vieler Nationalitäten, größtenteils Deutschen; Deutsch war die offizielle Sprache in der schwedischen Armee, besonders unter den Offizieren; zum Beispiel korrespondierte Oxenstierna mit seinen Generälen nur auf Deutsch.

und Unterhalt und verpflichteten sich zur Zahlung einer vereinbarten regelmäßigen Kontribution. Wurde das Angebot der friedlichen Übergabe abgelehnt, dann folgten energische Bedrohungen mit einschüchternden Schilderungen der Konsequenzen, oft in schriftlicher Form. Verschlug auch das nicht, blieb nur noch die Belagerung. Auch während dieser, besonders wenn sie länger anzudauern drohte, bestand noch die Möglichkeit (sofern die Belagerten den Angreifer nicht durch provozierende Zurufe oder voreiliges Schießen verärgert hatten) zu verhandeln und die Stadt im »Akkord« zu übergeben, allerdings mit Zahlung zusätzlichen Lösegelds. Wurde die Stadt gestürmt, dann war sie der Plünderung preisgegeben, was mit Blutvergießen und Exzessen schlimmster Art verbunden sein konnte. Mit dieser Methode ging Ruthven im vorgegebenen Operationsgebiet ans Werk.[5] Eine Erfassung aller in diesem Raum auf die eine oder andere Weise botmäßig gemachten Städte und Orte ist nicht vorhanden, gewiss lag ihre Zahl in einer Größenordnung zwischen fünfzig und hundert. Den Anfang hatte Ruthven Ende März mit den zwischen Ulm und Donauwörth beiderseits der Donau gelegenen Städten und Dörfern gemacht. Das gelang ihm schnell und mühelos.[6] Hinzu kam die vom Schwedenkönig am 5. April eroberte Stadt Donauwörth, wichtig für die südlich der Donau operierenden schwedischen Einheiten als Knotenpunkt für Verkehr und Kommunikation.

In Lindau wurde das Näherrücken der Schweden spürbar und man traf letzte Vorkehrungen. Noch vor Ankunft des neuen Stadtkommandanten hatte der »Kommandierende« Stadthauptmann Cottner den Rat ersucht, alle verfügbaren Doppelhaken-Gewehre zu erfassen und einsatzbereit zu machen. Sein Vorschlag, auch Bürger mit diesen Gewehren einzusetzen, wurde abgelehnt; das sei Sache der Soldaten. Die Garnison war nunmehr auf eine Stärke von über 2000 Mann angewachsen, ohne den Tross. Zu ihrer Unterbringung wurden auf der hinteren Insel Baracken gebaut.[7]

Mitte April war Ruthven mit einer größeren Streitmacht zu einer umfassenden Besuchsrunde bei den Freien Reichsstädten im Süden aufgebrochen, von welchen, schon aufgrund gemeinsamer Konfession, ein freundlicher Empfang zu erwarten war. Memmingen öffnete am 26. / 16. April freiwillig die Tore. Bei Leutkirch, der nächsten Stadt, schlug das Verfahren fehl, weil Oberst von Ossa diese evangelische Reichsstadt bereits mit kaiserlichen Truppen belegt und dadurch für die Schweden zu einem Feind gemacht hatte. So wurde Leutkirch am 28. / 18. April 1632 durch ein schwedisches Dragonerregiment unter Oberst Georg Christoph von Taupadel[8] in verblüffen-

5 Eine Übersicht gibt Engerisser: *Nördlingen*, S. 37–51.

6 *Theatrum Europaeum*, 2, S. 634.

7 KrCh, S. 275f.

8 Engerisser: *Von Kronach*, S. 168–170.

dem Tempo überrumpelt und ausgeplündert. Ossa, der das Unglück selbst verursacht hatte, gab dem Stadtrat von Leutkirch die Schuld und bestrafte die Stadt mit scharfen finanziellen Bußen.[9] Hier teilte Ruthven seine Truppe auf zu Unternehmungen in verschiedenen Richtungen. Als nächstliegende Aufgabe wurde das Schloss Zeil bei Leutkirch ebenso wie weiterer katholischer Besitz rundherum gründlich geplündert und dann verwüstet. Eine größere Abteilung wendete sich nach Westen; Wurzach musste 600 fl Brandschatzung zahlen, mit Waldsee wurden Unterhandlungen über regelmäßige Kontributionszahlungen eingeleitet, das Schloss Ummendorf wurde geplündert und Biberach erhielt eine Garnison. Ruthven selbst besuchte am 17. April Ravensburg, am Tag darauf Kempten und dann Kaufbeuren und handelte Schutzverträge aus.[10] Eine andere Abteilung, fünf Kompanien Kavallerie unter Oberstleutnant Brossard, zog weiter und nahm am 22. April Wangen. Von hier aus erreichten Erkundungstrupps am 28. April Lindau (darüber unten mehr) und am 3. Mai Bregenz.[11] Diese Aufzählung ist nicht erschöpfend; zusätzliche Akkorde kamen durch weitere Streifzüge zustande sowie durch kollektive Einladung von Gruppen von Gemeinden zu gemeinsamen Besprechungen.[12] Als Ruthven am 1. Mai nach Ulm zurückkehrte, konnte er mit den Ergebnissen des Beutezugs zufrieden sein. Nicht nur hatte er eine kaum überschaubare Menge von Städten und Herrschaften in schwedische Abhängigkeit gezwungen, er hatte auch eine riesige Beute an sich gebracht.[13]

6.2 Die Schweden vor Lindau

Kaum war Ossa nach Königs Kommandoübernahme wieder über die Schweiz ins Elsass geeilt (etwa vom 22. / 12. April bis 13. / 3. Mai 1632), um kaiserliche Hilfstruppen gegen die schwedischen Eindringlinge herbeizuholen, als auch schon die ersten Schweden Lindau erreichten.[14] In der Nacht des 28. / 18. April war eine Patrouille schwedischer Reiter unter Führung eines Rittmeisters in Reutin erschienen, die sich alle Mühe gab, unentdeckt zu bleiben. Die Reiter kamen von Wangen, welches ihr Regiment erst am Tag zuvor eingenommen hatte. Dort hielt sich auch der Befehlsha-

---

9 *Theatrum Europaeum*, 2, S. 639f.; diese Anekdote wurde von vielen Autoren wiederholt, zum Beispiel Khevenhiller: *Annales*, 12, S. 131f.

10 Dreher: *Ravensburg*, S. 425.

11 Bilgeri, III, S. 157, seine Quelle ist Ransperg, Bregenzer Handschrift, S. 69f.

12 Ein solcher Akkord wurde zum Beispiel in Memmingen mit den Vertretern zahlreicher Gemeinden aus dem Oberallgäu von Rettenberg bis Oberstdorf abgeschlossen, Baumann, III, S. 173.

13 Vochezer, III, S. 388.

14 KrCh, S. 277–278.

ber des ganzen Armeekorps, der Oberst (wenig später Generalmajor) Patrick Ruthven, auf. Die Wahl von Reutin für ihre Kontaktnahme mit Einheimischen war sinnvoll, denn das Dorf, eine blühende evangelische Gemeinde, gehörte zur Reichsstadt und lag knapp 2 Kilometer vor der Insel. Als der Rittmeister verlangte, mit einem Pfarrer, Amtmann oder dergleichen zu sprechen, holte man den etwa 70-jährigen ehemaligen Stadtschreiber Johann Heinrich Fels herbei, dessen Gut in der Nähe lag. Nach kurzem Gespräch – über den Zugang zur Insel, den Wasserstand im See und den Zustand der Befestigungen – entschied der Rittmeister, den alten Fels als Zeugen nach Wangen zum Kommandeur mitzunehmen. Dieser sträubte sich nach Kräften, hatte aber keine Wahl. In Wangen zielte das Verhör vor Oberst Ruthven wieder auf die Zugänge zur Insel. Ruthven, der Deutsch wohl besser verstand als sprach, hörte schweigend zu. Die Schweden waren enttäuscht, zu hören, dass es für die Möglichkeit, bei niedrigem Wasserstand trockenen Fußes zur Insel zu gelangen, zu spät im Jahr war. Insgesamt machten sie einen wohlinformierten, sachlichen Eindruck, ließen aber auch erkennen, dass sie die Insel noch nicht mit eigenen Augen gesehen hatten. Der Stadtschreiber antwortete als erfahrener Diplomat wahrheitsgemäß, aber diskret. Die Frage, ob der Brückenkopf am Festland befestigt wäre, musste er bejahen und auch die betreffende Schanze beschreiben.[15] Als der Rittmeister fragte, ob es Getreidemühlen gäbe, die man in Brand stecken könnte, musste Fels auch dies bestätigen, machte aber darauf aufmerksam, dass die Insel mit Mehl und Getreide reichlich versorgt sei und über eine leistungsfähige Rossmühle verfügte, während die Schweden im Falle einer Belagerung auf die Mühlen am Festland angewiesen wären; damit waren die Mühlen gerettet. Nach gut zwei Wochen Gefangenschaft (etwa am 23. Mai s. n.) kam der Alt-Stadtschreiber wieder frei; er erstattete Oberst König Bericht, und dieser billigte sein Verhalten.

Um die Erfolgsaussichten eines Angriffs besser beurteilen zu können, wollten die Schweden die Insel selbst in Augenschein nehmen. So kehrten sie ein oder zwei Tage nach ihrem nächtlichen Besuch am hellichten Tage zurück mit einer Kompanie Reiter unter einem Oberst[16]. Am Haus des »Mailänder Boten« Matthias Schwarz vor der Achbrücke forderten sie Zutritt zum Obergeschoss seines Hauses. Die von dort gebotene Aussicht auf die strategisch interessanteste Seite der Stadt veranlasste sie sofort, den Plan eines Angriffs fallen zu lassen. Nun richteten sie ihren Blick auf Bregenz. Vorher jedoch tranken sie dem Hausherrn zwei Eimer Wein aus (ohne zu

15 Dies ist der früheste überlieferte Hinweis auf diese später wichtige Schanze am Brückenkopf, die als das »Schänzlein« oder »Schanzlin« bekannt wurde.

16 Wahrscheinlich handelte es sich um den Oberst Friedrich Ludwig Chanovsky von Langendorf, der wenige Tage später Bregenz zur Übergabe aufforderte.

zahlen, wie dieser verdrossen meldete). Dem Stadtkommandanten wurde dies prompt hinterbracht als Beweis, dass es Bürger gäbe, »welche draußen mit den Schwedischen fressen und sauffen, und nichts berichten«[17].

Von Mitte April bis Ende Juni herrschten im Lindauer Hinterland verworrene Zustände; äußerst bewegliche, kleinere schwedische Kavallerie-Einheiten streiften durchs Land auf der Suche nach Eroberung und Beute; durch überraschendes Auftreten hatten sie Erfolge, verloren aber das Gewonnene ebenso schnell. Auf der Gegenseite betätigten sich katholische Truppen der verschiedensten Art und Qualität, von regulären kaiserlichen Regimentern bis hin zu improvisierten Bauernmilizen. All dieses Kriegsvolk streifte durch die Lindauer Umgebung, und schwedische Reiterei ließ sich immer häufiger vor der Stadt sehen. Außerhalb der Stadt war niemand mehr sicher, und das Stadttor musste häufig in Eile geschlossen werden. König behauptete, 60 Kanonen in Stellung gebracht zu haben, die, sobald der Feind sich zeigte, ein lebhaftes Feuer eröffnet hätten.[18] Doch die Stadt wurde weder belagert noch beschossen oder gar »berannt«.[19]

6.3 Widerstand in Oberschwaben

Die schwedische Herrschaft in Oberschwaben erwies sich als enttäuschend. Zwar war das vermeintlich freundliche schwedische Militär nicht böswilliger als das gewohnte kaiserliche, aber auch kaum angenehmer. Der versprochene schwedische Schutz war kostspielig, denn die Tributforderungen der Garnisonen waren nach der höchstmöglichen Zahlungsfähigkeit der Schutzsuchenden berechnet. Auch war dieser Schutz nicht verlässlich; hatte er aber einmal versagt und ein Ort wurde von den Kaiserlichen zurückerobert, und das kam vor, dann war nicht nur das investierte Geld verloren, sondern die eingedrungenen Kaiserlichen stellten ihre eigenen Forderungen, rücksichtslos, weil ihnen die Bürger der eingenommenen Stadt nunmehr als Feinde galten. So war eine Stadt spätestens nach dem zweiten Besitzerwechsel ihrer Mittel weitgehend entblößt. Enttäuschend waren auch die persönlichen Beziehungen. Was die Bürger erwartet hatten, waren Schutz durch wohldisziplinierte freundliche konfessionsgleiche Verbündete und eine ordentliche, gerechte

17 KrCh, S. 281.

18 König an die Stadt Fribourg, Lindau, 3. Mai 1632; Bitterli, S. 211.

19 König an die Regierung von Luzern, Lindau, 9. Mai 1632; Bitterli, S. 215–217. Er berichtet, dass die Schweden Lindau mehrmals »feindlich zugesetzt, berannt, und sich täglich vor das Stadttor gewagt und sehen gelassen« hätten; er selbst habe am 5. Mai einen Ausfall unternommen und Wangen und Ravensburg zurückerobert.

Regierung. Was sie bekamen, war die Herrschaft von kampfgewohnten, verrohten Kriegern, deren Streben sich auf Essen und Trinken, Raub und Beute beschränkte. Eine gewisse Minderheit unter ihnen war gewalttätig, wenn nicht geradezu kriminell. Kleinere Gewalttaten und Räubereien – Insolentien in der Fachsprache – gehörten zum täglichen Leben und wurden selten verfolgt. Ein unerwartetes Merkmal der schwedischen Truppen war ihre Zerstörungswut. Damit sind nicht gezielte Verwüstungen aus bestimmtem Grund gemeint, zum Beispiel im Kampf oder aus politischer Absicht. Vielmehr zerstörten und verwüsteten diese Truppen die Dinge einfach, weil sie da waren – Bauernhöfe, Dörfer, Schlösser, Kirchen, Brücken, und das in einem vorgeblich befreundeten Land.

Widerstand gegen die schwedische Besetzung erwachte schnell, zuerst bei der Landbevölkerung.[20] Ihre Lage war schlimmer als die der Bürger in der Stadt, denn sie waren von vornherein schutz- und wehrlos und dazu noch katholisch. In Oberschwaben stand die Landbevölkerung (häufig vormals evangelisch, dann zwangsweise rekatholisiert) gewöhnlich unter katholischer Herrschaft und teilte daher, nach der Formel »cuius regio, eius religio« automatisch deren Konfession. Für das schwedische Militär waren sie dadurch aber papistisch, also Feinde. So waren die vielfältigen Misshandlungen der Grund, warum die Bauern auf Gegenwehr sannen. Als sie erkannten, dass die Beutejäger, die in immer zahlreicheren und darum kleineren Gruppen im Land ausschwärmten, verwundbar waren, lernten sie, diese selbstständig zu überwältigen. So breitete sich gegen Ende April ein Bauernaufstand gegen die Schweden über ganz Oberschwaben aus. Gleichzeitig erinnerten sich auch die verschiedenen Obrigkeiten ihrer Pflicht, die ihnen anvertraute Bevölkerung zu schützen und zu verteidigen, und sie begannen, den Widerstand auch in größerem Maßstab zu organisieren.

Einer der Ersten, der die Initiative ergriff, war der für Oberschwaben zuständige Generalkriegskommissar von Ossa. Er rief die Bevölkerung öffentlich zum Aufstand gegen die Schweden auf und begann, geeignete Streitkräfte zu versammeln. Gleichzeitig forderte der Bischof von Konstanz, Johann Truchsess von Waldburg-Wolfegg, am 21. April die Landvogtei Schwaben auf, eine einheimische Verteidigungstruppe aufzustellen,[21] und der Graf von Hohenzollern-Sigmaringen sowie der Truchsess von Scheer riefen ihre Untertanen zu den Waffen. Graf Johann Hannibal von Hohenems marschierte mit einer Armee der Vorarlberger Landwehr, 8000 Mann stark, ins Westallgäu, wo er Anfang Mai die Schweden aus dem Weitnauer

20 Zum Widerstand allgemein siehe Vochezer, III, S. 388–395.

21 Vochezer, III, S. 388f.

Tal vertrieb. Das ihm beigeordnete Regiment zu Fuß unter Oberst Hauprecht Humpiß von Waltrams wirkte mit Ossa in Oberschwaben zusammen.[22]

Ossa erhielt Unterstützung von der kaiserlichen Armee im Elsass. Er war Mitte April über die Schweiz ins Elsass gereist und konnte König am 8. Mai aus Breisach mitteilen, dass er »in gar khurzer zeit mit in 9 biß in 10 000 mann ross und fuß … ankhommen wolle«[23]. Wie das *Theatrum Europaeum* bestätigt, hatte er Erfolg, wenn auch in etwas bescheidenerem Maß: »Under solchem Verlauff ist Obrister Ossa mit in 4000 Mann Kayserischem Volck von Brisach unnd den umbligenden Orthen auffgebrochen, in Ober Schwaben geruckt, unnd neben einer starcken Anzahl Bregentzer Bawren uber die Iller gegen Memmingen gezogen, deß Vorhabens auff selbige Statt einen Versuch zuthun.«[24] Zusätzlich brach eine Truppe von insgesamt 5600 Mann unter dem Generalwachtmeister Heinrich Hareaucourt de Faulquemont am 14. Mai im Elsass auf und kam am 18. Mai in Ravensburg an.[25] Zusammen soll sich diese große, wenn auch heterogene Armada auf rund 20 000 Mann belaufen haben. Sie versammelte sich im Raum von Ravensburg, wo sich ihr Hauptquartier befand.

Den Oberbefehl hatte Ossa. Er dürfte vom Elsass etwa um den 12. Mai nach Lindau zurückgekehrt sein (hier fügt sich die im Folgenden berichtete Episode vom *Fall Fuchs* ein) und um den 19. oder 20. Mai in Ravensburg das Kommando übernommen haben. Als erstes Ziel bot sich Wangen mit den seit dem 22. / 12. April dort liegenden fünf Kompanien schwedischer Kavallerie unter Oberstleutnant Brossard an. Zunächst gelang es Oberst Hauprecht Humpiß von Schomburg mit seinem Regiment, diese Schweden zu einem Gefecht zu provozieren und ihnen bei Herfatz (2 Kilometer nördlich von Wangen) eine Schlappe beizubringen. Darauf, am 6. Mai / 26. April, gab Brossard Wangen auf und zog sich über Leutkirch nach Memmingen zurück. Unterwegs befleißigte sich seine Truppe, möglichst viele Schlösser, Kirchen, Dörfer und Bauernhöfe in Brand zu stecken und, als Krönung, zwei wertvolle Illerbrücken, darunter »die schöne, aus Eichenholz meisterhaft gezimmerte Illerbrücke bei Aitrach« abzubrennen.[26] Ossas Heer folgte Brossards Truppe in gemessenem Tempo in Richtung auf Memmingen. Ende Mai stand es westlich der Iller gegenüber der Stadt. Bei Egelsee (ca. 4 Kilometer nördlich von Memmingen) kam es zu einem Treffen

---

22 Hauprecht II. Humpis von und zu Waltrams, Herr zu Amtzell und Pfaffenweiler, 1600–1643, wurde 1632 kaiserlicher Hauptmann und führte in den Schwedenkriegen von 1632 bis 33 oberschwäbische Landwehreinheiten in verschiedenen Gefechten; Baumann, III.175.

23 König an Regierung von Fribourg, 12. Mai 1632; Bitterli, S. 219.

24 *Theatrum Europaeum*, 2, S. 647.

25 Engerisser: *Nördlingen*, S. 40.

26 Vochezer, III, S. 390.

mit schwedischen Truppen, welches Ossa gewann. Darauf überquerte er die Iller bei Kellmünz (ein Umweg, weil die günstiger gelegenen Brücken verbrannt waren) und war nun bereit zum Angriff auf Memmingen. Inzwischen hatten Ruthvens Hilferufe König Gustav Adolf erreicht, der sich, schon auf dem Rückmarsch nach Norden, gerade in Augsburg befand. Er reagierte energisch und rasch und traf schon am 4. Juni / 24. Mai mit einem berittenen Korps in Memmingen ein.[27] Angesichts eines solchen Gegners zog sich Ossa, der Grenzen seiner Truppe bewusst, nach Lindau zurück, und seine Armada ging auseinander.

Des Königs Erscheinen in Memmingen bietet Gelegenheit, über seine Bewegungen seit seiner Trennung von Ruthven in Donauwörth am 15. April zu berichten. Sein Feldzug nach Bayern begann mit der spektakulären Überquerung des Lechs bei Rain und dem Ergebnis, dass die bayerische Armee ausgeschaltet, ihr Feldherr Tilly tödlich verwundet und der bayerische Kurfürst zur Flucht in den Osten Bayerns gezwungen war. Am 20. April nahm Gustav Adolf durch Akkord Augsburg und am 17. Mai, ebenfalls durch Akkord, die Hauptstadt München. Den Besuch in Süddeutschland genoss er sorglos wie ein Tourist. Er stieß auf keinen Widerstand, fand aber auch keine Gelegenheit, den Krieg zur Entscheidung zu führen. Die einzige Leistung seiner Armee war die systematische Verwüstung bayerischer Dörfer und Felder, auf diese Weise gelang es ihm, dem bayerischen Kurfürsten wirkliche Schmerzen zu bereiten. Aber auch diese unritterliche Betätigung erwies sich als unbefriedigend, und Gustav Adolf nahm die Nachricht, dass der kaiserliche Generalissimus Wallenstein mit einer riesigen Armee aus seinem böhmischen Lager nach Westen aufgebrochen sei, mit Erleichterung auf. Eilig rief er alle Streitkräfte zusammen und brach Anfang Juni auf zum Marsch über Augsburg und Memmingen (4. Juni) nach Norden.

6.4 Der Fall Fuchs in Lindau

Unter diesen Umständen ereignete sich in Lindau ein bedrückender Vorfall.[28] Zum Stab des Generalkriegskommissarius von Ossa gehörte der Kreiskommissarius Hans Sigmund Fuchs aus Weinburg in Niederösterreich[29]. Fuchs war erst zu Jahresbeginn 1632 eingestellt worden, nachdem sein Vorgänger Christoph Wenig im Dezember 1631 bei Augsburg auf offener Landstraße von Räubern erschlagen worden war. Fuchs war anscheinend in jüngerer Mann, evangelisch und vielleicht ein wenig naiv. Er schien

27 Ebenda, S. 392.

28 Die Quelle für die folgende Geschichte ist KrCh, S. 281–283.

29 KrCh, S. 270.

sich gut eingearbeitet zu haben. Jedoch kam er nach der Einnahme von Kempten durch die Schweden (18. / 8. April 1632) auf eine gefährliche Idee. Bei einer Dienstreise zur Festung Mainau fand er Gelegenheit, sich abzusetzen und auf den Weg nach Kempten zu machen. Unterwegs[30] fiel er herumstreifenden »Bregenzischen Wachten« in die Hände, die ihn pflichteifrig beim Lindauer Stadtkommandanten ablieferten (etwa am 11. / 1. Mai 1632). Dort blieb er in Haft, während man ihn verhörte und ein militärisches Gerichtsverfahren gegen ihn einleitete. Die Verhöre von Fuchs und den von ihm angegebenen Zeugen führte der Regimentsschultheiß Christian Löwe, assistiert von Hauptmann Ferdinand Neumann und Leutnant Diessenberg. Fuchs stellte seine Desertion als einen versuchten Stellenwechsel dar: Kemptener Bürger, die sich zu der Zeit in Lindau aufhielten, hätten ihm den Schritt empfohlen, weil ihm die Schweden bessere Arbeitsbedingungen böten. Gespräche über solche Themen hätten im Gasthaus zur Krone beim Essen oder beim Wein stattgefunden, zum Teil in Gesellschaft angesehener Lindauer, wie der beiden Ratsadvokaten Dr. Valentin Heider[31] und Dr. Abraham Rehm (ein Schwager von Valentin Heider), des Stadtschreibers Hans Heinrich Fels jr. sowie des Kempteners Mang Dorn. In der Gegenüberstellung mit Fuchs wiesen diese seine Behauptung, sie hätten ihm zu seinem Schritt geraten, energisch zurück. Am Himmelfahrtstag, dem 20. / 10. Mai 1632 wurden auch sie verhaftet und mit ihnen der Alt-Stadtschreiber, der gerade aus schwedischer Gefangenschaft zurückgekehrt war und mit der Angelegenheit Fuchs nichts zu tun hatte.

Ossa war am Verfahren gegen Fuchs nicht aktiv beteiligt – dazu fehlte ihm die Zeit –, aber er hat ihm doch seinen besonderen Charakter gegeben. Er war etwa um den 12. / 2. Mai 1632 aus dem Elsass zurückgekehrt und wurde knapp einer Woche später bei seiner Truppe bei Ravensburg erwartet. Damit folgte er einer wichtigen Verpflichtung. Als Befehlshaber der regionalen Verteidigungskräfte in Oberschwaben hatte er sich schon seit Beginn des schwedischen Einfalls bemüht, den militärischen Widerstand zu organisieren. Er hatte Streitkräfte von beachtlicher Größe, wenn auch unerprobter Kampfkraft zusammengestellt, die ihn gerade jetzt erwarteten, um unter seinem Kommando schwedisch besetzte Städte, vor allem Memmingen und Kempten, zurückzuerobern. In den wenigen Tagen vorher musste er die während seiner Abwesenheit aufgelaufenen Verpflichtungen aufarbeiten und sich auf die bevorstehende

30 Der wohlinformierte, aber nicht immer zuverlässige Friedrich Boulan, gibt an, Fuchs sei bei »Eglitz«, vermutlich das heutige Engelitz südlich von Wangen, gefangen worden; *Lindau vor Altem und Jetzt*, Lindau, 1872, S. 343.

31 Valentin Heider (25. März 1605–28. November 1664), der älteste Sohn des Ratsadvokaten Dr. Daniel Heider, hatte in Straßburg, dann Tübingen Jura studiert und 1627 in Altdorf zum Dr. jur. promoviert. Nach ausgedehnten Bildungsreisen war er seit ca. 1630 als Jurist beim Lindauer Stadtrat angestellt, seit 1634 als Syndicus; er war seit 1632 verheiratet; Kiefer, S. 158–161; Meyer von Knonau, *ADB* II, S. 1880.

Unternehmung vorbereiten. Dabei war der Fall Fuchs für Ossa nur eine lästige Ablenkung, deren Erledigung er an Untergebene delegierte. Das Untersuchungsverfahren gegen Fuchs war bereits unter dem Regimentsschultheiß Löwe angelaufen, und so war es am einfachsten, es bei diesem zu belassen. Man könnte sich den weiteren Verlauf wie folgt vorstellen: Die erste Frage war: Welche Rolle sollte dabei Oberst König spielen? Dieser war erst seit einem Monat in Lindau und drängte sich gewiss nicht in eine Verwicklung in diese Sache, sondern unterstützte Ossas Entscheidung für den Regimentsschultheiß. So gab Ossa diesem die zu verhängenden Strafen vor und zog in den Krieg. Paradoxerweise hat er dabei »den alten Herrn Dr. Heyder mit sich nach Ravenspurg geführt, unter dem fürwand, [er] wolte denselben in einer sache brauchen«[32]. Man fragt sich: Warum? Der alte Dr. Heider hatte mit dem Fall Fuchs natürlich nichts zu tun, war aber als Rechtsgelehrter weithin berühmt. Befürchtete Ossa vielleicht, dass Dr. Heider sr. die Fragwürdigkeit des Verfahrens öffentlich ans Licht bringen könnte, und zog ihn darum aus dem Verkehr?

Ossa brach von Lindau wohl noch vor dem 20./10. Mai auf. Darauf ist, wie es in der Kriegschronik heißt, »der Fuchs, gleich den Montag hinnach, alß den 14ten [24./14. Mai 1632] lebendig gespißt worden, welche marter er mit tröstung, gebeth und zusprechen Herrn Mag. Balthas. Philgi predigeres und seniors alhier, welcher biß in sein end bey ihm verblieben, mannlich überstanden«. Es hieß, die Hinrichtung habe »hinter dem Gerichtshaus« statt gefunden.[33] Mit Haft- und schweren Geldstrafen wurden einige junge Lindauer Juristen versehen, weil sie als Kollegen mit Fuchs im Gasthaus Zur Krone gegessen und getrunken hatten. Der Alt-Stadtschreiber Johann Heinrich Fels sr., der erst eben aus schwedischer Gefangenschaft entlassen worden war und darum mit der Sache Fuchs nichts zu tun haben konnte, wurde zu einer Geldbuße von 1000 fl. neben einer Gefängnisstrafe verurteilt. Zur Begründung der hohen Geldstrafen ist anzumerken, dass ihre Höhe nichts mit dem vorgeworfenen Vergehen, aber alles mit der Zahlungsfähigkeit des Betreffenden zu tun hatte. Für Ossa, der als Generalkriegskommissar für die Finanzierung der kaiserlichen Armee und insbesondere ihre Besoldung verantwortlich war, war dies eine relativ mühelose Form der Geldbeschaffung.

Der Fall Fuchs ist nur bemerkenswert wegen der Anwendung der ausgesucht sadistischen Hinrichtungsform des »Spießens«. Im Dreißigjährigen Krieg wurde diese so selten angewendet, dass jeder Fall Aufsehen erregte. Todesurteile allgemein wurden beim Militär, auch in den höheren Rängen, oft und ohne Zögern verhängt und vollzogen. Meistens geschah das »mit dem Schwert«, seltener durch Erschießen oder »mit

32 KrCh, S. 282f.

33 Boulan, S. 343.

dem Strang«. Im Falle Fuchs, wo ein Tatbestand von Desertion und Verrat feststand, war die Todesstrafe wohl unvermeidlich. Hinzu kam die vorherrschende aufgeregte Krisenstimmung. Gerade jetzt, da der schwedische Einbruch an seinem Höhepunkt stand und die kaiserliche Generalität in Panik war, lag es nahe, zu äußersten Mitteln zu greifen, um Verrat, Desertion und Meuterei zu unterbinden. So wählte man die mittelalterlich-barbarische Hinrichtungsmethode des Spießens wohl wegen ihrer Abschreckungskraft.[34] Die Quellen sprechen nicht aus, wer für die Wahl der Hinrichtungsform verantwortlich war.

Der Chronist deutet an (was wohl der öffentlichen Meinung entsprach), dass er Ossa für den Verantwortlichen hielt, und zur Bestätigung zitiert er das Gerücht, Fuchs' »fürnembstes verbrechen solle gewesen sein, daß er ... mit Heinrich Kellern von Zürch, sonsten der böse Heinrich genandt, und dessen gesellschafft anschläg in der Schweiz gemacht, den Herrn Obrist von Ossa den Schweden todt oder lebendig in die hand zu bringen«. Und er beschließt die Geschichte mit dem Satz: »Also [hat] der von Ossa starcken ernst damahlen gebraucht.« Die Nachricht von der grausigen Hinrichtung sprach sich herum, wenn auch mit widersprüchlichen Angaben über Einzelheiten. Schon am 5. Juni 1632 meldete General von Aldringen, ein alter Kollege und Rivale von Ossa, ihrem gemeinsamen Vorgesetzten, dem Generalissimus Wallenstein, Ossa habe einen Kommissar, »so mit etwas Geld ausreissen wollen, zu Lindau spießen lassen«[35]. Später gab Merians *Theatrum Europaeum* an, Ossa habe den Kreiskommissar Fuchs »lebendig spissen lassen« aus Zorn über den Verlust seiner Leibkompanie beim Fall der Stadt Leutkirch am 27. / 17. April 1632, den er einem Verrat des Fuchs zuschrieb.[36] Die beste Quelle zu dieser Episode ist jedoch die *Lindauer Kriegschronik* der drei einander folgenden Stadtschreiber Johann Heinrich sr., und seiner beiden Söhne David und Johann Heinrich jr. So ist es nicht ohne Ironie, dass sie hier, unpersönlich in der dritten Person, über Erlebnissse in der eigenen Familie berichten.

---

34 Zu gleicher Zeit hatten aufgeklärte Regenten, u. a. Erzherzogin Claudia von Tirol, begonnen, die Anwendung mittelalterlich-grausamer Hinrichtungsmethoden in solcher Weise abändern zu lassen, dass der Verurteilte zuerst auf einfach-direkte Weise getötet wurde und die altmodisch-blutrünstigen Prozeduren nur postum angewendet wurden. Um aber ein Höchstmaß an Abschreckungskraft zu erzielen, war es notwendig, dass der Anschein einer möglichst schockierenden Hinrichtungsform weithin bekannt gemacht wurde, während die tatsächliche Anwendung einer weniger grausamen Methode geheim blieb.

35 Engerisser: *Von Kronach*, S. 350, Warlich: »Ossa«, S. 2.

36 *Theatrum Europaeum*, 2, S. 639.

6.5 Kämpfe in Oberschwaben, Sommer 1632

Ossa kehrte am 3. Juni / 23. Mai von seinem Feldzug gegen die Schweden ruhmlos, doch wohlbehalten nach Lindau zurück. Er hatte, als er plötzlich König Gustav Adolf mit seiner Kavallerie direkt gegenüberstand, unverzüglich einen wohlweislichen Rückzug angetreten und dadurch vielen seiner bäuerlichen Krieger das Leben gerettet. Jetzt beschloss er, in Lindau mit seiner Frau seinen Hauptwohnsitz zu nehmen, und bat den Rat um ein geeignetes Haus, in dem er sich standesgemäßes Personal (»Wirt und Wirtin«) halten konnte. Man einigte sich auf das Benspergsche Haus.

Ende Mai 1632, als die Affäre Fuchs überstanden, die ersten schwedischen Kundschafter abgezogen waren und der Schwedenkönig sich wieder nach Norden wendete, begann König ein wenig energischer aufzutreten. Er ließ dem Rat melden, dass er auf Befehl von Oberst Ossa die Bürger zu entwaffnen hätte, einschließlich der Seitenwehr, d. h. der Degen; nur die Messer durften sie behalten. Das war allerdings nicht die erste solche Entwaffnung, und im Rat wurde bemerkt, dass längst nicht alle Leute ihre Waffen abgaben, sondern sie vielmehr einmauerten. Dann verordnete er zwei weitere schmerzhafte, aber angebrachte Maßnahmen. Zum einen war es notwendig, auf dem Festland direkt vor der Insel ein übersichtliches, unbehindertes Schussfeld zu schaffen, wo auf Musketenschussweite nichts aus dem Boden herausragte, das einem Feind Deckung bieten konnte. Dabei handelte es sich um Gelände in schönster Lage, wo wohlhabende Bürger Villen, Gartenhäuser, Obstgärten und Parks mit stattlichen Bäumen besaßen. Nicht nur musste dies alles vollständig beseitigt werden, sondern die Eigentümer wurden auch verpflichtet, die schmerzliche Maßnahme selbst durchzuführen. Zum anderen befahl der Stadtkommandant, die Stadtmauer wirklich dicht zu machen und alle kleinen Durchlässe, Abflüsse, Schlupflöcher usw., die einen Zugang vom Stadtinnern zum See boten, zuzumauern. Auch diese beiden Maßnahmen wurden nicht sofort und restlos ausgeführt. Der Befehl zum wirklich radikalen Rasieren des Vorfelds musste mehrmals wiederholt werden, doch zehn Jahre später, bei einer tatsächlichen Belagerung, bestätigte sich der Wert dieses Opfers. Was das Abdichten der Schlupflöcher in den Stadtmauern anging, so war dessen Notwendigkeit sinnvoll und schwer zu bestreiten, doch gab es auch starke Gründe für Ausnahmeregelungen, zum Beispiel für Zugang zu Löschwasser bei Bränden; hier fanden sich Lösungen durch gemeinschaftlich ausgeklügelte Kompromisse.[37]

37 KrCh, S. 283–285.

Für Lindau dauerte die Belagerungsdrohung den Sommer und Herbst 1632 hindurch an. Eine Belagerung fand jedoch nicht statt; die Schweden haben Lindau weder beschossen noch angegriffen. Schon die erste Prüfung (28. / 18. April 1632) der Örtlichkeiten beim nächtlichen Besuch in Reutin durch einen wohlinformierten, schwedischen Offizier sowie die Auskünfte von Alt-Stadtschreiber Fels waren entmutigend. Der Wasserstand des Sees war zu hoch für einen Handstreich »trockenen Fußes«, und die Verfassung von Besatzung, Bewaffnung und Befestigung der Insel versprach energischen und ausdauernden Widerstand; auch war die Versorgung der Stadt über den See ohne eine leistungsfähige Kriegsflotte nicht zu unterbinden. Außerdem mangelte es den Schweden an Artillerie, Mannschaftsstärke und vor allem Zeit. So kam ihr Befehlshaber, der Oberst, dann Generalmajor Ruthven, zu einer nüchternen Entscheidung gegen eine Belagerung von Lindau. Von dieser Entscheidung waren die Lindauer natürlich nicht unterrichtet. So waren sie ständig in Alarmbereitschaft und mussten jederzeit auf einen Sturmangriff oder eine Belagerung vorbereitet sein. Erleichterung kam erst im Spätherbst, als nach dem Tod von König Gustav Adolf und dem Wandel der Kriegslage der Druck durch die Schweden nachließ und die kaiserliche Generalität einen Teil der auf der Insel einquartierten Truppen anderswo unterbrachte.

Die Annehmlichkeiten von Lindau hatten allerdings bei den Schweden den Appetit auf einen eigenen Bodenseehafen angeregt. Zunächst richteten sie ihre Aufmerksamkeit auf die Nachbarstadt Bregenz. Am Fest der Kreuzauffindung[38] (3. Mai / 24. April 1632) erschien eine schwedische Truppe unter Oberst Chanovsky[39] vor der Klause, und ihr Trompeter überreichte eine schriftliche Aufforderung zur Übergabe. Sie bestand wie üblich aus einem Ultimatum, nämlich der Wahl zwischen milder Behandlung oder Erstürmung und Plünderung. Im Bregenzer Kriegsrat wurde die Frage besprochen und die Berufssoldaten neigten zum Akkord. Der Vorarlberger Obersthauptmann von Raitenau jedoch, bekannt für seine Neigung, den Mund voll zu nehmen und sich zu überschätzen (er hatte sich vor einigen Jahren in der Schlacht am Fläscher Berg unvergesslich blamiert), rief dazu auf, dem Feind die Waffen entgegenzusetzen. »Er für sein Theil woll sein alten Balg ohn schrecken darsetzen, undt weil er wegen leibs schwachheit zue fues oder zue pferdt nit wohl könne fortkomen«, versprach er mit der Kutsche in die Schlacht zu fahren. Praktischer war aber sein alternativer Vorschlag, dem Feind »mit manier« zu antworten,

---

38 Ransperg, Bregenzer Handschrift, S. 69. Zum Datum am 3. Mai: H. Grotefend, S. 72.

39 Friedrich Ludwig Chanovsky (auch: Canoffsky) von Langendorf (1592–1645), Oberst. Ausführliches biografisches Material bietet Warlich, Bernd: www.30jaehrigerkrieg.de/chanovsky-chanowsky-canoffsky-canofski-canoski-canoffsgi-conofsgy-kanofsky-kanofski-kanofzgi-kohafzi-von-langendorf-friedrich-ludwig/ [zuletzt geöffnet am 28.10.2016]

dass man auf seinen Vorschlag leider nur mit Zustimmung des Erzherzogs eingehen könne.[40] Chanovsky, der vermutlich wusste, dass die Bregenzer Streitkräfte kampfbereit, ihre Befestigungen frisch renoviert und in guter Verfassung waren, dachte nicht daran, Bregenz zu berennen. Er blieb als allgemein lästige Präsenz noch weiter in der Gegend, bis er Ende Mai zur schwedischen Hauptarmee nach Norden abgerufen wurde. Die Sehnsucht der Schweden nach einem eigenen Bodenseehafen blieb einstweilen unerfüllt, aber nicht vergessen.

König Gustav Adolf hatte am 5. Juni 1632 s. n. in Memmingen, vor seinem Aufbruch nach Norden zum Kampf mit Wallenstein, Verfügungen für seine oberschwäbischen Truppen getroffen. Sein alter Kriegkamerad, General Johann Banér (1596–1641), wurde beauftragt, die noch laufenden Unternehmungen in Bayern, also östlich des Lechs, abzuwickeln und dann dem König nach Norden zu folgen. Der junge Herzog Bernhard von Sachsen-Weimar (1604–1639), ein frisch entdecktes Feldherrntalent und gerade erst von Frankfurt eingetroffen,[41] erhielt das Kommando über die Truppen westlich des Lechs mit dem ausdrücklichen Auftrag der Niederschlagung des oberschwäbischen Aufstands. Nach dessen Erledigung und nicht später als Mitte Juli sollte auch er dem König nachfolgen. Er kam nicht in die Nähe des Bodensees, sondern betätigte sich in anderen Teilen Oberschwabens und im östlichen Allgäu. Er begann mit einer Exkursion ins westliche Allgäu, wo Graf Johann Hannibal von Hohenems mit seinem eigenen Regiment und einer Abteilung von Vorarlberger Landwehr erst vor Kurzem schwedische Truppen bei ihrem Wirken gestört hatte. Der Herzog ritt mit seiner Truppe über Isny und Wangen, beides unverteidigte Städte, in die Gegend von Scheidegg, wo er bei dem Dorf Weienried, oberhalb der Rucksteig, das Lager der Vorarlberger entdeckte. Diese hatten sich hier bequem und dauerhaft eingerichtet und sich die Aufstellung von Wachen erspart.[42] Die Schweden überfielen das Lager in der Nacht vom 9. Juni 1632 s. n.[43] Die Vorarlberger wurden von Panik ergriffen; teils gelang ihnen die Flucht, teils wurden sie gefangen oder »niedergemacht«. Den Grafen mit Frau und Sohn überraschten sie

40 Ransperg, Bregenzer Handschrift, S. 70–71, Bilgeri, III, S. 157–158.

41 Er hatte noch am 26. Mai 1632 Briefe aus Frankfurt datiert; Droysen, I, S. 54.

42 Eine ausführliche Darstellung des Überfalls bei Weienried gibt Bilgeri; seine Hauptquelle ist Ransperg, Franciscus: *Geschichte von Mehrerau zur Zeit des 30jährigen Krieges,* 1660, S. 73f. (Bregenzer Handschrift).

43 Zum Datum sagt Ransperg: »Die nid[er] Lag in Weyerriedt geschachen den 9. Juny 1632.« Baumann, III, S. 179ff. bietet stattdessen, ohne Quelle, den »22. Juni« an. Solange sich diese Datierungen nicht vereinbaren lassen, wird man wohl die von Ransperg als die den Ereignissen Nähere vorziehen.

in ihren Nachtgewändern im Zelt beim Geldzählen[44]. Diese wurden »gefänglich iedoch manierlich« nach Ulm abtransportiert und später gegen stattliches Lösegeld ausgetauscht. Auch die weitere Beute war ansehnlich.[45]

Den Rückweg nahm Herzog Bernhard mit seiner Truppe wohl über Memmingen, wendete sich dann nach Westen, plünderte die Klöster von Rot und Ochsenhausen (Mitte Juni) und zog weiter ins mittlere Oberschwaben, wo sich eine Streitmacht von Aufständischen zwischen Sigmaringen, Pfullendorf und Meßkirch angesammelt hatte. Der Herzog schlug sein Hauptquartier in Saulgau auf. Am 28. Juni kam es bei Herbertingen zur Schlacht, die sich schließlich gegen die Aufständischen entschied. Gefangene wurden nicht gemacht; die letzten 300 Überlebenden wurden auf Befehl des Herzogs einfach totgeschlagen. Derselbe Ablauf wiederholte sich eine Woche später bei Weingarten. Hier hatten sich Bauern der schwäbisch-österreichischen Landvogtei im Kloster verschanzt, als die schwedische Armee näherrückte. Die Schweden stürmten das Kloster am 6. Juli, was etwa 500 Verteidiger das Leben kostete.[46]

Die schwedische Hauptarmee sollte sich Mitte Juli auf Befehl des Königs in seinem Lager bei Nürnberg sammeln. Während alle anderen Einheiten in Oberschwaben sich jetzt auf den Rückmarsch vorbereiteten, konnte Herzog Bernhard es nicht lassen, noch einmal, gleichsam zum Abschied, eine Exkursion zum Lechtal zu unternehmen, bis nach Füssen und weiter zur Ehrenberger Klause. Die Herausforderung dieser hoch aufragenden Bergfestung am Eingang von Tirol wird ihn gereizt haben, aber dafür fehlte jetzt die Zeit. Im oberen Lechtal waren neue Feinde eingebrochen, zuerst aus Bayern General Cratz von Scharfenstein, dann die Ehrenberger Klause herunter Erzherzog Leopold von Tirol, welche beide ernst genommen werden wollten.[47] Cratz ließ sich jedoch schnell vertreiben, und der Erzherzog wurde dadurch ausgeschaltet, dass es Bernhard gelang, die befestigte Stadt Füssen, in welcher Leopolds Truppen Schutz gesucht hatten, am 27. Juli zu erstürmen. Auf immer dringendere Befehle des Königs, die Verantwortung für den Schutz des schwäbischen

---

44 »Man sagte auch, daß die oberzehlte feindts Völckher im einfahl zue Weyenriedt den grafen nur mit Nachtkleid angethan bey dem gelt zellen, so heuffig auf dem Tisch gelegen, angetroffen und selbes ungezehlet in ihre hüet hinund(er) gestrichen, und die gemahlin fein so warm aus dem Fed(er)bett erhebt haben.« Ransperg, Bregenzer Handschrift, S. 74.

45 Baumann, III, S. 179ff., berichtet (wiederum ohne Quelle) von allerhand Aktivitäten des Generals Banér, der zu dieser Zeit im Raum zwischen Kempten und Füssen aktiv war, die aber noch aufzuklären sind.

46 Vochezer, III, S. 392f.

47 Diese letzte Phase von Herzog Bernhards und Banérs Unternehmungen in Oberschwaben ist kaum erforscht; vergleichsweise am informativsten ist Baumann, III, S. 178–181.

Reichskreises an Generalmajor Ruthven zurückzugeben und sich selbst mit seiner Truppe baldigst bei der Hauptarmee einzufinden, brach Bernhard mit seiner Armee endlich am 3. August auf. Am 19. August erreichte er den König bei Windsheim.[48]

Wallenstein hatte sich in Zirndorf, ca. 20 Kilometer westlich von Nürnberg, in einem gewaltigen Lager verschanzt. Die schwedische Armee lagerte bei Nürnberg und versuchte vergebens, Wallenstein zur Schlacht zu provozieren. Ihr Versuch, Wallensteins Lager bei der »Alten Veste« (3. September 1632) zu stürmen, wurde verlustreich abgewehrt. Nun teilte der König seine Armee auf, schickte einige Abteilungen mit unterschiedlichen Aufgaben nach Norden, wendete sich selbst mit dem größeren Teil noch einmal nach Oberschwaben, um dort liegengebliebene Arbeit wieder aufzunehmen. Kaum dort angekommen, erfuhr er, dass Wallenstein auf dem Marsch nach Sachsen gesichtet worden war. Das war eine Gefährdung des verbündeten Kurfürstentums von Sachsen und zugleich die Gelegenheit zur Entscheidungsschlacht. Er wendete sich wieder nach Norden und holte Wallenstein in der Nähe von Leipzig ein. Die Schlacht fand bei Lützen am 16. / 6. November 1632 statt, endete unentschieden, kostete aber König Gustav Adolf, der sich allzu furchtlos ins Gefecht geworfen hatte, das Leben.

6.6 Oberschwaben nach Gustav Adolfs Tod, Herbst 1632

Das ganze schwedische Unternehmen in Deutschland, das König Gustav Adolf geprägt und angetrieben hatte, war durch seinen Tod infrage gestellt, doch man entschied sich für Kontinuität. Axel Oxenstierna (1583–1654), schwedischer Reichskanzler und engster Freund des Königs, übernahm als Vormund der minderjährigen Königstochter Christina (1626–1689) die Nachfolge des Königs. Die »Vormundschaftsregierung« dauerte bis 1644, als Christina sich krönen ließ. Oxenstierna leitete von Frankfurt aus nicht nur den Krieg in Deutschland, sondern auch das Königreich jenseits der Ostsee. Er war entschlossen, den Krieg im Sinne Gustav Adolfs fortzusetzen, allerdings immer mit dem Blick auf einen günstigen Friedensschluss. Da er als Jurist und Diplomat den kriegerischen Gustav Adolf als militärischen Befehlshaber nicht ersetzen konnte, gab er der schwedischen Armee eine neue Führungsstruktur. Er behielt sich selbst das Oberkommando über die Armee vor und unterstellte die verschiedenen Truppenteile regionalen Befehlshabern, die ihm direkt berichteten, deren Standorte und Zuordnungen jedoch anfänglich oft wechselten. Eine bevorzugte Stellung unter ihnen hatten die Generäle Gustav Horn

48 Droysen, I, S. 56f.

und Herzog Bernhard von Sachsen-Weimar. Die meisten schwedischen Truppen in Süddeutschland waren noch im Sommer nach Norddeutschland verlegt worden, und so verblieb in Oberschwaben nur eine Minimalbesatzung, die hauptsächlich aus den schwedischen Garnisonen der zahlreichen besetzten Kleinstädte bestand. Das Kommando über die schwedischen Truppen in Oberschwaben hatte Generalmajor Ruthven, der Gubernator von Ulm. Seine Aufgaben war es nicht, weitere Eroberungen zu machen, sondern nur das Erworbene zu verteidigen. Oberflächlich gesehen, d. h. gemessen an der Zahl eingenommener Städte und Gemeinden oder an der Menge der erbeuteten Gelder und Güter, war das Ergebnis des Feldzuges von 1632 ansehnlich. Doch der strategische Wert dieser Errungenschaften ist schwer zu erkennen. Die Herrschaft über die eroberten Orte war oberflächlich, weil begründet auf Gewalt, und sie war militärisch schwer zu halten. Der Raub an einheimischen Bürgern und Bauern diente keinem konstruktiven Zweck außer der Bereicherung gewisser Offiziere und der Fütterung unersättlicher Kriegsvölker zum Preis der Verarmung der Bevölkerung und der Zerstörung ihrer Wirtschaft. Strategisch wertvoll wäre die Beherrschung des Bodensees gewesen oder genauer: des Schiffsverkehrs darauf. Diesem Ziel waren die Schweden nicht nähergekommen. Im vergangenen Frühling hatten schwedische Kundschafter Lindau und Bregenz gestreift, doch weitere Schritte waren unterblieben. Zu dieser Zeit war Buchhorn im Akkord an die Schweden übergeben worden, war aber von ihnen schon nach wenigen Tagen völlig ausgeplündert wieder geräumt worden.[49] Nur am Untersee, dem strategisch ungünstigen Westende des Sees, war es den Schweden gelungen, einen wirklichen Hafen, die Stadt Radolfzell, zu gewinnen, den ihnen die Einwohner Ende Oktober 1632 per Akkord kampflos übergeben hatten.[50]

In den Herbst 1632 fiel noch ein Ereignis, das für Lindau interessante Konsequenzen hatte: Am 13. September starb in Schwaz ein alter Widersacher, Erzherzog Leopold V. von Tirol und den Vorlanden, der in den frühen Jahren seiner Statthalterschaft recht plump versucht hatte, die Reichsstadt unter seine Herrschaft zu bringen. Die Nachfolge trat nun seine Witwe Claudia de´ Medici an. Sie erwies sich als eine wirksame Regentin, energisch und streng, doch einsichtig und konstruktiven Gedanken aufgeschlossen. Schließlich wurde sie, ungewöhnlich für eine Frau und dazu noch Ausländerin, vom Kaiser in aller Form in den Rang einer Erzherzogin erhoben. Nach dem Tod ihres verschwenderischen Gatten befahl sie energische Sparmaßnahmen, darunter den Verzicht auf die Dienste ihres Oberststallmeisters. Der Betroffene, der junge Truchsess Maximilian Willibald von Waldburg-Wolfegg

49 Messerschmid, Max: »Buchhorn-Hofen im Dreißigjährigen Krieg«, SVG 89 (1971), S. 23–47.

50 Vochezer, III, S. 394.

(1604–1667), den Claudia persönlich schätzte, beschloss darauf, ins kaiserliche Feldlager zu gehen und da sein Glück zu suchen. Um ihm diesen Schritt zu erleichtern, gab die Erzherzogin dem nunmehr »kaiserlichen und ihrem bestellten Obristen Max Willibald« am 12. Januar 1633 die Bewilligung »... ein Regiment hochdeutschen Kriegsvolks zu Fuß ... in den österreichischen Landen zu werben«. Max Willibald stellte das Regiment unverzüglich auf die Beine und marschierte mit ihm nach Konstanz, wo er im Juni 1633 das Amt des kaiserlichen Stadtkommandanten übernahm.[51] Acht Jahre später wurde er Stadtkommandant von Lindau.

51 Vochezer, III, S. 735–738.

7. KAISERLICHER GEGENANGRIFF (1633)

7.1 Rückeroberung von Kempten

Ende 1632 bestanden die in Schwaben verbleibenden schwedischen Streitkräfte aus Ruthvens spärlichen, weit verstreuten Garnisonen und aus im Raum von Augsburg liegenden Resten von Banérs Armee. In dieser Schwäche der Schweden erkannte die kaiserlich-bayrische Gegenseite reizvolle Möglichkeiten. Schon vor der Schlacht bei Lützen, als die große kaiserlich-bayerische Hauptarmee unter Generalissimus Wallenstein und Kurfürst Maximilian nach Norden zog, hatte der Kurfürst aus dem zu der Zeit schutzlosen Bayern Hilferufe empfangen. Man beschloss, die Armee aufzuteilen (15. Oktober 1632). Während Wallenstein mit 12 000 Mann in Richtung auf Sachsen weitermarschierte, kehrte der Kurfürst mit Generalfeldzeugmeister Johann Aldringen und 10 000 Mann nach Bayern zurück. Der Kurfürst, schon lange auf der Suche nach einem Nachfolger für den gefallenen Generalleutnant Tilly, entschied sich nun für Aldringen, der damit über eine kombinierte kaiserlich-bayerische Truppe verfügte. So wurde Aldringen am 31. / 21. Oktober 1632, vermutlich noch in Ingolstadt, zum kaiserlichen Feldmarschall befördert und zog dann nach Augsburg. Sofort nach Weihnachten (in Augsburg nach dem »neuen« Kalender gefeiert) brach er auf und erreichte am 28. / 18. Dezember Landsberg am Lech, das er mühelos einnahm. Aldringens Auftrag war, die evangelisch-schwedischen Truppen aus Schwaben zu entfernen.[1] Sein Plan[2] war, Memmingen und Kempten schnell zu überrennen. Das sollte nicht nacheinander, sondern gleichzeitig-parallel erfolgen. Die Einzelheiten arbeitete Aldringen noch vor Weihnachten in Augsburg zusammen mit dem landeskundigen Oberst von Ossa aus. Während Aldringen sich selbst Memmingen vorbehielt, sollte Kempten die Aufgabe von Ossa oder genauer von Lindauer Truppen unter Oberst Franz Peter König sein. König sollte mit den nötigen Truppen und Artillerie schnellstens von Lindau nach Kempten marschieren, damit beide Belagerungen gleichzeitig beginnen könnten. Der entsprechende Befehl an König wurde eilig übermittelt (etwa am 29. / 19. Dezember 1632), möglicherweise von Ossa persönlich, als er die Feiertage in Lindau verbrachte.

---

1 Engerisser: *Von Kronach*, S. 123.

2 Diese Rekonstruktion von Aldringens Strategie beruht auf Indizien; die Abfolge der Ereignisse zeigt, dass die Belagerungen von Memmingen und Kempten gemeinsam geplant und zentral koordiniert und durchgeführt wurden.

Aldringen marschierte am Neujahrstag 1633 in Oberschwaben ein und stand in der Nacht vom 2. Januar 1633 mit 6000 Mann unter den Mauern von Memmingen. Nach den nötigen Vorbereitungen begann er am 4. Januar 1633 (Weihnachten im alten Kalender!) morgens um 7 Uhr die Beschießung. Am dritten Tag (7. Januar 1633) der Beschießung schloss man einen Akkord: Die kleine schwedische Besatzung zog ab, und die Generäle Aldringen und Fugger[3] sowie Oberst Ossa richteten sich mit 800 Mann kaiserlicher Garnison in Memmingen ein.[4] König erhielt Aldringens Befehl etwa am 31. / 21. Dezember. Er musste mit größter Eile handeln, wenn sein Unternehmen gleichzeitig mit der Belagerung von Memmingen stattfinden sollte, deren Vorbereitungen bereits liefen. König hatte kaum zwei Tage Zeit. Es ist nicht bekannt, wie viele Soldaten er mitnahm und wie viele Kanonen; es müssen wenigstens einige hundert (300 bis 400?) Mann und zehn bis 15 Kanonen verschiedenen Kalibers gewesen sein. Diese Kanonen mit allem Zubehör zu bewegen, erforderte, nach Expertenurteil, an die 600 bis 800 Pferde.[5] Ein unangenehmerer Auftrag ist schwer vorstellbar. Es herrschte Hochwinter mit Frost und tiefem Schnee und die Tage waren kurz. Auf der Strecke von Lindau über Isny und Buchenberg nach Kempten musste die Kolonne eine Entfernung von 70 Kilometern zurücklegen mit einer Steigung von 400 auf 950 Meter. Allerdings waren Schnee und Eis für den Transport der schweren Kanonen nicht etwa hinderlich, sondern eher von Vorteil, denn die Straßen waren festgefroren und die erforderliche Zugkraft für Schlitten, die vermutlich verwendet wurden, viel geringer als für Wagen auf sommerlich weichen Landstraßen. Für die Übernachtungen in warmer Unterkunft wurden vermutlich größere Ortschaften (etwa Wangen und Isny?) gewählt, wo man sich nach kriegerischem Brauch einfach einquartierte. Wenn König diese Aufgabe, wie es heißt, in drei Tagen bewältigte, war das eine beachtliche Leistung.

König brach vermutlich am Sonntag, dem 2. Januar 1633 / 23. Dezember 1632 auf, kam am 4. Januar abends in Buchenberg (kurz vor und oberhalb von Kempten) an. Am 5. Januar ging er in der Ruine des alten Klosters in Kempten in Stellung und bereitete die Beschießung vor. Darauf folgte eine viertägige Kannonade (vom 6. bis 9. Januar 1633). In der folgenden zweitägigen Atempause wurde über eine Übergabe der Stadt verhandelt. Die Kemptener Obrigkeiten und viele Bürger waren zum Ak-

---

3 Otto Heinrich Graf Fugger, 1592–1644, bayerischer General; Engerisser: *Von Kronach*, S. 288–289; Findeisen, S. 332.

4 Die klassische Quelle über die Belagerung von Memmingen von 1632 / 33 stammt von einem Augenzeugen, dem Memminger Arzt Christoph Schorer; *Memminger Chronik*, Memmingen, 1660, S. 138–39.

5 Engerisser: *Von Kronach*, S. 581, belegt diese erstaunlichen Angaben mit ausführlichen, fundierten Nachweisen.

kord bereit; sogar vom Memminger Stadtrat, der diese Erfahrung gerade hinter sich hatte, ging ein Brief ein, der den Schritt empfahl. Der schwedische Stadtkommandant Christof Kapfer von Uxenberg beharrte jedoch starrsinnig auf Kampf bis zum Tod, stritt den Vertretern der Stadt jedes Mitspracherecht ab und bedrohte Widersprechende mit dem Tod. Unterstützung genoss er allerdings von einer fanatisierten Minderheit von Einwohnern, die ihre ruhigeren Mitbürger überschrie. Inzwischen war General Aldringen in Memmingen ungeduldig geworden und schickte am 12. Januar Generalmajor Johann Christian von der Wahl[6] nach Kempten mit weiteren Truppen und zusätzlicher schwerer Artillerie; dieser übernahm nun das Kommando. Am 13. Januar folgte eine Beschießung von gesteigerter Intensität, und am späten Nachmittag war die Stadt sturmreif. Die Befestigungen waren kein Hindernis mehr, und die Überwindung der letzten Verteidiger ging über in ein Massaker der allgemeinen Bevölkerung, das zu den schlimmsten des gesamten Krieges zählt. Über die Zahl der Todesopfer schwanken die Angaben zwischen mehreren und vielen Hunderten.[7] In Lindau, wo die Sympathien natürlich auf der Seite der Kemptener lagen, wurden Königs Leistungen um die Eroberung der Stadt kaum beachtet. Die Kriegschronik widmete der Unternehmung, abgesehen von den Unkosten, die sie verursacht hatte, kein Wort. Für König war die Einnahme von Kempten ein Höhepunkt seiner Laufbahn oder, wie seine Biografen es nennen, sein »größter militärischer Erfolg«. Allerdings war seine Rolle dabei nicht die eines souverän handelnden Heerführers, sondern die eines Befehlsempfängers innerhalb einer übergeordneten Hierarchie. Das Kemptener Blutbad wurde weithin bekannt, und so auch König (vielleicht mit Unrecht) als dessen Urheber.

7.2 Zweiter Sommer der Schweden in Oberschwaben 1633

Für die süddeutschen Protestanten ließen solche kaiserlichen Erfolge das Schlimmste befürchten. Ihre Hilferufe bewirkten, dass der schwedische Feldmarschall Gustav Horn (1592–1659)[8] mit seiner Armee aus dem Elsass nach Oberschwaben verlegt

---

6 Engerisser: *Von Kronach*, S. 135.

7 Für die Eroberung von Kempten 1633 ist die klassische Quelle ein anonymer Augenzeugenbericht, veröffentlicht in Furttenbach, Gabriel: *Ober-Ländische Jammer und Straff-Chronic*, Wangen 1669, S. 63–82. Dieser Bericht ist Quelle für alle Nachfolger. Die beste moderne Darstellung ist wohl die von Engerisser, S. 135–137. König selbst schrieb am 12. Februar 1633 eine Rechtfertigung, in der er sein eigenes Verhaltens vor Kempten für die Regierung seiner Heimatstadt Fribourg darstellte. Bitterli, Nr. 343, S. 296–299.

8 Engerisser: *Von Kronach*, S. 41–42, 134.

wurde. Noch vor Jahresende 1632 durchquerte er den Schwarzwald, erreichte Anfang Januar 1633 Ulm, vereinigte sich mit den restlichen in Schwaben verbliebenen schwedischen Einheiten und legte sie alle in der Umgebung von Ravensburg ins Winterlager, mit diesem als Hauptquartier. In den folgenden Monaten konzentrierte er sich, in vielen kleineren Aktionen und ohne entscheidendes Ergebnis, auf die Bekämpfung von Aldringen. Am 8. April vereinigte sich Horn bei Donauwörth mit Herzog Bernhard von Sachsen-Weimar. Dieser hatte sich nach der Schlacht bei Lützen mit seiner »Fränkischen Armee« mit allerhand Kleinkrieg in Franken beschäftigt und sich dabei allmählich der Donau angenähert.

Nun begann eine zweite Phase schwedischer Operationen in Oberschwaben.[9] Sie bestand, zunächst im lokalen Rahmen, in der Bemühung beider Seiten, sich gegenseitig auf vielfältige Weise (außer in offener Feldschlacht) Schaden zuzufügen, vornehmlich durch die Belagerung und Eroberung von Städten. Das gelang beiden Seiten in annähernd gleichem Maß und brachte den Krieg einer Entscheidung nicht näher. So erwiesen sich auch die kaiserlichen Erfolge in Memmingen und Kempten als kurzlebig; schon am 10. Februar stand Horn mit seiner Armee vor Kempten und ließ es berennen. In einer Gefechtspause stellte der kaiserliche Kommandant der Bürgerschaft das Ultimatum: Sie sollten Horn zum Abzug bewegen oder er würde die Kemptener Altstadt abbrennen. Als Horn davon hörte, tat er den Kemptenern diesen Gefallen und zog ab; später fiel ihm die Stadt kampflos in die Hand.[10] Schließlich nahm er auch, nach kurzer Belagerung, Memmingen wieder ein (April 1634). Manche Belagerungen wurden abgewiesen, andere gelangen. Bis Kriegsende hatten die oberschwäbischen Städte ihre Besitzer dermaßen häufig gewechselt, dass sich niemand die Mühe macht, den Überblick darüber zu behalten. Aber jedesmal wurden dabei Städte und Dörfer zerstört, Felder verwüstet, volkswirtschaftliche Werte vernichtet und Menschen getötet oder ihrer Lebensgrundlage beraubt.

7.3 Lindauer Festungsalltag unter den Augen des Feindes

Während der Krieg seinen Fortgang nahm, ließ er die Inselfestung einstweilen außer Acht. So pendelte sich in Lindau wieder der Festungsalltag ein. Auch ohne die Gefahren und Unwägbarkeiten einer Belagerung war dieser Alltag beschwerlich genug. Die Stadt war weit über die vernünftigen Grenzen mit Menschen vollgestopft. Ge-

---

9 Die beste moderne Einführung in diese Phase des Dreißigjährigen Krieges gibt Engerisser: *Nördlingen*.

10 Engerisser: *Von Kronach*, S. 137.

genüber den rund 3000 Einwohnern der Stadt, die zu normalen Zeiten in rund 400 Häusern wohnten, waren nun rund 1500 bis 1700 kaiserliche Soldaten sowie weitere rund 450 Mann Vorarlberger Miliztruppen hinzugekommen, die mit ihrem Anhang von rund 300 Frauen und 200 Kindern noch zusätzlich in die Stadt gekommen waren. Wenn jetzt im vorhandenen Wohnraum fast das Doppelte der normalenZahl von Menschen untergebracht werden musste, bedeutete das, dass durchschnittliche Bürgerfamilien je vier bis sechs zusätzliche Menschen zu beherbergen hatten. Hinzu kamen noch weitere Zugänge, zum Beispiel durchziehendes Kriegsvolk oder durch Flüchtlinge aus den umliegenden Landgemeinden zu Zeiten akuter Gefahr. Alle diese Leute auf der Insel mussten sich nicht nur den vorhandenen Platz teilen, sondern auch die Lebensmittel, an denen es gelegentlich ernstlich mangelte.[11] Die Einquartierten, ob Soldaten oder ihr Anhang, waren gewöhnlich Menschen, die durch den Krieg aus ihrer Bahn geworfen waren; mittellos, um ihren Sold betrogen, schlecht ernährt und untergebracht, von den militärischen Vorgesetzten vernachlässigt und gewohnt, sich selbst zu helfen. Für ihre Quartierwirte waren sie ungeladene Fremde, dazu oft ungesund, unterernährt, unzulänglich bekleidet, seelisch schwer belastet, wenn nicht sogar ernstlich gestört.[12]

Zu den Belastungen der Bürgerfamilien im täglichen Leben kamen die finanziellen Ansprüche der Garnison, welche die Stadt nur durch Steuererhöhungen erfüllen konnte. Zwar war Lindaus Lage vergleichsweise günstig, denn durch Natur und Lage bevorzugt war es eine wohlhabende Stadt und hatte, im Gegensatz zu den meisten anderen Städten, immer noch regelmäßige Einnahmen.[13] Dennoch musste man auf Rücklagen zurückgreifen und die Stadt verarmte. Die Folge solcher Lebensbedingungen waren erhöhte Spannungen zwischen den Menschen, besonders zwischen Soldaten und Bürgern, die sich in Gewalttätigkeit der Soldaten und in aufrührerischen Regungen der Bürger äußerten. Beide Verhaltensformen wurden von den zuständigen Obrigkeiten eher nachsichtig behandelt. Übergriffe der Soldaten blieben oft ungeahndet und bei rebellischen Reden der Lindauer blieb die Stadtregierung gelassen. Auf Außenstehende wirkte solches Phlegma empörend, doch aus der Nähe gesehen war es am vernünftigsten, kein Öl ins Feuer zu gießen.

Nicht selten gingen Warnungen seitens der Generalität ein, dass Lindauer Bürger konspirierten, die Stadt an die Schweden zu übergeben.[14] Als Aufpasser im Interesse

---

11 KrCh, S. 283, 290.

12 Eindrücklich bestätigt durch den Brief vom 4. Juni 1633 eines anonymen Luzerner Söldners, der in Lindau unter König diente; zitiert von Villiger, S. 160f.

13 Wolf, Thomas: *Reichsstädte in Kriegszeiten,* S. 234.

14 KrCh, S. 287–289.

der kaiserlichen Autoritäten wirkten die Vorarlberger Besatzungstruppen, die einerseits mit den Lindauern täglichen Umgang hatten, andererseits mit ihren Heimatorten in Verbindung standen. Der Stadtrat, der seine Lindauer kannte, nahm das gelassen hin; jeder wusste, daß die Lindauer gern tratschten. Redefreiheit war selbstverständlich; wenn es jemand einmal übertrieb, erhielt er sanfte Ermahnungen. Dass dabei auch unverantwortliche Dinge geredet wurden, gehörte dazu, denn das alles war ja nur Unterhaltung. Die Stadt an die Schweden zu übergeben, war – selbst für fanatische Protestanten – nicht reizvoll; alles in allem war die Inselfestung bei allen Entbehrungen und Störungen, verglichen mit anderen denkbaren Szenarien, kein übler Ort, den Krieg durchzustehen. Aktiver Verrat dagegen war ein ernstes Vorhaben, schwierig und gefährlich in der Ausführung, fast unmöglich geheim zu halten und strengstens bestraft. So war die Gefahr einer Übergabe der Stadt an den Feind durch aufständische Bürger gering. Selbstverständlich waren die Empfänger solcher Warnungen, der Stadtkommandant und der Rat, verpflichtet, diese ernst zu nehmen. Oberst König reagierte dann mit dem Befehl einer erneuten Entwaffnung der Bürger sowie mit barocken Drohreden, die aber mehr für die nervöse Generalität als für die längst abgebrühten Lindauer bestimmt waren.

Die tiefere Ursache der Festungsmisere war die Überbelegung der Insel; hohe Mannschaftsstärke bedeutete für die kaiserliche Führung hohe Widerstandsfähigkeit gegen äußere wie innere Feinde. Die Folge war jedoch, dass die Menschen – ob Bürger oder Soldaten – schwer zu ernähren waren, die hygienischen Verhältnisse nicht nur unerträglich, sondern auch ungesund und gefährlich wurden und die Stimmung explosiv war. Außerdem musste die Stadt alle so verursachten Kosten tragen. Freilich hatte die für die Überfüllung der Stadt verantwortliche militärische Führung, namentlich Ossa und König, die Gefährlichkeit und Schädlichkeit dieses Zustands längst begriffen und suchte nach Mitteln zur Abhilfe. Truppenverlegungen wurden jedoch gewöhnlich auf höherer Ebene entschieden, manchmal gegen den Widerspruch der örtlichen Kommandeure. Und nicht alle vorgeschlagenen Lösungen waren brauchbar. Beispielsweise erhielt Oberst König von General Ernst Montecuccoli den ernst gemeinten Befehl, alle Frauen, Kinder und alten Männer innerhalb von 14 Tagen aus der Stadt zu schaffen und alle verbleibenden Bürger für ein halbes Jahr mit Proviant zu versehen. Ein solcher Vorschlag war nicht nur äußerst unbeliebt, sondern auch sachlich, zum Beispiel im Hinblick auf die ohnehin geschwächte Lindauer Wirtschaft – von welcher die Fähigkeit, Kontributionen zu zahlen, abhing – außerordentlich unzweckmäßig. Aber innerhalb der militärischen Hierarchie konnte man den Befehl eines Generals nicht verweigern. So war es an der Stadt, dem General die Unvernunft dieser Forderung und ihre praktische Undurchführbarkeit in wohlformulierten Argumenten und feinster Diplomatie auseinanderzusetzen.[15] Damit drang sie durch. Den vereinten Bemühungen von Herrn von Ossa und der Stadtregierung gelang es schließlich (5. März 1633), die Abkommandierung von 500 Soldaten durchzusetzen.[16]

Während Lindau in der ersten Jahreshälfte 1633 von äußeren Störungen verschont war, stellten sich der Garnison gelegentlich auswärtige Aufgaben. Dazu zählen die Mithilfe bei der Belagerung von Kempten zu Jahresbeginn und ein ähnliches Unternehmen, das König am 5. Mai 1633 zur Rückeroberung der im Vorjahr zu den Schweden übergegangenen Festung Radolfzell unternahm. Aber »weil die sauberen Konstanzer alles verhinderten«, nämlich weil sie »die Leitern aufgehalten, mußte man am 6., obgleich man bis zum Wall gekommen, wieder heimziehen«[17]; dies geschah unmittelbar bevor Max Willibald von Waldburg-Wolfegg in Konstanz das Kommando übernommen hatte.

7.4 Der Zug des Herzogs von Feria

Inzwischen kam in der Lombardei – von Lindau nicht erkennbar – ein Unternehmen in Bewegung, das später in diesem, vor allem aber im folgenden Jahr 1634 bedeutsame Folgen haben sollte. Aus mehreren Gründen hatte die spanische Regierung schon seit einiger Zeit geplant, die Spanische Straße durchs Veltlin für die Versorgung ihrer Truppen in den Niederlanden wieder zu eröffnen. Ein stattliches spanisches Heer unter Führung des »Kardinalinfanten« Ferdinand von Austria sollte auf diesem Weg nach Brüssel marschieren, wo dieser das Amt des General-Gouverneurs der spani-

15 KrCh, S. 287.

16 KrCh, S. 291.

17 Erwähnungen von Radolfzell bei Vochezer, III, S. 738f.: »Die Stadt Radolfzell war noch immer [1633] in den Händen der Feinde, seitdem der württembergische Oberst Rauh am 15. Oktober 1632 die Stahringer Schanze genommen und am 25. Oktober die Stadt durch Akkord in seine Gewalt bekommen hatte. Die Garnison war den Kaiserlichen am See nicht gerade gefährlich, aber doch lästig.« – III, S. 766: Schweden vor Überlingen: »Da fühlten die Belagerer wohl, daß sie ohne eine Flotte der Stadt kaum beikommen konnten. Radolfzell war zwar in ihrn Händen, aber durch die kaiserliche Flotte abgeschnitten. Deswegen versuchten sie auf anderem Wege zu einer Flotte zu kommen.« – III, S. 771: »Nach der Schlacht von Nördlingen, den 6. September 1634, … fiel Radolfzell ohne Kampf an die Österreicher zurück. Als die Kunde von der schwedischen Niederlage eintraf, zündete die Besatzung am 11. September die Stadt am See und das Blockhaus im See an und zog dann ab. Das Gerücht von diesem Plane war dem Truchsessen schon vorher zu Ohren gekommen, und er kommandierte alle entbehrliche Mannschaft auf den See. Als der Nachtrab des Feindes zum oberen Tor hinausmarschierte, drückten seine Leute schon beim Damm hinein, besetzten die Posten und wehrten dem Feuer, daß weder in der Stadt noch im Blockhaus ein besonderer Schaden geschah.«

schen Niederlande übernehmen würde. Unterwegs musste dieses Heer die Straße sichern und etwaige Widerstände ausräumen, die Schweden wieder aus dem Elsass vertreiben und dabei dem Kardinalinfanten Gelegenheit geben, ein großes militärisches Kommando selbstständig zum Erfolg zu führen. Auch Kaiser Ferdinand II. (der Onkel des Kardinalinfanten) begünstigte das Unternehmen, weil er militärische Unterstützung für seinen Krieg in Deutschland nötig brauchte.[18] Im Sommer 1633 jedoch, als die Armada zum Abmarsch bereit war, wurde der Kardinalinfant krank und der Plan musste abgeändert werden. Nunmehr wurde das Unternehmen in zwei Hälften abgewickelt: Die erste Hälfte der vorgesehenen Truppe sollte wie geplant sofort aufbrechen, unter Führung des spanischen Statthalters in Oberitalien, des Herzogs von Feria. Der zweite Teil, unter Führung des Kardinalinfanten, sollte im nächsten Sommer folgen. Der Herzog von Feria brach am 22./12. August 1633 mit rund 10 000 Mann auf, zog durchs Veltlin über Bormio und den Umbrail-Pass ins Inntal und kam Mitte September in Füssen an. Dort wurde er von Aldringen und Ossa empfangen; man vereinbarte die Vereinigung der beiderseitigen Truppen, welche schließlich am 28. September bei Ravensburg vollzogen wurde. Zusammen marschierten sie gegen Westen mit den Zielen Konstanz und Breisach.[19]

Der schwedische General Gustav Horn, der seit dem Frühjahr recht beweglich in Süddeutschland operiert hatte, beschloss die Belagerung von Konstanz erst Ende August, als er vom nahenden Anmarsch des Herzogs von Feria erfahren hatte. Mit der Einnahme von Konstanz würde er sich nicht nur den alten Wunsch eines Flottenstützpunkts am Bodensee erfüllen, sondern auch den Zug der Spanier rheinab auf der Spanischen Straße empfindlich stören.[20] Auch scheint er Konstanz für eine niedrig hängende, reife Frucht gehalten zu haben. Der wohlbefestigten Stadt war nur von Süden, d. h. von der Schweizer Seite, beizukommen. Das erforderte eine Verletzung der Schweizer Neutralität, zu der Horn sich widerstrebend entschloss. Er überschritt mit seiner Armee den Rhein über die einzige geeignete Brücke bei Stein am Rhein, marschierte 30 Kilometer linksrheinisch stromauf und begann am 8. September 1633 die Belagerung. Die Stadt hatte gegenüber den Belagerern den Vorteil, dass sie über den See ziemlich unbehindert versorgt werden konnte, während für die Schweden die einzige Verbindung mit freundlichen Gebieten umständlich über die Brücke von

---

18 Ritter, III, S. 567.

19 Der Zug des Herzogs von Feria ist ausführlich beschrieben in Engerisser: *Nördlingen*, S. 50–57; Weinitz: *Der Zug des Herzogs von Feria.*

20 Ausführlicher: Gallati, Frieda: »Zur Belagerung von Konstanz im Jahre 1633«, *Zeitschrift für Schweizerische Geschichte*, 2. Jg., No. 2, 1922. Dierauer, Johannes: »Der Zug der Schweden gegen Konstanz 1633«, *SVG* 35 (1906). Schieß, T.: »Oberst Johann Ludwig Zollikofer und die Belagerung von Konstanz im Jahre 1633«, *SVG* 47 (1918).

Stein am Rhein verlief. Auch erhielt Konstanz eine entscheidende Verstärkung durch die Ankunft des Oberst Franz von Mercy (1597–1645). Die Hilfe dieses fähigen Offiziers war umso wertvoller, als dem jungen Konstanzer Kommandanten, Oberst Max Willibald von Waldburg-Wolfegg (1604–1667), jede Kriegserfahrung fehlte. Dieser hatte, aus oberschwäbischen Uradel stammend, bis Ende des Vorjahres Erzherzog Leopold V. von Tirol in Innsbruck als Oberststallmeister gedient. Er besaß aber (wie die Lindauer noch erfahren sollten, denn er regierte dort in kritischer Zeit von 1640 bis 1649 als Stadtkommandant und kaiserlicher Gubernator) eine Begabung für Menschenführung und gewährte dem erfahreneren Kollegen (der sich bald als einer der bedeutendsten Feldherren des ganzen Krieges erweisen sollte) militärisch freie Hand.

Die erste Nachricht von der Konstanzer Belagerung war von Flüchtlingen nach Lindau gebracht worden, die in einem einfachen Boot am Lindauer Hafen anlegten und um Unterschlupf baten. Es handelte sich um keinen Geringeren als den Konstanzer Bischof, Johannes Truchsess von Waldburg-Wolfegg (den ältesten Bruder von Max Willibald) mit seinem »Hofstaat«. Lindau war mit Konstanz, das im 16. Jahrhundert durch ein Missgeschick seinen Rang als Freie Reichsstadt verloren hatte und zwangsweise rekatholisiert worden war, durch alte Freundschaft verbunden. So war es selbstverständlich, dass es (ebenso wie Meersburg) die belagerte Stadt kräftig über den See »mit Munition, Proviant und Volk« unterstützte. Die Versorgung der Festung über den See war die Aufgabe des Hauptmanns Nikolaus Weiß der Lindauer Garnison. Er hatte aus zwölf Schiffen unterschiedlicher Zugehörigkeit eine Flotte zusammengestellt, die am 24. September erstmals in Konstanz mit Nachschub und Verstärkung ankam.[21] Weiß erfüllte dieselbe Aufgabe mit großem Erfolg bei der Belagerung von Überlingen im folgenden Jahr, und wurde schließlich als der »Admiral«[22] des Bodensees bekannt. Die eingesetzten Transportschiffe wurden zu ihrer Verteidigung gegen improvisierte schwedische Kriegsschiffe mit »Stücken und Doppelhaken« bewaffnet, zu deren Bedienung der Lindauer Rat 70 ledige junge Männer aus der Bürger- und Bauernschaft »aufgemahnt« hatte. Als diese mit ihren Gefechtsberichten zurückkehrten, konnten sie beachtliche Verwundungen vorweisen. Horn hatte mit Konstanz kein Glück. Mangel an Fortschritten bei der Belagerung selbst sowie die Gefahr, dass die näherrückende kaiserliche Armee unter Aldringen und Feria ihm den Rückweg abschnitt, veranlassten ihn, die Belagerung am 3. Oktober abzubrechen und sich aus der Schweiz zurückzuziehen.[23]

---

21 Vochezer, III, S. 751.

22 Telle 1923, S. 20.

23 KrCh, S. 295.

Bei der genannten Armee handelte es sich um die schon erwähnte Streitmacht, die durch die Vereinigung der über die Alpen eingetroffenen spanischen Truppe des Herzogs von Feria mit einer großen kaiserlichen Armee unter Aldringen und Ossa entstanden war.[24] Nach der Vereinigung bei Ravensburg am 28. September zog diese Armee am Rhein entlang zum Elsass und hatte kleinere Erfolge, namentlich in der Aufhebung der Belagerung von Breisach. Die schwedische Armee unter Horn, verstärkt durch die Truppe von Herzog Bernhard von Sachsen-Weimar, der vorübergehend hinzugestoßen war, begnügte sich damit, meistens getrennt, den Gegner unterwegs zu beschatten. Als sie diesem jedoch einmal direkt gegenüberstanden, ließen sie die Gelegenheit zur Schlacht verstreichen. Im Elsass litt die spanische Armee unter kritischem Mangel an Nahrungsmitteln. Dieser zwang sie, sich nach Schwaben (am 15./5. Dezember passierten sie Kaufbeuren) und schließlich nach Bayern zurückzuziehen. Unterwegs hatten sie durch Hunger und Krankheit dramatische Verluste. Der Herzog von Feria selbst starb am 11. Januar 1634 in München. Seine überlebenden Soldaten schlossen sich der bayerischen Armee an. Ossa war am 30./20. November wieder zurück in Lindau.[25]

Noch am 14. Oktober 1633 erhielt Herzog Bernhard von seinem Oberbefehlshaber, Reichskanzler Oxenstierna, den Hinweis, dass der sächsische Kurfürst von Wallenstein'schen Armeen ernstlich bedroht werde und Herzog Bernhard in Süddeutschland ein geeignetes Ablenkungsmanöver inszenieren möge.[26] Er wählte die Eroberung Regensburgs. Dies war eine Aufgabe nach des Herzogs Geschmack, und er erfüllte sie brillant. Am 4. November erschien er vor Regensburg, am 10. begann die Beschießung und am 14. erfolgte, per Akkord, die Übergabe der Stadt.[27] In den folgenden Monaten operierte er, getrennt und unabhängig von Horn, im östlichen Niederbayern und in der Oberpfalz.[28]

---

24 Ossa ließ zur Begrüßung ansehnliche Mengen von Wein und Viktualien nach Ravensburg senden sowie vier große Kanonen mit den zugehörigen Pferden und der nötigen Munition; KrCh, S. 296.

25 »Herr Obrist von Ossa aus dem Elsaß alhero kommen, und in dem Kirchischen haus logirt. 26. dito dessen gemahlin auch alhero kommen.« KrCh, S. 297.

26 Ritter, III, S. 568f.

27 Engerisser: Nördlingen, S. 33–36.

28 Ebenda, S. 71–73.

7.5 Verhaftung von Oberst König und Ankunft seines Nachfolgers Oberst von Vitzthum

In Lindau kam das Gubernat des Oberst König am Neujahrstag 1634 zu einem abrupten Ende. Seine Amtsenthebung kam für die Lindauer Bürger ganz unerwartet, ihr rascher, kaltblütiger Vollzug zeugte von sorgfältiger Planung. Umsichtig hatte man als geeigneten Zeitpunkt den Neujahrstag nach dem alten Kalender gewählt (die kaiserliche – d. h. katholische – Garnison hatte den Jahreswechsel bereits zehn Tage hinter sich), und zwar die Stunde der Mittagspredigt, in der mit ziemlich vollständiger Anwesenheit der Bürgerschaft in der evangelischen Stefanskirche zu rechnen war. Die gesamte Garnison (mit über 700 Mann), verstärkt durch zwei Kompanien (400 Mann) »Bregenzisch Volk«, war am Kirchplatz aufmarschiert. Die Kirchentüren wurden versperrt. Dann trat »Hauptmann Weiß«[29] mit einer Partisane in der Hand vor die versammelte Gemeinde, entschuldigte sich für die Störung, welche »im Namen des Kaisers auf Befehl des General Aldringens« erfolge, erklärte, dass Oberst König abgesetzt und verhaftet und nun durch Oberst von Vitzthum als Stadtkommandant ersetzt sei, und bat die Anwesenden, friedlich und unbesorgt in ihre Häuser zurückzukehren. In einem ähnlichen Zeremoniell wurde Vizthum dem Magistrat der Stadt vorgestellt. Danach wurde die Garnison auf ihn vereidigt.[30] Oberst König (für den als Katholik dieser Tag kein Feiertag war) hatte man bereits festgenommen, vermutlich in seiner Wohnung.

Was hatte dieser merkwürdige Coup zu bedeuten? Mit Sicherheit ungültig ist eine Erklärung, die gelegentlich angeboten worden ist, nämlich dass die Maßnahme mit den Verfolgungen der Anhänger des Generalissimus Wallenstein nach dessen Ermordung zusammenhänge, denn die Bluttat in Eger hat erst acht Wochen später, am 25. Februar 1634, stattgefunden. Einleuchtender ist die Rekonstruktion der Handlung, welche in Königs Biografie vorgelegt wird. Derzufolge hatte Generalkriegskommissar von Ossa Königs Verhaftung selbst angeordnet, im Verdacht, König habe, aus ziemlich undurchsichtigen Gründen, seine – Ossas – Ermordung geplant. Die kunstvolle Manier, mit der Ossa Königs Absetzung inszeniert hat, zeugt vom Ausmaß des Zorns, den er gegen König hegte. Bemerkenswert ist, dass Ossa der Durchführung seines Plans nicht persönlich beiwohnte, sondern im Vertrauen auf die Verlässlichkeit

29 Nikolaus Weiß war 1633–34 Oberstwachtmeister im Gallas'schen Regiment zu Fuß. Er hatte vorher unter Max Willibald von Waldburg-Wolfegg bei der Verteidigung von Konstanz gekämpft; war am 1. Jan 1634 mit Vizthum nach Lindau gekommen und zeichnete sich bei der Verteidigung von Überlingen aus (Telle). Später war er volkstümlich bekannt als »der Bodenseeadmiral«. Über die spätere Laufbahn dieses tüchtigen Mannes ist nichts bekannt.

30 KrCh, S. 298.

seiner Vorbereitungen schon am Tag davor verreiste. Ähnlich war er im vergangenen Mai bei der Verurteilung und Hinrichtung des Kreiskommissars Fuchs vorgegangen. Jedenfalls muss Ossa für diese Maßnahmen sowie für die Wahl von Vizthum als Königs Nachfolger in Lindau die Zustimmung seines Vorgesetzten, des Generals von Aldringen, besessen haben. Oberst König wurde zunächst nach Kempten und dann zur Festung Ehrenberg transportiert und verbrachte fast zwei Jahre in Gefangenschaft. Als er im Oktober 1635 wieder freikam, hatte er zu Lindau keine Beziehungen mehr.[31]

In den kurzen 21 Monaten seines Gubernats in Lindau hat König einige Herausforderungen bestanden, aber keine dauerhaften Ergebnisse hinterlassen. Von seiner Persönlichkeit und seinem Charakter geben weder die Lindauer Quellen noch seine Biografie (einschließlich des selbstständigen Quellenbandes) ein klares Bild. Über seine fragliche Rolle im Falle Fuchs hüllen sich die Lindauer Quellen in verdächtiges Schweigen. Die Ende 1633 gegen ihn geführten Anklagen, die ihn ins Gefängnis und in die Nähe der Todesstrafe brachten, sind kaum einleuchtend. An militärischen Leistungen hat er wenig zu verzeichnen außer der winterlichen Erstürmung von Kempten, in der er allerdings eine subalterne Rolle spielte. In seiner wichtigsten Aufgabe, der Verstärkung der Lindauer Befestigungen, sind ihm keine nennenswerten Erfolge zuzuschreiben.

Später heftete sich der Name oder Titel »König« an ein Befestigungswerk, an dessen Bau Oberst Franz Peter König gewiß keinen Anteil hatte. Es handelt sich um die Siegelsturm-Schanze, die schon ca. 1620 vom Lindauer Stadthauptmann Mathias Polan angelegt worden[32] und während der 1620er- und 1630er-Jahre solide dokumentiert ist. Die Bezeichnung »Königsschanze« bürgerte sich erst zu Anfang der 1640er-Jahre ein, die allerdings meistens als Ehrung eines nicht näher identifizierten Königs (vielleicht des Königs in Ungarn, nämlich der designierten Kaisernachfolgers) verstanden wurde. Villiger gibt der Königsschanze besondere Bedeutung und berichtet, dass König ihre Fertigstellung am 16. Juli 1632 durch einen Umtrunk mit dem Lindauer Rat gefeiert habe.[33] Die angegebene Quelle, das Lindauer Ratsprotokoll, bestätigt diese Einladung, erwähnt aber keinerlei Fertigstellung irgendeiner Schanze.

Bei der Truppe war König unbeliebt; ihm unterstellte Schweizer Soldaten aus dem Kanton Luzern richteten einen Hilferuf an ihre Kantonsregierung, in dem sie König als hart, diktatorisch und gegenüber ihren Lebensbedingungen gleichgültig beschrie-

31 Über Königs weiteres Schicksal berichtet seine Biografie von Villiger et al.

32 Nachlass Polan: Gründtlicher Bericht ... etlicher Lindawischen Bebewlin (1628), S. 14–16. Copia und kurzer Bericht ... ab die Herren Kriegsrhät (1620). Siehe auch KrCh, S. 61 (1625).

33 Villiger, S. 158.

ben.[34] Im Leben der Stadt ist er nicht hervorgetreten; vielleicht hat er sich als Ausländer und Schweizer bewusst distanziert. Eine Beschäftigung, der er viel Zeit widmete, war eine ausgedehnte Korrespondenz mit einflussreichen Persönlichkeiten sowohl in seiner Heimatstadt als auch in der kaiserlichen Armee und an den Innsbrucker und Wiener Höfen. Diese belieferte er mit erfreulichen Nachrichten vom Kriegsgeschehen aus Lindauer Perspektive, immer verbunden mit äußerst positiver Selbstdarstellung. So pflegte er seine Beziehungen im Hinblick auf eine spätere Karriere.

Noch am Neujahrstag 1634 übernahm Oberst Augustin von Vitzthum-Eckstedt (ca. 1596–1640)[35] das Kommando über die Festung. In Lindau war er kein Unbekannter; schon seit Jahren hatte er mit seinem Regiment zwischen Schwaben und Elsass Krieg geführt,[36] Vitzthum'sche Kompanien waren 1627 in Lindau eingesetzt gewesen und Vitzthum'sche Offiziere hatten 1633 reisende Lindauer Diplomaten durch feindliches Gebiet geleitet.[37] Vitzthum hatte bei seiner Kommandoübernahme am 1. Januar 1634 den Vertretern der Stadt sagen lassen, er sei nicht gekommen, sich zu bereichern, sondern der Stadt zu dienen, und die Lindauer hatten geantwortet, ebenso wie ihre Stadt »bisher in kaiserlicher Devotion verblieben, also gedenke man, noch darin zu verharren«[38]. So hatte man sich grundsätzlich zur Zusammenarbeit bekannt. Persönlich erwies sich Vitzthum, im Gegensatz zu jenem willensstarken, rücksichtslosen Befehlshaber, den die Lindauer vermutlich befürchtet hatten, als ein uneitler, vernünftiger Mann. Er war ein erfahrener Soldat, einsatzbereit und unternehmend, wenn auch nicht sonderlich erfolgreich. Er verstand sich auf den Festungsbau und erzielte sichtliche Fortschritte. Gegenüber Stadtrat und Bürgerschaft war er umgänglich und höflich, wenn auch nicht immer ganz verlässlich; bei den unvermeidlichen Konflikten zwischen militärischen Notwendigkeiten und bürgerlichen Bedürfnissen zeigte er gute Manieren, Offenheit und nicht selten Anflüge von Humor. Mit ihm konnte man Konflikte auf nachbarliche Weise beilegen.[39]

---

34 Villiger, S. 161.

35 August von Vitzthum-Eckstedt (ca. 1596–1640) stammte aus einer thüringischen Adelsfamilie; der Familiensitz war das Rittergut Kannawurf im Kreis Sömmerda, Thüringen. Er war der jüngste von vier Brüdern, von denen zwei weitere ebenfalls Offiziere waren: Christian (1592–1652) war kaiserlicher Oberst, Damian (1595–1638) kursächsischer Generalmajor. *Wikipedia*

36 Engerisser, *Von Kronach,* S. 600; A. v. Wrede, *Geschichte der K. und K. Wehrmacht,* III 439; Karl von Martens, *Geschichte ... des Königreichs Württemberg,* Stuttgart, 1847, 331.

37 KrCh, S. 293.

38 Ebenda, S. 298.

39 Die hier vertretene relativ positive Beurteilung von Vitzthum stützt sich auf die überaus detaillierte und objektive Berichterstattung der Kriegschronik. Weniger günstige Beurteilungen, wie man sie bei Boulan oder Löwe findet, sind nicht im Einzelnen belegt.

8. KRIEG AM BODENSEE, LIQUIDIERUNG WALLENSTEINS, NÖRDLINGEN (1634)

8.1 Der Krieg am Bodensee im Sommer 1634

In den ersten Monaten von 1634 beherrschte die schwedische Armee, wie in den beiden vorhergehenden Jahren, das Leben in Oberschwaben. Militärisch hatte sie immer die Initiative. Zwar war Lindau seit Beginn des Schwedeneinbruchs in Oberschwaben nie belagert worden, doch seit April 1632 waren die Schweden nie fern; oft waren sie vor der Insel zu sehen, es wurden Schüsse gewechselt, und sie machten Raubzüge in naheliegende Dörfer. Zweifellos hielten sie die Insel dauernd unter Beobachtung und lauerten auf jedes Zeichen einer Schwachstelle. Die Bewegungen ihrer einzelnen herumstreifenden Einheiten waren unberechenbar; die kaiserlichen Verteidigungskräfte und die Zivilbevölkerung, namentlich auch in Lindau, konnten darauf nur reagieren; Kommandanten und Garnison mussten auf jede Form von Angriff oder Belagerung vorbereitet sein. So herrschte in Lindau bei Vitzthums Ankunft eine Stimmung von angstvoll-nervöser Erwartung unbestimmten Unheils.

Auch bei der kaiserlichen Führung herrschten Unsicherheit und Verwirrung, weil man noch mit dem Problem Wallenstein beschäftigt war; man fürchtete nicht nur den schwedischen Gegner, sondern auch Verrat in den eigenen Reihen. Bekanntlich war die Reichsstadt Lindau rein evangelisch und gegenüber dem Krieg neutral eingestellt. Gegenwärtig lebten dort Menschen verschiedenster Art – evangelische Bürger, konfessionell vermischtes Kriegsvolk, katholisch fanatisierte Bauernmiliz – in größter Enge nebeneinander, die sich alle gegenseitig misstrauten und voreinander fürchteten. Zweifellos erhielten die Regierungen in Innsbruck und Wien ständig neue Denunziationen aus Lindau, die Aufstand und Umsturz auf der Insel voraussagten. Daher hatte der neue Stadtkommandant ausdrücklichen Befehl, Verschwörungen mit allen Mitteln zu verhindern. Wieder einmal herrschte ein Quasi-Belagerungszustand. Die Bürger wurden entwaffnet. Verratsverdächtige, insbesondere unter den Patriziern, wurden verhört und unter Hausarrest gesetzt. Zum Verlassen der Stadt waren Passierscheine erforderlich. Auf Proteste der Lindauer wies Vitzthum Befehle von Ossa vor.

Der schwedische General Gustav Horn hatte sich nach der Trennung von Herzog Bernhard von Sachsen-Weimar mit seiner Truppe Ende 1633 im Raum Nördlingen-Lauingen aufgehalten, war aber Anfang 1634 wieder zurück nach Oberschwaben gezogen, um in der Umgebung von Ravensburg Winterquartiere zu beziehen. Noch im Winter nahm er die Aktivitäten des Vorjahres wieder auf. Zunächst galt es, Städte wie Biberach, Kempten und Memmingen, die nach der schwedischen Einnahme wieder an die Kaiserlichen zurückgefallen waren, von Neuem zu gewinnen. Horns besonderes Interesse galt dem Bodensee, denn er betrachtete die Beherrschung des Sees als eine unerlässliche Voraussetzung für die Beherrschung Oberschwabens. Dazu brauchte er jedoch eine Hafenstadt als Basis für eine Kriegsflotte. Die Eroberung von Konstanz war schon einmal misslungen, auch war diese Stadt für ihn ohnehin nicht ideal wegen ihrer vom schwäbischen Festland abgeschnittenen Lage. Viel nützlicher wäre ihm ein Hafen am nördlichen Seeufer gewesen, am liebsten Lindau oder Überlingen. Daraus ergab sich Horns Operationsgebiet für das Frühjahr 1634. Hier hatte er bis zum späten Frühjahr gute Erfolge, allerdings eher kurzlebiger Art, denn ein Erfolg versprechendes strategisches Konzept schien ihm zu fehlen.

Dahinter stand ein grundsätzlicheres Problem. Die schwedische Armee in Deutschland stand unter dem Oberbefehl des Reichskanzlers Axel Oxenstierna mit Amtssitz in Frankfurt, der die praktische Führung der Armee an die beiden fähigsten verfügbaren Heerführer delegiert hatte, nämlich an den aus schwedischem Uradel stammenden Gustav Horn (1592–1657) und den besitzlosen deutschen Fürstensohn Herzog Bernhard von Sachsen-Weimar (1604–1639). Horn (Oxenstiernas Schwiegersohn) war ein erfahrener, tüchtiger, vielleicht etwas fantasieloser Offizier von vornehm-zurückhaltendem Charakter; Herzog Bernhard ein begabter, charismatischer Truppenführer, aber auch sprunghaft, egozentrisch und zur Zusammenarbeit mit Gleichrangigen nicht geschaffen. So bildeten die beiden eine gefährliche Kombination. Unter den weit verstreuten schwedischen Militärbereichen in Deutschland, alle koordiniert von der Frankfurter Zentrale, war Oberschwaben von der Heimat, d. h. von den Basishäfen in Vorpommern, am weitesten entfernt und strategisch am schwersten zu rechtfertigen. Horns Pläne zielten auf die Beherrschung von Süd- und Westdeutschland und die Vertreibung von Habsburg aus diesem Gebiet. Herzog Bernhard bevorzugte direktes Vorgehen gegen Österreich von Franken und Böhmen aus (er war aber ständig abgelenkt durch einen manischen Drang nach Gewinnung eines eigenen Fürstentums; Oxenstierna hatte ihm Franken versprochen). Da Oxenstierna diesen Gegensatz nicht auflöste, setzten Horn und der Herzog Anfang 1634 ihre Bemühungen vom Vorjahr, jeder auf seine Weise, getrennt fort.

Bis Ende April betätigten sich Horns Truppen im östlichen Allgäu und nahmen die wichtigsten der dortigen Städte ein. Am 18. / 28. Januar 1634 besetzten sie Ravensburg, Weingarten und Wangen und terrorisierten von dort aus die Umgebung. Schwedische Kundschafter und Beutejäger schwärmten am Seeufer von der Argenmündung bis Bregenz und hinauf ins Allgäu bis nach Weyarn und Scheidegg[1]. Das Ziel war immer

1 KrChr, S. 300.

Raub, und zu den verwendeten Methoden gehörten Erpressung, Geiselnahme, Mord und Brand. Während man auf der Insel die Verteidigungsvorbereitungen verfeinerte, kamen die Schweden immer näher. Noch im Januar erschienen in sie Schönau, dann in Mozach, Reutin und am Spitalhof, allerdings nicht etwa, um sich dort festzusetzten, sondern nur um Lebensmittel und Pferde zu rauben und Geiseln zu nehmen, zwecks Erpressung von Lösegeld. Wenn möglich setzten sie die Einheimischen unter Kontribution. Auf der Suche nach ergiebigerer Beute verlegten sie von Zeit zu Zeit ihr Tätigkeitsgebiet, so zum Beispiel Ende Februar in die Herrschaft Bregenz. Nicht selten brannten sie, ohne erkennbaren Grund, ganze Dörfer ab. Währenddessen lag Feldmarschall Horn in Ravensburg und machte seine Feldzugspläne fürs neue Jahr. Dass Lindau auf der Liste möglicher Ziele stand, war gewiss.

Von Januar bis April 1634 war Horns Armee im östlichen Allgäu tätig. Er nahm die wichtigeren Städte wie Kaufbeuren und Mindelheim, Biberach, Kempten und Memmingen ein, ließ aber dabei den Bodensee nicht aus dem Auge. Schon Anfang Februar hatte er interessante Möglichkeiten im Gebiet um die Argenmündung entdeckt. Von Reiz war Schloss Langenargen, ein solide gebautes Fort auf einer kleinen Bodenseeinsel 12 Kilometer westlich von Lindau. Am 4. Februar machte eine schwedische Einheit einen Versuch auf diese Festung, wurde aber von der Besatzung, 60 Mann von der Lindauer Garnison, abgewiesen.[2] Die Schweden begnügten sich dann mit dem Gießen, einer kleinen Burg etwas landeinwärts an einer Argenbrücke. Unverfroren versuchten sie auch, den Eigentümer der Burg, das Heilig-Geist-Spital in Lindau, mit der Androhung von Raub und Brand unter Kontribution zu setzen. Als dies nicht verfing, brannten sie die zugehörige Sägemühle ab. Wenig später ließen sie die Burg von einheimischen Handwerkern wieder instandsetzen und bezogen sie selbst. Allerdings war der kleine Bau von beschränktem Nutzen. Bessere Möglichkeiten entdeckte Horn etwa 10 Kilometer den See weiter abwärts in dem kleinen Städtchen Buchhorn; darauf wollte er später zurückkommen.

Für den Lindauer Kommandanten, ganz gleich, wie hoch er die Wahrscheinlichkeit eines schwedischen Angriffs einschätzen mochte, war es unerlässlich, alle erdenklichen Vorbereitungen für die Verteidigung der Insel zu treffen. Stadt und Garnison waren, wie schon seit Frühjahr 1632, in einem andauernden, intensiven Alarmzustand, eines plötzlichen Angriffs oder einer groß angelegten Belagerung stets gewärtig. Das Landtor wurde versperrt, und die Arbeiten an der Schaffung eines freien Schussfeldes am Festland vor der Stadt beschleunigt. Eine Anzahl dortiger Wohnhäuser und der Torggel am Rehberg wurden abgebrannt, die solide gemauerte Kapuzinerkirche bei

2 Messerschmid, S. 23–47, bes. 36. Moll, Albert: »Schloß Argen am Bodensee«, *SVG* 10 (1880), S. 119–122.

»Schloß Argen im Boden See«. Kupferstich von Matthäus Merian, 1643. Die Verteidigung der kleinen, wohlgebauten Inselfestung Argen des Grafen von Montfort-Tettnang oblag der Lindauer Garnison. Sie widerstand im Februar 1634 einem Eroberungsversuch von General Gustav Horn, wurde aber im Januar 1647 von ihrer Besatzung den Schweden kampflos überlassen.

der Ach musste man mit Kanonenschüssen niederreißen. Für den Fall der Belagerung erhielten die Bürger genaue Verhaltensmaßregeln.

Die kaiserlichen Truppen in Oberschwaben, darunter die Garnisonen der Bodenseefestungen Konstanz, Überlingen, Lindau und Bregenz, standen unter dem Oberbefehl von Generalkriegskommissar von Ossa. Sein Verantwortungsbereich umfasste, wie schon erwähnt, Oberschwaben und das Elsass (zu der Zeit in schwedischer Hand), und wurde wenig später noch auf Tirol und die österreichischen Vorderlande erweitert. Natürlich war die Kommunikation zwischen ihm und seinen weit verstreuten Einheiten schwierig, und Ossa war ständig auf Reisen. Da eine straffe zentrale Führung seiner ungefügen Organisation nicht möglich war, hing alles vom direkten Zusammenwirken der einzelnen Einheiten ab. Gute Zusammenarbeit zeigten die erfolgreichen Verteidigungen der Festungen Konstanz 1633 und Überlingen 1634, weniger erfolgreich waren im Vorjahr der Versuch von Oberst Franz Peter König auf die schwedisch besetzte Reichsstadt Radolfzell am Untersee[3] und die in diesem Jahr versuchte Rückeroberung von Wangen.

3 Einzelheiten zu Radolfszell: siehe Kapitel 7.3.

Wangen war, von Lindau aus gesehen, der nächstgelegene schwedische Stützpunkt; verteidigt von Oberst Canoffsky[4] mit seinem Regiment. Gegen Ende März stellten Oberst Vitzthum, der kaiserliche Gouverneur von Lindau, und Oberst Valentin Schmid von Wellenstein, Obersthauptmann von Vorarlberg, eine Truppe von 1800 Mann zusammen für einen nächtlichen Überraschungsangriff auf Wangen. Ihr Anmarsch in der Nacht zum Palmsonntag (30. März / 9. April 1634) war allerdings so geräuschvoll, dass die Wangener Besatzung, anstatt überrascht zu sein, sie mit einem kräftigen Ausfall begrüßte. Die Angreifer ergriffen die Flucht, von den Schweden hartnäckig verfolgt. Bei Neuravensburg-Roggenzell eingeholt, mussten sie sich zum Gefecht stellen, in dem sie 600 Mann an Toten und 400 Mann an Gefangenen verloren. Unter den Gefangenen waren auch der Vorarlberger Obersthauptmann Valentin Schmid von Wellenstein[5] und Hauptmann Hauprecht Humpis von Waltrams[6]. Den Lindauern unter Vizthum gelang es, ziemlich ungeschoren davonzukommen.[7]

Am liebsten hätte Horn einen der großen befestigten Bodenseehäfen, Lindau oder Überlingen, besessen. Was Lindau anging, so wären die Aussichten besser gewesen im Hochwinter, als man bei niedrigem Wasserstand trockenen Fußes bis direkt an die Stadtmauern gelangen konnte; dafür war es nun zu spät. So wählte Horn Überlingen.[8] Er begann die Belagerung am 24. April / 4. Mai mit einer Truppe von rund 5000 Mann. Er brauchte schnellen Erfolg, denn für eine lange Belagerung hatte er weder Zeit noch die nötigen Vorräte. Doch die Stadt verteidigte sich geschickt – mit Unterstützung von Konstanzer, Lindauer und Bregenzer Truppen (zeitweise waren Oberst von Vizthum und Oberst Truchsess von Waldburg-Wolfegg persönlich anwesend) – und sie wurde vom See her mit Nachschub versorgt. So brach Horn, als er nach drei Wochen keine Fortschritte sah, am 16. / 26. Mai die Belagerung ab.

Schon vorher, in der Nacht vom 14. / 24. Mai, war Horn mit 200 Mann auf vier erbeuteten Schiffen, am Land von Kavallerie und Infanterie begleitet, zum 30 Kilo-

---

4 Friedrich Ludwig Canoffsky von Langendorf (1592–1645), schwedischer, dann französischer Kavallerieoberst. Engerisser: *Von Kronach* …, S. 286; Warlich, Bernd: Der Dreißigjährige Krieg in Selbstzeugnissen, … (Website).

5 Valentin Schmid von Wellenstein (15?–1639) stammte aus Bregenz, stand seit 1619 als Oberst in kurbayerischen, später Tiroler Diensten; seit 1633 Obersthauptmann der Vorarlberger Herrschaften.

6 Hauprecht II. Humpis von und zu Waltrams, Herr zu Amtzell und Pfaffenweiler, 1600–1643, 1632 kaiserlicher Hauptmann.

7 KrCh, S. 311; Engerisser: *Nördlingen,* S. 60; Bilgeri III, S. 159; Baumann, III, S. 191

8 Über Überlingen kurz bei Engerisser: *Nördlingen,* S. 61f.; ausführlicher Roder, Christian: »Tagbuch über die Belagerung der Reichsstadt Überlingen durch die Schweden vom 24. April bis zum 16. Mai 1634«, *SVG* 40 (1911), S. 116–140; Telle, Wilhelm: »Die Belagerung Überlingens durch die Schweden vom 23. April bis 15. Mai 1634«, *SVG* 52 (1923), S. 12–56; Telle, Wilhelm: »Die Überlinger Stadtbefestigung«, *SVG* 54 (1926).

meter entfernten Buchhorn gefahren und hatte das kaum verteidigte Städtchen mühelos eingenommen. Direkt verfolgt wurde Horns Truppe durch den Vitzthum'schen Obristleutnant Nikolaus Weiß (bekannt, weil er im Vorjahr eine leistungsfähige Transportflotte organisiert und mit dieser die belagerte Stadt über den See versorgt hatte). Jetzt konnte Weiß in der Eile nur eine Flottille von zwölf kleineren Booten mobilisieren, die höchstens mit leichter Artillerie bewaffnet werden konnten. Zusätzlich schickte Oberst von Vitzthum, den er sofort alarmiert hatte, vier besser bestückte größere Schiffe. Doch die Schweden waren schneller. Als Weiß mit seinen Streitkräften zum Angriff bereit war, hatten die Schweden sich bereits eingegraben und ihre Artillerie in Stellung gebracht, und es war ihnen nicht mehr beizukommen.[9] In den folgenden Monaten bauten die Schweden Buchhorn zu einem beachtlichen Kriegshafen aus. Die Stadt erhielt Befestigungen und eine starke Garnison und wurde, ihrer erhofften Bedeutung entsprechend, in »Gustavsburg« umgetauft. Auf einer neu errichteten Werft entstand ein großes Kriegsschiff mit Namen »Königin Christine«, nach Schwedens achtjähriger Monarchin. Horn selbst konnte sich aber in Buchhorn nicht aufhalten; Anfang Mai hatte die kaiserliche Armee begonnen, Regensburg zu belagern, und Horn, zusammen mit Bernhard von Sachsen-Weimar, war verpflichtet, dieser wichtigen Stadt beizustehen.[10]

8.2 Zusammenarbeit und ihre Grenzen

Innerhalb der Festung gab Vitzthum sich Mühe, eine kooperative Stimmung zu fördern. Die Beziehung zwischen Garnison und Stadt, wie er bei seiner Ankunft erklärt hatte, sollte die einer Partnerschaft sein, und dieser Grundsatz wurde von der Stadtregierung geteilt. Freilich enthielt die Partnerschaft eine Beimischung von Misstrauen. Man nahm es hin, dass die Bürger über die Garnison klagten und die Soldaten über die Bürger. Verhindern musste man, dass gezielt böswillige Gerüchte praktische Entscheidungen beeinflussten. So befahl Oberst von Vitzthum, zweifellos aufgrund gemachter Erfahrungen, am 10. April 1634, dass einer seiner Hauptleute an allen Ratssitzungen teilnehmen müsse. Diese Anweisung war heilsam, denn sie schuf

9 Messerschmid, S. 36–37.

10 Die Belagerung von Regensburg durch die kaiserliche Armee ist dargestellt in Engerisser: *Nördlingen*, S. 61–70.

einen einfachen Weg, zwischen den Parteien Informationen auszutauschen, Fragen zu klären und Streitpunkte aus der Welt zu schaffen.[11]

Viel Mühe machten Befehle der ortsfremden Generalität, wie zum Beispiel über den Umfang der zu speichernden Vorräte an Lebensmitteln. Die geforderten Mengen waren weder notwendig noch erschwinglich. Sogar der zuständige Kreiskommissarius betonte, dass der Befehl nicht von ihm stammte. Darüber entstand eine umständliche, jedoch ganz sachliche Diskussion, die offensichtlich der Verzögerung und dem Zeitgewinn diente. Eine ähnliche Debatte ergab sich aus dem Einfall der Generalität, man könne den Lebensmittelbedarf durch Verringerung der Zahl der Esser senken. Da der Befehl dem Familienzusammenhalt der Lindauer widersprach, zeigte sich die Stadt unkooperativ. Zwar gelang es der Militärverwaltung, eine gewisse Zahl von Personen gewaltsam zu deportieren[12], doch konnte sie nicht verhindern, dass sich diese nach und nach fast alle wieder einschlichen. Andererseits war der Gegenvorschlag der Stadt, den aus der Umgebung in die Stadt eingeflohenen Adel auszuweisen, welcher besonders lästig war, weil er von der Stadt Steuerfreiheit und andere kostspielige Privilegien forderte, nicht nach dem Geschmack der Generalität.[13]

Während der Streit über die benötigten Vorräte sich als unproduktiv erwies, wendete sich die Diskussion in eine neue Richtung. Ursprünglich hatte man sich für die Finanzierung der Garnison auf ein einfaches Schema geeinigt, nach welchem die Stadt die gesamten Kosten der Garnison in regelmäßigen Kontributionen von konstanter Höhe in bar zu zahlen verpflichtet war. Da jedoch Personalstand und Kosten der Garnison ständig zunahmen, wurden die geforderten Beiträge immer höher und unübersichtlicher, und an die Stelle von regelmäßigen Beiträgen traten willkürlich geforderte Ad-hoc-Summen von wechselnder Höhe. Da die Unberechenbarkeit dieses Systems nicht nur für die Stadt, sondern auch für die Garnison unbefriedigend war, propagierte die kaiserliche Verwaltung nun ein System der »halben Proviantierung«, in dem sich das kaiserliche Magazin und die Stadt die Gesamtkosten, den »Kommiss«, zur Hälfte teilen sollten.[14] Wie das im Einzelnen geregelt sein sollte, macht der Chronist nicht deutlich. Klar war jedoch die Reaktion der Stadt. Als der Vorschlag am 22./12. Mai 1634 von Kreiskommissar Kürsinger vorgelegt wurde, bildete der Rat einen Ausschuss von verantwortlichen Vertretern, welcher am folgenden Tag eine

11 KrCh, S. 323: »daß förtereshin allen ordinari und extraordinari raths conventen, sie werden nun gehalten, wann es wolle, Hauptmann Hieronymus Zürcher blössiglich beywohne, und allein zusehe, damit wider die gebühr nichts vorgehe.«

12 Ebenda, S. 301, 302, 313.

13 Ebenda, S. 346.

14 Ebenda, S. 320.

schriftliche Antwort verlas. Diese nannte den Vorschlag einfach unausführbar (»pure ohnmöglichkeit«), was jedem, der die Stadt kenne, augenscheinlich sein müsse. Dies war der Anfang eines Jahre währenden Streits.

Am 16. Mai nahm Oberst Vitzthum selbst an einer Ratssitzung teil und zeigte sich ungewöhnlich mitteilsam. Ein besonderer Anlass war nicht zu erkennen, denn er äußerte sich über allerhand verschiedene Gegenstände. Die befohlene »halbe Proviantierung« betreffend bemerkte er, schon die Form des Schreibens vom Kreiskommissarius zeige, »daß die Ordinanz von einem hohen Comandanten her komme. Was ihm nun solchergestalt angeschafft werde, darob seye er zu halten schuldig. Solte es nun etwan am Proviant alhier manglen, und er hierunter etwas verabsäumen, so hätte er es bei seinem Kopf zu verantworten. Deswegen hoffe er für seine Person bei dem Rat entschuldigt zu sein.« So distanzierte auch er sich von dem Befehl, bestand aber dennoch auf dessen Ausführung.

Daraufhin wandte er sich der allgemeinen Lage zu. Ausführlich lobte er die Leistungen der Stadt; diese würden vom Kaiser sehr wohl gewürdigt, und der Stadt wäre künftige Belohnung gewiß.[15] Die chaotischen Zustände in der Stadt betreffend gab er zu, die Einquartierung »seie zwar beschwerlich, es köndt aber bei so viel kommandiertem Volk von allerlei Kompanien keine rechte Ordnung gehalten werden«. Dann ließ er beiläufig eine ermutigende Vorhersage einfließen: weil seit »drei Tagen Regensburg gewiß belagert worden, werde der Feind solche entsetzen wollen, und daher aus dieser Gegend weichen müssen«[16]. Die Vorhersage traf ein: Am 25. / 15. Mai 1634 hatte General Aldringen die Belagerung von Regensburg mit der Blockierung der Stadt begonnen[17]. Die schwedische Hauptarmee unter Horn und Herzog Bernhard setzte sich nun in Marsch zu einem Versuch, die belagerten Kameraden in Regensburg zu entsetzen. In ganz Oberschwaben ließ Horn nur 3–4000 Mann zurück[18]. Von diesem Moment an hatten die schwedischen Raubzüge in der Lindauer Umgebung tatsächlich ein Ende.

Vitzthums Versuch, auch zur finanziellen Lage Ermutigendes zu sagen, gelang ihm weniger gut. Er gab zu, dass durch die Sperrung des regionalen Durchgangsverkehrs sowohl die kaiserliche Kasse als auch die Stadt selbst Schaden in Höhe von je etlichen 1000 Gulden erlitten hatten, hoffte aber, dass die Kriegslage sich bald änderte und der Pass (d. h. der Schiffsverkehr über den Bodensee) wieder eröffnet werden könnte. Übrigens vernähme er, »daß die Bürger und Bauern so arm noch nicht [seien], daß

15 KrCh, S. 321.

16 Ebenda, S. 322.

17 Engerisser, S. 66.

18 Ebenda, S. 62.

sie von 100 Gulden nicht 30 Kreuzer Steuern geben könnten. Mancher Ort sei zum 5. Mal ausgeplündert worden, und hab dennoch solcher Gestalt contribuiren müssen.« Daher sollten die Lindauer wohl in der Lage sein, ihre Auflagen zu erfüllen. Auf Proteste hin versprach er aber, eine Bittschrift, die der Rat ihm vorgelegt hatte, an Herrn von Ossa weiterzureichen. [19]

Schließlich brachte Oberst von Vitzthum noch ein Thema zur Sprache, das die Obrigkeiten über die Dauer des Krieges immer wieder beschäftigt hat, nämlich die angeblichen Spionagetätigkeiten der Lindauer. Konkreter Anlass war ein Brief vom Überlinger Kommandanten, welcher warnte, dass zwei Lindauer sich beim Feind aufhielten, »die alles verraten möchten«; auch seien zwei der jüngst deportierten Lindauer prompt nach Wangen zum Herrn Oberst Canofsky gewandert und hätten ihm »alles, was ihnen begegnet, referiert«[20]. Solche Warnungen gingen über die Jahre immer wieder ein und wurden dann feierlich – um nicht zu sagen scheinheilig – verurteilt. Tatsächlich war Lindau immer, außer bei akutem Belagerungszustand, eine offene Stadt. Die Tore standen offen und die Passanten wurden nicht kontrolliert. Lindauer Schiffe verkehrten jederzeit auf dem See; Lindauer Schiffsleute und Geschäftsreisende waren überall bekannt und tauschten unterwegs selbstverständlich mit ihren auswärtigen Bekannten Neuigkeiten aus. Wer brauchte da noch Spione? Und welche Geheimnisse gab es zu verraten? War der Spionageverdacht überhaupt mehr als eine bequeme Verleumdung, die man einem Feind anhängen konnte? Man könnte sich fragen, ob Vitzthums neuerliche Gesprächigkeit Zeichen einer psychologischen Entspannung war, die sich im späten Frühling 1634 ausbreitete. Jedenfalls waren Entwicklungen zu beobachten, welche Bewegung in den stagnierenden Krieg bringen sollten.

8.3 Wallensteins Beseitigung

Auf der Ebene der kaiserlichen Kriegführung war es endlich gelungen, das Problem Wallenstein zu lösen, wenn auch auf denkbar uneleganteste Weise. Im vorhergehenden Jahr hatte sich die schwierige Beziehung zwischen Kaiser und Generalissimus dermaßen verschlechtert, dass eine Verständigung nicht mehr möglich war. Als im Oktober 1633 Herzog Bernhard von Sachsen-Weimar sichtliche Vorbereitungen traf, Regensburg zu belagern, hatte Wallenstein auf dringende Hilferufe des Kaisers nicht zufrieden stellend reagiert (eine Krankheit hatte ihn auf dem Weg nach Regensburg zur Umkehr gezwungen), was der Kaiser ihm nicht verzeihen wollte. Darauf hatte

19 KrCh, S. 322.

20 Ebenda, 323.

Herzog Bernhard diese Stadt der Reichstage und der Kurfürstentage und damit die De-facto-Hauptstadt des Reichs am 5./15. November nach kurzer, taktisch meisterhafter Belagerung erobert.[21] Nun beschlossen der Kaiser und seine Berater, dass Wallenstein, dem man die Schuld für den Verlust gab, beseitigt und ersetzt werden musste. Eine bessere Lösung fiel niemandem ein, als den Generalissimus am 15./25. Februar 1634 in einer für den Kaiser abstreitbaren Geheimaktion durch einige subalterne Offiziere ermorden zu lassen. Unter dem Vorwurf komplexer verräterischer Verschwörungen (tatsächlich war der Grund für Wallensteins Versagen nichts Kriminelleres als Krankheit) folgte eine Orgie von Racheaktionen gegen angebliche Mitverschwörer, die vor allem zu deren Enteignung führte und damit dem Kaiser ungeheuren Reichtum in die Hände spielte.

Die nachfolgende und höchst notwendige Reorganisation der kaiserlichen Armee gelang recht gut. Wallensteins Nachfolger, ernannt am 2. Mai 1634, wurde des Kaisers Sohn, der gegenwärtige König in Böhmen und Ungarn und künftige Kaiser Ferdinand III. (1608–1658)[22]. Da dieser nicht militärisch ausgebildet war, stellte man ihm den erfahrenen (später als »Armeeverderber« beschimpften) Generalleutnant Mathias Gallas für die militärische Praxis zur Seite und für die strategisch-politische Beratung Johann Kaspar von Stadion (1567–1641), vormals Hofkriegsratspräsident und später Hoch- und Deutschmeister. Diese Kombination bewährte sich.

Die erste Aufgabe war Regensburg. Neben ihrer politischen Bedeutung war die Stadt wichtig wegen ihrer beherrschenden Lage an der Donau, der vermutlich wichtigsten Verkehrsader des Reiches. Sofort nach Einsatz des neuen Oberkommandos der Armee begann man die Rückeroberung der Stadt vorzubereiten. Ende Mai erschien eine riesige Armee vor Regensburg und eröffnete die erneute Belagerung. Herzog Bernhard und Horn, zu der Zeit in Franken bzw. in Schwaben tätig, waren zwar ihrer Verpflichtung bewusst, die Belagerer zu vertreiben und die Stadt zu retten, zeigten sich aber seltsam unentschlossen. Schon zu ihrem ersten Schritt, der Vereinigung ihrer beiden Armeen, bequemten sie sich erst Anfang Juli. Als sie sich schließlich in Marsch setzten, war ihr Fortkommen auffallend langsam; die Soldaten, die man ständig überfordert hatte, waren ausgehungert und erschöpft. Die alte schwedische Strategie, ihrem Hauptfeind, dem bayerischen Kurfürsten, die landwirtschaftliche

21 Engerisser: *Von Kronach*, S. 201–206.

22 Historiker haben an Ferdinand III. wenig Interesse gezeigt. Er war ein intelligenter, gebildeter, zurückhaltender Mann, ohne Ehrgeiz auf kriegerischen Ruhm; nicht nur musikalisch, sondern ein ernst genommener Komponist. Seiner großen Aufgabe, den Krieg zu beenden, bewusst, machte sein Pflichtgefühl gegenüber Dynastie und Kirche es ihm schwer, sich zu den notwendigen Kompromissen durchzuringen; das hat vielleicht den Krieg verlängert. Siehe die neue umfassende Biografie von Höbelt, Lothar: *Ferdinand III. Friedenskaiser wider Willen*. 2008.

Grundlage seiner Herrschaft zu ruinieren, hatte das gewünschte Ergebnis erzielt: Das Land konnte niemanden mehr ernähren, am wenigsten fremde Eroberer. Die böse Regel »bellum se ipsum alit« hatte sich selbst ad absurdum geführt.

Währenddessen schritt die kaiserliche Belagerung von Regensburg, dank fast unbegrenzter Mittel, planmäßig fort. Die Verteidigung der Stadt unter ihrem Kommandanten, Oberst (später Feldmarschall) Lars Kagg (1595–1661), war mutig, geschickt und klug. Anfang Juli begannen Akkord-Verhandlungen. Die Verteidiger waren nicht geschlagen, doch waren sie zu schwach, um sich allein aus der Umklammerung zu befreien. Ein höchst ehrenhafter Akkord wurde am 26. Juli unterschrieben; am 29. zogen die Verteidiger mit fliegenden Fahnen aus. Die Entsatz-Armee von Horn und Herzog Bernhard, welche keiner Ablenkung widerstehen konnte, war immer noch unterwegs. Am 30. Juli, nur noch 4 (alte) Meilen (30 Kilometer) von Regensburg entfernt, kam ihnen ein Bote entgegen mit der Meldung, dass die Stadt schon vor vier Tagen übergeben worden war.[23] Betrübt zogen Horn und Herzog Bernhard über Landshut nach Augsburg, um sich zu erholen und die Fortschritte des Gegners zu beobachten.

8.4 Wechselwirkungen: Kontributionsdispute und militärischer Einsatz

In Lindau entfaltete sich im Mai 1634, als ein Nachlassen des schwedischen Drucks auf Oberschwaben spürbar wurde, eine ernste Auseinandersetzung zwischen Stadtrat und Garnison. Grund war die Tatsache, dass die Leistungen der kontributionspflichtigen Herrschaften und Stände, an der Spitze die Reichsstadt selbst, den Bedarf der Garnison an Geld und Naturalien nicht deckten. Dass Bedarf und Leistung weit auseinander klafften, war leicht zu erkennen, aber über die Ursachen des Problems und über seine Lösung war man sich uneinig. Die Reichsstadt behauptete, dass die Garnison Unmögliches verlangte, während in den Augen der Garnison die Ursache einfach in der Unfähigkeit oder Böswilligkeit der Kontribuenten lag, mit der Reichsstadt wiederum an der Spitze. Der Streit erforderte den Rest des Jahres 1634, um sich voll zu entfalten, und dann mehrere weitere Jahre, bis er vom Kaiser entschieden wurde, und zwar zugunsten der Stadt. Zunächst ging es um die Zahlungsfähigkeit Lindaus. Vitzthum begann damit, sich die Steuerbücher der Stadt vorlegen und ihre Einnahmequellen erklären zu lassen.[24] Dann schlug er eine neue Steuer vor, die auch, gegen einigen Widerstand, tatsächlich eingeführt wurde; allerdings stieß ihre Einziehung

---

23 Ebenda, S. 79. Siehe auch Ritter; III, S. 578ff; Wilson, S. 544.

24 KrCh, S. 326ff., Ende Mai bis Anf. Juni 1634.

auf Schwierigkeiten und machte Steuerexekutionen erforderlich.[25] Doch die Lücke zwischen dem Bedarf der Garnison und den Einkünften der Stadt blieb bestehen.

So beschloß Lindau gegen Mitte August, ihren letzten Trumpf auszuspielen und wegen »gemeiner Statt obhabenden lasten und beschwerden zur Kaiserlichen Armee wie auch Ihrer Kaiserlichen Majestät selbst Herrn Dr. Valentin Heyder« zu entsenden. Dr. Valentin Heider (1605–1664) war der älteste Sohn des bedeutenden Lindauer Ratsadvokaten Dr. Daniel Heider; Valentin war 1627 in Altdorf zum Dr. jur. promoviert worden, hatte 1632 in Lindau geheiratet und war seit Kurzem Syndicus des Lindauer Rats. Dies war das erste Mal, dass man ihm einen wichtigen diplomatischen Auftrag anvertraute. In erster Linie ging es um einen Rechtsstreit mit der Garnison, welcher die wirtschaftlich-finanzielle Existenz der Stadt bedrohte; daneben war die Mission auch insofern bedeutsam, als sie bewusst die Reichsunmittelbarkeit der Stadt demonstrierte, nämlich ihr traditionelles Recht, an ihren Lehnsherrn, den Kaiser, direkt zu appellieren – selbst gegen den Widerstand der Garnison.

Zu dieser Reise beantragte Heider einen Passierschein des Stadtkommandanten. Der Rat tat diesen Schritt in aller Offenheit und mit Wissen – doch ohne Genehmigung – des Stadtkommandanten; ein Versuch, dies insgeheim zu versuchen, hätte nicht nur dem Ethos und Ehrgefühl des Lindauer Rats widersprochen, er hätte auch das Vertrauen des Kommandanten erschüttert. Nichtsdestoweniger konnte es dem kaiserlichen Gubernator schon grundsätzlich nicht gefallen, wenn die Stadt es sich angewöhnte, an ihm vorbei zum kaiserlichen Hof direkten Zugang zu gewinnen. Er klagte, dass die Reise nur beabsichtige, ihn bei Hof »zu verschimpfen«, was er auch »von Herrn Heyder, alß der ihme spinnenfeind, wie er beweisen könne, zu gewarthen« hätte. In der Antwort protestierte der Rat gegen den Versuch der Garnison, der Stadt »als einem gehorsamen Reichsstand die ordentlichen Rekursmittel zu ihrem höchsten Oberhaupt« vorzuenthalten.[26]

Zur Erklärung von Vitzthums misslauniger Reaktion ist zu beachten, dass diese Initiative der Stadt den Oberst zu einem denkbar ungünstigen Zeitpunkt traf. Nicht nur war er von dem langwierigen, unproduktiven Streit mit dem Rat frustriert; er war auch gerade jetzt, am Samstag, dem 16. / 26. August, als man ihn um den Passbrief für die Kommission ansprach, in besonders gespannter Stimmung, denn dies war der Abend vor seinem Aufbruch zu einem gewagten militärischen Unternehmen, das unter seinem Kommando stand. Es handelte sich um einen amphibischen Angriff auf Buchhorn, den ersten Marinestützpunkt der Schweden am Bodensee, mit dessen Hilfe diese hofften, in ihrem Krieg in Oberschwaben einen

25 Ebenda, S. 328, 330, Juli bis August.

26 KrCh, S. 333, Sa. 16. Aug. 1634.

grundsätzlichen Durchbruch zu erzielen. Die Unternehmung war von langer Hand vorbereitet und auf präzisem Zusammenwirken mit Einheiten der Konstanzer Garnison begründet.

Trotz seiner Unlust stellte Vitzthum den Pass aus, ließ aber Heider ermahnen, »daß er nicht mehr, dann was wahr, anbringe, es werde ihm doch alles communicirt«; andernfalls »werde er es ungeahndet nicht lassen«[27]. Er fügte hinzu, dass die Mission in der gegenwärtigen Lage nicht viel bewirken könne und das aufgewendete Geld besser für den Ankauf von Hafer für die Pferde angelegt wäre. Gerade an diesem Samstagabend (und vermutlich nicht zufällig) hatte man den Ratsherrn (und künftigen Bürgermeister) Amadeus Eggolt festgenommen und die Ratskanzlei, der er vorstand, versiegelt. Dort fand man Korrespondenz, in der Oberst von Vitzthum »verschimpft« wurde. Darauf ließ der Oberst am Sonntagmorgen früh um 7 Uhr Heiders Reisepass wieder zurücknehmen; zuvor wollte er die geplante Reise von Herrn von Ossa genehmigen lassen. So wurde Heiders Mission nach Wien verschoben.

Der Ort der Handlung wechselt nun auf das benachbarte Buchhorn, das zu der Zeit schon seit drei Monaten als königlich schwedischer Kriegshafen »Gustavsburg« den Seeverkehr störte und als Basis für Raubzüge zu Lande diente. Der Plan, die Schweden aus Buchhorn zu entfernen, war organisiert von General von Ossa.[28] Er hatte versucht, alle drei benachbarten kaiserlichen Garnisonen Konstanz, Lindau und Bregenz zur Teilnahme zu bewegen. Nachdem der Bregenzer Obersthauptmann Schmidt von Wellenstein von vornherein abgesagt hatte, wurde verabredet, daß Konstanz »100 gute Soldaten« beitragen sollte und Lindau etliche Schiffe mit einer größeren Anzahl (einige hundert?) von Kriegsvolk, darunter auch (wie der Chronist unfreundlich bemerkt) »Personen, die man teils auf den Gassen aufgefangen«[29]. Die Lindauer fuhren am Sonntag, dem 27./17. August 1634 mit etlichen Schiffen, »die mit Soldaten, Schanzzeug und dergleichen Sachen« beladen waren, ab, um sich zunächst zwischen Mitternacht und 1 Uhr morgens (am Montag, dem 28./18. August) mit den Konstanzern in Fischbach, ca. 8 Kilometer seeabwärts von Buchhorn, zu treffen, um von dort aus gemeinsam den Angriff auf Buchhorn zu beginnen. Die Konstanzer Deputation scheint unter Führung von General Franz von Mercy gestanden zu haben, während das gesamte Unternehmen unter dem Kommando von Oberst von Vitzthum stand. Zuerst verlief alles nach Plan, bis man erfuhr, dass ein Trupp Kavallerie (angeblich

27 Ebenda, S. 333.

28 Die Expedition gegen Buchhorn ist noch nicht endgültig erforscht. Stichhaltige Informationen, insbes. Hinweise auf Originalquellen, findet man bei Lochner von Hüttenbach, *SVG* 15 (1886), S. 33f.; Vochezer, III, S. 771; Messerschmid, S. 38.

29 KrCh, S. 334.

nur etwas über hundert Mann) von Biberach her zur Unterstützung der Belagerten herangaloppierte. Eine reichliche Anzahl kaiserlicher Reiterei wurde diesen entgegengeschickt, um sie zu vertreiben, wurde aber stattdessen selbst in die Flucht geschlagen. Plötzlich hatten die Belagerer den Gegner nicht nur vor sich, sondern auch im Rücken. Die kriegserfahrenen Belagerten erkannten dies als den richtigen Moment für einen Ausfall. Den Kaiserlichen blieb nun nichts mehr übrig als der Rückzug, welcher, als es darum ging, auf die bereitliegenden Schiffe zu kommen, in Panik endete. Viele fielen ins Wasser und manche ertranken. Oberst Vitzthum selbst wurde gerade noch rechtzeitig aus dem Wasser gezogen. Die Schiffe kehrten am 30./20. August wieder heim.

Durch das Buchhorner Abenteuer hatte Oberst von Vitzthum vielleicht Distanz zu den kleinlichen Ärgernissen des Festungslebens gewonnen. Jedenfalls wurde nach seiner Rückkehr der Ratsherr Eggolt freigelassen, seine Schreibstube war wieder offen, seine Akten zugänglich und die Wachen vor seinem Haus entlassen. Dr. Valentin Heider suchte noch einmal um seinen Reisepass nach. Diesen erhielt er, allerdings mit der Auflage, zuerst Herrn von Ossa aufzusuchen, und ihm sein Vorhaben zu erklären. Valentin Heider dürfte etwa um den 31. August oder 1. September s. n. abgereist sein. Sobald er von den Entwicklungen bei Nördlingen erfuhr, wird er auf Besuche bei Ossa und im Hauptquartier der Armee, welche ihn nur auf ein Schlachtfeld geführt hätten, verzichtet haben, und direkt nach Wien gereist sein (vermutlich von Ulm per Schiff die Donau hinab).

8.5 Nördlingen

Während Heider unterwegs war, nahm der Krieg eine dramatische Wendung. Seit der Rückeroberung von Regensburg hatte die kaiserlich-katholische Seite wieder die Initiative. Nach diesem ersten Erfolg war der »König in Ungarn« mit seiner großen Armee an der Donau entlang stromaufwärts bis Donauwörth marschiert und hatte sich dann ins Württembergische gewendet. In der Nähe von Nördlingen, welches er ähnlich wie Regensburg den Schweden entreißen wollte, erwartete er die Ankunft seines spanischen Vetters, des »Kardinalinfanten« Ferdinand mit seiner Armee, der nach Überschreitung der Alpen über die Spanische Straße bereits in der Nähe war. Als die beiden kaiserlichen Armeen, beide unter dem Kommando von Habsburger Prinzen – gleichnamige Vettern ersten Grades, doch miteinander noch unbekannt –, sich am 2. September vereinigt hatten, kam ihre gesamte Mannschaftsstärke auf fast 50 000. Die schwedische Armee, die ein wenig später eintraf, hatte sich weder erholt noch nennenswerte Verstärkungen empfangen; sie zählte etwa 25 000 Mann,[30] also gerade die Hälfte der Mannschaftsstärke des Gegners.[31] In ruhig-vernünftiger psychischer Verfassung wäre es für die beiden Generäle, Horn und Herzog Bernhard, bei aller Gegensätzlichkeit der Temperamente und Ziele selbstverständlich gewesen, einer Schlacht auszuweichen, bis sich günstigere Umstände einstellten. Nun aber drängte Herzog Bernhard zur Schlacht, während Horn, der dagegen war, nicht die Kraft hatte, sich zu widersetzen. In der Schlacht selbst (am 5. und 6. September 1634) ging von Anfang an alles schief. Das Ergebnis war nicht nur eine Niederlage, sondern die vollständige Vernichtung der schwedisch-evangelischen Armee.[32] Die Überlebenden flüchteten zu den nächsten schwedischen Truppen in Nord- und Westdeutschland. Gustav Horn geriet in achtjährige Gefangenschaft und kehrte dann nach Schweden zurück. Herzog Bernhard schlug sich abenteuerlich nach Westen durch, kämpfte im Rheintal auf schwedischer Seite, dann im Dienste des französischen Königs, und starb 1639 an einem Fieber. Die vielen kleineren, weit über Schwaben verteilten schwedischen Einheiten setzten sich nach der Katastrophe rasch und unauffällig nach Norddeutschland ab. Das Land kehrte zurück zum politischen Status quo vom Jahresbeginn 1632, und die Herrschaftsverhältnisse wurden wieder die alten. Doch nach dem zweieinhalbjährigen schwedischen Einbruch war nichts wieder wie vorher. Die Getöteten und Verletzten dieser Jahre in der Bevölkerung blieben ungezählt; den Wert der verbrannten Kirchen, Schlösser, Dörfer, Bauernhöfe und Brücken, des geraubten und zerstörten Besitzes sowie das Ausmaß des volkswirtschaftlichen Verlustes durch die Verwüstung der Landwirtschaft hat niemand ermittelt.

Als Valentin Heider schließlich in Wien ankam, wird die Nachricht vom günstigen Ausgang der Schlacht ihm schon zuvorgekommen sein. Nun war Wien eine glückliche Stadt, die sich auch dem nüchternen Lindauer Diplomaten von ihrer liebenswürdigen Seite zeigte. Allerdings war sie kaum in geeigneter Stimmung, sich für provinzielle Gelddispute zu interessieren. Vermutlich waren die zuständigen Verhandlungspartner nicht einmal anwesend, sondern noch im kaiserlichen Heerlager. Wer jedoch in Wien geblieben war – schon aus Altersgründen (geboren 1578) –, war Seine Majestät Kaiser Ferdinand II. selbst. Auch er war zweifellos in guter Stimmung und hatte Zeit, dem jungen Gesandten aus Lindau eine Audienz zu gewähren. Gewiss empfing er ihn mit der Liebenswürdigkeit und Jovialität, für die er bekannt war und über die ein frü-

---

30 Zur Schlacht von Nördlingen siehe vor allem Engerisser: *Nördlingen 1634* und *Von Kronach nach Nördlingen*, S. 305–349.

31 Engerisser: *Nördlingen*, S. 92ff.

32 Über die Mannschaftsverhältnisse beider Armeen und über ihre Verluste gibt Engerisser: *Nördlingen*, S. 202–273, gründliche Auskunft; Zusammenfassung S. 268–269.

herer Lindauer Gesandter, Dr. jur. Ulrich Funck, schon 1620 berichtet hatte.[33] Über den sachlichen Inhalt der Audienz und über den weiteren Verlauf von Heiders Reise meldet die Chronik nichts.

Während Valentins fünfwöchiger Abwesenheit hatte sich auch in Lindau einiges bewegt. Unmittelbar nach der Schlacht hatte der Lindauer Rat den alten Protektor der Stadt, General von Ossa, an die immer noch ungelösten Schwierigkeiten der Stadt erinnert, worauf dieser zwei hohe Kollegen im Stuttgarter Hauptquartier, General Hans Heinrich von Reinach und Oberst Franz von Mercy[34], veranlasste, nach Lindau zu reiten und die Lage in Augenschein zu nehmen. Sie waren vom 28. bis 30. September dort und verbrachten die Zeit in Gesprächen mit dem Rat, über deren Inhalt der Chronist nicht berichtet. Beide Herren, besonders Oberst von Mercy, waren als Freunde der Stadt bekannt. Wie sich bald zeigte, hat ihr Besuch in Lindau im Hauptquartier zur Aufgeschlossenheit für die Lage in Lindau beigetragen.

Valentin Heider ist erst zwei Wochen später, am 13. Oktober »gegen abend wieder von Wien zurück gelangt« und hat am 15. Oktober »seiner verrichtung umbständlich mündliche relation gethan, auch was er beneben bey der Röm. Kayserl. ingehabten audienz mündlich hernach auch schriftlich angebracht« hat.[35] Als sein Bericht deutlich machte, dass seine Mission fehlgeschlagen war, hielt der Lindauer Rat einen zweiten Versuch, aber besser vorbereitet, für notwendig. Diesmal sollte man sich aber nicht an den alten Kaiser, sondern an den »König in Ungarn«, seinen Sohn und designierten Nachfolger wenden sowie an den Deutschmeister Johann Kaspar von Stadion, des Königs persönlichen Berater.

33 Der Ratskonsulent Dr. Johann Ulrich Funck von Senftenau (†1636) hatte eine Kaiseraudienz am 27. Juli / 6. August 1620. Bericht in KrCh, S. 18. Siehe oben Kapitel 2.2; 2.7.

34 General von Reinach war Kommandant der Festung Breisach; Oberst Franz von Mercy hatte sich erstmals bei der Verteidigung von Konstanz 1633 ausgezeichnet und ist später durch eine Reihe bedeutender Siege über die französische Armee berühmt geworden.

35 KrCh, S. 336.

9. KLEINKRIEG UND POLITISCHE VORSTÖẞE (1635–1640)

9.1 Der Frieden von Prag und Frankreichs Kriegserklärung

Bis Ende der 1620er-Jahre hatte das Kriegsglück die kaiserlich-katholische Seite in einem Maße begünstigt, dass sie hoffen durfte, in absehbarer Zeit das ganze Reich wieder für die katholische Konfession zurückzugewinnen. Der Einbruch der schwedischen Armee 1630 hatte dieses Fortschreiten zum Stehen gebracht und damit auch die Rekatholisierung, und man musste sich an den Gedanken gewöhnen, dass fortan verschiedene Versionen des Christentums in Deutschland koexistieren würden. Ähnlich unentschieden war die militärische Lage: Nun standen sich zwei annähernd gleich starke Armeen gegenüber, die sich gegenseitig schwächten und blockierten. Erst der Sieg der katholischen Armeen bei Nördlingen am 6. September 1634 hat diese Blockierung beseitigt und eine neue Dynamik des Krieges freigesetzt.

Mit gestärkter Autorität und Zuversicht unternahm Kaiser Ferdinand II. zunächst eine Friedensinitiative. Er lud seine bisherigen Widersacher, die evangelischen Reichsfürsten mit Sachsen an der Spitze, zu Verhandlungen ein und überraschte sie durch bedeutendes Entgegenkommen. Insbesondere setzte er das Restitutionsedikt außer Kraft. Die Unterhandlungen, mit Ausdauer und Geschick geführt, führten zu raschem Erfolg (der Frieden von Prag wurde am 30. Mai 1635 bekannt gegeben). Fast alle evangelischen Reichsfürsten schlossen sich einem intern-deutschen Friedensschluss an und beendeten damit den deutschen Bürgerkrieg (wer immer sich dem Prager Frieden anschloss, beendete damit seine bestehenden Bündnisse mit Schweden). Das erhoffte Ende des großen Krieges brachte er allerdings nicht. Die ausländischen Feinde, deren Armeen noch auf deutschem Boden standen, insbesondere die Königreiche Schweden und Frankreich, waren nicht bereit, zu weichen, außer gegen unannehmbare Zugeständnisse in Form von Gebietsabtretungen und Geldzahlungen. Die Möglichkeit, sie mit Waffengewalt aus dem Land zu vertreiben, zog man nicht einmal in Betracht. Für den alten Kaiser Ferdinand II. waren der Nördlinger Sieg und der Prager Frieden letzte Erfolge. Seine Nachfolge war geregelt. Sein Sohn Ferdinand III. (1608–1657), als vorgesehener Tronfolger bereits zum König von Böhmen und Ungarn gewählt, erhielt zunehmend umfangreichere Verantwortung. Er wurde am 22. Dezember 1636 zum »Römischen König«, d. h. zum Herrscher des Römischen Reiches gewählt. Seine Kaiserkrönung erfolgte nach dem Tode seines Vaters am 15. Februar 1637.

König Gustav Adolf von Schweden hatte immer das Ziel gehabt, sich in Deutschland nicht nur militärisch, sondern auch politisch zu verankern. Seine Nachfolger setzten solche Bemühungen fort. Daher behielt Reichskanzler Axel Oxenstierna, der auch nach dem Tod des schwedischen Königs regierte, sich gleichzeitig das Kommando über die schwedischen Streitkräfte in Deutschland vor. Als Mittel zu diesem Zweck hatte er im April 1633 den *Heilbronner Bund* gegründet, eine Vereinigung evangelischer Reichsfürsten, die allerdings wenig Vitalität entwickelte und nach dem Prager Frieden ihre Tätigkeit gänzlich einstellte. Oxenstierna kehrte 1636 nach Schweden zurück und die schwedische Armee in Deutschand wurde fortan von Schweden aus kommandiert. Die Verminderung schwedischer Präsenz in Deutschland und das Wiederaufleben Habsburgischer Macht veranlassten das Königreich Frankreich, nunmehr auch militärisch in den deutschen Krieg einzutreten. Es tat dies aber auf sorgfältig dosierte Weise und behandelte die beiden Zweige des Habsburger Weltreichs unterschiedlich und getrennt. Eine Kriegserklärung ging allein an den Hauptfeind Spanien (am 19. Mai 1635),[1] während Österreich nur ungenannt inbegriffen war, sofern es Spanien unterstützte. Gewiss hatte Frankreich das traditionelle Ziel, Österreich aus seiner Vormachtstellung in Europa zu verdrängen, doch wünschte es nicht, dem alten Rivalen, mit dem es durch gemeinsame Konfession und gemeinsame Ursprünge im Reich Karls des Großen verbunden war, existenziellen Schaden zuzufügen. So unterhielt Frankreich, während es in Deutschland unter Führung von Herzog Bernhard von Sachsen-Weimar allmählich einen neuen Kriegsschauplatz aufbaute,[2] mit Wien weiterhin ein Minimum an diplomatischem Kontakt.

9.2 Lösung von Lindauer Problemen

Für Lindau war die Schlacht von Nördlingen bei aller ihrer weltgeschichtlichen Bedeutung kein besonderes Ereignis; der Chronist gönnte ihr kein Wort. Es dauerte Tage, bis erste Nachrichten eintrafen. Ihr wichtigstes Ergebnis, der Abzug der Schweden aus Süddeutschland, fiel kaum auf. Dass die schwedische Niederlage auch auf die kleine Festung Lindau ihre Wirkung haben würde, zeigte sich nur allmählich. Die Gefahr einer schwedischen Belagerung war beseitigt, und auch in der Ferne war

1 Kampmann, S. 108.

2 Herzog Bernhard von Sachsen-Weimar fand im Oktober 1635 bei der französischen Armee Anstellung als hochbezahlter General. Er unternahm erfolgreiche Feldzüge gegen die Kaiserlichen im Elsass und am Oberrhein, bis er dort im Juli 1639 an einem Fieber starb. Eine moderne Charakterisierung dieser schwierigen Persönlichkeit gibt Findeisen, Jörg-Peter: *Der Dreißigjährige Krieg*, Graz, 1998, S. 288–293.

keine Bedrohung zu erkennen. Obwohl Lindau wie nur wenige deutschen Städte und Landschaften das Glück hatte, einer schwedischen Eroberung und Plünderung zu entgehen, so war doch das Leben in der Festung für Bürger und Soldaten immer noch unerfreulich genug. Fast drei Jahre lang hatten schwedische Truppen um die Stadt herum operiert, mit Belagerung gedroht, Verkehr und Landwirtschaft behindert. Schutzsuchende waren in die Stadt geflüchtet und die Garnison war auf ein mMehrfaches der ursprünglich vereinbarten 600 Mann angeschwollen. Man hatte die Überfüllung der Stadt erduldet, solange der Belagerungszustand anhielt. Als die Schweden abgezogen waren und die Schutzsuchenden aus der Umgebung wieder in ihren gewohnten Lebenskreis zurückkehrten, begann sich die Stimmung in der Stadt zu entspannen. Nun konnte man alte Probleme angreifen.

Das Grundproblem war die Garnison. Oberflächlich gesehen lag das Übel in der überhöhten Mannschaftsstärke. Ursprünglich auf 600 Mann ausgelegt, dann unter der Drohung der Belagerung bis auf 1500 bis 2000 Mann angestiegen, zeigte die Garnison keine Neigung, auf den Ausgangsstand zurückzukehren. Da aber die durch die Garnison verursachten Kosten proportional mit der Mannschaftsstärke anstiegen und das nötige Geld fehlte, waren die Soldaten unzureichend besoldet, schlecht untergebracht und eintönig verpflegt. Folglich waren ihre Stimmung und ihre Moral schlecht und ihre Neigung zu Übergriffen schwer zu beherrschen.

Hier lag nun das Finanzierungsproblem. Ursprünglich hatten Garnison und Stadt sich auf eine übersichtliche Regelung geeinigt. Die Stadt hatte sich verpflichtet, der Garnison zu ihrem Unterhalt eine feste regelmäßige Kontribution zu zahlen, die auf die Bedürfnisse von 600 Mann bemessen war. Das lag für Lindau im Bereich des Möglichen. Natürlich stieg der Finanzbedarf mit der Mannschaftsstärke. So hatte die Garnison unter den Zwängen der Belagerungsdrohung die Disziplin regelmäßiger Soldzahlungen fallen gelassen und sich angewöhnt, um die Männer wenigstens verpflegen zu können, von der Stadt kurzfristig, spontan und je nach Bedarf Lieferungen von Naturalien zu fordern. Solange der Feind vor den Toren stand, hatte die Stadt dieses Verfahren geduldet in der Hoffnung, bei Eintritt normaler Verhältnisse zur alten Ordnung zurückzukehren. Stattdessen schlug die Garnison neuerdings ein undurchsichtiges Verfahren einer sogenannten »halben Proviantierung« vor. Eine deutliche Erklärung dieses Verfahrens ist nicht vorhanden, fest steht aber, dass die bisher in allen Sitationen diplomatische und bis zum Äußersten kompromissbereite Stadt die halbe Proviantierung schroff und kategorisch ablehnte.

Das entscheidende Merkmal der halben Proviantierung war, dass die Stadt die Garnison nicht mit Geld unterstützte, sondern die direkte Verantwortung für ihre Verpflegung übernehmen sollte. Lindau sollte die nötigen Vorrate an Proviant beschaffen, lagern und der Garnison nach Bedarf liefern. Angaben über Menge und

Qualität solcher Lieferungen sind nicht vorhanden; was mit *halber* Proviantierung oder, genauer, was mit der implizierten anderen Hälfte gemeint war, ist nicht deutlich. Klar ist jedoch, dass die Stadt die damit verbundenen Kosten als weit oberhalb ihrer Leistungfähigkeit ansah.

Ein weiterer Einwand war grundsätzlicher Art. Das definierende Merkmal einer Freien Reichsstadt war ihre Reichsunmittelbarkeit. Sie war dem Kaiser persönlich zu Treue und Gehorsam verschworen und erhielt Richtlinien und Befehle nur von ihm direkt und nicht von irgendwelchen zwischengeschalteten Instanzen. Die halbe Proviantierung jedoch, welche die Stadt zu einem ausführenden Organ der Garnison machen wollte, hätte ihre Reichsunmittelbarkeit kompromittiert. Daraus folgte, dass im Streit zwischen Stadt und Garnison nur der Kaiser selbst entscheiden konnte. Dies war das Anliegen, mit dem Valentin Heider Anfang September nach Wien aufgebrochen war, um es dem Kaiser persönlich vorzutragen, und welches die Schlacht von Nördlingen rücksichtslos beiseite geräumt hatte. Die Lindauer mussten einen neuen Versuch machen, aber sie zögerten, bis jemand im Lindauer Rat einen rettenden Einfall hatte.

Der alte Stadtsyndicus Dr. Daniel Heider (Valentins Vater), eine anerkannte Autorität im Verfassungsrecht, befand sich gegenwärtig (zur Kur?) in der Schweiz in der Nähe von Rheineck. Diesen wollte man um ein Gutachten bitten über die Verträglichkeit der halben Proviantierung mit der Konstitution einer Freien Reichsstadt. Man schickte ihm die nötigen Unterlagen per Schiff und erhielt auf gleichem Wege nach einer Woche das fertige Gutachten (am 7./17. November 1634) zurück. Es wurde sofort ordnungsgemäß über die Kanzlei des Stadtkommandanten (wo es »etwas mißfällig aufgenommen sein soll«[3]) zum Hauptquartier in Stuttgart abgeschickt, wo sich zu der Zeit auch der »König in Ungarn« aufhielt.[4] Das Gutachten hatte die gewünschte Wirkung (zu der die gefürchtet undurchdringliche Fachsprache von Heider sen. gewiss beitrug[5]). Schon am Abend vom 17./27. November waren Stabsoffiziere aus Stuttgart (Oberkommissarius Lang, Oberst von Mercy und Oberst von Wolckenstein) wieder in Lindau und befahlen konkrete Schritte: Die Mannschaftstärke der Garnison war auf »1000 Mann effective, aber weniger nicht« zu reduzieren, dafür müsse die Stadt aber den täglichen Bedarf der Garnison an Wein übernehmen, etwa 1300 Maß (knapp 1500 Liter), sowie das Futter für die Pferde. Die Forderung der Lindauer, die Verpflegung der Garnison durch eine feste regelmäßige Kontribution

3 KrCh, S. 338.

4 Ebenda, S. 338; Höbelt, S. 70–77.

5 Siehe Meyer von Knonau, Gerold: »Heider, Daniel H.«, *Allgemeine Deutsche Biographie*, Band 11 (1880).

in Bargeld zu ersetzen, wurde abgelehnt mit der Bemerkung: »Sie wissen nicht was Sie bitten!«[6] Das war ein Teilerfolg, mit dem sich zu begnügen man nicht die Absicht hatte.[7]

Inzwischen hatte der Krieg seine Richtung geändert. Im Mai 1635 hatte der Kaiser den Prager Frieden verkündet[8], in dem die große Mehrzahl der evangelischen Reichsstände mit dem Kaiser Frieden schloss und gleichzeitig alle Bündnisse mit Schweden kündigte. Damit waren fortan die verbündeten Königreiche Frankreich und Schweden für die Streitkräfte des deutschen Reiches der Hauptfeind. Etwa gleichzeitig (am 19. Mai 1635) hatte Frankreich Spanien in aller Form den Krieg erklärt (Österreich war stillschweigend inbegriffen)[9]. Bisher hatte Frankreich Schweden nur finanziell und aus dem Hintergrund unterstützt, nun aber, da Schweden seine Rolle in der Blockierung der Habsburger Vormachtsansprüche nicht mehr erfüllen konnte, entschloss sich Frankreich, diese selbst zu übernehmen. So rückten kaiserliche Truppen allmählich ins rechtsrheinische Land zwischen Pfalz und Baden. Hier hatte auch der ungarische König als Generalissimus der kaiserlichen Armee sein Hauptquartier, das allerdings häufig den Standort wechselte (u. a. Stuttgart, Philipsburg, Breisach).

Für den Lindauer Rat vermittelte Feldmarschallleutnant von Ossa die Kontakte mit dem Hauptquartier. Vormals, als Generalkriegskommissar in Oberschwaben, hatte er in Lindau seinen Wohnsitz gehabt (wo seine Frau immer noch lebte). Nunmehr, mit wesentlich erweitertem Verantwortungsbereich, war sein Amtssitz in Esslingen. Er erwies sich aber weiterhin als ein verlässlicher Freund der Stadt. Am 13. / 3. Juni 1635 war Ossa wieder in Lindau; er kam in offiziellem Auftrag. Der Prager Frieden, erst vor Kurzem unterzeichnet, war weder genügend bekannt noch verstanden. Ossas Auftrag war, der Regierung der Reichsstadt Lindau die Einzelheiten des Friedensschlusses gründlich auseinanderzusetzen und sie zu veranlassen, sich diesem formal und rechtsgültig anzuschließen. Das taten die Lindauer gern; das Ergebnis war eine entsprechende Ratsresolution, die Ossa dem ungarischen König mitbringen konnte.[10]

Wenig später (am 12. / 2. Juli) machte Ossa dem Lindauer Amtsbürgermeister Bensperg die Anregung, dass die Stadt jetzt, da sich »der König in Ungarn nunmehro heroben in dem Reich« aufhielt, einen Gesandten zu ihm schicken, um Lindaus lang anstehende Beschwerden anzubringen.[11] Am wichtigsten unter diesen waren

6 KrCh, S. 339.

7 Ebenda, S. 336–339.

8 Ritter, III, S. 596.

9 Ebenda, S. 602.

10 KrCh, S. 355–356.

11 Ebenda, S. 354.

bekanntlich der übermäßige Mannschaftsstand der Garnison und die undurchführbare Regelung der Kontributionspflicht; als konkretes Verhandlungsziel nannte Ossa die Verringerung der Garnison auf zwei Kompanien oder 600 Mann. Die Anregung wurde dankbar aufgenommen; als Ossa am 22./12. Juli von Lindau Abschied nahm, reisten Bürgermeister Bensperg und Valentin Heider mit ihm zum ungarischen König. Der Bürgermeister kehrte am 12./2. August zurück. Valentin Heider blieb länger, weil er dem König nachreisen musste (nach Breisach?), um die Verhandlungen zum richtigen Abschluss zu bringen. Als er eine Woche später heimkam, hatte er konkrete Ergebnisse: Durchgesetzt war die Reduzierung der Garnison auf zwei Kompanien oder 600 Mann; damit war der ursprüngliche und erträgliche Mannschaftsstand wiederhergestellt. Das andere Ziel, die Erleichterung der materiellen Verpflichtungen der Stadt gegenüber der Garnison, war noch nicht gewonnen; doch hatte man fünf benachbarte Herrschaften zur regelmäßigen Beitragszahlung verpflichtet. Diese Regelung war wenigstens übersichtlich; ob sie ausreichte, würde sich zeigen. Die beiden abziehenden Kompanien, ausgestattet mit Brot für zehn und Wein für fünf Tage, machten sich unverzüglich auf ihren Weg. Man bestand darauf, dass sie ihren Anhang mitnahmen.

9.3 Der Hohentwiel

Am 20./10. August ließ Oberst von Vitzthum dem Rat mitteilen, dass er »zu verreisen vorhabens«sei. Wenn in seiner Abwesenheit etwas vorfiele und man seiner Hilfe bedürfte, »könne man ihme zuschreiben, werde sich umb Zell befinden«[12]. Mit »Zell« war Radolfzell gemeint, die Stadt am unteren Ende des Bodensees, und was er dort vorhatte, war, das Kommando über die Belagerung der Festung auf dem Hohentwiel zu übernehmen. Dieser ist ein hoher, steiler, weithin sichtbarer Vulkankegel bei Singen, am westlichen Ende des Bodensees. Die traditionelle Burg an seinem Gipfel war nach den Prinzipien moderner Festungsbaukunst zu einer der stärksten Festungen im Reich ausgebaut. Unmittelbar nach der Schlacht bei Nördlingen, auf der Flucht und in Eile, hatte der (gerade 20-jährige) Herzog Eberhard III. von Württemberg dem Major Konrad Wiederhold das Kommando über die Festung auf dem Hohentwiel[13]

12 Ebenda, S. 358.

13 Heydendorff, Walther Ernst: »Vorderösterreich im Dreißigjährigen Kriege«, *Mitteilungen des Österreichischen Staatsarchivs* 12 (1959), S. 74–142 und 13 (1960), S. 107–194; der zweite Teil ist dem Hohentwiel gewidmet. Eine gründliche, moderne Darstellung geben Kessinger und Peter: Der Hohentwiel, 2015.

Die Bergfestung Hohentwiel. Sie wurde von 1634 bis 1648 von den Kaiserlichen fast pausenlos blockiert, belagert und mit allen Mitteln bekämpft und konnte sich dennoch bis zum Friedensschluss behaupten. Kupferstich von Matthäus Merian, 1643.

anvertraut. Damit traf er eine glückliche Wahl, denn diese Festung und der Major (wenig später Oberst) waren wie füreinander geschaffen.

Wiederhold (1598–1667) war seit vielen Jahren Soldat im Dienste Württembergs, zuletzt als stellvertretender Kommandant auf dem Hohentwiel. Er besaß Kriegserfahrung, einen starken, eigenständigen Charakter, und er war streng evangelisch. Binnen Kurzem war der Hohentwiel der einzige in evangelischer Hand verbleibende militärische Stützpunkt Süddeutschlands. Die Festung hatte eine Besatzung von über 1000 Mann und erhielt ihren Lebensunterhalt von einer beachtlichen Anzahl kontributionspflichtiger Herrschaften und Dörfer sowie durch Raubzüge. Diese Unternehmungen erregten umso mehr Furcht und Zorn, als Wiederhold es verstand, sie nach Ort und Zeit so zu wählen, dass ihre Opfer, trotz Warnungen und Vorkehrungen, immer wieder überrascht wurden. Gegen Ende 1634 hatte der Überdruss der Betroffenen den Punkt erreicht, wo man beschloss, die Festung zu erobern und und das Ärgernis ein für allemal auszurotten.

Als Blockade und Belagerung nicht verschlugen, blieb nichts übrig, als den Hohentwiel zu erstürmen. Dazu zog man aus benachbarten Herrschaften, einschließlich Lindau und Bregenz, eine große Armee (allerdings von ungleichmäßiger Qualität) zusammen, deren Kommando im August 1635 der Lindauer Kommandant Oberst von Vitzthum übernahm. Trotz großer, anhaltender Anstrengung kamen die Angreifer nicht weiter als bis zum Vorwerk auf halber Höhe, bevor sie zurückgeworfen wurden. Dabei blieb es. An Stelle weiteren Blutvergießens traf Vizthum am 25. Februar 1636 mit Wiederhold ein Neutralitätsabkommen.

Gegenüber der kaiserlichen Seite brachte Wiederhold es jedoch fertig, seine Unbeliebtheit noch weiter zu steigern. Als der Herzog von Württemberg im Zusammenhang mit dem Prager Frieden sich mit dem Kaiser versöhnen wollte, musste er einige schmerzliche Opfer bringen. Dazu gehörte die Abtretung des Hohentwiels. Wiederhold weigerte sich jedoch, die Festung dem Kaiser zu übergeben; auch der Kaiser konnte nichts mehr gegen ihn tun als ihn belagern, und mit Belagerungen wusste Wiederhold umzugehen. So blieb der Hohentwiel mit seinem Kommandanten für das Umland weiterhin das größte Ärgernis und seine Vernichtung das dringendste Desiderat. Natürlich galt das nur für die katholische Partei; von den Protestanten wurde der Oberst verehrt und rückhaltlos unterstützt. Selbstverständlich war Herzog Bernhard von Sachsen-Weimar, der zeitweise in der Nähe Krieg führte, ein Gesinnungsverwandter und Bundesgenosse, und natürlich arbeitete Wiederhold mit der französischen Armee, als diese eintraf, gedeihlich zusammen. Ein für die kaiserliche Partei besonders empörender Streich gelang Wiederhold, als er die kaiserliche Festung Überlingen in einer bitterkalten Januarnacht des Jahres 1643 im Handstreich überrumpelte. Nach kurzer Plünderung übergab er die Stadt der französischen Armee, die sich dort bis Mai 1644 hielt. Wiederhold musste sich noch jahrelang verteidigen und noch viele Angriffe und Belagerungen überstehen. Er kommandierte den Hohentwiel ohne Unterbrechung vom September 1634 bis zum 10. Juli 1650, als er die Festung seinem Herzog, nachdem dieser durch den Westfälischen Frieden die ererbte Herrschaft über Württemberg zurückerhalten hatte, wieder feierlich übergab.

Lindaus Haltung gegenüber Wiederhold und dem Hohentwiel war zwiespältig. Für die kaiserliche Garnison war dieser Nachbar notwendig ein Gegner, nicht nur aus Prinzip, sondern auch weil er handfesten Schaden anrichtete; doch zögerte man nicht, mit ihm einen Neutralitätspakt abzuschließen. Das Lindauer Volk dagegen betrachtete den standhaften, listenreichen Wiederhold mit Sympathie, teils aus evangelischer Solidarität, teils aus Bewunderung für seine Frechheit. Es war kein Geheimnis, daß Wiederhold aus Lindau anonym mit Nachrichten beliefert wurde. Ein Zeugnis davon sind einige, etwas naive Handskizzen der Lindauer Befestigungen[14] aus den frühen 1640er-Jahren mit Angaben über die Verteilung der Wachtposten (siehe Abb.). Wiederholte Überfälle in der Nachbarschaft zeigten, daß Lindau trotz einer Entfernung von rund 90 Kilometern durchaus im Hohentwieler Aktionsradius lag. Bis zum Ende des Krieges blieb der Hohentwiel für Lindau ein Anlass zur Vorsicht.

9.4 Diplomatische Missionen der Brüder Valentin und Jakob Heider 1635–1639

In den Herbst 1635 fallen einige weitere diplomatische Reisen, an denen Valentin Heider teilhatte.

Die erste von diesen, nach Esslingen, ging auf Frau von Ossas Angebot an Bürgermeister Bensperg zurück, dass sie bei ihrem Gatten zugunsten der Stadt zu intervenieren bereit wäre. Das hat dieser gern aufgegriffen. Als Dritter kam Valentin Heider mit, der anschließend noch den ungarischen König besuchen wollte. Man brach am 15. September s. n. gemeinsam auf, trennte sich aber dann. Der Bürgermeister war am 9. Oktober zurück, Valentin Heider am 13. Oktober und Frau von Ossa noch später. Die Reise hatte keine greifbaren Ergebnisse, festigte aber vermutlich die Beziehungen der Insel zum ungarischen König und zu Herrn von Ossa. Die Einzelheiten betreffend hatte Ossa erklärt, dass er verpflichtet wäre, das bestehende Finanzierungs- und Versorgungsmodell zu vertreten, er jedoch bereit wäre, dieses nach Kräften zu verbessern; die Entscheidung, dieses Modell gegen ein anderes auszuwechseln, wäre aber dem König vorbehalten. Über die Ergebnisse von Heiders erstem Besuch beim ungarischen König sind wir nicht unterrichtet.[15]

Gegen Ende November 1635 stand Valentin Heider vor einer neuen diplomatischen Herausforderung. Vier spanische Reiterregimenter hatten sich plötzlich, ohne Genehmigung oder Ankündigung, in der Umgebung von Tettnang niedergelassen. Für ihre Unterbringung und Verpflegung war nichts vorbereitet. Es war nicht einmal klar, welches übergeordnete Kommando für sie verantwortlich war. Vermutlich handelte es sich um rund 2000 Mann und 500 Pferde, d. h. das Zwei- bis Dreifache der Lindauer Garnison, und daher um einen nach Lindauer Maßstäben gewaltigen Bedarf an Lebensmitteln und Futter. Da sich für die Versorgung dieser spanischen Truppe niemand verantwortlich fühlte, musste sie ihren Bedarf selbst decken, nämlich mit Gewalt. Als in Lindau bekannt wurde, dass die Spanier verschiedene Dörfer und das

---

14 Zum Beispiel Hauptstaatsarchiv Stuttgart N201, Nr. 9–1 und 2.

15 KrCh, S. 359–362.

dem Lindauer Spital gehörige Schlösschen Gießen ausgeplündert und 134 Stück Vieh, 60 Pferde und vier Schweine geraubt hatten, bat der Lindauer Rat die Garnison, einzuschreiten. Außerdem beschloss der Rat eine diplomatische Intervention. Valentin Heider und zwei Offiziere der Garnison wurden am 24. November abgeordnet, den Befehlshaber der Truppe, einen Oberst Graf Schlick, aufzusuchen und Restitution des Raubs sowie Rechenschaft wegen des ungesetzlichen Einfalls zu fordern. Die folgende Darstellung folgt Valentin Heiders ausführlichem Reisebericht.[16]

Als die Lindauer am 24. November nachmittags am Kloster Weingarten, wo die Offziere der Truppe sich einquartiert hatten, vorsprachen und um Audienz beim Oberst ansuchten, wurden sie zunächst »zur Geduld gewiesen und der Fürlassung biß gegen abend vertröstet«. Zwei subalterne Offiziere, denen sie ihren Auftrag erklärt hatten, teilten ihnen nach Rücksprache mit dem Oberst mit, dass alle anwesenden Rittmeister Befehl hätten, »das abgenommene Vieh ohnfehlbarlich« zu erstatten, andernfalls »Ihro Gnaden eine ernstliche Demonstration deßhalber vorzunehmen willens« wäre. Es zeigte sich aber, dass nur noch 28 Stück Vieh und 15 Pferde aufzufinden waren. Als abends die versprochene Audienz nicht stattfand, wies Heider darauf hin, dass es nicht allein um das geraubte Vieh ginge, sondern um andere Punkte von größerer Wichtigkeit. Er bat, dies dem Oberst zu hinterbringen und eine Audienz am kommenden Morgen zu ermöglichen.

Heider und Gefährten waren in aller Frühe zur Stelle und wurden tatsächlich um 9 Uhr vorgelassen.

Nach gebührender Begrüßung entwickelte Heider dem Oberst die Lindauer Beschwerde. Mangels rechtzeitiger Anmeldung habe sich die spanische Truppe in allzugroßer Nähe der Festung Lindau niedergelassen; dadurch habe sie die für die Festung vorgesehenen Vorräte aufgezehrt und die Vorratsplanung der Festung und der Stadt ungültig gemacht. Dies wäre zu verhindern gewesen, hätte man gemeinsam geeignetere Plätze für den Aufenthalt der spanischen Truppe ausgewählt. Nun aber, da die Truppe benachbarte, an Lindau kontribuierende Herrschaften oder Reichsstände beraubt hatte, würden sich diese an ihrer Kontribution für Lindau schadlos halten und ihre Verluste von dieser abziehen; damit entstünde Lindau ein weiterer Verlust. Darum erwarteten Stadt und Festung Lindau von der spanischen Krone Entschädigung für alle durch den Einfall verursachten Verluste und baten den Oberst, sich um solche Entschädigung zu bemühen.

Oberst Graf Schlick antwortete in bemerkenswert verbindlichem Ton. Er erwiderte die Grüße, erklärte überzeugend sein Bedauern über die entstandene Situation und versprach, sich für Entschädigung einzusetzen. Als tiefere Ursache für das

16 KrCh, S. 364–366.

vorliegende Missgeschick beschrieb er eine Art von Befehlsnotstand. In kurzer Zeit hätte er für sein weiteres Vorgehen nacheinander wohl zehn verschiedene Befehle erhalten und rechnete in den kommenden Tagen noch mit weiteren. Zunächst sollte er dieses für Spanien geworbene Volk nach Mailand, dann in die Niederlande führen; entsprechend habe ihm der ungarische König befohlen, an den Rhein und nach Koblenz zu marschieren. Bald danach kam Weisung von Graf d'Ognate, dem spanischen Botschafter in Wien, dass die Truppe durch die Schweiz nach Italien zu ziehen sollte, allerdings unter Führung von General Giles de Haas, dessen Ankunft Schlick am Bodensee abwarten sollte. Auf Rückfrage an den König sowie den Botschafter antwortete Letzterer, wenn Schlick spanischen Sold empfinge, müsste er auch spanische Befehle ausführen, »so ihm des Königs von Spanien Gnade lieb sei«. Was die Durchsetzung der Entschädigung anging, so sollten sich die Lindauer, der Rat sowohl als auch Oberst von Vitzthum, an General Giles de Haas halten, den man entsprechend informieren sollte. Auf Graf Schlicks Frage an Heider, wo am Bodensee eine geeignetere Gegend für den Aufenthalt der spanischen Truppe sei, entschuldigte sich Heider und empfahl den General von Ossa als die zuständige Autorität. Auch bezüglich der Einladung zum Mittagessen entschuldigten sich die Lindauer, um noch vor Abend heimzukommen.

Nach der Rückkehr verfasste Valentin Heider einen sorgfältigen Bericht, den der Chronist in seine Chronik aufnahm. Für den heutigen Leser ist der Bericht interessant nicht nur als Darstellung einer historischen Episode, sondern auch als Selbstporträt des Schreibers, der sich im weiteren Verlauf des Krieges und in den darauf folgenden Friedensverhandlungen zu einem einflussreichen Staatsmann entwickelte. Zunächst erkennt man gute Manieren. Er war bescheiden, doch selbstbewusst genug, sich nicht durch den demütigenden Empfang, den man ihm anfänglich bot, aus der Fassung bringen zu lassen. Noch ließ er sich durch Charme bezaubern; als er aus der Verhandlung alles herausgeholt hatte, was möglich war, lehnte er die Einladung zum Mittagessen ab, offensichtlich, weil er Distanz gegenüber dem Gegner für nützlicher hielt als Vertraulichkeit. Am bemerkenswertesten jedoch ist seine Fähigkeit, gegenüber dem Verhandlungsgegner unauffällig die höhere moralische Position zu gewinnen (was im vorliegenden Fall allerdings leicht war) und auszunutzen. Die vier spanischen Regimenter blieben sieben Wochen, bevor sie eingeschifft – das Fußvolk außerhalb der Stadt beim »Spiegler«[17], die Reiterei in Buchhorn – und nach Rorschach übergesetzt wurden. Die Stadt wurde wegen ihrer

17 Eine Örtlichkeit westlich der Mündung des Giebelbachs, siehe Landkarte nach der Vorlage von Andreas Rauh, 1628 (vgl. Abb. Umschlag links innen).

Entschädigung monatelang von einer Instanz zur anderen verwiesen, mit welchem Erfolg, ist nicht bekannt.[18]

Um die Jahreswende 1636 starb Kreiskommissar Kürsinger; am 17. Februar stellte Oberst von Vitzthum dessen Nachfolger vor, den ehemaligen Rittmeister Ferdinand Handel.[19] Während seine Vorgänger aus unterschiedlichen Gründen nicht lange blieben, wurde Handel hier heimisch; er erwarb in Leiblachsberg ein kleines Schlösschen, nach dem er sich dann »Handel von und zu Leiblachsberg« nannte.

In Lindau konzentrierte man die Kräfte weiterhin auf die Stärkung der juristisch-finanziellen Konstitution und damit auf die Verbesserung des Zusammenlebens von Stadt und Garnison. Von den zwei Schwierigkeiten, die im Weg standen, war die eine, die exzessive Mannschaftsstärke der Garnison, grundsätzlich überwunden. Es gab den eindeutigen Befehl, dass die Lindauer Garnison, wie ursprünglich vereinbart, nicht mehr als 600 Mann stark sein sollte. Der Befehl war bekannt und im Prinzip akzeptiert, aber bei den Befehlshabern nicht beliebt. Die Zahl 600 galt als Sollwert, der in der Praxis gelegentlich, zum Beispiel durch eigenmächtige Werbungen einzelner Hauptleute, unbemerkt und wie von selbst überschritten wurde.

Die schwierigere Aufgabe, eine gute finanzielle Basis zu finden für die Verpflegung und den Unterhalt der Garnison, blieb ungelöst. Die Garnison wollte diese Aufgabe insgesamt, von der Geldbeschaffung bis zur Verteilung der Lebensmittel, der Stadt aufbürden; Lindau dagegen war bereit, die Verantwortung wohl für die Finanzierung zu übernehmen, nicht aber für die Beschaffung, Aufbewahrung und Verteilung der Lebensmittel selbst. Diese Aufgabe zu lösen, war nun das wichtigste Ziel, und besonders für Valentin Heider. Allerdings sollte 1636 das letzte Jahr des alten Kaisers im Amt sein und daher nicht ein Jahr dynamischen Wandels; so musste man sich auf Vorbereitungen beschränken. Da der ungarische König bereits großen Einfluss hatte, war es sinnvoll, dass die Lindauer Diplomatie sich auf diesen konzentrierte.

Für diese Bemühung erhielt Valentin Heider nun Unterstützung von seinem jüngeren Bruder Jakob. Dieser hatte sein Jurastudium an der Universität Basel als Lizentiat (lic. jur.) abgeschlossen und war seit Beginn des Jahres 1636 (noch nicht ganz 25 Jahre alt[20]) als Konsulent des Lindauer Rats angestellt worden. Gleich zu Beginn erhielt er eine angesichts seiner Jugend und seines Mangels an Berufserfahrung erstaunlich verantwortungsvolle Aufgabe. Valentin, inzwischen verheiratet und als Syndicus ein hoher Beamter der Stadtregierung, war für längere auswärtige Missionen nicht mehr abkömmlich; er hatte sich um die Stadt selbst zu kümmern und um ihr politisches

18 KrCh, S. 367f.

19 Ebenda, S. 369.

20 Jakob Heider, geb. am 30. April 1611, gest. 1655; Kiefer, S. 157f.

Umfeld im Westen. Jakob wurde als Gesandter und Agent der Reichsstadt an den kaiserlichen Hof in Wien postiert, vermutlich noch im Januar 1636. Da der ungarische König den Winter in Wien verbracht hatte und sich erst gegen Sommer nach Westen wendete, wo sich die kaiserliche Armee auf einen Einfall nach Frankreich vorbereitete, war es Jakob, der mit ihm Kontakt halten musste.

Wir wissen nicht, wie Jakob mit seiner großen Aufgabe und seiner atemberaubenden Selbstständigkeit in Wien umgegangen ist. Vater und Bruder, die beide einschlägige diplomatische Erfahrungen besaßen, werden ihm Maßregeln und Ratschläge mitgegeben und ihm ein gewisses Sicherheitsnetz vorbereitet haben. Vermutlich musste Jakob sorgfältig Tagebuch führen und regelmäßig nach Lindau berichten. Davon ist jedoch nichts erhalten. Über Begegnungen mit dem ungarischen König, die er zweifellos gehabt haben muss, sind wir nicht unterrichtet. Der Chronist berichtet nur über einige eher alltäglichen Episoden aus Jakobs Wiener Zeit. Oberst von Vitzthum unterhielt am Kaiserhof einen eigenen Agenten, analog zu Jakob Heider, nämlich den Augsburger Juristen Dr. Elias Leuchselring.[21] So waren die beiden Agenten sowohl Kollegen als auch Konkurrenten. Sie werden sich in den Vorzimmern und Korridoren der Hofburg zweifellos häufig begegnet sein und werden als Diplomaten, wenn auch vorsichtig, freundliche Beziehungen gepflegt haben. Später amüsierte sich der künftige Stadtkommandant Max Willibald Truchsess von Waldburg-Wolfegg, der sich wie Vitzthum der Dienste des Advokaten Leuchselrings bediente, über die Ironie der Situation, wenn die gegnerischen Advokaten Leuchselring und Jacob Heider in der Hofburg in Wien zusammen im Vorzimmer warteten, der eine mit dem Ziel, die Mannschaftsstärke der Garnison zu verteidigen, der andere, dieselbe zu verringern. Max Willibald, dem Jakob Heider natürlich ein Widersacher war, nahm seine Rache darin, dass er ihn mit dem Spottnamen »der dicke Ethnicus« ausstattete (lateinisch für »der Heide«)[22]. Jakob Heider meldete dem Lindauer Rat am 28. Februar, dass ein gewisser Oberst Enckefort sich um das Lindauer Kriegsgubernement bewerbe und Dr. Leuchselring ihn dränge, diesem entgegenzuwirken. Jakob witterte eine Intrige und bat um Rat, wie er sich verhalten sollte.[23] Er wurde angewiesen, sich in die Sache nicht einzumischen, im Übrigen aber den Kaiser möglichst oft daran zu erinnern, über die Berufung eines Lindauer Stadtkommandanten ohne Anhörung der Stadt nichts zu entscheiden. Und weiterhin sollte Jakob die Verringerung der Lindauer Garnison eifrig betreiben. Im April meldete Jakob, dass der König in Ungarn zu einem Besuch beim einflussreichen Kurfürsten von Sachsen aufgebrochen sei, und fragte, ob er ihm

21 Leuchselring, wegen Quartier: KrCh, S. 335, 337; aufdringliches Verhalten: KrCh, S. 448.

22 Vochezer, III, S. 848.

23 KrCh, S. 369–370.

nachreisen sollte. Darauf erhielt er den Befehl, ihm nicht nur nachzureisen, sondern auch die Gelegenheit zu nutzen, beim sächsischen Kurfürsten um Unterstützung der Lindauer Anliegen zu werben. Jakobs Wiener Mission endete gegen September, als er nach Regensburg aufbrechen musste, um auf dem Kurfürstentag die Reichsstadt zu vertreten. Dort war er über zwei Monate. Schließlich ereilte ihn aus Lindau ein Auftrag, der ihn aus der feinen Gesellschaft von Diplomaten in das Milieu von Fuhrknechten und von Ochsen gezogenen Wagenkolonnen versetzte; er hatte nämlich auf dem Rückweg einen Getreidetransport von Donauwörth nach Lindau zu führen. Zu Weihnachten kam er wieder in die Heimat. Anfang 1637 befand sich Jakob Heider, wie der Chronist ohne weitere Erläuterung angibt, in Innsbruck, wo ihn im März die Weisung erreichte, sich wieder an den kaiserlichen Hof in Wien zu begeben.[24]

9.5 Kaiser Ferdinand III.

Die Hauptaufgabe des Jahres 1636 für die kaiserlichen Armeen war ein Feldzug gegen Frankreich. Schon im Vorjahr hatte man begonnen, Truppen am rechtsrheinischen Mittelrhein zusammenzuziehen, und dies im Frühjahr fortgesetzt. Im Spätfrühling begab sich auch ihr Oberbefehlshaber, der ungarische König, ins Rheinland. Sein häufig wechselndes Hauptquartier befand sich Anfang Juni in Stuttgart und ab August in Breisach. In Stuttgart hatte Valentin Heider dem König bereits aufgewartet, aber nicht viel erreicht.[25] So beschloss der Rat am 9. August, Valentin auf eine neuerliche Mission nach Breisach zu schicken. Sein Zwischenbericht an den Rat vom 17. September war unverbindlich; dass das Unternehmen keineswegs erfolglos war, zeigte sich erst später.

Der ungarische König brach noch im September zum Kurfürstentag nach Regensburg auf und kam dort am 15. Oktober an, einen Monat nach Beginn des Kongresses. Zwar wurde die hoffnungsfrohe Stimmung gestört durch die Nachricht von der Schlacht bei Wittstock (am 4. Oktober 1636 im Norden von Berlin), in der die totgeglaubte schwedische Armee unter Banér die überlegene Armee des neu vereinten Reiches durch schiere taktische Brillanz entscheidend geschlagen hatte. Nichtsdestoweniger kam der Kurfürstentag knapp vor Weihnachten zum gewünschten Ergebnis. Am 22. Dezember wurde Ferdinand III. zum Römischen König gewählt und gekrönt. Die Kaiserkrönung würde automatisch auf den Tod des noch lebenden Kaisers folgen. Tatsächlich starb der in Wien gebliebene Ferdinand II. überraschend am 15. Feb-

24 KrCh, S. 374, 380, 392.

25 KrCh, S. 376f.

ruar 1637. Die Nachricht erreichte Ferdinand III. auf dem Rückweg von Regensburg in Aschach an der Donau, auf halbem Weg nach Wien. Nun war er Kaiser, und in Lindau gab es wieder einen Dankgottesdienst mit Tedeum.[26]

Als Erstes im neuen Jahr 1637 berichtete der Chronist, ohne Angabe von Datum und Form der Nachricht: »Von dem König in Ungarn ist ein befelch erlangt worden, daß der Comissarius fürterhin die Garnison proviantisieren soll.«[27] Damit war der Stadt ihr dringendster Wunsch, die Befreiung von der Verpflichtung, die Garnison zu proviantieren, gewährt worden; offensichtlich ein Erfolg von Valentin Heiders Diplomatie. Für den Kommissar war der Befehl jedoch ein Problem, solange die zur Kontribution verpflichteten Herrschaften der Nachbarschaft ihre Pflicht nicht erfüllten. So schickte er eigens einen Stafettenreiter zum König mit Bitte um Autorisierung, die rückständigen Kontributionen »per Execution«, d.h. mit Gewalt einzutreiben. Die Antwort kam umgehend (24./14. Januar 1637) in Form von zwei »königlichen Befehlsschreiben«, eines an Oberst Vitzthum, das andere an Kreiskommissar Handel.[28] Vitzthum erhielt eine Anzahl praktisch-konkreter Anweisungen, über die sich kaum diskutieren ließ. Die Befehle an Handel wiederholten das klare, aber unwillkommene Prinzip, dass er, der Kommissar, verantwortlich war für die Proviantierung der Garnison. Dies wurde nun deutlich und in praktischem Detail erläutert, machte aber dadurch den Befehl dem Kommissar Handel nicht schmackhafter. Tatsächlich war die Aufgabe, die Garnison auf die befohlene Weise zu proviantieren, eine unangenehme und schwierige. Ebenso wie die Stadt froh war, davon befreit zu sein, so waren der Kreiskommissar und der Stadtkommandant unglücklich, dass sie ihnen zugefallen war. Das Ergebnis war eine anhaltende Verstimmung zwischen Stadt und Garnison, die sich bis Herbst 1639 hinzog. Der Konflikt ließ sich aber, da beide Seiten sich höflich und fair verhielten, in guter Form durchstehen und schließlich ohne Nachwirkung beilegen. Es ist hier nicht möglich, den Streit mit allen diplomatischen und finanziellen Einzelheiten darzustellen; es soll aber versucht werden, die Sache durch die wichtigsten Episoden zu charakterisieren.

Dem Streit lag zugrunde der Mangel an Geld und Lebensmitteln zum Unterhalt der Garnison. Dass nun die Verantwortung für die Proviantierung durch den Kaiser selbst von der Stadt auf die Garnison verlegt worden war, empfand diese als unsachgemäße Zumutung und Zurücksetzung. Oberst von Vitzthum, der unter den Spannungen litt, führte lange Gespräche mit Amtsbürgermeister Bensperg. Er berichtete

26 KrCh, S.381.

27 KrCh, S.382f.

28

dem Bürgermeister, dass man den Streit dem Reichshofrat (der im Reich, parallel zum Reichskammergericht, als höchste gerichtliche Instanz galt) vorgelegt hatte, der sich zu dieser Zeit zusammen mit dem König in Regensburg aufhielt. Dieser hatte ihm geantwortet, er hörte ungern von den Lindauer Schwierigkeiten, vermeinte jedoch, »mann solte sich hierunter miteinander vergleichen«. Der Oberst behauptete, dies zu begrüßen. »Er seines theils wolle ein Creuz darüber machen, und gerne gute correspondenz mit uns halten.« So lud er den Bürgermeister auf den kommenden Sonntag (29. Januar 1637) zum Essen ein.[29] Trotz solchen guten Willens ließen sich die Probleme so leicht nicht lösen. Da die kontributionspflichtigen Stände nicht ihr Soll erfüllten und man das Radikalmittel der Exekution ungern anwendete, mussten die Lücken durch allerhand Improvisationen notdürftig geschlossen werden, wobei auch die Stadt immer wieder, über ihre Verpflichtungen hinaus, einspringen musste.

Im November 1638 verstarb der Obristwachtmeister der Garnison, der Stellvertreter des Kommandanten und Gubernators. Der Verstorbene, ein Mann namens Walser, war bis dahin in der Chronik nicht erwähnt worden. Als seinen Nachfolger ernannte man Burckart Kleinhans aus Feldkirch, der den Posten fortan viele Jahre lang innehatte. Dieser heiratete kurz nach Neujahr 1639 die Tochter des Anfang 1636 ernannten Kreiskommissars Handel. Bald danach, um Weihnachten 1638, heiratete Oberst von Vitzthum in Rankweil die verwitwete Susanna Gräfin von Trauchburg.[30]

9.6 Valentin Heider bei Feldmarschall Geleen

Das Problem der Versorgung der Garnison schob man weiterhin ungelöst vor sich her. Schließlich nahm es der Kaiser selbst in die Hand. Gegen Ende des Sommers 1639 gab er Feldmarschall Geleen[31], Befehlshaber seiner Armeen am Rhein, den Auftrag, die Lindauer Differenzen zwischen Garnison und Stadt zu einem Vergleich zu führen. So schickte der General eine Einladung nach Lindau, Vertreter beider Seiten des Konflikts in sein gegenwärtiges Hauptquartier in Geisingen, einem Städtchen

29 KrCh, S. 388.

30 Vizthum soll schon vormals verheiratet gewesen sein – nach einer Quelle mit einer Tochter von Oberst von Ossa (Telle: Überlingen), nach einer anderen mit einer Tochter des Bregenzer Obersthauptmanns Valentin Schmid von Wellenberg (Engerisser?). Eine Tochter von Ossa wird in der Kriegschronik nur einmal kurz erwähnt, ohne Hinweis auf ihre Verheiratung (KrCh, S. 298).

31 Gottfried Graf Huyn, Baron von Geleen und Amstenrade, ca. 1598–1657, in Flandern geboren, 1632 kurbayerischer und später kaiserlicher Feldmarschall. 1634–1657 Landkomtur der Deutschordensballei Alden Biesen bei Maastricht.

am Oberlauf der Donau und unweit vom Westende des Bodensees, zur Besprechung zu entsenden. Die Stadt delegierte ihren Amtsbürgermeister Jakob Bensperg und ihren Syndikus Dr. Valentin Heider, die Garnison Kreiskommissar Ferdinand Handel, welcher getrennt anreiste. Wir sind über die Unternehmung unterrichtet durch Valentin Heiders ausführlichen Reisebericht, der in der Kriegschronik Aufnahme fand.[32] Bensberg und Heider brachen am Donnerstag, dem 26. September 1639 (vermutlich zu Pferde) auf und kamen über Meersburg, Radolfzell und Engen am Abend des folgenden Tages an. Gleich nach dem Nachtessen empfing der General sie (ohne den Kreiskommissar) zu einem ausführlichen Gespräch und erklärte ihnen anhand des kaiserlichen Auftragsschreibens die Aufgabe. Die Gespräche beanspruchten vier Tage, von Samstag bis Dienstag; Mittwoch und Donnerstag (2. und 3. Oktober) galten der Heimreise, diesmal zusammen mit dem Kreiskommissar. Der General widmete sich den Lindauern fast während der ganzen Dauer des Besuches mit bemerkenswerter Herzlichkeit und nahm, wenn man Valentin Heiders Darstellung glauben darf, ganz entschieden Stellung für die Vertreter des Rats und gegen den Vertreter der Garnison. Für die Verlässlichkeit von Heiders Zeugnis spricht, dass sein Reisebericht offiziellen und öffentlichen Charakter hatte (was auch dessen Aufnahme in die Kriegschronik bestätigt).

Für die Unterhandlungen gab es eine wichtige Vorgabe. Unmittelbar nach seiner Wahl zum Römischen König hatte Ferdinand III. Kreiskommissar Handel Anfang Januar 1637 mit großer Bestimmtheit die Verantwortung für die Verpflegung und Proviantierung der Garnison auferlegt.[33] Also war dies nicht Verantwortung der Stadt. Der Befehl war dem Kreiskommissar wie auch Oberst Vitzthum unwillkommen, aber er war eindeutig und definitiv und stand nicht mehr zur Diskussion. Jetzt ging es nur noch um den Finanzbedarf der Garnison und um die finanziellen Verpflichtungen der Stadt. Den ersten Arbeitstag, einen Samstag, verbrachte der General, vor- und nachmittags, mit den drei Lindauern. Diese präsentierten ein ausführliches Verzeichnis aller Kosten der Garnison, für welche die Stadt bisher aufkommen musste, und Valentin las es dem General Posten für Posten vor. Dieser war »höchlich verwundert … über die vielen ohnnötigen servis gelder für jeden Bärenhäuter (wie er redete)«, tadelte Handel, dass er »sein comissariat amt nicht besser in acht genommen«, und äußerte den Verdacht, »er wäre bißhero mit Herrn Obrist unter der Decke gelegen«.

---

32 KrCh, S. 434–437.

33 KrCh, S. 382f. Erstens zitiert die Chronik zu Anfang Januar 1637 den Befehl des Königs, »daß der Comissarius fürterhin die Garnison proviantisieren soll«, ohne Quellenangabe oder Datum; zweitens ging unter dem 14. Januar 1637 beim Lindauer Rat ein ausdrückliches Befehlsschreiben des Königs an den Kreiskommissar ein »wegen verpfleg und proviantierung der alhiesigen garnison, daß dasselbige fürterhin der Comissarius aus dem magazin, und von der angewiesenen Ständen contribution verpflegen solle«.

Die übertriebene Mannschaftsstärke der Garnison betreffend bot der Kreiskommissar die Begründung, dass, da die Lindauer über rund 700 wehrfähige Männer verfügten, denen wegen ihrer Religion nicht zu trauen sei, die Garnison wenigstens ebenso stark sein müsste. Dazu bemerkte Valentin Heider, dass sich die Lindauer in vielen bedrohlichen Situationen immer als völlig verlässlich erwiesen hatten, die übergroße Garnison der Stadt jedoch ganz überflüssige Unkosten verursacht hatte. Hier kam zufällig ans Licht, dass Oberst Vitzthum, in der Rolle des schlauen Politikers, dem Lindauer Rat auf Ehrenwort versprochen hatte, die Bemühungen um Verringerung der Garnison nicht zu behindern, während er sich über genau diese Bemühungen bei der Generalität beschwerte. Der General bemerkte, dass die Stärke der Garnison eine militärische Frage sei; diese jedoch mit theologischen Argumenten zu vermengen, halte er für höchst seltsam und ganz unzulässig. Übrigens habe er mehr Vertrauen zu dieser Stadt als zu vielen katholischen Ständen.

Die nächsten zwei Tage waren allerhand technischen Fragen gewidmet, an denen auch einige andere Offiziere beteiligt waren. Man einigte sich, dass eine Mannschaftstärke von 600 angemessen war und ihre Einteilung in zwei Kompanien sinnvoll. Zustimmung bestand auch für die beharrliche Forderung der Lindauer, ihre Verpflichtungen gegenüber der Garnison in Bargeld anstatt von Naturalien zu erfüllen. Am letzten Tag musste man die Ergebnisse zusammenfassen. Vor allem galt es festzustellen, wie hoch pro Monat der Bedarf an Bargeld der Garnison tatsächlich wäre und wie hoch die Leistungsfähigkeit der Stadt. Man kam zum Ergebnis (der Gesamtbetrag wird nicht genannt), dass »mit der Statt Lindaw contribution und nachbarlichen beytråg die 600 Mann obbesagter maßen bey nahe mit gelt allermonatlich ausbezahlt werden könten, allein wolle es noch an ungefähr fl 600 ermanglen, die mann aber entweder den Überlingern oder aber [da ja von ihnen nichts zu erhalten wäre] den contribuirenden ständen prorata auflegen könte«[34]. Darauf verfasste man ein Verzeichnis, »was und wieviel jedem officier und soldaten vom höchsten bis zum niedrigsten monatlich gereicht werden könte; nemblich Herrn Obristen fl 400, dem Obrist Wachtmeister fl 260, dem anderen Hauptmann fl 200, zweyen Leutenandt jedem fl 60, zweyen Fendrichen jedem fl 40. Einem gemeinen Knecht fl 5 und so forten«.

Diese Ergebnisse, mit denen alle Beteiligten zufrieden waren, wurden nun dem General vorgelegt. Auch er ließ sie sich »sehr wohl ebenmäßig gefallen«, wollte aber »hierauf einen absoluten Befehl« nicht erteilen. »Erst gegen abend in einem guten räuschlin« erklärte er unversehens, dass er mit dem erzielten Ergebnis sehr zufrieden

34 KrCh, S. 435. Die genannten Werte liegen ein wenig unter, jedoch in der gleichen Größenordnung mit denjenigen in Engerissers sehr ausführlicher Betrachtung dieses Gegenstands. Engerisser: *Von Kronach* …, S. 447ff.

sei und »es in Gottes nahmen über sich nehmen« wollte »und eine absolute ordinanz darauff ertheilen«. Der Entwurf wurde darauf dem Kanzleidirektor übergeben, der alle nötigen Schritte zur prompten Ausführung veranlasste. Zum Abschied gab der General den beiden Ratsherren mit herzlichen Wünschen die Hand.

Dem Kreiskommissar dagegen widmete er eine letzte kräftige Gardinenpredigt. Dadurch, dass er den Lindauer Stadtkommandanten so stark verteidigt und den beklagten Missständen nicht abgeholfen hatte, hätte er sein Amt vernachlässigt. »Was meint ihr, warumb mann euch nach Lindaw geschickt habe? Ist es darumb beschehen, daß ihr droben auf die Spazen achtung geben oder die Forellen im See fangen solt? Solt ihr diese ehrliche leuth nicht besser conservirt, und verhütet haben, daß sie jedem Bernhäuter, Gartner, Koch wochentlich nicht soviel gelts geben müßen? Sintemahl Ihr. Maj. an aufrechthaltung der burgerschaft nicht weniger alß an erhaltung der Garnison selbst gelegen seye.« Dann sprach er ihm aber freundlich zu, ermahnte »ihn zu mehrerer beobachtung seines ambts«, ließ ihn versprechen, dass er es tun wolle, und sich zur Bekräftigung auch die Hand geben.[35]

Am nächsten Tag, Mittwoch dem 2. Oktober, brachen die Lindauer, nunmehr gemeinsam zu dritt, früh auf, nachdem die gesamte Infanterie, wohl in Richtung Rhein, bereits abmarschiert war. Der zweitägige Ritt gab den beiden Ratsherren Gelegenheit, sich mit dem Kreiskommissar auszusprechen und mit ihm eine engere Kollegialität anzubahnen. Die Ziele jahrelanger Bemühungen, die Begrenzung der Garnison auf 600 Mann, die Kontributionsleistung der Stadt in Bargeld und die Abwälzung der Proviantierungsarbeit auf die Garnison selbst, waren erreicht. Für den Chronisten war das Thema erledigt; nach einem kurzen Eintrag am 30. Oktober 1639 (»Ist berichtet worden, was gestalten mann sich der servitien halben mit dem Herrn Comissario verglichen, daß alles auf gelt gerichtet worden, deßwegen ein concept verfaßt, welches doppelt aus zu fertigen seye.«[36]) kommt es nicht wieder vor. Und die vielen Dienstreisen der Brüder Heider hörten auf. Es blieb nur der Garnisonsalltag.

9.7 Verstärkung der Befestigungen

Aus mancherlei Gründen waren die Lindauer Befestigungen in den vergangenen rund zehn Jahren vernachlässigt worden. Es begann damit, dass Erzherzog Leopold von Tirol bald nach seinem Amtsantritt Anfang der 1620er-Jahre die bis dahin sehr zielbewussten Bemühungen der Lindauer, ihre Befestigungen zu modernisieren, scharf

35 KrCh, S. 436.

36 KrCh, S. 437.

verurteilte, zum einen, weil er die Lindauer für geheime Mitglieder der Protestantischen Union hielt, zum anderen, weil er solchen Bemühungen Motive der Feindseligkeit gegen ungenannte Nachbarn sowie der »Aemulation«, also der Geltungssucht, unterlegte. Da der Erzherzog durch seine Nähe zu seinem Bruder, dem Kaiser, große Macht hatte, andererseits die Gefahr eines feindlichen Angriffs nicht bestand, verringerten die Lindauer ihre Bemühungen um die Befestigung. Auch als die Festung Anfang 1628 unter kaiserliches Kommando gestellt wurde und die Pflicht der Pflege der Befestigungen an den Festungskommandanten überging, führte das nicht zu vermehrter Aktivität. Erst der Einbruch der schwedischen Armee in Oberschwaben im Frühjahr 1632 bewirkte ein unsanftes Erwachen. Unter der Zwang der Krise befahl Oberst von Ossa eine Anzahl von dringenden Maßnahmen, deren Verfolgung aber mit dem Abzug der Schweden wiederum einschlief.

Für Lindau waren die späten 1630er-Jahre nach außen hin friedlich. Der Krieg, verkörpert durch den Hohentwiel und kurzfristige Einfälle von Bernhard von Sachsen-Weimar, kam Lindau nicht näher als bis zum westlichen Ende des Bodensees. Nun ergriff Oberst von Vitzthum die Gelegenheit, sich auf die Befestigungen zu konzentrieren. Es scheint, daß er planmäßig vorzugehen versuchte und dabei durch Hauptmann Kühn[37], einen Befestigungsfachmann, unterstützt wurde. Und da er vermutete, dass der Rat gern wissen würde, was er baute, lud er im November 1637 Verordnete des Rats sowie den Oberbaumeister der Stadt zu einer Führung durch die Baustellen ein. Das fand Zustimmung; der Rat betonte, dass er dem Kommandanten »weder Maß noch Ordnung« der Baumaßnahmen vorschreiben wollte, dass er aber gern an Besprechungen teilnehmen würde und es wohl auch für den Oberst nützlich wäre, des Rats Meinung zu vernehmen. Darauf erklärte Vitztum, dass er bisher den Rat nur darum nicht zugezogen hätte, weil er bisher keinen Hauptbau vorgenommen, sondern nur mit Flickwerk beschäftigt war. Nun aber hatte er zwei größere Vorhaben, zum einen ein »neues Werk« hinter dem Alten Schulplatz, zum anderen »einen halben Mond vor der Pforte«, d. h. dem Landtor. Dabei beabsichtige er »den Rath, alß des ortes erfahren, auch zu rath ziehen«.

Das »Neue Werk«, eine neue Schanze hinter dem heutigen Alten Schulplatz, war eine gelungene neue Konzeption von Vitzthum selbst, später mit gutem Recht »Vizedom-Schanze« genannt. Ihr Ort war günstig gewählt in der Mitte der langen, geraden Nord-

---

37 Die einzige Erwähnung des Hauptmanns Kühn befindet sich in der Kriegschronik in einem Gespräch am 26. September 1644 s. v. zwischen Oberst Waldburg-Wolfegg und einigen Ratsherren über geplante Baumaßnahmen, dass Kühn sich unter Oberst Vitzthum durch radikale Vorschläge unbeliebt gemacht hatte. Als der Truchsess um Einzelheiten bat, sagte man ihm, »daß der Herr Obrist Vizthumb seel. nicht viel auff denselben gehalten. Auff solches Herr Obrist sich vernehmen lassen, daß er sich des Hauptmann Kühnes nicht zu praevalieren begehre, und werde er Kühn sein glückh anderer orthen suchen, sagend, der Pater Kurz Jesuiter seye ein guter Mathematicus, und verstehe sich besser auf die befestigung.« KrCh, S. 500f.

mauer, von wo aus Artillerie das ganze Lindauer Vorfeld auf dem Festland bestreichen konnte. Diese Schanze in Form eines halben Sechsecks war geräumig ausgelegt und ermöglichte die Aufstellung zahlreicher Geschütze. Sie bewährte sich in der späteren Belagerung und blieb bis ins 19. Jahrhundert erhalten. Ihr Bau war aber ein ehrgeiziges Projekt, das erst nach Vitzthums Tod fertig wurde. Beim »Halben Mond vor der Pforte« handelte es sich um eine Bastion mit Grundriss in Form eines sehr flachen Dreiecks, die aber bis Kriegsende nicht fertig wurde.[38]

Unklar ist jedoch die Geschichte des »Schänzlins«, jener kleinen Bastion am Brückenkopf vor der Landbrücke, die bei der Belagerung von 1647 eine entscheidende Rolle spielen sollte, bezüglich welcher die Quellenlage jedoch ganz unbefriedigend ist. Errichtet wurde das Schänzlein vermutlich zur Zeit des Kriegsbeginns. Eine erste Erwähnung befindet sich im Bericht des Alt-Stadtschreibers Hans Heinrich Fels d. Ä. über sein Verhör durch einen schwedischen Rittmeister, Führer eines Spähtrupps, der 1632 in einer Aprilnacht in Reutin auftauchte, um die Zugänge zur Insel zu erkunden. Auf dessen Frage, »wie es mit dem vestungsbaw und dem gebäu vor der bruggen bewandt, ob dasselbe ausgemacht wäre und dergleichen«, erhielt er die Antwort »das gebäw vor der bruggen wäre verfertigt«.[39] Dieser bescheidene Satz ist der früheste bekannte Hinweis über den Brückenkopf vor der Festung. Die früheste Abbildung des Schänzleins findet man auf einer Stadtansicht von Lindau, die Matthaeus Merian 1638 und noch einmal 1643 veröffentlichte.[40]

Anscheinend fand Vitzthum diese Befestigung nicht überzeugend. Aber erst recht spät, am 29. November 1639 s. v., nach fast sechs Jahren im Amt, unterichtete er den Lindauer Amtsbürgermeister von seiner Absicht, »das Schanzlin vor der Bruggen und landporten zu rasieren und die aufziehende brugg daselbst etwas weithers hinaus zu richten, welches nun eine bruggen erforderen werde«[41]. Darauf reagierte der Rat mit ungewohnter Heftigkeit. »Des vorhabenden baws halben aber wolle mann dafür gebeten haben, und sich versehen, weilen solcher gemeiner Statt zu unwiderbringlichem schaden gereichen würde, wollt Herr Obrist auch selbigen unterlassen, und der Statt keine solche beschwerd zuziehen, widrigen falß würde mann sich deßwegen ebenmäßig gehöriger orten beklagen müssen.« Einige Tage später äußerte Vitzthum beiläufig, dass er die Sache mangels genügender Unterstützung »nun sein lasse«. So blieb das Schänzlein unverändert.

---

38 Erst einige Jahrzehnte später wurde vor dem Landtor ein Ravelin errichtet, das die Funktion des Halbmonds übernahm, nicht aber die Form, die nunmehr einem gleichseitigen Dreieck glich. Siehe den Stadtplan von Wegelin und Kraus, ca. 1700, und das Blatt »Lindau« der bayerischen Topographie von 1823.

39 KrCh, S. 277.

40 Burmeister, K. H.: *Das Bild der Reichsstadt Lindau*, Neujahrsblatt 42, Lindau 2002, S. 71.

41 KrCh, S. 439.

Schließlich bleibt noch über die radikalste aller Verteidigungsmaßnahmen zu berichten, vom Militär unbedingt gefordert, aber von der Stadt leidenschaftlich abgelehnt, welche man nur zögernd in Angriff nahm und nur unvollständig ausführte: den Abbruch der Steinbrücke. Da eine intakte Brücke einem Angreifer der Insel offensichtlich sein Vorhaben drastisch erleichtern würde, war ihre Entfernung militärisch gesehen ein unbestreitbarer Imperativ. Andererseits war die Brücke für die Stadt lebenswichtig; erst ihre Errichtung hatte das Aufblühen der Handelsstadt möglich gemacht. Im Falle einer Holzbrücke hätte der Abbruch keine großen Dispute verursacht, denn eine solche hätte man schnell wieder aufbauen können. Aber die Brücke war aus Stein, sie war mehrere Jahrhunderte alt, sie verkörperte eine gewaltige Investition, ihr Abbruch war praktisch irreversibel, und die Lindauer liebten sie und waren stolz auf sie.

So versuchte Vitztum, dem Rat seine Absicht, die Steinbrücke abzubrechen, möglichst schonend beizubringen. Am 8. Februar 1639 ließ der Stadtbaumeister melden, dass er »noch ein stückh von der steinin brucken von dem thor ab zu brechen vorhabens, und die stein zu dem neuen baw hinter der schuol gebrauchen wolle, fürwendend, daß es der vöstung nothurfft erfordere«[42]. Die Worte »noch ein Stück« erinnerten wohl an Präzedenzfälle, in denen die Integrität der Steinbrücke bereits verletzt worden war. Selbstverständlich musste in einer Brücke, die zu einer befestigten Stadt führte, irgendwo eine Zugbrücke eingebaut sein. Diese Regel hatte man anscheinend in der jüngeren Vergangenheit, mangels akuter Bedrohung, vernachlässigt; Abbildungen der Brücke aus den letzten rund hundert Jahren enthalten Zugbrücken höchstens in nachlässiger, uninteressierter Darstellung. In jüngerer Zeit hatte Oberst von Ossa, ein Soldat mit Kriegserfahrung, die Pflege der Zugbrücken zu einem »ceterum censeo« erhoben und immer wieder darauf gedrungen, dass diese vorhanden und in gutem Zustand waren.[43] So wurden Zugbrücken nicht nur eingebaut, sogar zweifach oder dreifach, sondern sie mussten auch zuverlässig funktionieren. Daraus folgte, dass man nicht zögerte, zum Einbau von Zugbrücken Breschen in die Steinbrücke zu schlagen, auch solche, ausgehend von der Insel, von zunehmender Länge, die darauf durch Holzkonstruktionen ersetzt wurden. Kurz: Für einen erfahrenen Soldaten war die Steinbrücke nicht sakrosankt.

Nichtsdestoweniger löste Vitztums Ankündigung von Februar 1639 eine Diskussion aus. Als die Lindauer energisch protestierten, fügte er als weitere Begründung hinzu, dass die Brücke einem angreifenden Gegner Schutz bieten würde. Im März 1640 erhöhte die Generalität, mit Unterstützung eines kaiserlichen Befehls, namentlich auch des als Freund der Stadt schon bekannten Feldmarschalls Geleen, den Druck auf die Stadt, den Abbruch endlich zu vollenden. Die Lindauer erwiderten, dass die Maßnahme unnötig, weil kein

---

42 KrCh, S. 411.

43 Ebenda, S. 273, 275, 350.

Feind in der Nähe, und dass die Generalität einseitig informiert wäre. Vitztum antwortete (1. April s. v.), dass er sehr wohl begriffe, was die Brücke für die Stadt bedeutete, dass die militärische Notwendigkeit aber zwingend wäre, da im Winter der Wasserstand so weit zurückgehe, dass man unter der Brücke trockenen Fußes die Stadtmauer erreichen könne. Darauf (7. April) richtete die Stadt einen noch dringenderen Appell an den Kaiser, mit dem Vorhaben einzuhalten, bis er die Stadt angehört habe. Währenddessen (9. April) hatte Vitztum mit dem Abbruch der Steinbrücke schon angefangen; die Stadt musste es nolens volens erdulden und zum Ersatz eine Holzbrücke machen lassen. Am 15. April übermittelte Vitztum dem Rat die kaiserliche Antwort auf dessen Proteste, welche besagte, man möge, »wenn keine hohe und unvermeidliche Nothwendigkeit wäre, mit der Abbrechung ein[...]halten«[44]. Vitztum scheint eine solche Notwendigkeit für gegeben gehalten zu haben und setzte den Abbruch in gemessenem Tempo fort. Allerdings scheinen die Lindauer es verstanden zu haben, den Abbruch unauffällig, aber ausdauernd zu bremsen, denn es wird berichtet, dass die Steinbrücke zu Beginn der Belagerung, Anfang 1647, immer noch teilweise stand.

Am 15. Juli 1640 erfuhr der Rat, wie der Chronist berichtet, »daß der Herr Obrist mit einer kranckheit[45] plözlich überfallen worden, das mann sich deßwegen bey seiner Frau Gemahlin umb die beschaffenheit erkundigen lassen. Welche sich der Nachfrag bedanckt, und angedeut, daß mann ihm Herrn Obristen alle augenblick auf das ende warte. Wie er dann auch bald darauff gestorben, deßwegen der Herr Comissarius und Obrist Wachtmeister Kleinhans angesprochen worden, unter den soldaten gute disciplin zu halten, biß ein anderer Commandant von Kayserl. Maj. verordnet werde.«[46] Das Begräbnis in Lindau fand am 20. Juli statt. Vertreter von Rat und Gericht nahmen am Trauerkondukt teil bis in die Stiftskirche, zogen sich aber vor Beginn der Totenmesse »durch Kirch und Kreuzgang« zurück. So hatte die Ära des Festungskommandanten Augustin von Vitzthum-Eckstedt ihr Ende. Von seinen Zeitgenossen, in Lindau oder außerhalb, sind keine Äußerungen zu seinem Leben oder Tod bekannt.[47] Vitzthums Gattin Susanna, zum zweitenmal verwitwet, blieb zunächst in Lindau; am 8. Januar 1641 nahm sie, in Vertretung der Patin Erzherzogin Claudia von Tirol, teil an der Taufe des zweiten Sohns von Truchsess Max Willibald von Waldburg-Wolfegg.[48] Ihr weiteres Schicksal ist nicht bekannt.

44 KrCh, S. 445.

45 Friedrich Boulan gibt an, es sei ein Schlaganfall gewesen; S. 199.

46 KrCh, S. 446f.

47 Wolfart, II, S. 351; Vochezer, III, S. 976f.

48 Ebenda.

10. OBERST VON WALDBURG-WOLFEGG – RUHE VOR DEM STURM (1640–1646)

10.1 Herkunft und erste Initiativen

Oberst Truchsess Maximilian Willibald von Waldburg-Wolfegg, »Gubernator« und Kommandant der kaiserlichen Festung Lindau von 1640 bis 1649 Kupferstich von Wolfgang Kilian, 1647.

In Lindau reagierte man auf den unerwarteten Tod des Stadtkommandanten Oberst von Vizthum (wahrscheinlich am 17. Juli) sehr rasch. Der Stadtrat, der stellvertretende Stadtkommandant Obristwachtmeister Kleinhans und Kreiskommissar von Handel beschlossen gemeinsam, schnellstens den Kaiserhof und das Oberkommando der Armee, namentlich General von Geleen, zu benachrichtigen. Sie entsandten sowohl Staffettenreiter als auch Valentin Heider persönlich nach Regensburg, wo der Kaiser sich zu der Zeit aufhielt. Die Antwort erhielt der Rat am 27. Juli in einem kaiserlichen Schreiben mit dem Befehl, »daß Herr Maximilian Willibald, des Heyl. Röm.Reichs Erbtruchsäß, Graff zu Wolfegg etc. zum Krieges Commandanten hiehero verordnet, mit der auferlag, daß mann ihn Herrn Graffen dafür erkennen und geziemend respectieren solle«[1]. Die Vakanz im Kommando der Garnison hatte nicht länger als zwölf Tage gedauert. Nun ritten Bürgermeister Bensperg und Ratsadvokat Jacob Heider zum Schloss Wolfegg, um dem Truchsess aufzuwarten und die nächsten Schritte zu besprechen. Darauf kam dieser unverzüglich zu einem ersten Besuch nach Lindau. Die nächste praktische Aufgabe, die Wohnungssuche, war schwieriger als erwartet, denn der jung verheiratete Kommandant suchte eine dauerhafte Lösung, die gleichzeitig den Erfordernissen des Kommandos,

1 KrCh, S. 447.

der Familie und der Gesellschaft genügte. Da eine solche sich nicht anbot, traf der Truchsess seine Wahl schließlich nach dem Motto »was nicht müglich ist, begehre er auch nicht« und entschied sich für das Haus des Wolfgang Bensperg (eines Verwandten des gegenwärtigen Amtsbürgermeisters Jacob Bensperg) in der Bindergasse[2]. Die Wohnungssuche umfasste auch Räume für den persönlichen Stab des Kommandanten, bestehend aus dem vom Vorgänger ererbten Juristen Elias Leuchselring, der als persönlicher Sekretär und gelegentlicher Agent am kaiserlichen Hof diente, und dem jungen, von Max Willibald mitgebrachten Johannes Ernst von Altmannshausen, der vom Chronisten zunächst als dessen »Auffwarther« bezeichnet wurde. Er sollte sich lebenslang als engster Vertrauter des Truchsessen vielfältig bewähren. Sekretär Leuchselring dagegen hatte sich bei der Wohnungssuche in solchem Maße als »gar eyferig erzeigt«, dass die Ratsvertreter dem Kommissar erklärten, »daß mann mit dem Leuchselring umb deßen vehemenz willen nicht zu tractieren gesinnet seye«[3].

Der Reichserbtruchsess Max Willibald von Waldburg-Wolfegg (1604–1667)[4] stammte aus oberschwäbischem Hochadel. Die Waldburg und das Schloss Wolfegg, welche sein Name beide als Familienursprung anzeigt, liegen im Lindauer Hinterland, von der Insel etwa 35 Kilometer, also einen mäßigen Ritt oder einen guten Tagesmarsch entfernt. Max Willibald war auf jesuitischen Schulen erzogen worden, zunächst von 1614 bis 1620 an der Universität Dillingen, dann von 1620 bis 1622 an der Universität von Pont-à-Mousson, wo die Ausbildung neben den üblichen Fächern der klassischen Bildung auch eine militärische Grundausbildung umfasste. Pappenheim beschreibt den jungen Truchsess als von »einer ansehnlichen, langen, geraden, besetzten Statur« und als »insonderheit nüchtern, massen er sich gar wenig des Weins bediente«[5].

Bald nach Abschluss gelang ihm die Berufung an den Hof des Erzherzogs Leopold V. von Tirol. Er gewann dessen Vertrauen und wurde 1631, nach Absolvierung einiger Hofchargen und Teilnahme im Gefolge des Erzherzogs an seiner Brautreise nach Italien, zum Oberststallmeister ernannt. Als nach dessen plötzlichem Tod 1632 seine Witwe, Erzherzogin Claudia, strenge Sparmaßnahmen einführte, wurde auch Max Willibalds Position gestrichen. Da durch den gleichzeitigen Schwedeneinbruch nach Süddeutschland auch die Habsburger Herrschaften im Elsass und in Oberschwaben

2 Einzelheiten berichtet Boulan, S. 197–199.

3 KrCh, S. 448.

4 Über den Truchsess sind wir gut unterrichtet, denn Joseph Vochezers große, vorzügliche *Geschichte des fürstlichen Hauses Waldburg in Schwaben*, enthält im 3. Band (S. 734–991) seine vollständige Biografie. Von Wert ist auch Pappenheim: *Chronik der Truchsessen von Waldburg*, S. 429–441.

5 Pappenheim, S. 430.

gefährdet waren, ergriff die Erzherzogin energische Maßnahmen zur Abwehr. So erhielt der Truchsess im Januar 1633 die Aufgabe, ein Regiment aufzustellen und dessen Kommando zu übernehmen.

Er wurde zum Oberst ernannt, ohne je als Soldat gedient zu haben. Sein Auftrag, Rekruten für ein neues Regiment zu werben, erwies sich als schwierig; das Geld war knapp und die Zahl der Bewerber gering. Schließlich griff Max Willibald auf eigene Bauern zurück, die nach Ruinierung ihrer Felder durch die Schweden im Vorjahr arbeitslos geworden waren (später ordnete er diese Soldaten gern zur Arbeit auf seinen Gütern ab; dass er dann ihren Sold der Stadt Lindau berechnete, strapazierte ein wenig deren Geduld)[6]. Als besonders bedroht sah Fürstin Claudia die Bodenseestadt Konstanz an, zumal die rekatholisierte ehemalige Freie Reichsstadt für unzuverlässig galt. So beauftragte sie den Truchsessen mit deren Verteidigung. Er traf dort am 10. Juni 1633 s. v. ein. Konstanz bildete mit den drei anderen Bodenseestädten Überlingen, Lindau und Bregenz eine natürliche Interessengemeinschaft, deren Wirksamkeit allerdings dadurch behindert war, dass die Kommandanten von Lindau und Bregenz, die Obristen König und Schmid von Wellenstein, miteinander im Streit lagen. Diese zu versöhnen war des Truchsessen erste Aufgabe; er löste sie rasch.

In Konstanz war es zunächst ruhig; die Nachbarstadt Radolfzell, obwohl in schwedischer Hand, verhielt sich friedlich. Das änderte sich, als Horn gegen Ende August auf die Idee kam, Konstanz anzugreifen. Dafür blieb ihm aber wenig Zeit, denn die vereinigten Armeen des spanischen Herzogs von Feria nach ihrer Alpenüberschreitung und des Herzogs Bernhard von Sachsen-Weimar waren schon von Oberschwaben her im Anmarsch. Die Belagerung begann am 8. September. Als Horn gegen Ende des Monats nichts erreicht hatte, brach er die Belagerung ab, bevor ihm der Rückweg nach Deutschland abgeschnitten würde. So war die erfolgreiche Verteidigung von Konstanz für den militärischen Anfänger Max Willibald ein erster Erfolg. Gewiß hatte er wichtige Hilfe erhalten; die befreundeten Bodenseestädte Überlingen, Lindau und Bregenz hatten ihn über den See unermüdlich mit Verstärkung und Nachschub versorgt, und der hochqualifizierte kaiserliche Oberst Franz von Mercy, der am 16. September mit Hilfstruppen eintraf, hatte zum Erfolg entscheidend beigetragen.

Max Willibald blieb auf seinem Konstanzer Posten, den er nicht genoss, noch ein Jahr. Sein Regiment litt unter Geldmangel und unter dem passiven Widerstand der anti-kaiserlichen Einheimischen. Im August 1634 bat er Erzherzogin Claudia um Entlassung. Zuerst kommandierte sie ihn mit seinem Regiment in den Schwarzwald ab, dann im Frühjahr 1635 ins Elsass. Im Herbst änderte die Fürstin seine Verwendung

---

6 KrCh, S. 499.

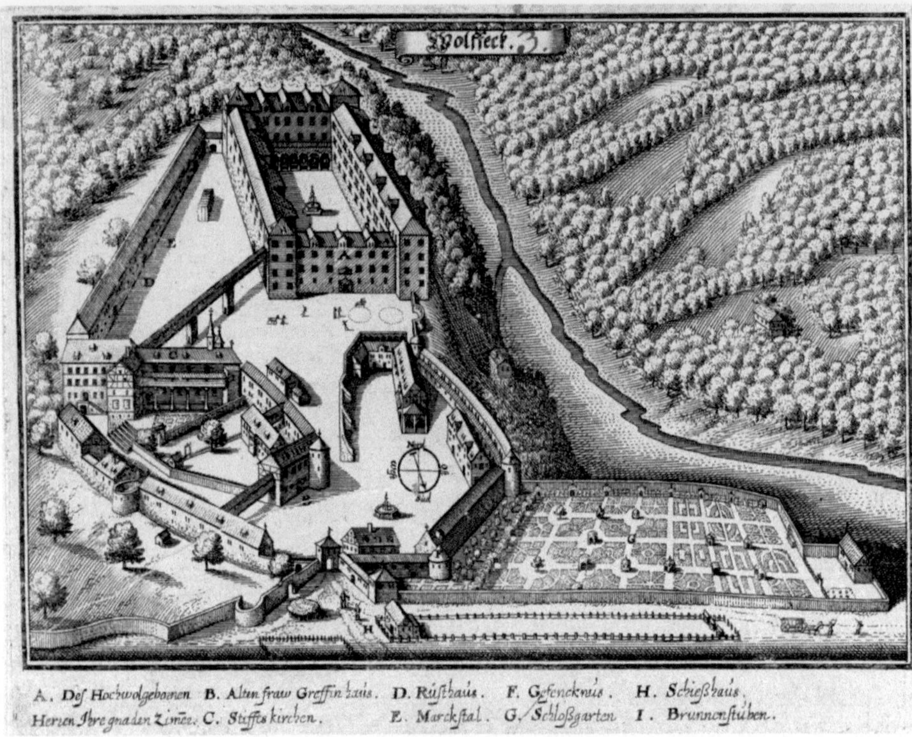

Schloss Wolfegg, der Familiensitz der Truchsessen von Waldburg-Wolfegg. Das Gebäude wurde im Dezember 1646 von schwedischen Soldaten abgebrannt. General Wrangel, der dies nicht verhinderte, konnte nicht wissen, dass es sich um das Schloss seines künftigen Gegners handelte. Kupferstich von Matthäus Merian, 1643.

und schickte ihn auf mehrere diplomatische Missionen, nunmehr mit dem Titel »kaiserlicher Kämmerer und bestellter Obrist«. Im März 1636 erhielt er seinen Abschied. Bald ernannte ihn der »König in Ungarn«, d.h. der Thronfolger, zum »kaiserlichen Hofkriegsrat«, während auch der Kurfürst von Bayern versuchte, ihn an seinen Hof zu ziehen. Am 22. Februar 1637 heiratete der Truchsess die evangelische Magdalena Juliana, Gräfin von Hohenlohe-Waldenburg (1619–1645). Die Trauung fand »vor dem Angesicht der katholischen Kirche« in Konstanz statt (wo Max Willibalds älterer Bruder Johannes Bischof war), doch war ihr freie Religionsausübung zugesichert.[7] Von 1637 bis 1640 lebte die junge Familie auf Schloss Wolfegg; in dieser Zeit nahm der Truchsess in Vertretung des bayerischen Kurfürsten an der Kölner Friedenskonferenz und am Kurfürstentag in Frankfurt teil.[8] Als er und seine junge Frau in Lindau

7 Vochezer, III, S. 975f.

8 Ebenda, S. 780.

einzogen, hatten sie vor wenigen Monaten ihr erstes Kind, einen knapp halbjährigen Sohn, verloren. In Lindau wurden ihnen im Januar 1641 Sohn Maximilian und im November 1645 Tochter Maria Jakobe geboren. Sechs Tage nach letzterer Geburt, am 21. November 1645, starb ihre Mutter im Alter von 26 Jahren an einem Schlaganfall. Sie wurde mit großer Beteiligung der Lindauer Bürgerschaft in der evangelischen Kirche St. Stephan beigesetzt.[9] In sein neues Amt in Lindau fügte sich der Truchsess leicht ein. Im Geschäft eines Stadtkommandanten und kaiserlichen Gubernators war er nunmehr erfahren und bewährt, und für den Umgang mit Menschen aller Schichten hatte er bereits besondere Eignung gezeigt. Er verband Selbstvertrauen mit Bescheidenheit, war in konfessionellen Fragen tolerant und in alltäglichen Angelegenheiten flexibel.[10]

Um diese Zeit, als der Krieg in sein drittes Jahrzehnt eintrat, rollte eine Welle von Wandel durch fast alle beteiligten Regierungen. Deutscher Kaiser war seit dem Tod Ferdinands II. (Feb. 1637) sein Sohn Ferdinand III. (1608–1657). Im benachbarten Tirol war nach dem Tod von Erzherzog Leopold V. (1586–1632) seine Gattin Erzherzogin Claudia an seine Stelle getreten, um 1646 die Regierung ihrerseits an ihren Sohn Ferdinand Karl (1628–1662) zu übergeben. In Frankreich regierte seit dem Tod von König Ludwig XIII. (1643) dessen Witwe Königin Anna mit ihrem ersten Minister, nämlich nach dem Tod des Kardinals Richelieu (1642) mit Kardinal Jules Mazarin; ihr Sohn Ludwig XIV. wurde erst 1654 gekrönt. In Schweden hatte 1644 Königin Christina die Regierung übernommen, arbeitete jedoch weiterhin mit dem alten Reichskanzler Axel Oxenstierna. Trotz solchen Personalwechsel blieben alle diese Regierungen auf dem ursprünglichen Kurs. Selbst Königin Christina, energische Verfechterin einer schnellen Beendigung des Krieges, konnte den Lauf der Dinge wenig ändern (immerhin ordnete sie als schwedischen Unterhändler bei den westfälischen Friedensverhandlungen dem ungeeigneten Johan Oxenstierna, Sohn des Reichskanzers, als Kollegen den unvergleichlich wirksameren Adler Salvius bei). Nur der unverwüstliche Kurfürst Maximilian I. von Bayern (1573–1651), einer der ursprünglichen Kriegsschuldigen, hielt stand, heiratete 1635 zum zweiten Mal und zeugte nun den dringend benötigten dynastischen Nachfolger Ferdinand Maria (1636–1679).

Während der schon über zwanzig Jahre alte Krieg unvermindert andauerte, nahm der Wunsch nach Frieden allerseits zu. Die deutschen Kriegsparteien hatten mit dem Prager Frieden (1635) ihren reichsinternen Konfessionskrieg beendet. Die Hoffnung,

---

9 Ausführliche Darstellung bei Wolfart, II, S. 350f.

10 KrCh, S. 470. Zum Beispiel hatte man ihm beim Amtsantritt zugesagt, dass die Lindauer Metzger ihm jährlich 100 Rinderzungen für seine Küche liefern würden (Amt und Rang verpflichteten ihn zu allerhand repräsentativer Geselligkeit); als es sich ergab, dass eine solche Menge nicht zur Verfügung stand, begnügte er sich ohne Weiteres mit der Hälfte.

dass auch die kriegführenden Ausländer, vor allem die beiden Königreiche, sich diesem Frieden anschließen würden, erwies sich jedoch als naiv; sie hatten anspruchsvolle Kriegsziele und stellten unannehmbare Forderungen. Selbst Kaiser Ferdinand III. war noch nicht verhandlungsbereit; in letzter Zeit hatte sich das Kriegsglück vom Haus Habsburg abgewendet, und er setzte den Krieg fort, um sich bessere Verhandlungsbedingungen zu erkämpfen. Jedoch gewann die Idee eines einzigen, alles umfassenden Friedenskongresses allmählich an Zustimmung. Einen ersten Anlauf hatte der »Kölner Kongress« versucht, der auf Initiative des Papstes und unter Leitung der Kurie zwischen 1638 und 1640 stattfand.[11] Die wesentlichen Mächte verhielten sich wohlwollend, aber zurückhaltend, und der Versuch drang nicht durch. Doch in der bald folgenden Konferenz in Hamburg einigten sich die drei entscheidenden Mächte, die beiden Königreiche und das Reich, auf den einzuschlagenden Weg. Im »Hamburger Preliminarvertrag« vom Dezember 1641 verpflichteten sie sich zu einem universellen Friedenskongress. Er sollte an zwei benachbarten Tagungsorten stattfinden, in Münster und in Osnabrück in Westfalen. Diese Ortswahl begünstigte Frankreich und Schweden und benachteiligte den Kaiser (ein Blick auf die Landkarte zeigt, dass die beiden westfälischen Städte ziemlich genau auf der Luftlinie Paris–Stockholm liegen; die größere Entfernung von Stockholm wurde durch den schnelleren Seeweg kompensiert). Die Aufteilung der Konferenz auf zwei Orte kam daher, dass man mit den wesentlichen Fremdmächten, Frankreich und Schweden, welche die größten Faustpfänder in der Hand hielten und die einschneidendsten Forderungen stellten, getrennt verhandeln musste, und zwar mit den Franzosen in Münster und den Schweden in Osnabrück. Der Kongress sollte in weniger als drei Monaten, gegen Ende März 1642, beginnen, kam aber erst zwei Jahre später in Gang. Das lag besonders am Kaiser selbst, der immer noch auf eine Wende seines Kriegsglücks hoffte. Erst als er am 6. März 1645 in der Schlacht bei Jankau in Böhmen seine gesamte restliche Armee aufs Spiel gesetzt und verloren hatte, begriff er, dass er keine Wahl mehr hatte. So schickte er im Herbst 1645 seinen besten Mann, den überaus fähigen Grafen Maximilian von Trauttmannsdorf, als kaiserlichen Hauptbevollmächtigten nach Münster; nun begann die Friedenskonferenz endlich mit ernsthafter Arbeit.

Nun verlief der Krieg auf zwei getrennten Bahnen. Die Friedenskonferenz in der westfälischen Provinz verfolgte ihr Ziel in fast hermetischer Abgeschlossenheit und überraschte die Welt drei Jahre später (am 24. Oktober 1648) mit einem endgültigen, von allen Beteiligten bekräftigten Friedensvertrag. Der Krieg selbst dagegen nahm nach eigenen Gesetzen und von den Friedensverhandlungen kaum berührt seinen gewohnt grausam-sinnlosen Fortgang. Die Kämpfe mit Frankreich fanden im Wes-

11 Max Willibald nahm teil, Vochezer, III, S. 780.

ten und die mit den Schweden im Norden des Reiches statt (allerdings konnten diese nach Böhmen und sogar bis vor Wien ausufern). Die von Habsburg erhoffte Wende blieb aus, und die Eindringlinge gewannen die meisten Schlachten. Allgemein hatte die kaiserlich-katholische Seite die Initiative verloren, und Ziel ihrer Kriegführung war nur noch, zu retten, was zu retten war.

In den ersten Jahren von Max Willibald von Waldburg-Wolfeggs Kommandantur, von 1640 bis 1646, lag die Festung Lindau immer in sicherer Entfernung von den Hauptkriegsschauplätzen; höchstens kamen Ausläufer der Einbrüche französischer Truppen und die Aktivitäten der Hohentwieler gelegentlich in die Nähe. So hätten die Lindauer Grund gehabt, zu glauben, dass der Krieg auf diese bequeme Weise weitergehen mochte, dass die Ankunft des Friedens nur eine Frage der Zeit wäre und die Zeit für sie arbeitete. Sich jetzt noch mit Verbesserungen der Verteidigung zu beschäftigen, schien kaum noch sinnvoll. Der Truchsess widerstand jedoch den Versuchungen solcher Logik.

Für die Vorgänger von Max Willibald war die Verantwortung als Stadtkommandant und Gubernator ziemlich deutlich auf die Insel beschränkt gewesen. Das Oberkommando über die Bodenseefestungen sowie die Koordinierung ihrer Operationen im größeren Zusammenhang mit den kaiserlichen und bayerischen Armeen oblagen Generalkriegskommissar und Oberst, dann Feldmarschallleutnant von Ossa[12]. Nun war aber ein großer Teil von dessen Verantwortungen auf den Lindauer Kommandanten übergegangen. Er verdankte diese Erbschaft dem Umstand, dass er sich in schwierigen Lagen bereits bewährt hatte, dass er diplomatische Fähigkeiten besaß und dass man ihn in allerhöchsten Kreisen kannte und schätzte. Insbesondere besaß er das Vertrauen des Kurfürsten Maximilian von Bayern und der Erzherzogin Claudia von Tirol. Beide waren kraftvolle Regenten, aber auch strenge, hart fordernde Fürsten, die den hilfsbereiten jungen Mann gern mit Sonderaufgaben belasteten.

10.2 Die kaiserlichen Bodenseefestungen

Lindau bildete mit den anderen befestigten kaiserlichen Bodenseehäfen – Bregenz, Konstanz, Überlingen – eine natürliche Interessengemeinschaft, deren Mitglieder verpflichtet waren, sich gegenseitig zu unterstützen. Dem Kommandanten der »Hauptfestung« Lindau erwuchs daraus der Rang eines *primus inter pares*. Man bezeichnete seine Aufgabe gelegentlich als eine Oberinspektion über die genannten kaiserlichen Festungen sowie über eine unbestimmte Anzahl von weiteren. Eine rechtliche Grund-

---

12 Ossa war 1639 gestorben.

lage hatte diese Sonderrolle allerdings nicht; weder war ihr Umfang festgelegt (gelegentlich musste Max Willibald sich um Missstände bei weit entfernten Festungen wie Schorndorf, Hohenasperg und Urach kümmern),[13] noch war diese Verantwortung mit zusätzlichen Befugnissen oder Entschädigungen verbunden. Dem Kurfürsten und der Erzherzogin (als kaiserlicher Obrist war Max Willibald von ihnen formal unabhängig) diente er als intelligenter Beobachter und schnell reagierender Feuerlöscher; dafür schenkten sie seinen Bitten und Empfehlungen gelegentlich bevorzugte Beachtung. Doch hatten solche guten Beziehungen, wie folgendes Beispiel zeigt, ihre Grenzen. Nach kaiserlichem Entscheid war die Lindauer Garnison großenteils durch Kontributionen benachbarter Herrschaften finanziert, wie zum Beispiel vom Kloster Weingarten. Ebenso auf kaiserlicher Ebene entschieden wurde alljährlich die Verteilung der Gebiete für die Winterlager der verschiedenen Armeen. So gehörte das Winterlager der bayerischen Armee nach Bayern. Kurfürst Maximilian jedoch sah das anders und legte große Truppenteile in Gebiete, die der Festung Lindau kontribuieren sollten. Darauf stellten diese ihre Zahlungen an Lindau prompt ein. Als Max Willibald seinen Freund, den bayerischen Kurfürsten, auf diesen seinen Rechtsbruch und dessen schlimme Folgen für Lindau aufmerksam machte, erwiderte dieser ganz trocken, die Fürsorge für seine eigenen Bauern sei ihm eine höhere Pflicht als der Gehorsam gegenüber dem Kaiser. Als der Kaiser selbst sich in diesem Sinne bei ihm (seinem Onkel!) beschwerte, erhielt er die gleiche Antwort.[14]

Zu des Lindauer Gubernators auswärtigen Verantwortungen, d. h. unter seine lose definierte Oberaufsicht über die Bodenseefestungen, gehörten auch kleinere Städte wie Radolfzell und Buchhorn, die Bodenseeinseln Reichenau und Mainau, auch die benachbarte kleine Inselfestung Langenargen. Die Beziehungen zu den größeren Festungen – Konstanz, Überlingen, Bregenz – spiegelten persönliche Beziehungen. Konstanz, das Max Willibald 1633 gegen die Schweden verteidigt hatte, kannte er gut; der dortige Stadtkommandant, Oberst Gaudentius von Rost, war ein altbekannter, verlässlicher Kollege. Überlingen, eine Freie Reichsstadt katholischer Konfession, war gut befestigt; es hatte bereits 1632 und 1634 schwedischen Belagerungen standgehalten, lehnte aber Bevormundung ab und bestand auf uneingeschränkter Selbstverantwortung.[15] Mit der Nachbarstadt Bregenz hatte Lindau traditionell enge Beziehungen, die, vielleicht wegen des Konfessionsunterschieds, nicht immer ganz frei von Spannungen waren; doch an einer Lindauer Oberaufsicht waren die Bregenzer gewiß nicht interessiert.

13 Vochezer, III, S. 792.

14 Ebenda, S. 816–826.

15 Zur Halsstarrigkeit der Überlinger, siehe Vochezer, III, S. 797.

Ein besonderer Grund zur Sorge war der Hohentwiel mit seiner uneinnehmbaren Festung und seinem unbezähmbaren Kommandanten Oberst Konrad Wiederhold.[16] Die Besatzung, etwa 1200 Mann, lebte von Kontributionen und, da diese nicht ausreichten, von Raub. Die Reichweite ihrer Raubzüge nahm stetig zu, und für alle, die in ihrem Einfallsbereich lebten, waren sie eine stete, unberechenbare Bedrohung. Schon allein dafür brauchte man gute Befestigungen.

Die Festung Mainau war ein verwickeltes Problem. Die Insel hatte beträchtlichen strategischen Wert; sie war günstig gelegen als Vorposten für Konstanz und als Basis für die Beherrschung des westlichen Bodensees, bedurfte aber wegen ihrer Nähe zum Hohentwiel in besonderen Maße einer wirksamen Verteidigung. Die Festung war eine *Kommende* des Deutschen Ritterordens (unter einem *Hauskomtur*), und unterstand der Ballei »Schwaben, Elsaß, Burgund«. Diese, eine der reichsten Balleien Deutschlands, wurde befehligt von einem *Landkomtur* mit Sitz in Altshausen (zwischen Ravensburg und Sigmaringen). Die Balleien Deutschlands insgesamt regierte der *Deutschmeister*. Der gegenwärtige Deutschmeister, Johann Kaspar von Stadion (1567–1641), zu der Zeit Hauptberater des Kaisers, war vorher Landkomtur in Altshausen gewesen und hatte bereits in der Lindauer Geschichte eine kleine Rolle gespielt. Gegenwärtig befand sich die Festung Mainau in einem beklagenswerten Zustand, verursacht durch schwache Führung und Mangel an Mitteln. Die Anlagen waren heruntergekommen, die Mannschaft vernachlässigt, schlecht verpflegt und gekleidet, mit veralteten, teils unbrauchbaren Waffen.

Der neue Gubernator von Lindau hatte, nach erstem Austausch höflicher Gratulations- und Dankschreiben, die Ordensritter von der Mainau auf den verfallenen Zustand ihrer Befestigungen aufmerksam gemacht und sie ganz sachlich aufgefordert, die Schäden zu reparieren und über ihre Fortschritte zu berichten. Die Reaktion war jedoch nicht etwa, der Aufforderung zu folgen, sondern dem Truchsessen einen »imperiosen« Stil vorzuwerfen und alte Urkunden zu studieren, um festzustellen, ob der Gubernator zu solchen Forderungen überhaupt berechtigt wäre, denn sie hatten starken Rückhalt in Wien. Kaum ein halbes Jahr später, als der Feind rheinauf im Anmarsch war, meldete der Landkomtur Johann Jakob von Stein, der Panik nahe, dem Truchsessen, dass auf der Mainau nicht alles zum Besten stünde, dass die Soldaten teilweise ihre Gewehre nicht gebrauchen könnten und dass er es ihm, dem Truchsessen, nie vergessen würde, wenn er jetzt helfen würde.[17] Die Jahre vergingen mit gelegentlichen Hilfsmaßnahmen, mit immer neuen, nie ausreichenden Sendungen an Geld, Lebensmitteln und Kriegsmaterial, immer begleitet von wortreicher Korre-

16 Für Einzelheiten siehe Kap. 6.8.

17 Vochezer, III, S. 793f.

spondenz hin und her, während sich tatsächlich auf der Mainau nichts änderte. Max Willibald war die Belastung durch die Mainau herzlich leid[18] und empfahl schließlich eine radikale Lösung: Abzug der Garnison und Auflassung der Festung sowie Einsparung ihrer Mannschaft und ihrer Artillerie. Dazu konnte sich die Generalität oder die Hofburg nicht durchringen, und so setzte die Mainau ihre unrühmliche Laufbahn fort. Am 5. Januar 1645 eroberte Oberst Wiederhold vom Hohentwiel die Insel mit Handstreich; er konnte aber keinen Wert in ihrem Besitz erkennen und verließ sie nach gründlicher Ausplünderung.[19] Dankbare Verwendung fand die Insel endlich unter den zu Anfang 1647 am Bodensee eingefallenen Schweden; am 12. Februar 1647 segelten sie von Bregenz mit einer improvisierten Flotte den See hinab, nahmen die Mainau mühelos ein und machten sie fortan zu einem Stützpunkt für die Beherrschung der Bodenseeschiffahrt.[20]

10.3 Rückgewinnung von Überlingen

Während man die Mainau unter den herrschenden Umständen für entbehrlich hielt, empfand man den plötzlichen Verlust von Überlingen als eine Katastrophe. Seit die Stadt im Frühjahr 1634 einer vierwöchigen Belagerung durch die Schweden unter Feldmarschall Gustav Horn tapfer widerstanden hatte, galt sie als unbezwinglich. Umso größer war daher das Entsetzen, als Oberst Konrad Wiederhold sie in einer bitterkalten Winternacht am 30. Januar 1643 mittels einer vorbildlich geplanten Kommando-Aktion blitzschnell überrumpelte.[21] Den Hohentwielern ging es nicht um den Besitz der Stadt, sondern nur um ihre Vorräte; sie schleppten ihrer Beute schnell auf ihre Hochburg und überließen die Stadt den Franzosen. Der französische König ernannte Oberst Paul Corval Vicomte d'Oysonville als neuen Stadtkommandanten. Reichlich mit Geld ausgestattet, begann dieser sofort, die Befestigungen zu verstärken.

Der Gewinn von Überlingen ermutigte die evangelische Partei – Franzosen, Weimarer, Schweden – zu den rosigsten Hoffnungen. Die befestigte Hafenstadt war gut geeignet als Basis für Unternehmungen auf dem Bodensee und im schwäbischen Hinterland. Niemand begriff diese Gefahr besser als der Stadtkommandant von Lindau. Vom Fall Überlingens hatte er innerhalb weniger Stunden erfahren. Sofort war ihm

18 Ebenda, S. 802.2.

19 Ebenda, S. 843.

20 Ebenda, S. 859.

21 Ebenda, S. 794.

klar, dass die Rückgewinnung der Stadt fortan seine wichtigste Aufgabe war. Er ergriff mehrere Maßnahmen. Den Eroberern war mit der Stadt auch eine Anzahl von Schiffen in die Hände gefallen. Daher entsandte Max Willibald als Erstes bewaffnete Schiffe zu allen benachbarten Häfen mit Befehl, die verbleibenden Schiffe schnellstens in Sicherheit zu bringen. Mit benachbarten Kollegen, namentlich Oberst von Rost in Konstanz und Oberstleutnant Ludwig Manikor in Bregenz (welcher dort wegen einer Führungskrise auf oberster Ebene stellvertretend das Kommando hatte) nahm er Kontakt auf; sein Plan war, die verfügbaren Schiffen zu bewaffnen und daraus eine behelfsmäßige Flotte zu bilden mit der Aufgabe, der französischen Garnison in Überlingen zu Wasser die Zufuhr abzuschneiden. Auch wollte er die Mannschaftsstärke der Lindauer Garnison, die allmählich auf rund 450 abgesunken war, wieder erhöhen.

Dem bayerischen Kurfürsten berichtete er noch am Tag der Katastrophe. In seiner Antwort, datiert am 2. Februar (nur drei Tage später, bei einer Reisezeit von zwei Tagen für einen berittenen Kurier!), stellte der Kurfürst viele sachlichen Fragen, empfahl direkten Kontakt mit der Generalität, welcher er umgekehrt das Gleiche befehlen würde, und sprach dem Truchsessen volles Vertrauen in sein Urteil aus. Den Kaiser unterrichtete der Truchsess in gleicher Weise, unter Betonung seines nunmehr angestiegenen Bedarfs an Geld und Mannschaft, und dieser antwortete mit ermutigenden Zusagen. Bezüglich Max Willibalds neuen Projekts der Aufstellung einer Leibkompanie erteilte ihm der Kaiser das Patent für eine Kompanie von 300 Mann zwecks Verstärkung der Lindauer Garnison und Verteidigung des Bodensees.[22] Die Anwerbung der erforderlichen Mannschaft war zeitraubend, doch im Frühjahr hatte diese eine Stärke erreicht, die dem Truchsessen die Einstellung eines Georg Büchele aus Hohenems als Fähnrich und seines Waldburger Gefolgsmannes Johann Ernst von Altmanshausen als Kapitänleutnant seiner Leibkompanie rechtfertigte.[23] Er ließ auch die Arbeiten an den Lindauer Befestigungen beschleunigen.

Noch im Februar erschien in Lindau ein Adjutant aus dem Hauptquartier von General Franz von Mercy in Tübingen, um den Truchsessen persönlich zu einer Besprechung einzuladen über die Frage »wie Überlingen wieder zu nehmen sei«. Die Besprechung fand am 20. März 1643 in Riedlingen statt. Vor allem ging es dem General darum, festzustellen, mit wie viel Unterstützung er bei einer Operation gegen Überlingen rechnen könnte. Max Willibald versprach feierlich, sich mit »Leib und Blut« einzusetzen. Da General Mercy für die bevorstehende Feldzugssaison bereits ein volles Programm hatte, verabredete man, alle notwendigen Vorbereitungen schon

---

22 Ebenda, S. 798.

23 Ebenda, S. 800.

jetzt zu treffen, um schnell losschlagen zu können, sobald sich eine günstige Gelegenheit bot. Damit hatten drei gewichtige Partner – der bayerische Kurfürst, General von Mercy und der Gubernator von Lindau – sich zu einem Versuch auf Überlingen verpflichtet.[24]

Den Sommer über führte General von Mercy Krieg in ferneren Regionen des Reiches. Max Willibald konzentrierte sich auf die Blockade von Überlingen, auf die Beherrschung der Schifffahrt auf dem Bodensee und auf den Aufbau einer brauchbaren Seemacht. Als Erzherzogin Claudia im Mai 1643 verfügte, dass ihre in Bregenz und Konstanz stationierten Kriegsschiffe mit der kaiserlichen Flotte vereinigt und damit Max Willibald unterstellt werden sollten, dankte er ihr scherzhaft, »daß sie ihm gleichsam als Admiral das völlige Kommando über diese Flotte geben wolle«[25]. Offensichtlich war ihm die Vorstellung einer solchen Rolle nicht unangenehm, aber er verstand auch, dass zu einer Admiralität mehr gehörte als eine Anzahl zusammengeborgter Hilfs-Kriegsschiffe. Nichtsdestoweniger begannen die Überlinger die Blockade zu spüren; sie sannen auf Abhilfe, litten aber zunehmend unter vielerlei Mangel.

Ein unerwartetes Ereignis im Spätherbst änderte die Situation von Grund auf. Am 24. November 1643 gelang es General Franz von Mercy, die gesamte, auf dem Marsch ins Winterquartier befindliche französisch-weimarische Armee bei Tuttlingen abends im unverteidigten Lager zu überfallen und nahezu vollständig zu vernichten.[26] Ihre komplette Generalität fiel ihm in die Hände, neben Tausenden von Soldaten und gewaltiger Beute. Damit war Frankreich als Gegner für einige Zeit ausgeschaltet. Auf der Stelle ernannte Kurfürst Maximilian Mercy zum Feldmarschall und Oberbefehlshaber der bayerischen Armee. Und die Abmachungen von Riedlingen vom vergangenen März wurden nun aktuell. Gleich nach der Schlacht erinnerte Max Willibald den General daran, dass jetzt der richtige Moment gekommen war, um gegen Überlingen vorzugehen. Mercy stimmte zu und bat den Kurfürsten um die Genehmigung einer solchen Operation. Der Kurfürst gab diese am 23. Dezember 1643.[27] Die Blockade Überlingens vom See her war schon längst wirksam. Die Abriegelung

24 Ebenda, S. 799.

25 Ebenda, S. 801.

26 Die Schlacht bei Tuttlingen, wie Peter Wilson urteilt, wurde in der traditionellen Geschichtsschreibung nicht angemessen gewürdigt, weil der französische Hof alle Nachrichten von dieser französischen Blamage nach Kräften unterdrückt hat (S. 645). Zum Verlauf der Schlacht siehe Wilson, S. 642–645, und zu Mercys Biografie Findeisen, S. 452–456.

27 Telle, Wilhelm: »Die Belagerung Überlingens (1927 / 28), S. 160–176. Telle bietet keine präzisen Quellenangaben, sondern nennt nur summarisch Merians *Theatrum Europaeum, 5*, Heilmann und Sebastian Bürster.

zu Lande war dadurch erschwert, dass im weithin verwüsteten Umfeld von Überlingen die zur Winterszeit notwendigen Quartiere für Belagerungstruppen fehlten. Als Mercy Mitte Januar 1644 vor Überlingen eingetroffen war – auch der Truchsess war häufig anwesend –, begann man in aller Ruhe mit den Vorbereitungen für die eigentliche Belagerung. Schon die Blockade sorgte dafür, dass die Zeit gegen die Belagerten arbeitete. Mit den eigentlichen Kampfhandlungen wartete man ab, bis milderes Wetter eintrat und die Wiesen Futter für die Pferde lieferten. Die Beschießung begann Mitte April. General von Mercy, erfahren in der Belagerung wie in der Verteidigung von Städten, gab der Belagerung von Überlingen einen leidenschaftslos technischen Charakter. Er hatte nicht die Absicht, seine Soldaten den Risiken eines Sturmangriffs auszusetzen, sondern konzentrierte sich auf Maßnahmen, die dem Gegner die Einsicht vermittelten, dass ein ritterlich ausgehandelter Akkord die vernünftigste Lösung war. Genau das geschah; am 12. Mai 1644 übergaben die Franzosen, 505 Mann stark[28], die Stadt und begannen, mit allen militärischen Ehren und im Besitz ihrer persönlichen Waffen, den Marsch durch den Schwarzwald zurück zu ihrer Basis am Rhein. Zum Erfolg von Überlingen hatte der Truchsess einen entscheidenden, wenn auch unauffälligen Beitrag geleistet. Er hatte als Erster die Initiative ergriffen, rechtzeitig die entscheidenden Personen zur Mitwirkung angestoßen und mit seltenem Verständnis für die Variable »Zeit« immer dafür gesorgt, dass im richtigen Augenblick das Richtige geschah. Er hatte ein Musterbeispiel geliefert, wie man die Zeit für sich arbeiten lässt.

In gleicher Richtung wie die geschlagenen Franzosen brach wenig später auch ihr Überwinder, General Franz von Mercy, mit seiner Armee auf, um der im Rheintal liegenden französischen Hauptarmee unter Condé und Turenne den Einbruch nach Württemberg durch den Schwarzwald zu versperren. Er besiegte sie (die Franzosen sagen, er habe verloren) in einer dreitägigen, ungewöhnlich blutigen Schlacht bei Freiburg (3.–5. August 1644), konnte aber nicht verhindern, dass sie sich nordwärts zur Rheinpfalz wendeten und Philippsburg und Mainz einnahmen.[29] Als sie im folgenden Jahr tiefer nach Süddeutschland eindrangen, schlug Mercy zunächst Turenne am 5. Mai 1645 bei Herbsthausen (südl. von Mergentheim). Als Condé und Turenne dann zusammen ihren Marsch gegen Bayern fortsetzten, stellte Mercy sie am 3. August bei Alerheim (östl. von Nördlingen) zu einer weiteren Schlacht. Ihr wichtigstes Ergebnis war Mercys Tod gleich zu Anfang der Kämpfe. Die Franzosen beanspruchten den Sieg, doch ihre Verluste waren derart, dass sie den Feldzug gegen Bayern aufgaben,

---

28 Telle, 1927/28, S. 174. Die Verluste beziffert Vochezer mit etwa 800 für die Franzosen und 300 für die Bayern. Vochezer, III, S. 812.

29 Wilson, S. 678–684.

während die Bayern mit 1500 Gefangenen in guter Ordnung heimmarschierten. Rein sportlich gesehen wäre das Prädikat »unentschieden« wohl das angemessene gewesen. Doch die Frage nach Sieg oder Niederlage war müßig; was zählte, war der Tod von Franz von Mercy. Selbst dem abgebrühten Kurfürsten Maximilian soll dieser Tod auf vorher nie gesehene Weise zu Herzen gegangen sein. Auch für die Lindauer war Mercys Tod ein Verlust, denn er war ihnen ein wahrer Freund gewesen, der sie oft direkt unterstützt oder vielfach mit ihnen zusammengewirkt hatte.[30]

10.4 Verstärkung der Befestigungen

Nach dem Hinauswurf der Franzosen aus Überlingen stellte sich am Bodensee der gewohnte Zustand von Unruhe und Unordnung wieder her, doch frei von größerem Blutvergießen und gewaltsamen Veränderungen. Nur der Hohentwiel blieb ein Ärgernis; die evangelisch-antikaiserliche Besatzung dieser Festung trieb weiterhin ihr – in katholischen Augen – räuberisches Unwesen, doch davor war Lindau durch seine Insellage und seine Befestigungen einigermaßen geschützt. Ansonsten waren, auch in größerer Entfernung, keine ernsthaften Bedrohungen auszumachen. Andererseits war es ermutigend zu wissen, dass in Westfalen eine große allgemeine Friedenskonferenz an der Arbeit war, den Krieg zu beenden und den Frieden wiederherzustellen. Dennoch reagierte man in Lindau auf die vermeintliche Friedensnähe nicht mit Entspannung der Krisenstimmung, sondern mit vermehrter Vorsorge für die Verteidigung. Die Arbeit konzentrierte sich auf zwei Aufgaben, die Befestigungen und die Kriegsflotte.

Vom Zustand der Befestigungen hatte Max Willibald dem Kaiser berichtet und die Weisung erhalten, keine Neubauten zu beginnen, doch die angefangenen zu vollenden und die alten zu unterhalten.[31] An unvollendeten Projekten war kein Mangel. Als Erstes befahl er, die Mauern um die »Insel« zu erhöhen (wie Oberst von Ossa schon 1632 – offenbar vergeblich – angeordnet hatte), und verabredete mit der Stadt, die Wirksamkeit der Palisaden zu prüfen und wenn nötig zu verbessern. Damit begann seine intensive, fortwährende Beschäftigung mit den eigentlichen Befestigungen. Der Krieg hatte nun schon über 20 Jahre gedauert, und während dieser Zeit war Wesentliches geleistet worden. Die wichtigsten verbleibenden Aufgaben lagen auf der Nordseite der Insel, die Fertigstellung der von Oberst von Vitzthum begonnenen großen Schanze (»Vizedom-Schanze«) und die Verstärkung der Befestigungen in dem am

30 Ebenda, S. 698–704.

31 KrCh, S. 449f.

meisten gefährdeten Bereich an beiden Enden der Brücke zwischen Brückenkopf und den Schanzen beiderseits des Landtors.

Der größte Neubau der 1640er-Jahre war das von Oberst Vitzthum konzipierte »Neue Werk«, später »Vizedom-Schanze« genannt. Dies war eine Schanze von beträchtlicher Größe, zur Aufstellung von mehreren großen Geschützen geeignet und beherrschte das nördlich vor der Insel liegende Festland. Vizthum hatte den Plan dieser Schanze im November 1637 bekannt gegeben und ihren Bau mit Steinen, die vom Abbruch des Krattlerturms und der Landbrücke stammten, begonnen; im Juni 1641 waren die Außenmauern weit genug fortgeschritten, dass man sie mit per Lastschiff herbeigeschaffter Erde und Kies auffüllen konnte. Im August 1643 wurden weitere behauene Quadersteine angefordert, im September 1644 weiteres Füllmaterial. Im Mai 1645 bat der Oberst die Stadt um Ziegelsteine für eine Brustwehr auf der Schanze, welche man ihm widerstrebend verabfolgte, mit der Auflage, mit diesem Wunsch nicht wieder zu kommen, weil man weder einen Vorrat von Ziegelsteinen habe noch die Erde, um solche zu brennen. Zum Abschluss, im November 1646, verlangte die Garnison ein Wachthaus auf dem Schulplatz hinter der Schanze. Der Bau hatte über neun Jahre erfordert.[32]

Am Punkt größter Landnähe befand sich das lebenswichtigste Bauwerk der Stadt, die steinerne Landbrücke. Sie war, wie es scheint, mit drei Zugbrücken ausgestattet, einer direkt am Landtor, einer an der Landseite des Schänzlins und einer etwa ein Drittel der Brückenlänge vor der Insel. Eine alte Kontroverse war im Gange, ob es nötig wäre, die Steinbrücke insgesamt zu beseitigen und durch eine leicht abzubauende Holzbrücke zu ersetzen. Tatsächlich war beim Einbau der Zugbrücken schon ein Teil der Steinbrücke, vielleicht ein Drittel insgesamt, abgetragen und durch Holz ersetzt worden. Das Militär dagegen wies darauf hin, dass unter den verbleibenden Brückenbögen viele feindliche Soldaten mitsamt ihren Waffen Schutz und Deckung finden würden, und bestand darum auf dem vollständigen Abbruch der Brücke. Mit diesem Streit verbrachte man Jahre, bis ein eindeutiger kaiserlicher Befehl die Sache endgültig entschied. Am 9. April 1640 vermerkte der Chronist: »Herr Obrist hat dato mit abbrechung der Steinernen bruggen einen anfang gemacht, welches mann nolens volens müssen geschehen und eine nebenbrugg machen lassen.«[33] Danach nahm der Abbruch langsam und kommentarlos seinen Fortgang. Der undatierte Festungsplan (ca. 1635?) zeigt, dass die Steinbrücke schon bald etwa zur Hälfte durch eine Holzkonstruktion ersetzt war. Ihr letzter Rest wurde erst nach der Belagerung entfernt.

---

32 Siehe zum Beispiel KrChr, S. 400, 411, 458, 486, 499, 509, 529.

33 KrChr, S. 445.

Das »Schänzlein« am Brückenkopf auf dem Festland, eine an sich unscheinbare kleine Schanze, hatte die schwierige Aufgabe, die Brücke vor Angreifern zu schützen. Gemessen am Ernst dieser Aufgabe widmete man ihr geringe Aufmerksamkeit. Schriftliche Erwähnungen sind selten und mager, und selbst über die Form der Schanze fehlt verlässliche Auskunft. Zeitgenössische Abbildungen bieten zwei unterschiedliche Möglichkeiten. Merians *Topographia Sueviae*[34] zeigt auf einer Stadtansicht von Lindau im Stand von ca. 1635 eine stattliche pflug- oder hornförmige Schanze (»Hornwerk«) am Brückenkopf. Zwar erscheint sie mit teilweise verschütteten Gräben und fehlender Zugbrücke als nicht gefechtsbereit, doch diese Mängel konnte man im Ernstfalle schnell berichtigen. Ein ganz anderes Bild gibt eine Federzeichnung, die vermutlich aus der Umgebung des Lindauer Stadtkommandanten stammt und sich auf ca. 1635 datieren lässt. Hier zeigt das Schänzlein einen schmetterlingsförmigen Grundriss, genauso wie man ihn auf dem Blatt »Lindau 1823« der Bayrischen Landestopografhie sieht. Die beiden Abbildungen enthalten keine Indizien, welche von beiden die Wirklichkeit dastellt. Nützliche Hinweise dagegen liefert die Kriegschronik.

Im Dezember ließ 1639 Oberst von Vitzthum Vertreter des Rats beiläufig wissen, dass er vorhabe, »das Schänzlin vor der Bruggen und landporten zu rasieren und die aufziehende brugg daselbst etwas weithers hinaus zu richten«. Damit löste er aber beim Rat eine ungewöhnlich übellaunige Reaktion aus: »Des vorgeschlagenen Baus halber aber, … weilen solcher gemeiner Statt zu unwiderbringlichem schaden gereichen würde, wollt Herr Obrist auch selbigen unterlassen, und der Statt keine solche beschwerd zuziehen, widrigen falls würde mann sich deßwegen ebenmäßig behöriger orten beklagen müssen.« Darauf ließ Vitzthum das Projekt fallen, mit den Worten »daß er es nun sein lasse« und der Erklärung: »Weilen aber dieses Ravelin nicht nach krieges manier gebawen, so müsse er dasselbe verkleinern lassen, dann es der Vöstung nothurfft erfordere, habe gar viel posten zu versehen, und könne die soldaten nicht gar ruinieren, sondern müsse seinen habenden befelch in acht nehmen«[35]. Damit ließ Vitzthum dieses Thema, und ein halbes Jahr später war er tot.

Auch Truchsess Max Willibald von Waldburg-Wolfegg ließ sich Zeit, bevor er sich dem Schänzlein zuwendete. Es geschah im Zusammenhang mit einem Personalproblem. Im September 1644 hatte er beschlossen, sich von einem bisher nicht erwähnten Hauptmann Kühn zu trennen, auf den schon »der Herr Obrist Vizthumb seel. nicht

34 Merian, Matthaeus: *Topographia Sveviae*, Frankfurt, 1643, S. 121. Der Stich wurde bereits 1638 veröffentlicht und zeigt vermutlich den Zustand der Schanze während des ersten Schwedeneinbruchs von 1632 bis 1634.

35 KrCh, S. 439.

viel« gehalten habe, und der nun »sein glückh anderer orthen suchen« werde. Er fügte hinzu, »der Pater Kurz Jesuiter[36] seye ein guter Mathematicus, und verstehe sich besser auf die befestigung. Die Königschanz, Fledermaus, und das Schänzlein vor der Porten bedürffen verbesserung, wolle aber auch gerne mit dem OberBaumeister hiervon reden, und mög allerley meinungen vernehmen.«[37] Also hielt er das Schänzlein für problematisch, kannte aber keine bessere Lösung. Das geringe Interesse, das die bisherigen Stadtkommandanten diesem Festungswerk gewidmet hatten, spiegelt die geringe Bedeutung, die sie ihm beimaßen. Anscheinend gingen sie alle davon aus, dass das weit vor der Insel gelegene, ungeliebte Schänzlein im Falle einer Belagerung ohnehin unhaltbar war.

Die geringe Meinung der beiden Stadtkommandanten vom militärischen Wert des Schänzleins gibt uns allerdings einen Hinweis auf sein Aussehen während der 1630er- und 1640er-Jahre. Die beiden vorliegenden zeitgenössischen Abbildungen zeigen zwei grundverschiedene Bauwerke. Der Merian-Stich von 1638 / 1643 zeigt eine Schanze mit pflugförmigem Grundriss, die anonyme, technisch sehr überzeugende Gesamtansicht der Lindauer Befestigungen von ca. 1635, deren professionelle Qualität auf eine Herkunft aus der Umgebung der Lindauer Garnison schließen lässt, zeigt ein Bauwerk mit dem Grundriss eines Schmetterlings. Genau diese Form hatte die tatsächliche Befestigung des Lindauer Brückenkopfes im Jahre 1823, also fast zwei Jahrhunderte später. Wenn eine der beiden zum Vergleich stehenden Schanzen in den 1640er-Jahren veraltet war, dann war es diejenige auf dem Merian-Stich. Und wenn eine Schanze mit Schmetterlingsform auf einer Planungsskizze von ca. 1635 erschien, dann stellte dies nicht einen aktuellen Tatbestand dar, sondern vielmehr einen sehr fortschrittlichen Vorschlag. Die tatsächliche Form des Schänzleins während des ganzen Dreißigjährigen Kriegs war die auf dem Merian-Stich dargestellte.

Weitere Arbeiten an den Befestigungen in den frühen 1640er-Jahren betrafen Verbesserungen, Reparaturen und den laufenden Unterhalt; damit beschäftigten sich ständig sowohl Offiziere der Garnison als auch die Baumeister der Stadt mit ihren regulären Arbeitskräften sowie von Fall zu Fall angestellten Hilfskräften und zu Frondiensten verpflichteten Landarbeitern der Lindauer Kellenhöfe. Es ist nicht sinnvoll, die zahllosen, vielfältigen Arbeiten, mit denen man sich ständig beschäftigte,

---

36 Bei »Pater Kurz Jesuiter« handelte es sich um Graf Albert Kurz von Senftenau S. J., zeitweise in Lindau, sonst Augsburg; Bruder von Reichsvizekanzler Sigmund Graf Kurz. Er stammte aus einer außerordentlich begabten Familie, die im 16. Jh. die Burg Senftenau besessen hatte und deren Mitglieder sich immer wieder in bedeutenden Ämtern an den Wiener und Münchner Höfen bewährten. Von ihm stammte auch ein Plan, die Residenz der Lindauer Jesuiten zu einem Kollegium zu erheben. Vochezer, III, S. 892, 895; Wolfart, I.2, S. 80.

37 KrCh, S. 500f.

aufzuzählen; gewisse Arbeiten mussten regelmäßig wiederholt werden; andere, wie zum Beispiel die Pflege und Erneuerung der Palisaden, das Klären des Vorfelds, das Öffnen (zum Beispiel zum Feuerlöschen) und Verschließen (bei Annäherung eines Feindes) der Zugänge zum See waren fortlaufend erforderlich.

10.5 Seekrieg

Den Bodensee kannte man von altersher als friedliches Binnenmeer innerhalb des Reiches. Krieg auf dem See entstand nicht, weil lokale Streitigkeiten sich bequemer zu Lande austragen ließen. Einen Seekrieg auf dem Bodensee zu entfachen, erforderte das Eindringen eines nautisch erfahrenen auswärtigen Feindes. Selbst der Einbruch der Schweden im Sommer 1632 hatte anfänglich nicht diese Wirkung, teils weil ihr eng definierter militärischer Auftrag den See nicht berührte, teils weil ihre Raublust sich zu Lande befriedigen ließ. Nach Gustav Adolfs Tod, als eine bayerisch-kaiserliche Armee versuchte, die Schweden zu vertreiben, änderte sich die Lage. Anfang 1633 beorderte Reichskanzler Oxenstierna General Gustav Horn mit einer größeren Armee nach Oberschwaben, um die schwedischen Positionen zu verteidigen. Horn verstand seine Aufgabe langfristig in der Konsolidierung des deutschen Südwestens als evangelisches Gegengewicht zu den katholischen Ländern Bayern und Österreich. Als Schlüssel zu diesem Vorhaben betrachtete er die maritime Beherrschung des Sees, und dazu benötigte er einen leistungsfähigen Hafen. Zwar hätte er Lindau oder Überlingen wegen ihrer günstigen Lage bevorzugt, aber schließlich konzentrierte er sich, nachdem er selbst bei der kleinen Inselfestung Langenargen abgewiesen worden war, auf Konstanz. Diesen Versuch musste er aus Zeitmangel erfolglos aufgeben, lernte dabei aber er eine wichtige Lektion. Da Konstanz zum erheblichen Teil mit Wasser umgeben ist, wurde es von Überlinger, Lindauer und Bregenzer Schiffen mit Hilfstruppen und Lebensmitteln sowie Waffen und Munition dermaßen reichlich versorgt, dass Horns Blockade der Stadt wirkungslos war. Nachdem er einige Schiffe bewaffnete und mit geeigneten Soldaten bemannte, konnte er die Blockadebrecher zu ersten Seeschlachten herausfordern. Dies war ihm die handgreifliche Bestätigung seiner Überzeugung, dass er einen leistungsfähigen Seehafen benötigte, um systematisch eine Kriegsflotte aufzubauen. Im folgenden Jahr 1634 setzte er diese Bemühung fort. Jetzt belagerte er Überlingen und erfuhr dort dasselbe Missgeschick wie vor Konstanz (wieder begleitet von lebhaften Gefechten auf dem See), doch schließlich gelang es ihm, sich Buchhorn anzueignen und in kurzer Zeit zu einem brauchbaren Flottenstützpunkt auszubauen. Hier konnte er Handelsschiffe zu Kriegsschiffen umrüsten und neue, zweckgerecht konstruierte Kriegsschiffe bauen. Nach wenigen Wochen zwangen ihn die Kriegsereignisse wieder, diese Arbeit abzubrechen. Nach der Katastrophe von Nördlingen im November 1634 mussten die Schweden Süddeutschland eilig verlassen. Horn selbst geriet in Gefangenschaft und kehrte 1642 direkt in die Heimat zurück.

Zwölf Jahre später waren die Schweden wieder am Bodensee. Gleich zu Jahresbeginn 1647 eroberten sie unter General Carl Gustav Wrangel Bregenz. Er selbst war nach einer normalen aristokratischen Schulausbildung und einem ca. einjährigen »Grand tour«-Aufenthalt in Amsterdam und Paris in die Armee eingetreten, hatte aber in Holland besonderes Interesse am Schiffbau gezeigt. Bemerkenswert ist auch, dass er später, bei dem schwedischen Überfall auf Dänemark 1644–1645, als Stabschef von General Lennart Torstensson im Notfall als Admiral einspringen konnte und als solcher zwei bedeutende Seeschlachten gewann. Die rund 20 Schiffe, die den Schweden in Bregenz in die Hände gefallen waren, bildeten den Grundstock zu einer Kriegsflotte. Mehrere davon wurden schnell bewaffnet und bei der Lindauer Blockade eingesetzt. Allerdings waren sie nicht geeignet, dauernd vor dem Lindauer Hafen auf und ab zu patrouillieren, sondern sie konnten nur von Bregenz aus die Bewegungen vor Lindau beobachten und wenn erforderlich hinzueilen. Vermutlich waren sie mit Soldaten bemannt, die nach ihrer nautischen Erfahrung ausgewählt waren und es verstanden, mit Segelschiffen umzugehen. Die Geschwindigkeit der Schiffe war jedoch begrenzt, da es sich um umgebaute Frachtschiffe handelte, und Segelschiffe obendrein, die vom Wind abhingen.

Die nautischen Befähigungen von Wrangels Gegner, dem Lindauer Stadtkommandanten Max Willibald von Waldburg-Wolfegg, waren bescheidener. Er verdankte solche weder seiner Familientradition noch seiner Ausbildung. Einen Ozean hatte er nie gesehen, außer vielleicht das Mittelmeer als Begleiter von Erzherzog Leopold von Tirol auf dessen Brautfahrt nach Florenz und Rom. Seine erste Berührung mit der kriegerischen Seefahrt auf dem Bodensee hatte er bei der Verteidigung von Konstanz im Spätsommer 1633, als er beobachten konnte, wie die Versorgung durch Überlinger, Lindauer und Bregenzer Schiffe mit Lebensmitteln, Munition und militärischer Verstärkung es der Stadt ermöglichte, die schwedische Belagerung abzuwehren. Sein so gewonnenes Verständnis für die Seefahrt kam ihm bei seiner Lindauer Aufgabe zugute. Für die Kaufmannsstadt Lindau war das Geschäft von Personen- und Warentransport in der Gegenwart eines Feindes nie weit entfernt von der Notwendigkeit von Abwehr und Verteidigung. Andere Bodenseefestungen hatten ähnliche Schwierigkeiten, und es war natürlich, dass man sich zu Zusammenarbeit und gegenseitiger Unterstützung zusammenfand und dem Truchsessen dabei eine Führungsrolle zufiel. Diese Rolle blieb aber informell; wenn gelegentlich von einem Admiral einer kaiserlichen Bodenseeflotte gesprochen wurde, war es immer im Scherz. Für den Kaiser bestand weder ein Bedarf für eine solche Einrichtung, noch die Bereitschaft, eine solche zu finanzieren. So blieben die Kriegsflotten der einzelnen Bodenseefestungen immer formlos und improvisiert und darum begrenzt in ihrer Wirksamkeit. Die Initiative hatten immer die Schweden.

Im Wettkampf zwischen den Flotten der schwedischen Armee und denjenigen der einzelnen Bodenseefestungen hatten die Schweden grundsätzliche Vorteile. Diese lagen vor allem auf der Ebene der Organisation, denn ihre Bodenseeflotte war Teil ihrer Armee. Unter ihren mehreren tausend Soldaten befanden sich zweifellos viele, die in der Seefahrt erfahren und zum Dienst in der Flotte bereit waren. In Bezug auf Kommandohierarchie, Disziplin und Besoldung sowie die damit verbundenen Gefahren blieb alles so wie vom normalen Kriegsdienst her gewohnt. Für den Dienst auf den einheimischen Kriegsschiffen war die Organisation viel komplizierter. Gewiß gab es am Bodensee viele Seefahrer und Fischer, die im Umgang mit Schiffen und in der Navigation auf dem Bodensee geschickt und erfahren waren. Für sie war die Schifffahrt jedoch ein friedliches Geschäft, von dem sie lebten. Sie waren, wie die Mehrzahl aller übrigen Lindauer Bürger, Mitglieder einer Zunft, nämlich der Zunft der Fischer, welche die Ausübung ihrer Berufe aufgrund jahrhundertealter Erfahrung genau regelte. An dieser Identität hielten sie auch fest, wenn sie vom Lindauer Stadtkommandanten zum Kriegsdienst eingesetzt wurden. Dabei ergaben sich grundsätzliche Schwierigkeiten. Dienten Schiffsleute auf einem Schiff, das bewaffnet war und in ein Gefecht verwickelt wurde, war ihr Status als friedliche Bürger kompromittiert; ohne es zu wollen, wurden sie zu Kombattanten. Schon aus Prinzip, aber auch, weil sie dabei berufsfremden Gefahren ausgesetzt waren, beanspruchten sie militärische Besoldung, die wesentlich höher war als ihre gewohnten Löhne. Ein besonderes Problem waren Wartezeiten. Im Kriegsdienst war die Regel »Zeit ist Geld« nicht gültig. Da der Einsatz der Kriegsschiffe oft von unberechenbaren Operationen des Gegners abhing, auf die man schnell reagieren musste, benötigte die militärische Führung einen Bereitschaftsdienst der Schiffsleute. Das bedingte unberechenbare Wartezeiten zwischen Einsätzen, für welche die Schiffsleute Entschädigung verlangten. Diese und ähnliche Schwierigkeiten ließen sich nicht grundsätzlich regeln, sondern nur von Fall zu Fall durch gute Kommunikation und finanzielle Großzügigkeit.

Schon 1633 beim ersten schwedischen Einbruch hatte General Horn das Ziel eines Flottenstützpunkts am Bodensee verfolgt und sich schließlich, nachdem ihm weder die Eroberung von Konstanz noch von Überlingen gelungen war, mit Buchhorn begnügt und begonnen, dort einen Kriegshafen aufzubauen. Der Versuch endete mit der Niederlage von Nördlingen im September 1634. Wrangel knüpfte nach der Eroberung von Bregenz im Januar 1647 an dieses Vorhaben ganz bewusst und planmäßig an, unter Verwendung einer großen Anzahl erbeuteter Schiffe. Dabei hatte er auch Glück. Als er im März 1647 mit seiner Armee nach Norden abzog, blieben am Bodensee unter schwedischen Garnisonen nicht nur die Stützpunkte Buchhorn, Langenargen und Mainau, sondern auch, dank dem Ulmer Waffenstillstand vom März 1647, Festung und Hafen Überlingen. Bregenz dagegen hatte Wrangel nach seinem Abmarsch offen gelassen, die Schweden benötigten es nicht mehr. Von nun an und bis zum Kriegsende, oder genauer, bis zur Entlohnung der gesamten, in Deutschland verbleibenden Soldateska am Jahresende 1649, besaß Schweden auf dem Bodensee eine bedeutende Machtposition, in der sie den einheimischen Seestreitkräften durchaus gewachsen waren. So herrschte in den folgenden Jahren auf dem Bodensee wenn nicht immer Seekrieg, so doch ein dauernder Wettbewerb zwischen einer leistungsfähigen schwedischen Flotte und den viel lockerer organisierten Schiffen der kaiserlichen Bodenseefestungen. Die Geschichte dieser Phase des Krieges gründlich darzustellen, liegt außerhalb der gegenwärtigen Aufgabe, ist aber auch mangels wissenschaftlicher Vorarbeiten zurzeit nicht möglich.

10.6 Der zweite Einbruch der Schweden in Schwaben

In den ersten sechs Jahren seit der Amtsübernahme des Truchsessen in Lindau – und zwölf Jahre nach dem fluchtartigen Abzug der Schweden aus Oberschwaben im September 1634 – hatte der Krieg Oberschwaben und das Land am östlichen Bodensee verschont, und im Frühjahr 1646 war von Lindau aus kein Grund zu erkennen, warum sich das ändern sollte. Gegen Ende des Jahres waren die Schweden wieder im Lande, und Anfang Januar begannen sie, Lindau zu belagern. Die erfolgreiche Verteidigung der Stadt war die herausragende Leistung des Truchsessen während seines zehnjährigen Kommandos in Lindau. Andererseits war der Marsch einer schwedischen Armee von Norddeutschland durch feindliches Gebiet zum Bodensee eine beachtliche militärische Unternehmung. Darum wird dieser Feldzug im Folgenden doppelt behandelt; zunächst in einiger Kürze in der Perspektive der Einheimischen am Bodensee, dann, wesentlich ausführlicher, vom Standpunkt der Teilnehmer. Als General Carl Gustav Wrangel, der junge schwedische Oberbefehlshaber in Deutschland, Anfang April 1646 aus seinem Winterlager in Thüringen mit einer stattlichen Armee in Richtung auf Westfalen aufbrach und den Sommer aus politischen Gründen in Hessen verbrachte, konnte das die Lindauer nicht beunruhigen. Als Wrangel jedoch nach Vereinigung mit einer französischen Armee unter Marschall Turenne sich nach Süden wendete und am 23. August bei Aschaffenburg den Main überquerte, konnte man darin vielleicht eine Tendenz erkennen, doch gewiss noch kein Ziel. Erst als die beiden Alliierten Anfang September die Donau überschritten, konnten die Lindauer ahnen, dass sie das vielleicht anging.[38]

---

38 KrCh, S. 525 (24. August 1646).

Das Vorrücken von Wrangels Armee von der Donau zum Bodensee hatte die Form selbstständiger Bewegungen vieler einzelner Einheiten, deren Spuren sich nicht verfolgen lassen. Übersichtlich waren nur die Bewegungen des Hauptquartiers. Dieses befand sich etwa im November in Babenhausen, bis kurz vor Weihnachten in Leutkirch und schließlich bis Anfang März 1647 in Bregenz. Die Lindauer Quellen erwähnen die eindringenden Schweden erstmals am 26./16. Oktober, als es hieß, sie hätten mit der Belagerung von Memmingen begonnen. Die Nachricht wurde aber sofort widerrufen: Die Schweden hätten die Stadt nicht eingenommen, sondern »nur einen Streiff gegen Memmingen getan, und mit dem Raub sich wieder zurückh gemacht«[39]. So blieb man in Lindau gelassen und setzte die laufenden Arbeiten an den Befestigungen in Ruhe fort, zum Beispiel mit dem Bau eines Wachthauses in der Neuen (»Vitzedom«)-Schanze. Einen Monat später, am 24./14. November, wurde bekannt, dass »herumvagierende« Kriegsvölker (ob schwedisch oder kaiserlich, war unklar) die Stadt Isny »rein ausgeplündert« und »die Leuth schröckhlich und grausam tractiert« hätten.[40] Am 1. Dezember/21. November wurden größere Kavallerie-Inheiten bei Wangen gesichtet. Und während mehr und mehr Dörfer planmäßig ausgeplündert wurden, flohen die Landleute in die befestigten Städte. Und am 28./18. Dezember zerstörte ein schwedisches Streifkorps des Truchsessen Familiensitz Schloss Wolfegg, einen stattlichen Renaissancebau.[41] Am 23./13. Dezember kam von Erzherzog Leopold Wilhelm, dessen militärische Praxis ihn gelehrt hatte, auf das Schlimmste vorbereitet zu sein, der fürsorgliche Befehl, im Lindauer Kornhaus 600 Malter Getreide als eisernen Bestand einzulagern.[42]

In diesem Moment kam der Truchsess, bei aller Vorliebe für einen bedachtsamen, unaufgeregten Führungsstil, zu der Lagebeurteilung, dass die Krise, d.h. Angriff und Belagerung durch die Schweden, unmittelbar bevorstand. Aus Erfahrung hatte er die Zuversicht, dass er sich behaupten werde, aber aus vielen Beispielen kannte er auch

39 Ratsprotokoll: 26./16. Oktober 1646 und gleichlautend KrCh, S. 529.

40 Ratsprotokoll: 24./14. November 1646, KrCh, S. 530.

41 Vochezer, III, S. 853. Dass Wrangel die Zerstörung eigens angeordnet hat, ist unwahrscheinlich; er war in der Nähe, aber nicht anwesend. Den Besitzer konnte er nicht kennnen, noch konnte er wissen, dass dieser später sein Gegner sein würde. Vermutlich geschah die Zerstörung gedankenlos, als selbstverständliches Normalverfahren der verwilderten Soldateska, welche zu zügeln Wrangel sich allerdings nicht die Mühe machte.

42 Die Frage, was 600 Malter in heutigem Maß bedeute, lässt sich nicht verlässlich beantworten, da der Rauminhalt eines Malters über den deutschen Sprachraum extrem schwankte. Folgt man einfach den Angaben von Wolfart, II, S. 398, dass 1 Malter gleich 2 Scheffel ist und 1 Scheffel als Getreidemaß 3½ Zentner wiegt, dann würde 1 Malter oder 2 Scheffel 7 Zentner oder 350 kg wiegen, ergo 600 Malter: 600x350 = 210 000 kg oder 210 Tonnen. Die Folgerung, dass 600 Malter Getreide in heutigem Maß das Gewicht von 210 Tonnen hätten, klingt einleuchtend, ist aber nicht erwiesen.

die schlimmen Folgen einer Niederlage. Für den bevorstehenden Kampf beschloss er nun, die politische Verfassung der kaiserlichen Festung Lindau auf eine angemessenere Grundlage zu stellen. Am 13. Dezember alten Stils, einem Sonntag, ließ er den Rat bitten, jemand aus seiner Mitte zu ihm abzuordnen, dem »er etwas wichtige Sachen anzubringen habe«. Der Rat entsandte Andreas Bertsch, einen der drei Bürgermeister (*Amts*bürgermeister war zu der Zeit Calixt Hünlin) und den Syndicus Lic. jur. Jacob Heider. Der Truchsess war in ungewohnt ernster Stimmung. Gewöhnlich zeigte er einen gewissen gemütlichen Humor, wie zum Beispiel wenn er vom Kaiserhaus Verstärkung der Garnison anforderte und dann immer wieder behauptete (ohne es selbst zu glauben), die Lindauer würden ihn andernfalls aus der Festung hinauswerfen; oder wenn er den Ratsadvokaten Jakob Heider, der sich ihm zum Trotz für Verkleinerung der Garnison einsetzte, als den »dicken Ethnicus« [43] verspottete. Nun war er feierlich-ernst und behandelte die Ratsherren mit Respekt. Er hatte ein einfaches Anliegen: Er benötige »eine *cathegorische Resolution*, ob die Bürgerschaft neben der Garnison für einen Mann stehen wolle«[44]. Also ging es ihm um eine handgreifliche Beteiligung der Lindauer an der Verteidigung ihrer Stadt. Gegenüber der offiziellen Doktrin der letzten zwanzig Jahre bedeutete das eine radikale Umkehr. Es war uralter Brauch der Stadtrepubliken gewesen, dass sie von ihren eigenen Bürgern verteidigt wurden. 1627 war den Lindauern eine kaiserliche Garnison auferlegt worden als Strafe für ihr Unvermögen, einen Aufstand radikal-protestantischer Bürger aus eigener Kaft niederzuschlagen, und man hatte sie ihrer Waffen, ihrer Wehrpflicht und ihrer Fähigkeit, sich zu verteidigen, sorgfältig entblößt. Und obwohl Stadt und Rat sich seither als tadellos kaisertreu bewährt hatten, erinnerte die kaiserliche Obrigkeit immer wieder gern (zum Beispiel durch wiederholte Entwaffnung der Bürger) an die punitiven Ursprünge des Arrangements. Von solchen ebenso demütigenden wie unwirksamen Vorschriften wollte man sich nun befreien.

Truchsess Max Willibald hatte diese neue Vereinbarung, welche die künftige Partnerschaft zwischen Garnison und Bürgerschaft regeln sollte, wohl durchdacht. Ausgehend von der Erkenntnis, dass im Falle einer Belagerung die Mithilfe der ganzen Bürgerschaft bei der Verteidigung unentbehrlich war, schlug er zwei Grundregeln vor. Zum einen sollten sich die Leistungen der Bürgerschaft auf zivile Hilfsdienste beschränken; nichts sollte ihnen zugemutet werden, wozu sie nicht qualifiziert waren; sie sollten weder an gefährlichen Orten eingesetzt werden noch Waffen tragen oder an Kämpfen teilnehmen. Zum anderen sollten Bürger nicht unter militärischem Kom-

43 *Ethnicus* ist lateinisch für »Heide«.

44 Die auf eine »Cathegorische Resolution« gerichtete Initiative des Stadtkommandanten ist ausführlich dargestellt in der Kriegschronik, KrCh, S. 531–32 sowie fast gleichlautend im Lindauer Ratsprotokoll.

mando stehen, sondern unter eigener bürgerlicher, gleichsam kollegialer Führung. Für diese Funktion bat der Festungskommandant den Rat, zwei Herren aus seiner Mitte als »Ratsdeputierte« zu ihm abzuordnen, die mit ihm engen Kontakt hielten und für die Ausführung von Verteidigungsaufgaben durch die Bürgerschaft sorgten. Der Rat begriff sofort die Nützlichkeit des Vorschlags und ordnete zwei seiner jüngeren und aktiveren Mitglieder, die Ratsherren Rader[45] und Bensperg[46] als Ratsdeputierte zur Garnison ab. Damit wurde es möglich, die zahlreichen Probleme betreffend Verteidigung und Versorgung der Festung unterhalb der Ebene Kommandant–Bürgermeister zwanglos und pragmatisch anzupacken. Sie konnten sich bald in einer Vielzahl von Aufgaben bewähren. Am nächsten Tag, Montag, dem 3. Januar / 24. Dezember hielt man Kriegsrat, stimmte dem Vorschlag zu und besprach die Bestimmungen und Folgerungen der »cathegorischen Resolution« im Einzelnen.

Währenddessen kamen die Schweden näher. Seit dem Umzug ihres Hauptquartiers nach Leutkirch war hier nun der Mittelpunkt ihrer Aktionen, und von hier schwärmten sie nun aus, in alle Richtungen, in vielen kleineren Einheiten, zunächst noch wie gewohnt zu Raub und Plünderung, dann aber auch zur Erkundung der Landschaft für die Quartiersuche. In Lindau erfuhr man von den Bewegungen der Schweden gewöhnlich noch am selben Tag. Noch am Nachmittag des 3. Januar / 24. Dezember sah man die Schweden die Rucksteig herabkommen auf dem Weg nach Lochau. In Lindau begriff man nun, dass Bregenz in größter Gefahr war.[47] Früh am nächsten Morgen – es war der Heilige Weihnachtstag und, wie Hünlin es beschrieb, »ein unsauberen Windstag« – schickte der Truchsess seinen Regiments-Schultheiß, vermutlich mit seinem Jagdschiff (das sofort wieder heimkehrte), nach Bregenz mit der Einladung an die Obrigkeit, alle ihre im Hafen befindlichen Schiffe (angeblich 19) nach Lindau in Sicherheit zu bringen; die Bregenzer lehnten hochmütig ab, »sie wollten ihren Posten und die Schiffe schon verwahren«. Immer noch früh am Tag, kaum später als 10 Uhr, rannten bereits die fliehenden Bregenzer Verteidiger die steilen Pfänderhänge herunter, auf den Fersen dicht gefolgt von schwedischen Truppen, die im

45 Martin Matthias Rader (ca. 1615–1681) stammte aus einer Kaufbeurer Patrizierfamile, die 1626 wegen der Rekatholisierung die Heimat verlassen musste, auf Umwegen 1635 nach Lindau kam und schließlich mit Erfolg Salzhandel betrieb, er hatte den Kaufmannsberuf in Italien, Augsburg und Lyon erlernt, später im Rat sowie im Sünfzen viele Ämter, von 1660 bis 1680 war er Bürgermeister und starb 1681. Wolfart, II, S. 324, Stolze, S. 120f., 242.

46 Wolfgang Bensperg (ca. 1610–1673) stammte aus einer alten Lindauer Familie, die nicht weniger als sieben Bürgermeister gestellt hat. Er selbst war Bürgermeister von 1660 bis zu seinem Tod 1672. Wolfart, II, S. 323, Stolze, S. 118, 226. Der Truchsess, Oberst von Vizthum u. a. wohnten in seinem Haus.

47 Die folgenden Bemerkungen beschreiben die Lindauer Sicht und beschränken sich auf Informationen, die den Lindauern unmittelbar zugänglich waren, während die Bregenzer Eroberung noch im Gange war. Eine ausführlichere Darstellung folgt im nächsten Kapitel.

schnell entstehenden Chaos die Stadt mühelos überumpelten. Nun eilten panische Menschenmengen zum Hafen und drängten sich auf die bereit liegenden Schiffe. Diese versuchten auszulaufen, kamen aber, sei es wegen Überladung oder weil »Wasserwind grausam stark wehte«[48], nicht in Fahrt, sondern zwei von ihnen sanken noch im Hafen, mit den meisten ihrer Passagiere.

Wenig später war Bregenz in der Hand der Schweden. Diese, sich des Werts der Schiffe ebenso bewusst wie der Truchsess, eilten sofort zum Hafen, um die Schiffe zu sichern. Es stürmte heftig, es entstand eine Panik, die dort liegenden Schiffe waren überladen und kenterten sofort im Hafen oder, wenn sie noch entkommen konnten, draußen auf dem See. Wenige entkamen. Dem Lindauer Regiments-Schultheiß gelang es knapp, auf ein fluchtbereites Bregenzer Jagdschiff aufzuspringen. Dieses konnte mit ihm »und was für leuth darein, entrinnen [und] mit großer mühe alhero kommen«[49]. Darauf schickte der Truchsess noch einmal ein Schiff über den See, diesmal nach Fußach, wieder mit der dringenden Aufforderung, alle brauchbaren Schiffe nach Lindau in Sicherheit zu bringen. Dort nahm man das Angebot sofort an, und die so geretteten Schiffe bildeten den Grundstock zu einer quasi-kaiserlichen Bodenseeflotte.

Die Lindauer reagierten lakonisch auf die dramatischen Entwicklungen in der Nachbarstadt. Was nun kommen würde, war offensichtlich. Tatsächlich hatte man sich auf diesen Moment seit Jahren, eigentlich schon seit Kriegsbeginn, vorbereitet. Dennoch war es ein wehmütiger Augenblick, als man das Landtor massiv verbaute, die Reste der Brücke abbrach und in die verbleibenden steinernen Brückenbögen Sprengladungen legte. Dies erforderte auch, dass man die tönerne Rohrleitung zerschlagen musste, die besonders wohlschmeckendes Wasser von einer Fassung in der Nähe der Senftenau heranführte, und zwar mit genügend Druck, sodass es auf der Insel aus vielen Brunnen sprudelte. Nun musste man das Wasser aus Tiefbrunnen schöpfen.

48 Hünlin, S. 54.

49 Waldburg-Wolfegg, *Kurze Relation*, Z. 15–21; Calixt Hünlin, der dies ebenfalls wiedergibt, spricht von einem »hiesigen Fendrich«; die Version des Truchsessen ist wohl vorzuziehen, da er der Sache zeitlich wie organisatorisch näher stand. Hünlins Chronik, S. 54.

11. WRANGELS MARSCH ZUM BODENSEE (1646)

11.1 Der junge Wrangel

Die Generation von König Gustav Adolf (1594–1632) selbst und seinen ursprünglichen Kampfgefährten Axel Oxenstierna (1583–1654), Gustav Horn (1592–1657), Johan Banér (1596–1641) und Lennart Torstensson (1603–1651) stammte einheitlich aus dem schwedischen Hochadel; sie hatten des Königs militärische Neuerungen, seinen Führungsstil und den ihm eigenen Kampfgeist in persönlichem Zusammenwirken erfahren, sie verkörperten die von ihm begründeten Traditionen, aber sie gehörten nunmehr zur Vergangenheit. Carl Gustav Wrangel (1613–1676)[1] gehörte einer jüngeren Generation an. Er ist, soweit bekannt, mit dem König selbst nie in persönliche Berührung gekommen. Sein Mentor im Kriegshandwerk war der eigene Vater. Zwar stammte Wrangels Mutter, Margareta Grip (1586–1624), eine Kusine Gustav Adolfs, gleichfalls aus dem Hochadel, doch sein Vater, Feldmarschall Herman Wrangel (ca. 1580–1643), war ein baltendeutscher Edelmann aus Estland (welches seit 1562 zu Schweden gehörte). Der junge Carl Gustav Wrangel verdankte seine schnelle militärische Karriere vor allem hemmungsloser väterlicher Protektion. Geboren auf Skokloster, dem väterlichen Landsitz südlich von Uppsala, erhielt er seine Erziehung per Privatunterricht, dann in der Adelsakademie »Collegium illustre« in Stockholm. Schon im Sommer 1627 ließ der Vater, der in Westpreußen gegen Polen Krieg führte, seinen Sohn nachkommen und an einigen militärischen Unternehmungen teilnehmen. Im Herbst 1629 wurde der noch nicht 16-Jährige auf eine Kavalierstour (die unter jungen Adligen übliche Bildungsreise zu den kulturellen Zentren Europas) geschickt, »um sich in fremden Spachen, ritterlichen Übungen und anderen Wissenschaften weiterzubilden«[2]. Zunächst

---

1 Eine moderne Biografie von Wrangel fehlt. Die folgenden biografischen Angaben folgen der vorzüglichen Kurzbiografie enthalten in Losman, Arne: *Carl Gustav Wrangel och Europa: Studier I kulturförbindelser kring en 1600-talsmagnat.* Stockholm, 1980, S. 15–45. Die sehr gründliche Darstellung von Wrangels Jugend von Karsten, H. A.: *Karl Gustav Wrangel: hans ungdomstid och första krigarbana 1613–1638.* Stockholm, 1916, 272 S., ist von Losman ausgewertet worden. Nützlich sind auch Artikel über Wrangel und einige Verwandte im biografischen Lexikon *Svenska Män och Kvinnar: Biografisk Uppslagsbok.* Stockholm, 1942–1955, Vol. 8, 1955. Das neuere schwedische biografische Lexikon von Nilzén, Göran (Hg.): *Svenskt Biografiskt Lexikon*, Stockholm, 1918–, ist noch nicht bis zum Buchstaben W fortgeschritten.

2 Losman, S. 17.

ging er nach Holland und beschäftigte sich dort mit Navigation und Schiffbau. Am 19. Dezember 1630 immatrikulierte er sich auch an der Universität Leiden für das Fach Politik. Dann reiste er weiter nach Paris, wo er allerdings bald in die Heimat zurückgerufen wurde, um in den Dienst des Königs zu treten. Über die Ergebnisse von Wrangels kurzem und unsystematischem Bildungsweg ist wenig bekannt; fest steht nur, dass er die schwedische und die deutsche Sprache – auch schriftlich – vollständig beherrschte, Deutsch aber bevorzugte, dass er Französich gut und gern sprach, dem Latein aber, das er auch gelernt hatte, lieber aus dem Weg ging[3].

König Gustav Adolf, der seit Juni 1630 mit seiner Armee in Deutschland Krieg führte, hatte am 17. September 1631 bei Breitenfeld einen entscheidenden Sieg errungen. Wenig später, noch im Herbst 1631, begann der knapp 18-jährige Wrangel seinen Dienst als Kammerjunker im königlichen Leibregiment. Eine persönliche Begegnung zwischen dem König und dem Kammerjunker ist nicht bezeugt. Vermutlich zog Wrangel unbeachtet unter Tausenden von Soldaten bei den Feldzügen des Jahres 1632 mit und nahm wahrscheinlich auch an der Schlacht bei Lützen am 16. November 1632 teil, in der Gustav Adolf den Tod fand. Im Juli 1633 erscheint Wrangel auf einer Soldliste in Wolgast noch als Kammerjunker. Aber nun nahm sein Vater Herman Wrangel, seit Ende 1632 schwedischer Generalgouverneur von Preußen mit Sitz in Elbing, die Karriere des Sohns in die Hand; laut Aktenvermerk der Rentenkammer Elbing tat der 20-jährige Oberstleutnant Carl Gustav Wrangel 1634 als Kompaniechef in einem Infanterieregiment in Elbing Dienst. Noch 1634 wurde er im gleichen Rang in ein Kavallerieregiment versetzt, welches 1635 der Armee von Johan Banér eingegliedert wurde und künftig in der Gegend von Magdeburg und in Sachsen operierte. Der junge Wrangel, jetzt Oberst, zeichnete sich wiederholt im Gefecht aus, wurde verwundet, erhielt aber auch von Banér sowie Torstensson eine Anzahl von Ermahnungen, seine Truppen besser an Übergriffen auf die Zivilbevölkerung zu hindern.[4]

1635 begann die kaiserliche Armee unter Generalleutnant Gallas eine großangelegte Offensive mit dem Ziel, von der deutschen Ostseeküste Besitz zu ergreifen und die Verbindung der schwedischen Armeen mit der Heimat abzuschneiden. Die Verteidigung von Pommern war aufgeteilt zwischen den Generälen Herman Wrangel und Johan Banér. Wrangel übernahm Vorpommern, Banér Hinterpommern. Im März 1637 beantragte Wrangel sr. die Versetzung seines Sohnes von Banérs Armee in seine eigene. Darauf machte er ihn auf eigene Faust zum Generalmajor und zum Kommandanten von Greifswald, wogegen Banér beim Reichskanzler Oxenstierna protestierte. Die Spannungen zwischen Banér und Wrangel sr., beide höchst schwierige

3 Ebenda, S. 45–49, bes. S. 47.

4 Ebenda, S. 19.

General Carl Gustav Wrangel. Kupferstich von Matthäus Merian d. Ä. oder einem Mitarbeiter, ca. 1646.

Charaktere, schadeten der Kriegführung und machten es erforderlich, Herman Wrangel abzuberufen, während Banér als Generalgouverneur in Pommern blieb. Auch Carl Gustav Wrangel musste 1638 in Stockholm Bericht erstatten, jedoch mit dem Ergebnis, dass man seine umstrittene Beförderung zum Generalmajor offiziell bestätigte.

Nach seiner Rückkehr zur Truppe war er Banér nicht nur weiterhin unterstellt, sondern in dessen persönlicher Nähe. Banér pflegte einen regelmäßigen Briefwechsel mit Reichskanzler Oxenstierna, und zwar, wie alle dienstliche Korrespondenz in der schwedischen Armee, auf Deutsch. Darin kam Banér immer wieder auf den jungen Wrangel zu sprechen. Unter dem Datum Stettin, den 21. Mai 1638 äußert er die »dienstliche Bitte«, von den mit Wrangel verbundenen Schwierigkeiten verschont zu werden, und fordert dessen Versetzung, »in deme mir dieses jungen herrn Wrangels humor also bekant, das ich weis, er sich mit den andern obersten und gutes theils officirern, zu geschweigen mit den generalmajoren, nicht vertragen würde, wie er denn ohne das bei der armée keine affection hat, sondern sich mit ihme sehr wenig comportiren können. … Derhalben ich denn lieber sehen, dass dieser junge cavallier seine jugendt an andern orten wol anlegen, als ich durch seine praesentz bei dieser armee mit allerley inconvenientien belästiget werden möchte. Es hette auch sein herr vater nicht unweisslich gethan, wenn er ihn noch eine zeit lang hette lassen die obersten-charge bedienen, …«[5] In Altenburg, am 4. April 1641 (sechs Wochen vor seinem Tod) fasste Banér seine Meinung von Wrangel noch einmal zusammen. »Bey der infanteri nun bin ich alzu schlecht mit generalspersohnen versehenn, nachdemmahle der Generalmajor Wrangel mir gantz und gar nichts nützlich ist, denn desselben actiones nur kinder- und lauter à la mode-händel sein, unndt hat er in Franckreich und Hollandt dererselben sitten so gar angenommen, das er sich auch in kleidung und tractament wie ein gebohrner Frantzoss halten thut, hingegen wenn ich eine ordre ausgebe, das er ein paar stunde vor tage auff sein

5 *Rikskansleren Axel Oxenstiernas skrifter och brevväxling,* Avd. 2, Band 6, Stockholm, 1893, S. 548–549.

soll, so bekomme ich ihn allererst gegen 8 uhren zu sehen. Unnd ist immer schade, das er so zeitig von jahren zu einer solchen hohen charge promoviret wordenn.«[6] Allerdings sind bei Banérs Kritik an Carl Gustav Wrangel zwei Umstände zu berücksichtigen. Zum einen war der Alkoholiker Banér zu jener Zeit leidend und oft bettlägerig. Zum anderen wird Wrangel in Banérs Briefen an Oxenstierna auch oft gelobt; so zum Beispiel: »Sonsten hat bey der zuerst gemelten charge der Obristleutenandt Wrangel, alss welcher die Mol[t]ckische squadron geführt, sich über die massen wol gehalten, und hat zwen schuss, alss einen durch den hut und einen uffs wappen, so nichts verlezet, entpfangen.«[7] Die lobenden Erwähnungen sind zahlreicher als die kritischen.[8] Am 1. Juni 1640 heiratete Wrangel Anna Margareta von Haugwitz (1622–1673)[9], die aus niederem sächsischem Adel stammte, durch den Krieg Eltern und Besitz verloren hatte und als Mündel der Gattin des Feldmarschalls Banér in dessen Familie lebte. Vater Wrangel war gegen die Ehe, sei es wegen der Mittellosigkeit[10] der Braut, sei es wegen ihrer Nähe zu Banér. Die Ehe muss glücklich gewesen zu sein; Wrangels Gattin, durch frühe Kriegserfahrungen an Entbehrungen gewöhnt, begleitete den General wenn möglich auf seinen Feldzügen. Sie hatten zwischen 1641 und 1661 elf Kinder, von denen aber sieben sehr früh starben.[11]

---

6 Ebenda, S. 845.

7 Artlenburg, den 19. Oktober 1635, ebenda, S. 230.

8 Weitere Beispiele: Wollin, den 1. Januar 1638, ebenda, S. 489; Ziesitz bei Pirna, den 23. April 1639, ebenda, S. 610; Erfurt, den 16. Dezember 1640, ebenda, S. 803; Cham, den 29. Januar 1641, ebenda, S. 811ff.

9 Wikipedia, »Anna Margareta Wrangel«. Siehe auch die sehr reichhaltige Website »Lebenslauf von Anna Margareta von Wrangel Gräfin von Salmis«.

10 Der alte Wrangel hatte entschiedene Meinungen über Methoden des Vermögenserwerbs, die er seinem Sohn eindringlich und immer wieder nahelegte: »Mache, daß du was aufhebst, gleich wie die anderen tun – der was nimmt, der hat was« oder »Nimm nur, mein Sohn, so viel du kannst, denn wer da nimmt, der hat!« Stackell, L., S. 60. Siehe auch Redlich, S. 56 oder Rystad, S. 434. Der alte Feldmarschall hat auch auf andere Weise Aufmerksamkeit erweckt. Zum einen hat er seinem Sohn Carl Gustav, als er eine gewisse junge Dame zu heiraten beabsichtigte, diese Heirat verboten und dann die Dame selbst geheiratet. Losman, S. 19. Ein andermal hat er einem dänischen Diplomaten, der sich dienstlich in Stockholm aufhielt, nachts aufgelauert, ihn gründlich verprügelt und damit außerordentliche diplomatische Schwierigkeiten ausgelöst; *Svenska Män och Kvinnor,* Band 8. s. u. Wrangel, Herman.

11 Losman, S. 21–24.

11.2 Torstenssons Plan

Feldmarschall Lennart Torstensson (1603–1651) hatte zusammen mit König Gustav Adolf seit der Landung in Pommern 1630 in Deutschland Krieg geführt, hatte sich den Ruf des besten Strategen der schwedischen Armee erworben und war seit Mai 1641 Feldmarschall und Generalissimus der Armee in Deutschland. Torstensson verband strategisches Genie mit der Fähigkeit, seine Operationen mit unerhörtem Tempo durchzuführen (der bayerische Kurfürst warnte vor ihm als einem »geschwinden Feind«[12]). Im Herbst 1643 hatte Reichskanzler Axel Oxenstierna überraschend, mitten im deutschen Krieg, Torstensson mit einem Teil seiner Truppen abkommandiert zu einer Überraschungsinvasion gegen den Erbfeind Dänemark. Der Kanzler hatte eine günstige Gelegenheit erkannt, die Dänen, die einen großen Teil Schwedens beherrschten, zu vertreiben und ihnen die Vormachtstellung an der Ostsee zu entwinden. Torstensson hatte das Oberkommando und Wrangel war sein Generalstabschef. In einer plötzlichen Krise – im Sommer 1644 war ein schwedischer Flottenverband von den Dänen in der Kieler Förde eingeschlossen und ihr Admiral tödlich verletzt worden – musste Wrangel einspringen und die Rolle des Admirals übernehmen. Nachts, verdunkelt und bei günstigem Wind gelang es Wrangel, mit seinen Schiffen an den Absperrungen vorbei ins Freie zu segeln. Nun erhielt Wrangel das Kommando über die gesamte schwedische Flotte einschließlich eines holländischen Geschwaders. Am 13. Oktober führte er diese Streitkräfte in eine Seeschlacht vor der Insel Fehmarn gegen die dänische Flotte. Dank großer Übermacht wurde die dänische Flotte fast vollständig vernichtet (sein Erfolgsrezept war es, sich nicht auf die Artillerie zu verlassen, sondern am feindlichen Schiff anzulegen, es zu entern und dessen Besatzung im Nahkampf zu überwältigen). Wrangel überwinterte mit der ganzen Flotte in Wismar, besetzte im Juni 1645 die Insel Bornholm und demonstrierte durch geeignete Flottenmanöver schwedische Seemacht zur Unterstützung der Friedensverhandlungen. Der Krieg an der Ostsee lief langsam aus und endete im August 1645 mit dem Friedensschluss von Brömsebro.

Torstensson war schon Ende 1644 zum deutschen Kriegsschauplatz zurückgekehrt. Im Februar 1645 brach er mit der schwedischen Hauptarmee von Nordböhmen aus zu einem Feldzug in Richtung auf Wien auf.[13] Das Unternehmen begann damit, die kaiserliche Hauptarmee, die sich ihm bei Jankau (ca. 25 Kilometer nördlich von Tabor)

---

12 Heilmann, Johann: *Kriegsgeschichte von Bayern, Franken, Pfalz und Schwaben von 1506 bis 1651*, Band 2, München, 1868, S. 700.

13 Broucek, Peter: »Der Schwedenfeldzug nach Niederösterreich 1645 / 46«, *Militärhistorische Schriftenreihe*, Heft 7, Wien, 1967, S. 25–26.

in den Weg gestellt hatte, am 6. März 1645 vernichtend zu schlagen. Schnell und ungehindert marschierte er dann quer durch Böhmen zur Donau und stand Ende März vor Wien. Am 10. April nahm er die Wolfsschanze, den Brückenkopf auf der linken Donauseite direkt vor der Stadt. Torstenssons Hoffnung, dem kaiserlichen Gegner in seiner eigenen Hauptstadt den Todesstoß zu versetzen, erfüllte sich aber nicht. Am Ende des Sommers musste er so, wie er gekommen war, wieder zum Ausgangspunkt zurückmarschieren. Das wichtigste Ergebnis des Feldzugs bestand darin, dass Kaiser Ferdinand III. seinen Widerstand gegen die Friedensverhandlungen endlich aufgab und seinen besten Diplomaten, Graf Maximilian von Trauttmansdorff, als kaiserlichen Generalbevollmächtigten nach Westfalen entsandte. Seine Ankunft in Münster am 29. November 1645 bezeichnet den Beginn ernsthafter Friedensverhandlungen.[14]

Die akute Gicht, an der Torstensson litt, hatte ihn schon auf dem Feldzug gegen Wien gezwungen, in einer Sänfte zu reisen. Bei seiner Rückkehr hatte sich sein Befinden so stark verschlechtert, dass er gezwungen war, den Oberbefehl über die schwedischen Streitkräfte in Deutschland niederzulegen. Im Dezember 1645 war Wrangel, vom Feldzug gegen Dänemark zurückgekehrt, bei Torstensson in Leipzig eingetroffen. Nach ausführlichen Gesprächen mit Wrangel bestimmte Torstensson diesen noch im Dezember zu seinem Nachfolger. Anfangs sollte Wrangel noch unter Torstenssons Beratung und Aufsicht stehen; angesichts seiner Jugend (er war 32 Jahre alt) hatten dies nicht nur Königin Christina und Reichskanzler Oxenstierna gefordert, sondern es entsprach auch Wrangels eigenem Wunsch. Torstensson hatte entschieden, dass neben der Hauptarmee zwei kleinere Armeekorps selbstständig operieren sollten, eines in Schlesien unter General Arvid von Wittenberg, das andere in Nordwestdeutschland unter General Hans Christoph von Königsmarck. Wrangel aber sollte die Hauptarmee kommandieren, die sich zu der Zeit in Nordböhmen aufhielt. Während sich Wrangel noch vor Jahresende zur Truppe begab, begann Torstensson einen Feldzugsplan für das kommende Jahr 1646 auszuarbeiten und mit den französischen Verbündeten abzustimmen.

Der geplante Feldzug diente einem politischen Zweck. Das Ziel war, die Friedensverhandlungen, die durch mangelnde Verhandlungsbereitschaft der katholischen Seite (oder, genauer, des Habsburger Kaisers Ferdinand III.) behindert wurden, dadurch zu beschleunigen, dass man Kurfürst Maximilian I. von Bayern dazu bewegte, sich vom Haus Habsburg abzuwenden und mit den beiden Königreichen Frankreich und Schweden einen separaten Waffenstillstand zu schließen, was es dem Kaiser unmöglich machen würde, den Krieg allein fortzusetzen. Das Mittel, den Kurfürsten dazu zu bringen, sollte der Einfall einer schwedisch-französischen Armee in Bayern

---

14 Dickmann: *Der Westfälische Frieden*, 1989, S. 195 und passim.

sein, welche der bayerischen Wirtschaft durch Verwüstung der Landwirtschaft katastrophalen Schaden zufügen sollte. Die damit beauftragte Armee sollte unter dem Kommando von General Carl Gustav Wrangel stehen. Die Aufgabe dieser Armee war gewiss nicht einfach. Schwieriger jedoch war es, die beiden Königreiche dazu zu bringen, den Plan gemeinsam in die Tat umzusetzen und an ihm bis zum erreichten Ziel festzuhalten. Die historische Erforschung dieser Episode wird dadurch behindert, dass sie drei verschiedene Sprachkreise berührt, von denen die schwedische Literatur nicht genügend berücksichtigt und der schwedische Anteil an Konzeption und Durchführung des Plans zu wenig beachtet wird. Es gibt Anzeichen, dass der Plan, ausgehend von Anregungen General Lennart Torstenssons, gegen Ende 1645 im Umkreis von Reichskanzler Oxenstierna unter Mitwirkung des französischen Gesandten Hector Pierre Chanut und des schwedischen Kriegsrats Alexander Erskein in Stockholm konzipiert wurde und er von dort aus bei der Friedenskonferenz in Münster und Osnabrück den französischen und bayerischen Vertretern vermittelt wurde.

11.3 Winterlager und Aufbruch nach Hessen

Mitte Januar führte Wrangel die Hauptarmee, die er in Brüx und Kaden an der Eger zusammengezogen hatte, über das Erzgebirge und legte sie am Nordrand des Thüringer Waldes ins Winterlager.[15] Es waren rund 13000 Mann Kavallerie und 6000 Mann Infanterie, alles altgediente, bewährte Mannschaften. Um die Fähigkeit der einheimischen Bevölkerung, die Soldaten während des Winters zu ernähren, nicht zu überfordern, verteilte Wrangel die Truppen über einen weiten Raum, der sich ost-westlich über 100 Kilometer weit, von Eisenach bis kurz vor Gera, und nord-südlich an der breitesten Stelle über fast 50 Kilometer, von Apolda bis Saalfeld, erstreckte. In Stadtilm, in der Mitte dieses Gebiets, errichtete er sein Hauptquartier (6. März / 24. Februar).[16]

---

15 Der folgende Überblick über Wrangels Feldzug des Jahres 1646 folgt den schwedischen Darstellungen des Svensk Försvarsstaben: Krigshistorika avdelningen, *Fran Femern och Jankow till Westfalika Freden*, Stockholm, 1948; Steckzén, Birger: *Karl Gustav Wrangels Fälttag 1646–1647 till och med Fördraget i Ulm*, Uppsala 1920; Mankell, Julius: *Uppgifter rörande Svenska Krigsmagtens styrka, sammansättning och fördelning sedan slutet af femtonhundratalet jemte öfversigt af svenska krigshistoriens vigtigaste händelser under samma tid*; Stockholm, 1865. Eine bayerische, aber über die schwedische Sicht wenig informierte Perspektive bieten Heilmann, Johann: *Kriegsgeschichte von Bayern, Franken, Pfalz und Schwaben von 1506 bis 1651*. 3 Bd., Band 2, München 1868, und, moderner, Immler, Gerhard: *Kurfürst Maximilian I. und der Westfälische Friedenskongress*, Münster, 1992, S. 309–323.

16 Mankell: *Uppgifter*, S. 286–287, liefert eine genaue Quartierliste der einzelnen Einheiten von Wrangels Armee in Thüringen.

Im März 1646 lud Torstensson Wrangel zu einem längeren Besuch (23./13. März bis 12./2. April) nach Leipzig ein, um mit ihm den Plan für seinen kommenden Feldzug nach Süddeutschland durchzusprechen. Es handelte sich um eine raffinierte Strategie, die Torstensson mit der französischen Führung, namentlich dem bevollmächtigten Gesandten von Cardinal Mazarin, Charles du Bois d'Avaugour, vereinbart hatte. Die schwedische Hauptarmee unter Wrangel, eine französische Heeresgruppe unter General Turenne und ein Corps der hessischen Armee sollten sich im Frühsommer in Hessen vereinigen, auf kürzestem Weg und ohne Aufenthalt zur Donau marschieren und in Bayern einfallen. Durch planmäßige Verwüstung der Landwirtschaft sollten sie den bayerischen Kurfürsten dazu bringen, ein vorteilhaftes französisch-schwedisches Waffenstillstandsangebot anzunehmen und sich damit vom Haus Habsburg abzuwenden, um dieses, auf sich gestellt, ebenfalls verhandlungsbereit zu machen. Zur Bekräftigung des Plans sagte d'Auvaugour verbindlich zu, dass die Armee des Marschalls Turenne am 24. Mai an der linken Rheinseite bereitstehen würde, um sich mit den Schweden auf schnellstem Wege zu vereinigen (man ging damals von einer Rheinüberschreitung bei Boppard und einem Treffpunkt im Lahntal bei Limburg aus).[17] Im Einvernehmen mit Landgräfin Amalie Elisabeth von Hessen-Kassel wurde beschlossen, dass Wrangel nach Hessen marschierte, um sich dort im Frühsommer mit einer französischen Armee und einigen Hessen-Kasselschen Truppen zu vereinigen. Währenddessen sollten die Generäle Königsmarck und Wittenberg mit ihren Streitkräften selbstständig, doch unter Wrangels Oberkommando, in Nordwestdeutschland bzw. Schlesien operieren; vor allem sollten sie dem tief nach Süddeutschland eindringenden Wrangel den Rücken decken und die Verbindungen zu den Ostseehäfen sichern. Wrangel kehrte am 12. April von Torstenssons Hauptquartier ins Winterlager bei Ilmstadt zurück; kurz vor seinem Aufbruch besuchte ihn dort Turennes Adjutant Johan Grotius, um die Verabredung mit Turenne noch einmal zu bestätigen.[18] Die Franzosen hatten sich verpflichtet, am 24. Mai am Rhein zu stehen, in Erwartung des Abrufs zum Rendezvous.

Am 18. April brach Wrangel mit seiner Armee in Richtung auf Hessen auf.[19] Sein erstes Ziel war Höxter an der Weser, um auf Wunsch der Landgräfin einige unter

---

17 *Fran Femern och Jankow*, S. 168.

18 Steckzén, S. 42.

19 Die traditionelle Militärgeschichte neigt dazu, den Marsch einer Armee des Dreißigjährigen Krieges säuberlich und abstrakt darzustellen, wie die Bewegung von Schachfiguren auf dem Spielbrett. Um ein wirklichkeitsgetreueres Bild solcher Märsche zu sehen, sollte man sich einiger zusätzlicher, doch selten erwähnter Faktoren bewusst sein. Eine große Armee marschierte nicht in ordentlichen Kolonnen, hintereinander im Gleichschritt, Reih und Glied, sondern aufgelockert und weit auseinandergezogen, auf verschiedenen parallelen Wegen, mit unterschiedlichem Tempo. Eine Armee war immer

kaiserlicher Garnison stehende westfälische Festungen, welche ihr Gebiet belästigten, zu »eröffnen«. Nach einem Marsch über Mühlhausen, Heiligenstadt, Dransfeld und Uslar stand die schwedische Armee am 28. April vor Höxter und begann die Belagerung. Am 5. Mai fiel die Stadt. Nach Einsetzung einer schwedischen Garnison zog Wrangel weiter, nahm am 15. Mai Paderborn und am 25. Mai Stadtbergen (das heutige Marsberg). Am 10. Juni erreichte er Wetzlar, wo er vorhatte, die Ankunft versprochener Verstärkungen abzuwarten. Diese sollten aus drei Richtungen kommen. Das war zum einen das Wrangel direkt unterstellte, in Norddeutschland selbstständig operierende Korps des Generals Königsmarck, das Wrangel mit hoher Dringlichkeit herbeibeordert hatte; dann eine Hessen-Kasselsche Hilfstruppe, welche Landgräfin Amalie Elisabeth versprochen hatte; drittens, und am wichtigsten, die schon erwähnte französische Heeresgruppe unter Marschall Turenne. Königsmarck hatte sich Zeit gelassen[20] und traf endlich am 15. / 5. Juni in Wetzlar ein.[21] Gleichzeitig mit ihm kam auch die versprochene hessische Truppe von rund 1400 Mann Kavallerie unter Generalleutnant Johann von Geyso an.

Wrangel wusste, dass sein Gegner, die kaiserliche Hauptarmee verstärkt durch den größten Teil der Armee des Kurfürsten von Bayern, ihm zahlenmäßig überlegen war. Diese Streitmacht verfolgte ihn in der Absicht, seine Vereinigung mit der französischen Armee zu verhindern und ihm den Zugang zum süddeutschen Raum zu versperren, oder besser noch, ihn gänzlich zu vernichten. Die kaiserlichen und bayerischen Truppen hatten, nachdem sie sich im Dezember in Nordböhmen vom Gegner getrennt hatten, in der Oberpfalz, zwischen Tirschenreuth und Weiden, überwintert, um Anfang März zum oberen Main umzuziehen, wo sie zwischen Staffelstein und Haßfurt bis weit in den Frühling hinein lagen. In Staffelstein hielten sie Ende April eine großangelegte Militärkonferenz.[22] Erst am 21. Mai machten sie sich wieder auf und standen Anfang Juni in Hanau und Aschaffenburg.

Die Führung der feindlichen Heere betreffend standen die gesamten kaiserlich-bayerischen Streitkräfte unter dem Oberkommando des Erzherzogs Leopold Wilhelm (1614–1662), der bayerische Befehlshaber unter ihm war Feldmarschall Gottfried

---

von einem Tross begleitet, in dem Angehörige der Soldaten sowie unentbehrliche Gewerbetreibende der Armee folgten; dabei handelte es sich um gewaltige Wagenkolonnen mit Teilnehmerzahlen, die der Mannschaftsstärke einer Armee gelegentlich kaum nachstanden. Ferner hinterließen Armeen auf dem Marsch oft breite Spuren von Raub, Gewalttat und Zerstörung. Für Einzelheiten allgemein: Engerisser: *Von Kronach,* Teil 2; und für Westfalen: Conrad, C.; Teske, G.: *Sterbezeiten,* S. 21f., 49f., 226–234.

20 Königsmarck war ein hervorragender Kavalleriegeneral, der sich aber ungern unterordnete. Wrangel scheint diese Eigenheit des älteren Kollegen großzügig geduldet zu haben.

21 Steckzén, S. 56.

22 Immler: *Kurfürst Maximilian,* S. 310.

Huyn Graf von Geleen.[23] Auf der anderen Seite kommandierten Wrangel und der noch nicht eingetroffene Turenne (Henri de La Tour d'Auvergne, Vicomte de Turenne, Maréchal de France, 1611–1675) ihre jeweiligen Truppen unabhängig voneinander; Entscheidungen, beide Armeen betreffend, trafen sie gleichberechtigt-kollegial, sofern sie nicht durch spezifische Anordnungen ihrer Regierungen gebunden waren.

Bemerkenswert ist die Jugend der drei führenden Feldherrn; Turenne war 35, Wrangel 33 und Erzherzog Leopold Wilhelm 32 Jahre alt. Unterschiedlich waren ihre Befähigungen; Turenne und Wrangel, obwohl jung, hatten das Kriegshandwerk von Grund auf gelernt und sich auf jeder Ebene bewährt; beide hatten noch lange erfolgreiche militärische Karrieren vor sich und stiegen in ihren nationalen Armeen bis zur Spitze der Berufspyramide auf. Im Vergleich zu Turenne und Wrangel war Feldmarschall Geleen (1590–1657) nur ein Offizier guten Durchschnitts, den der bayerische Militärhistoriker Johann Heilmann dadurch kennzeichnete, dass auf ihn »das Talent Mercy's [seines großen Vorgängers], die Pläne seiner Feinde zu durchschauen, nicht übergegangen war«[24]. Der Generalissimus der kaiserlichen Armee, Erzherzog Leopold Wilhelm, dagegen war Geistlicher und Fürstbischof über mehrere Bistümer. Er hatte schon einmal, von 1639 bis 1643, diese Rolle gespielt, nicht auf eigenen Wunsch, sondern auf Drängen seines Bruders, Kaiser Ferdinands III. Dabei hatte er in der »zweiten« Schlacht bei Breitenfeld (am 2. November 1642) eine schlimme Niederlage erlitten, allerdings nicht nur wegen der schlechten Verfassung der kaiserlichen Armee, sondern auch einfach, weil Torstensson sein Gegner war. So gab er das unwillkommene Amt im Februar 1643 ab, musste es aber nun, im Mai 1645, noch einmal auf sich nehmen. Inzwischen hatte er den Glauben, dass man auf kriegerischem Weg zum Frieden gelangen würde, längst verloren, und handhabte sein Kommando so, als wenn es ihm nur noch darum ginge, Schaden zu vermeiden. Im Gefecht übrigens hatte er sich stets als furchtlos erwiesen. Er war ein empfindlicher Mensch und ein liebenswürdiger Korrespondent, beachtet als Verfasser italienischer Gedichte, bedeutend jedoch als Kunstsammler, dem das Wiener Kunsthistorische Museum seinen Grundstock verdankt.[25] Schließlich ist die Führungsstruktur der kaiserlich-bayerischen Armeen nicht zu verstehen ohne die aktive Mitwirkung – aus der Ferne per Kurier – des scharfsinnigen, wohlinformierten alten Kurfürsten Maximilian I. von Bayern (1573–1651). Er belieferte Geleen und gelegentlich auch den (von ihm herzlich verachteten) Erzherzog mit einem Strom ungeduldiger, praktisch-militärischer

23 Ebenda, Kap. 9.6.

24 Heilmann, S. 706.

25 https://de.wikipedia.org/wiki/Leopold_Wilhelm_von_%C3%96sterreich[zuletzt geöffnet am 28.10.2016]

Anweisungen, mit denen er wahrscheinlich hier und da Unheil für die kaiserlich-bayerische Armee verhütet hat.

Wichtig ist die Frage nach der Stärke der beteiligten Armeen, doch die zugänglichen Auskünfte sind unbefriedigend. Die verfügbaren Sekundärquellen Manckell, Heilmann usw. divergieren stark, nicht nur weil unklar ist, *was* genau gezählt wurde, sondern auch weil es unmöglich ist, einen gemeinsamen Stichtag zu vereinbaren, während die tatsächlichen Mannschaftsstärken von Monat zu Monat stark schwankten. So schätzt Heilmann die Stärke der schwedischen und französischen Armeen von Anfang August 1646, also direkt nach ihrer Vereinigung, auf zusammen 10 000 Mann Kavallerie und 7000 Mann Infanterie (Stand ca. 1. Juli 1646)[26]. Manckell schätzt die Mannschaftsstärke derselben Armee auf 24–25 000 Mann.[27] Die gleichzeitigen kaiserlich-bayerischen Truppen schätzt Heilmann auf 14 000 Mann Kavallerie und 7000 Infanterie (der bayerische Anteil schwankte zwischen 6900 am 17. Mai 1646 und 10 100 am 16. August 1646).[28] Dies sind zwar recht grobe Daten, doch sie können ein Gefühl für die Größenordnungen vermitteln. Ihre Bedeutung ist weiter dadurch eingeschränkt, dass die Armeen nie im Ganzen auftraten, sondern mit einer Vielzahl von gleichzeitigen Aufgaben räumlich weit verstreut waren; mit anderen Worten, es waren keine großen Armeen.

11.4 Warten auf Turenne

Wrangels Problem war der französische Verbündete. Wie berichtet, hatte der bevollmächtigte Vertreter Frankreichs, d'Avaugour, Ende März 1646 Torstensson in seinem Hauptquartier in Leipzig versichert, dass die Armee des Marschalls Turenne am 24. Mai an der linken Rheinseite bereitstehen würde, um sich mit den Schweden zu vereinigen. Auf diesen Termin hin hatte Wrangel seine Operationen ausgerichtet. Erst nach dessen Verstreichen, am 26. Mai, benachrichtigte d'Avaugour Wrangel, den Termin nicht halten zu können und dass der Rheinübergang nun erst Ende Mai stattfinden würde. Auch dieser Termin verstrich ohne Erklärung. Erst am 18. Juni erhielt Wrangel durch einen Kurier aus Turennes Hauptquartier Einblick in die wahre Lage. Turenne war von Paris angewiesen worden, die Vereinigung um vorgeblich einige Wochen, tatsächlich aber auf unbestimmte Zeit hinauszuschieben. Stattdessen befahl man ihm nun, in entgegengesetzter Richtung nach Luxemburg aufzubrechen. Zu

26 Heilmann, S. 705.

27 Mankell, S. 205.

28 Heilmann, S. 705, 702, 708.

Wrangels Trost durfte er ihm wenigstens die neu geworbene kleine Truppe von Bönninghausen hinterlassen.[29] Solche sprunghaften Entscheidungen Mazarins erklärte man teilweise mit der Langsamkeit der Nachrichtenübermittlung per Kurier, welche immer wieder zur Folge hatte, dass Weisungen von Paris ihre Adresse erst erreichten, nachdem die Lage vor Ort sich längst verändert hatte. Die eigentliche Ursache für die französische Unberechenbarkeit lag jedoch auf einer anderen Ebene. Schon seit 1642, als Bayern noch mit vollem Einsatz, und nicht ohne Erfolg, gegen Frankreich Krieg geführt hatte, hatte Kurfürst Maximilian, ernüchtert über die chronische Unfähigkeit und Unaufrichtigkeit seines kaiserlichen Bundesgenossen und spezifisch beunruhigt über dessen mangelnden Friedenswillen, begonnen, mit Paris geheime Kontakte zu knüpfen.[30] Diese Verhandlungen verliefen teils direkt (über Kuriere) zwischen Kardinal Mazarin in Paris und Kurfürst Maximilian in München, zum größeren Teil aber auf dem Umweg über Münster und die französischen und bayerischen Unterhändler am Friedenskongress. Zunächst hatte Maximilian dem Kardinal versprochen, dass er sich für die Durchsetzung französischer Kriegsziele – der sog. französischen Satisfaktion, vor allem der Abtretung des Elsass an Frankreich – einsetzen würde, wenn Frankreich als Gegenleistung seine eigenen Wünsche, nämlich die erbliche Kurwürde für Bayern und den Gewinn der Oberpfalz, unterstützen würde. Nach langem Zögern gab Mazarin im Dezember 1645, per Mittelsmann, seine Zustimmung zu dieser Abmachung und ließ dann Anfang 1646 seine Satisfaktionsforderungen öffentlich bekannt machen. Maximilian hielt den Kaiser in begrenztem Maße auf dem Laufenden und gewann allmählich dessen Zustimmung zu den geforderten schmerzhaften Zugeständnissen. Schließlich gingen die von Maximilian mit Mazarin und dem Kaiser ausgehandelten Friedensbedingungen in einen Vorvertrag zwischen Habsburg und Frankreich ein (unterzeichnet am 13. September 1646), welcher in die offiziellen Unterlagen für den endgültigen Friedensvertrag aufgenommen wurde und so merklich zur Beschleunigung der Friedensverhandlungen beitrug.

Neben den Kriegszielen allgemein gewann ein besonderes Thema in Maximilians Geheimverhandlungen mit den Franzosen zunehmend an Bedeutung: die Frage eines möglichst baldigen Waffenstillstands. Der Vorschlag eines *universellen* Waffenstillstands für die Dauer der Friedensverhandlungen, den Maximilian Anfang 1645 gemacht hatte, fand keinen Anklang und wurde gegen Ende 1645 fallengelassen.[31] Darauf begannen aber die Franzosen im Gegenzug einen speziellen Waffenstillstand nur zwischen Bayern und Frankreich zu propagieren. Denn während Mazarin gegen

29 *Fran Femern och Jankow*, S. 168, 170, 172.

30 Dickmann, S. 234–237 und 259–300.

31 Immler: *Kurfürst Maximilian I.*, S. 134ff.

Habsburg Krieg führte, um dieses als europäische Macht ganz grundsätzlich zu reduzieren (»pour reprimer la trop grande ambition de la Maison d'Autriche«[32]), ging es ihm gegenüber Bayern nur darum, es vom Kaiser zu trennen und als selbstständigen Partner aufzubauen. Doch das Interesse des Kurfürsten am Waffenstillstand war umgekehrt proportional zu den augenblicklichen Erfolgsaussichten seiner Truppen; da diese im Herbst noch einmal günstig erschienen, hatte er die Verhandlungen Ende November 1645 scheitern lassen.[33] Darauf hatte Mazarin beschlossen, sich an dem von Torstensson gewiss mit viel radikaleren Zielen geplanten Feldzug gegen Bayern zu beteiligen, lediglich um den Kurfürsten durch Einjagen eines kräftigen Schreckens an den Verhandlungstisch zu bringen. Nun aber, im späten Frühling 1646, zögerte er wieder, diese Schockbehandlung anzuwenden, denn er hatte dem Kurfürsten versprochen, Turenne den Rhein nicht überschreiten zu lassen, solange die bayerischen Truppen sich noch nicht der kaiserlichen Armee angeschlossen hätten.[34] Da die Kaiserlichen und die Bayern einstweilen am Main lagerten, war es für Mazarin aus der Ferne schwer zu erkennen, ob Maximilian seinen Teil der Abmachung noch hielt, und hielt seine Truppen zunächst noch zurück.

Mitte Juni war die kaiserlich-bayerische Armee vom schwedischen Lager, bei einer Entfernung Hanau–Wetzlar von rund 50 Kilometern, nur noch zwei Tagesmärsche entfernt. Diese Nähe war für Wrangel umso beunruhigender, als er den rund 30 000 Mann des Gegners[35], solange die versprochenen Verstärkungen nicht eingetroffen waren, kaum 14 000 Mann entgegenzusetzen hatte. Auf sich allein gestellt gegenüber einem stetig näher rückenden, überlegenen Gegner, begriff er, dass eine Krise auf ihn zukam, die schnelles Handeln erforderte. Am 20. Juni hielt er Kriegsrat. Man beschloss, an einem leicht zu verteidigenden »bequemen Orthe … vor dem Lande Hessen … Posto zu fassen«[36] und fand einen solchen, einen guten Tagesmarsch von Wetzlar entfernt, in Amöneburg (ca. 10 Kilometer östlich von Marburg) an der Ohm, einem Nebenfluss der Lahn. Die kleine Stadt lag auf einem weithin sichtbaren kegelförmigen Hügel und besaß mittelalterliche Befestigungen rundum. Die Schweden

32 Mazarin, zitiert nach Steckzén, S. 38.

33 Immler, S. 134ff.

34 »Après avoir tout concerté pour cette jonction M. le cardinal Mazarin lui [Turenne] envoya un gentilhomme, nommé Saint-Aignan, pour lui dire que M. de Bavière, ayant donné assurance à messieurs les plénipotentiaires à Munster que son armée ne joindrait pas celle de l'empereur, si celle du roi ne passait pas le rhin; le roi lui commandait de ne pas traverser ce fleuve.« *Mémoires du vicomte de Turenne* (Liskenne et Sauvan, Bibliothèque historique et militaire, p. 407), zitiert nach Heilmann, S. 703.

35 Mankell, S. 205.

36 Steckzén, S. 68, 74, 75.

brachen am 22. Juni in Wetzlar auf, zogen in Amöneburg nach kurzer Belagerung am 26. Juni ein und verloren keine Zeit, sich sorgfältig zu verschanzen.

Der Umzug der Schweden nach Amöneburg wurde im gegnerischen Lager aufmerksam verfolgt. Es war aber der am 20. Juni angekommene Feldmarschall Peter Melander, Graf von Holzappel (1589–1648)[37], Befehlshaber der kaiserlichen Streitkräfte im niederrheinisch-westfälischen Reichskreis, der als Erster begriff, dass dieses Manöver die kaiserlichen Streitkräfte plötzlich mit einer strategisch ungeahnt günstigen Gelegenheit beschenkt hatte: Die Kaiserlichen standen mit großer Übermacht einem Gegner gegenüber, der weder entkommen noch mit fremder Hilfe rechnen konnte. Melander machte den Erzherzog darauf aufmerksam und empfahl dringend, unverzüglich anzugreifen. Der Erzherzog stimmte zu, ließ sich aber von anderen Beratern eine schnelle Aktion wieder ausreden und damit die seltene Gelegenheit entgehen. Erst am 27. Juni brach die große Armee auf, marschierte über Windecken und Ilbenstadt nach Friedberg und hielt dort am 30. Juni ein Generalrendezvous. Das Heer zählte rund 30 000 Mann. Der Erzherzog, von dessen Anblick hingerissen, schrieb seinem Bruder, dem Kaiser, es »ist ein überaus schönes volk und hette niemant vermeinet, dass wir ein solche armada solte zuesammenbringen … es hat allen ein grossen muet gemacht«. Der Marsch ging weiter über Butzbach und Gießen, und als man Amöneburg am 3. Juli erstmals zu Gesicht bekam, hatten die Schweden bereits eine Woche Zeit gehabt, sich einzugraben. Das Ergebnis war so überzeugend, dass die gesamte kaiserliche Generalität der einhelligen Meinung war, dass man Wrangel in einer derart vorteilhaften Stellung nicht angreifen konnte. So wurde beschlossen, sich hier festzusetzen, um Wrangel zu ermüden und auszuhungern. Zunächst schlug man das Lager westlich von Amöneburg auf, verlegte es aber am nächsten Tag (4. Juli) nach Burggemünden (an der Ohm, von Amöneburg ca. 8 Kilometer stromauf). Man beschäftigte sich mit kleinen, ergebnislosen Scharmützeln und zog wenige Tage später nochmal um, diesmal näher an Amöneburg, zwischen Homberg und Schweinsberg.[38] Auch dieses Lager erwies sich als unvorteilhaft für die Kaiserlichen, während es den Schweden viel Bewegungsfreiheit ließ.[39] Kurfürst Maximilian in München, dem die strategischen Vorteile des Moments für die kaiserlich-bayerische Seite nicht entgangen waren, schrieb dem Kaiser am 6. Juli, um ihn zu schnellem Handeln zu drängen, und wurde dafür schließlich mit einem Antwortschreiben von Erzherzog Leopold Wilhelm belohnt, in dem die Ausreden für seine Tatenlosigkeit aufgezählt

37 Zur Biografie von Melander siehe Höfer, S. 44–51 und Findeisen, S. 458f.

38 Heilmann, S. 704–705.

39 Steckzén, S. 76.

waren.[40] Übrigens erwies sich bald, dass es nicht die Schweden waren, die hungern mussten, denn sie wurden von der Landgräfin gut verpflegt, sondern die Kaiserlichen selbst, deren Nachschub nicht funktionierte. So gab der Erzherzog das Unternehmen nach knapp zwei Wochen auf und zog sich mit seiner ziemlich geschwächten Armada wieder auf Ilbenstadt bei Friedberg zurück.

Die ins Leere gelaufene Offensive der vereinigten kaiserlich-bayerischen Armee überwand endlich Kardinal Mazarins Skrupel; besorgt wegen des bevorstehenden Zusammenstoßes der großen kaiserlich-bayerischen Armada mit der relativ kleinen Armee des schwedischen Verbündeten, befahl er Turenne am 22. Juni, seine Vereinigung mit Wrangels Truppen nicht länger aufzuschieben.[41] Turenne gab diese Neuigkeit an Wrangel prompt (am 28. Juni) weiter mit der Aufforderung, ihm zum Rendezvous nach Limburg entgegenzukommen. Diese Nachricht erreichte Wrangel kurz nach Ankunft in Amöneburg, gerade als seine Truppen unter großem Zeitdruck dabei waren, sich einzugraben. So konnte er (am 5. Juli) nur antworten, dass er selbst unabkömmlich und der alte Plan nicht mehr ausführbar war. Nun reagierte Turenne rasch; schon am 17. Juli brach er von Oberwesel auf. Anstatt des direkten Weges entlang der Lahn wählte einen langen Umweg[42] über Wesel, wo er am 20. Juli den Rhein überschritt (über dieselbe Brücke, über die auch der Paris-Münstersche Verkehr lief). Er zog weiter entlang der Lippe und über Soest, Büren, Marsberg nach Korbach (1. August), von wo aus er unbehelligt nach Süden marschieren konnte.

In Amöneburg hatte sich die Lage der Schweden entspannt. Eine erste französische Verstärkung von rund 2800 Mann Infanterie und 1100 Kavallerie unter Oberst Lothar von Bönninghausen war am 17. Juli eingetroffen. Gleichzeitig kam auch ein großer Nachschubtransport von 800 bis 900 Wagen aus Marburg an. Der bayerische Reitergeneral Johan van Werth, berühmt für seine kühnen Raubüberfälle, hatte sich Hoffnungen auf diesen Transport gemacht, musste aber angesichts des Geleitschutzes von 4000 Reitern, den Wrangel eingesetzt hatte, mit leeren Taschen heimkehren.

---

40 Immler: Kurfürst, S. 312–313.

41 Steckzén, S. 72–73.

42 Steckzén, S. 77, unterzieht Turennes Entscheidung für den großen Umweg einer ausführlichen Kritik, da als kürzere Wege, neben dem Lahntal, auch die Täler der Sieg, Wupper oder Ruhr zur Verfügung gestanden hätten. Vielleicht spielte bei Turennes Entscheidung die Frage einer verlässlichen Rheinbrücke eine Rolle. Eine Schiffsbrücke, die er bei Lorch hatte errichten lassen, war erst Anfang Juni von einem Hochwasser hinweggerissen worden, S. 67. In Wesel dagegen konnte er sich auf das Vorhandensein einer guten Brücke verlassen, denn über sie ging der laufende diplomatische Verkehr zwischen Paris und Münster. Vielleicht hätte der Weg durch eines der genannten Flusstäler ein oder zwei wertvolle Wochen gewonnen, tatsächlich verlief der Marsch über Wesel reibungslos und, trotz der großen Weglänge, relativ schnell.

Schließlich brach Wrangels Armee am 28. Juli ihr Lager in Amöneburg ab und war Anfang August wieder zurück in ihrer Basis zwischen Gießen und Wetzlar.[43]

Ungefähr am 8. August erhielt Wrangel den Besuch des schwedischen Kriegs- und Assistenzrats Alexander Erskein, der als Verbindungsoffizier zwischen der schwedischen Regierung und ihren einzelnen in Deutschland verteilten Truppen fungierte.[44] Er brachte interessante Neuigkeiten. Bald nach Wrangels Besuch im März hatte Torstensson sein Kommando endgültig niedergelegt, um nach Schweden zurückzukehren. Wrangel war nun offiziell Oberbefehlshaber (Generalissimus) der schwedischen Streitkräfte in Deutschland. Er erhielt den Rang »Generalfeldmarschall« und den Titel »Reichsrat«. Zusammen mit den entsprechenden Ernennungsurkunden brachte Erskein einen persönlichen Brief der Königin an Wrangel und ein bemerkenswertes Memorandum von Torstensson, das die künftige Kriegsführung darlegte.[45] Leitgedanke darin war, dass die verbündeten schwedischen und französischen Armeen direkt, ohne sich auf eine Schlacht einzulassen, ins gegnerische Land eindringen und dieses verheeren sollten. Demgemäß sollten sie nach der Mainüberschreitung auf kürzestem Wege nach Süden marschieren, die Donau überschreiten und nach Bayern eindringen. Falls der Gegner in befestigte Stellungen ginge, sollte man an ihm vorbeiziehen und sich nicht durch zeitraubende Belagerungen ablenken lassen. Mit gleichem Auftrag sollten Königsmarcks Armee und die hessischen Streitkräfte in Norddeutschland zurückbleiben, um der Hauptarmee den Rücken zu decken und die Verbindungen zur Küste zu sichern; ebenso sollte Wittenberg von Schlesien aus gegen die kaiserlichen Erblande vorgehen. Damit distanzierte sich diese Direktive radikal von einer Schlacht nach der konventionellen Strategie, wie sie seit Gustav Adolfs Zeit das besondere Kennzeichen schwedischer Kriegskunst gewesen war, und forderte stattdessen Vermeidung des Schlachtrisikos, Bewahrung der eigenen Truppen und Schwächung des Gegners durch Erschöpfung und Zerstörung seiner wirtschaftlichen Basis.

---

43 Steckzén, S. 78–80.

44 Näheres über diesen bedeutungsvollen Besuch liefern FFoJ, S. 177–178 und Steckzén, S. 81–83.

45 Die Anmerkung in FFoJ lautet wörtlich: »Memorial dessen wass … dem Kriegs und Assistens Rath Herrn Alexander Erskein zuverrichten ufgetragen worden. Actum Bart 7 Juli A:o 1646; samt odaterad ske. fr. Torstensson t. K. G.Wrangel, mottagen av denne den 31 / 7 (Ra, Skoklostersaml., obundna); Pufendorf, XVIII, S. 210. Steckzén, S.82f.«

11.5 Vereinigung mit Turenne und Durchbruch nach Süden

Unmittelbar nach Erskeins Besuch traf Turenne mit seinem französischen Korps zwischen Gießen und Wetzlar ein, und am 10. August s. n. war die langerwartete Vereinigung der beiden verbündeten Heere vollzogen. Die Gesamtstärke der verbündeten Armee – Schweden, Hessen und die Truppen von Turenne und Bönnighausen – belief sich nun auf rund 33 800 Mann (19 000 Mann Kavallerie und 14 800 Mann Infanterie). Im Vergleich dazu kam das kaiserlich-bayerische Heer nur auf 31 400 Mann (18 100 Mann Kavallerie und 13 300 Mann Infanterie).[46]

Nun mussten die Verbündeten schnellstens ihren vorgesehenen Operationsraum südlich der Donau erreichen. Eile war umso mehr geboten, als die verzögerte Ankunft der Franzosen wertvolle Feldzugszeit gekostet hatte. Zuerst mussten sie aber ein ernst zu nehmendes Hindernis überwinden: Der Gegner hatte sich beim Kloster Ilbenstadt, etwa zwei Drittel des Weges an der Landstraße von Wetzlar nach Frankfurt, in einem festen Lager verschanzt, um ihnen den Zugang nach Süddeutschland zu versperren. Ilbenstadt war ein Prämonstratenser-Kloster mit einer romanischen Basilika aus dem 12. Jahrhundert, das im gegenwärtigen Krieg schon mehrmals Truppenteilen beider Seiten als Zuflucht und Stützpunkt gedient hatte. Für den Erzherzog hatte der Platz besondere Vorteile. Zum einen beherrschte er die Zugänge zum Frankfurter Raum von Nordwesten und Norden her; von hier aus konnte man über jeden Eindringling schnell und mit aller Macht herfallen. Zum anderen war der Platz dank einer günstigen Konstellation von erhöhten Flussufern aus leicht zu verteidigen.

Die Landschaft nördlich von Frankfurt, die Wetterau, ist geprägt durch die drei Flüsse Wetter, Nidda und Nidder, die alle am Vogelsberg entspringen und parallel nach Südwesten abfließen, um sich in der Nähe von Ilbenstadt zu einem einzigen Fluß – der Nidda – zu vereinigen und schließlich bei Höchst in den Main zu ergießen. Aus der Nähe betrachtet liegt Ilbenstadt in einem rechtwinkligen Knick der Nidda, die von Osten heran fließt, dann nach Süden abbiegt und das Städtchen so von Norden und Westen her beschützt (gerade an diesem Knick mündet von Norden her auch die Wetter in die Nidda). Rund 10 Kilometer stromab mündet in die Nidda die Nidder und gibt Ilbenstadt so auch von Süden her einen gewissen Schutz. Alle drei Flüsse sind schmal, aber mit kräftiger Strömung. Im 17. Jahrhundert waren sie von sumpfigem Gelände umgeben oder von steilen Uferböschungen begrenzt. Die einzige Brücke in weitem Umkreis war die Nidda-Brücke in Ilbenstadt.

Die Verbündeten waren entschlossen, dem Gegner, der sich ihnen in den Weg stellte, frontal zu begegnen. Ihre Erkundungen hatten bereits festgestellt, dass das

46 Steckzén, S. 84.

feindliche Lager dank seiner Befestigungen sowie seiner Lage hinter dem Fluss zum Angriff nicht einlud; so galt es, den Feind zur offenen Schlacht aus dem Lager zu locken. Noch am 11. August brachen die Schweden und Franzosen von ihrem Lager zwischen Wetzlar und Gießen auf, marschierten über Butzbach nach Süden und standen am Abend des 12. August vor dem Engpass zwischen Taunus und Wetter, kurz vor Friedberg. Am 13. August rückten sie in voller Schlachtordnung vor das feindliche Lager und boten den Kampf an. Doch die Kaiserlichen und die Bayern ignorierten die Herausforderung und blieben in ihren Befestigungen. Von Wrangel vorgeschickte Patrouillen wurden mit Artilleriefeuer zurückgetrieben. Die Verbündeten waren in einer seltsamen Lage, denn ihr nächster Schritt war nicht deutlich vorgezeichnet. Sie wussten nur, dass eine Entscheidung sofort getroffen werden musste und von ihr der Erfolg des ganzen Feldzugs abhing. So hielten sie Kriegsrat. Unter anderem wurde vorgeschlagen, entlang der Bergstraße und über Heilbronn ins Württembergische vorzudringen oder nach Osten gewendet durch Franken nach Bayern zu marschieren. Wrangel erinnerte an zwei praktische Voraussetzungen, nämlich dass die Lebensmittelversorgung in den fraglichen Gebieten davon abhing, dass andere Armeen sie nicht in jüngerer Zeit bereits heimgesucht hatten, und dass die mitgeführte Artillerie feste Straßen und die Vermeidung großer Höhenunterschiede erforderte. Sein Vorschlag lautete daher, mittels eines kleinen Umwegs nach Westen die Nidda bei Bonames zu überschreiten, dann nach Osten gewendet nördlich an Frankfurt vorbeizuziehen, zwischen Hanau und Aschaffenburg den Main zu überqueren und nun möglichst geraden Wegs zur Eingangspforte von Bayern und Oberschwaben, nämlich zur Lechmündung in die Donau, zu marschieren. Dieser Vorschlag fand Zustimmung. Als ersten Schritt zur Ausführung befahl Wrangel einer Abteilung von 1000 Reitern und 500 Musketieren, um Mitternacht nach Bonames zu reiten und in den ersten Morgenstunden des 14. August sich der Niddabrücke zu bemächtigen.[47] Die Verbündeten nahmen ihr Nachtlager auf der Westseite der Nidda, direkt gegenüber von Ilbenstadt.

Die Kaiserlichen und die Bayern konnten aus den Provokationen des Gegners am 13. August entnehmen, dass dieser am kommenden Tag eine Entscheidung erzwingen wollte. Auch scheint man geahnt zu haben, dass die Brücke von Bonames dabei eine Rolle spielen würde. Jedenfalls hatte der Erzherzog hier schon einen Tag vorher, am 12. August, eine Wache von einem Offizier und 150 Mann aufstellen lassen. Nun wurden einige weitere – im Rückblick unwirksame – Vorkehrungen getroffen, um den Durchbruch des Gegners zu verhindern. Entscheidungen über den Einsatz der Truppen verschob man aber auf den nächsten Tag.

---

47 Bonames, heute ein Frankfurter Vorort, aber damals ein selbstständiges Städtchen, liegt an der Nidda etwa 15 Kilometer stromab von Ilbenstadt und damals 8 Kilometer nördlich von Frankfurt.

Als der Erzherzog am nächsten Morgen, dem 14. August,[48] ausritt, um das feindliche Lager zu betrachten, war der Feind nicht mehr da. Die Verbündeten hatten eine größere Abteilung Kavallerie und einige Kanonen zurückgelassen mit dem Auftrag, durch allerhand Störaktionen die Verteidiger zu verunsichern und zu verwirren und so den Abmarsch zu tarnen. Die kaiserlich-bayerische Führung erkannte das Ablenkungsmanöver zu spät und wusste es dann nicht zu interpretieren. Der Erzherzog selbst erlitt eine Art von Nervenzusammenbruch; er verlor jede Entscheidungsfähigkeit, zog sich in seine Gemächer zurück und beschäftigte sich mit Korrespondenz; später ritt er ohne Begleitung aus. Seine Generäle, zwar gewohnt, seine Befehle nur nach Gutdünken auszuführen, nicht aber, eigenständig zu handeln, verbrachten die nächsten Stunden mit Diskussionen; einige wollten in den Kampf ziehen, andere waren dafür, gar nichts zu tun. Schließlich setzten sich einige Truppen in Marsch. Am späten Vormittag kam ein Melder von General Geleen ins Lager mit dem Bericht, dass der Feind Bonames überrannt und die Verteidiger gefangen genommen hätte und nun mit starken Streitkräften über die Brücke zog.[49] Etwas später folgte die Bestätigung, dass die ganze verbündete Armee tatsächlich die Nidda überschritten und sich nun nach Osten gewendet hatte. Am frühen Nachmittag bemerkte man im Südwesten große Staubwolken. Reitergeneral Jan van Werth wurde ausgeschickt, festzustellen, was es sei, kam aber, schneller als erwartet, im Galopp zurück, mit der feindlichen Kavallerie dicht auf den Fersen. Als die Schweden und Franzosen alsbald ostwärts an Vilbel vorbeizogen und eine kaiserliche Abteilung unter General Sporck aufstöberten, schlugen sie diese in die Flucht und nahmen den Rest gefangen. Weitere Versuche, mit seiner Hauptarmee ins Geschehen einzugreifen, wagte der Erzherzog nicht. Die Verbündeten, die bereits einen langen Tag hinter sich hatten, marschierten weiter, bis sie der kaiserlich-bayerischen Armee den Weg zum Main vollständig abgeschnitten hatten. Bei Bischofsheim, zwischen Frankfurt und Hanau, sammelten sie sich zum Nachtlager. Am Tag darauf (15. August) zogen sie weiter nach Windecken, einem Städtchen an der Nidder, zu der Zeit von den Kaiserlichen besetzt. Wieder verweigerten diese die Schlacht und zogen sich auf ihr Lager in Ilbenstadt zurück. Damit war der Feind endgültig ausmanövriert und der Durchbruch nach Süden gesi-

48 Die folgende Übersicht über die Ereignisse des 14. Augusts 1646 und der folgenden Tage folgt der Darstellung von Birger Steckzén, S. 91ff.

49 »Ein vmbmauerter / vnd nach Franckfurt gehöriger Flecken / so ein Paß vber den Fluß Nidda ist. An. 1646. seyn die Schwedischen zwischen dem Keyserlichen Läger / vnd der Statt Franckfurth / vber die Nidda / biß gegen Bergen / vnd Windeck / welches die Keyserischen immittelst stärcker besetzt / geruckt. Da Sie dann so balden Windecken beschossen / vnd erobert; zuvor aber den Nidda-Paß bey Bonamäß / welchen die Keyserischen mit 200. Mann besetzt gehabt / mit Gewalt weggenommen / die meiste Mußquetierer nidergemacht / vnnd die vbrigen / sampt dem Obristen Wachtmeister / gefangen genommen.« *Topographia Hassiae,* Text von Martin Zeiller, Illustrationen von Matthäus Merian.

chert. Für den Feind war das nicht nur eine taktische und moralische Niederlage, ihm waren nun auch die direkten Verbindungen zur Basis in Bayern und Österreich abgeschnitten. Den Verbündeten fielen reiche Vorräte an Lebensmitteln in die Hände.

Bevor die schwedisch-französischen Armeen den langen Marsch nach Süddeutschland antraten[50], gestatteten sie sich zwei Ruhetage (16. und 17. August). Am 18. beobachteten sie den Abmarsch des Gegners nach Norden. Ihrerseits brachen sie am 19. August von Windecken auf, marschierten am Main stromauf und nahmen Aschaffenburg[51] am 20. ein. Dann überschritten sie den Main, zogen weiter über Wertheim und Buchen im Odenwald (25. August) nach Neudenau an der Jagst. Hier teilten sich die beiden Heere. Die Schweden unter Wrangel marschierten, ziemlich genau der Luftlinie folgend, über Schwäbisch Hall (wo sie vom 1. bis 6. September umfangreiche Reparaturen an Fuhrwerk und Artillerie vornehmen ließen) und Nördlingen (wo sie eine Garnison einsetzten) nach Donauwörth, das sie am 12. September erreichten. Die Franzosen wählten einen weiter westlich verlaufenden Weg über Schorndorf, Schwäbisch-Gmünd und Heidenheim. Schorndorf, das Turenne als Stützpunkt und zur Sicherung seiner Nachrichtenverbindungen benötigte, kostete ihn eine siebentägige Belagerung. Die Franzosen erreichten die Donau am 14. September bei Lauingen.[52]

Die verbündeten Armeen waren während ihres fast vierwöchigen Marsches vom Main zur Donau von keinerlei Feind behindert worden. Wo war die große kaiserlich-bayerische Armee, die ihnen den Weg nach Süddeutschland versperren sollte, geblieben? Am 18. August war sie von Ilbenstadt nicht wie zu erwarten in heimatlicher Richtung, sondern genau entgegengesetzt nach Norden aufgebrochen und über Friedberg, Butzbach und Wetzlar gegen Limburg gezogen. In Runkel an der Lahn errichtete der Erzherzog sein Hauptquartier. Zweck der paradoxen Aktion sollte sein, die Feinde zu seiner Verfolgung nach Norden zu locken und so von ihrem bayerischen Ziel abzulenken. Der Kurfürst, diese Entwicklung aus der Ferne mit zunehmendem Entsetzen beobachtend, befahl seinem eigenen Korps unter General Geleen, sofort heimzukehren, und empfahl dem Erzherzog, Gleiches zu tun.[53] Das wirkte; am 29. August machte sich Leopold Wilhelm endlich auf den Heimweg, den Main aufwärts bis Schweinfurt, dann durch die Oberpfalz nach Regensburg. Obwohl die kaiserlichen und bayerischen Armeen dabei ein beachtliches Marschtempo an den

---

50 Ausführliche Darstellungen des Marsches der Schweden und Franzosen liefern Steckzén, S. 100–104 und Heilmann, S. 706–707.

51 Wrangel, der Aschaffenburg erstmals sah, war von dessen Schloss so stark beeindruckt, dass er es sich zum Vorbild für seinen eigenen Schlossbau in Skokloster nahm.

52 Steckzén, S. 106ff.

53 Immler: *Kurfürst*, S. 313–314; Heilmann, S. 707–708.

Tag legten, holten sie Wrangel doch erst am 11. Oktober ein, also fast vier Wochen nach dessen Ankunft in Bayern.[54]

11.6 Die Verheerung von Bayern

Die schwedische Armee erreichte Donauwörth von Nördlingen her am 12. September. Direkt nach Ankunft, gegen Abend, ließ Wrangel in Eile die Brücke instandsetzen und überquerte die Donau mit der Armee noch in der Nacht.[55] Die Franzosen, etwas aufgehalten durch die Belagerung von Schorndorf, erreichten die Donau in Lauingen (ca. 30 Kilometer stromauf) am 14. September und holten die Schweden erst am 17. vor Rain wieder ein. Damit begann der Feldzug der beiden verbündeten Armeen gegen das Kurfürstentum Bayern. Nun verlegte Kurfürst Maximilian sein Hoflager von München auf sein Schloss in Wasserburg am Inn.[56]

Für sein Vorgehen hatte Wrangel erst im vergangenen Monat im Lager bei Wetzlar, wie berichtet, in einem persönlichen Brief von Königin Christine selbst Instruktionen erhalten, näher erläutert in einer Denkschrift zur Kriegsführung vom ehemaligen General und nunmehrigen Reichsrat Torstensson. Nach dem darin enthaltenen Plan, allgemein bekannt als »huvuddesseinen«, also etwa »Generalplan«, war es die Aufgabe des Feldzugs, Kurfürst Maximilian von Bayern so lange militärisch und wirtschaftlich zu schädigen und seine Bevölkerung psychologisch zu bedrängen, bis er bereit war, sich von seinem Allierten, dem Kaiser, zu trennen und Frankreich und Schweden um einen sofortigen Waffenstillstand zu bitten. Wrangel wurde angewiesen, sich durch nichts, weder durch Schlachten noch durch Belagerungen von Städten oder Eroberungen von Gebieten, von diesem Ziel ablenken zu lassen. Über die praktische Ausführung war die Anweisung weniger spezifisch, aber es war deutlich, dass die Verwüstung von Feldern, das Verbrennen von Dörfern und die Plünderung von Städten durchaus zu den anzuwendenden Methoden gehörten. Diese Art von Kriegführung sollte im bayerischen Kerngebiet, dem Land zwischen Lech, Donau und Isar, angewendet werden.[57]

---

54 Für Weiteres über den Rückmarsch des kaiserlich-bayerischen Heeres siehe Steckzén, S. 104–105 und Heilmann, S. 707–709.

55 Steckzén, S. 108.

56 Immler: *Kurfürst*, S. 316.

57 Dass es bei diesen Operationen brutal zuging, ist nicht zu bezweifeln, jedoch sollten sich Historiker an die Quellen halten. R. Deutinger hat gezeigt, dass manche Historiker, wenn es darum ging, die Übergriffe der Schweden anzuklagen, ein vollmundiges Vokabular verwendeten, das weit über die

Prompt nach ihrer Ankunft auf bayerischem Gebiet ging ein beachtlicher Teil der schwedischen Armee (die Franzosen beteiligten sich daran nur wenig) an die Ausführung ihres Zerstörungsauftrags. Sie operierten in vielen kleineren Einheiten, die weithin ausschwärmten und in kurzer Zeit bemerkenswerten Schaden anrichteten. Gute Gelegenheiten für solche Operationen gab es zunächst in der zweiten Septemberhälfte – zwischen der Überquerung des Lechs und dem Beginn der Belagerung von Augsburg – und dann noch einmal nach dem Zusammenbruch der kaiserlichen Armee im November. Eine führende Rolle spielte dabei Reitergeneral Hans Christoph von Königsmarck, einer von denjenigen Heerführern dieses Krieges, die es im Plündern und Zusammenraffen von Reichtümern besonders weit gebracht haben (auch Wrangel gehörte zu ihnen), während als Gegenbeispiele zum Beispiel Franz von Mercy und auch Lennart Torstensson dies demonstrativ und zu ihrem Nachteil vernachlässigten.

Ein wichtiger Teil des Feldzugsplans war die Sicherung der Donau- und der Lechlinie. Mit der Einnahme von Rain, Donauwörth und Lauingen war die Donau, von Ingolstadt stromauf, bereits hinreichend gesichert. Die Sicherung des Lechs war die nächste Aufgabe. Dieser Fluss mit seinem geradlinig süd-nördlichen Verlauf hatte im Operationsraum besondere Bedeutung, denn als »Wallgraben Bayerns« bildete er die natürliche Grenze zwischen Bayern und Oberschwaben. Auf seiner Ostseite lag das Kurfürstentum (vor 1623 Herzogtum) Bayern, ein einheitlicher, gut verwalteter, relativ mächtiger Staat und seit Anfang des Krieges die stärkste Stütze des Kaisers und der katholischen Liga. Oberschwaben westlich des Lechs dagegen war ein buntes Mosaik von kleinen Herrschaften, bestehend aus geistlichen Gebieten, habsburgischen Enklaven und freien Reichsstädten, von deren Bewohnern viele mit der evangelischen Sache sympathisierten. Für die Schweden war Bayern Feindesland, Oberschwaben dagegen ein, wenn auch nicht einheitlich freundliches, so doch einigermaßen neutrales Gebiet. Die kaiserliche Armee, der aufgrund der Reichsverfassung die Verteidigung Oberschwabens oblag, zusammen mit der bayerischen Armee, beanspruchte daher über dieses Gebiet auch eine allgemeinere Oberhoheit, deren Durchsetzung ihr entsprechend ihrem augenblicklichen Kräftezustand mehr oder weniger gut gelang. Auch liebte zum Beispiel Kurfürst Maximilian es, um die eigenen Kernländer zu schonen, seine Truppen in oberschwäbische Gebiete ins Winterlager zu legen, gelegentlich in direktem Widerspruch zu Verfügungen des Kaisers. Für die schwedisch-französische Armee war die Beherrschung der Lechlinie gleichbedeutend mit der Fähigkeit, die kaiserlichen und bayerischen Armeen von Oberschwaben fernzuhalten.

Quellen hinausging. Deutinger, R.: »Schwedische Verwüstungen in Bayern 1646 / 48«, *Zeitschrift für bayerische Landesgeschichte.* Band 57 (1994), S. 718–733.

Zur Beherrschung der Lechlinie waren zwei Orte besonders wichtig, Rain und Augsburg. Die an der Mündung des Lechs in die Donau gelegene bayerische Grenzfestung Rain galt als die »Eingangspforte Bayerns«. Hier hatte König Gustav Adolf im April 1632 zu Beginn seiner Invasion von Bayern in einer berühmten Schlacht den Lech überschritten und die bayerische Armee vernichtend geschlagen. Ohne Verzug folgte Wrangel dem großen Vorgänger. Der Flußübergang gelang am 14. September ohne Widerstand. Wrangel richtete sein Hauptquartier in Niederschönenfeld (3 Kilometer nördlich von Rain) ein und begann die Belagerung der Festung. Am 17. kam die französische Armee hinzu. Rain war für eine wirksame Verteidigung nicht ausgerüstet und ergab sich nach einigem pflichtgemäßen Widerstand in einer verhandelten Übergabe am 22. September.[58]

Wichtiger war die Freie Reichsstadt Augsburg, eine der größten Städte Deutschlands, wichtig wegen ihrer beherrschenden Lage am Lech, vor allem aber wegen ihrer kulturellen, wirtschaftlichen und industriellen Bedeutung. Im Jahre 1632 hatte Augsburg dem Schwedenkönig Gustav Adolf kampflos seine Tore geöffnet, und nun hoffte Wrangel auf ein gleiches Willkommen. Sofort nach Ankunft nahm er zu diesem Zweck, unterstützt von Alexander Erskein, mit Augsburg Verhandlungen auf. Gewiß begegnete man ihm mit einiger Sympathie. Jedoch hatte Augsburg als paritätische Stadt, d.h. mit etwa gleich vielen Katholiken wie Protestanten, mit dem Kurfürsten – ihrem wichtigsten Nachbarn – ein vorteilhaftes Bündnis geschlossen, das ihr außerordentlich weitgehende konfessionelle Freiheiten zugestand. So wurden Wrangels Angebote höflich abgelehnt, und die Verbündeten hatten keine andere Wahl, als die Stadt zu belagern. Sie hatten mit ersten Vorbereitungen dafür gleich nach ihrer Ankunft im Operationsraum begonnen und betrieben die Belagerung seit dem 25. September mit Einsatz aller Kräfte. Aber die gut befestigte Stadt wurde geschickt verteidigt und nach knapp drei Wochen, in denen die Verbündeten keine Fortschritte gemacht hatten, war der Vorsprung vor dem Verfolger, den sie durch ihren raschen Marsch nach Bayern gewonnen hatten, aufgebraucht. Als am 12. Oktober die kaiserlichen und bayerischen Armeen vor der Stadt erschienen, wussten Wrangel und Turenne, dass die Belagerung aussichtslos war. Am 13. bereiteten sie in aller Ruhe den Aufbruch vor und marschierten am 14. in nordwestlicher Richtung ab.[59]

Der Entsatz von Augsburg war ein Erfolg für die kaiserlich-bayerische Armee und für die Verbündeten ein Rückschlag, welcher die weiteren Aussichten ihres Feldzugs infrage stellte. Es kam zu Diskussionen. Man fragte, ob Wrangel besser getan hätte,

---

58 Ebenda, S. 110.

59 Zur Belagerung von Augsburg, siehe Steckzén, S. 113–117 und, noch ausführlicher, Heilmann, S. 711–715.

nach Erreichung der Donau sofort alle Kräfte auf Augsburg zu konzentrieren, anstatt vorher wertvolle Zeit für die Einnahme von Rain zu opfern, musste aber zugeben, dass die Einnahme von Rain eine vernünftige Vorsichtsmaßnahme gewesen war.[60] Nun marschierten die Verbündeten zurück in die Gegend von Lauingen an der Donau, wo Turenne erst vor einem Monat angekommen war. Dort bezogen sie feste Lager. Die Befestigungen von Lauingen wurden ausgebaut, weil man diese Stadt künftig als Hauptstützpunkt an der Donau zu verwenden gedachte. Donauwörth, das bisher diese Rolle gespielt hatte, sollte aufgegeben werden, weil es wegen seiner ungünstigen Topografie einer Belagerung nicht standhalten konnte. Turenne errichtete sein Hauptquartier in Lauingen selbst und Wrangel das seinige in dem Dorf Aislingen auf der rechten Donauseite.[61] Hier blieben die Verbündeten bis Ende Oktober.

Die Kaiserlichen waren nach dem Entsatz von Augsburg zunächst in ihr ursprüngliches Aufmarschgebiet bei Aichach und Schrobenhausen zurückgekehrt, um sich ihren nächsten Schritt zu überlegen.[62] Mit dem Feind hatten sie den Kontakt verloren. In der Meinung, dieser wäre nach Norden abgezogen, beschloss der Erzherzog einen Zug nach Oberschwaben. Seine Armee brach um den 20. Oktober auf, überschritt um den 26. Oktober bei Landsberg den Lech und erreichte über Mindelheim und Memmingen am 4. November die Iller. Wrangel und Turenne, deren gewohnt guter Aufklärung dieses Manöver nicht entgangen war, erfassten sofort die darin enthaltene Gelegenheit, den Gegner durch Abschneiden des Rückwegs in die Klemme zu nehmen. Sie brachen von ihren Quartieren bei Lauingen und Aislingen am 31. Oktober auf, erreichten Landsberg am 4. November und besetzten die Lechbrücke. Der erschrockene Erzherzog kehrte sofort um. Da ihm Landsberg nicht mehr offenstand, suchte er den Ausweg ins rettende Bayern weiter südlich, über Schongau. Aber die Verbündeten hatten inzwischen das ganze Ostufer des Lechs besetzt und standen bereits dort, um den Lechübergang zu sperren. Die Lage war für die kaiserlich-bayerischen Truppen umso unangenehmer, als sie auf dem improvisierten Rückzug ohne vorbereitete Quartiere nach einem frühen Schneefall im Freien biwakieren mussten.[63] Nun zogen die beiden feindlichen Armeen nebeneinander an gegenüberliegenden

60 Zu dieser Diskussion siehe Steckzén, S. 120.

61 Steckzén, S. 121.

62 Weiteres zu Erzherzog Leopold Wilhelms Expedition nach Oberschwaben bringen Heilmann, S. 715–717; Steckzén, S. 122–126; und, weil auf bayerischen Originalquellen beruhend, Immler, S. 316–323.

63 Hier zeigte sich der schwergeprüfte Erzherzog noch einmal von einer liebenswürdigen Seite. Trotz der ungemütlichen Lage, in die er sich hineinmanövriert hatte, lud er zur Feier des St.-Martins-Tags (am 11. November 1646) seine Offiziere zu einem festlichen Bankett in seinem Hauptquartier bei Lamerdingen (nahe Buchloe) ein. Königsmarck, davon unterrichtet, entsandte 2000 Reiter, um das Festmahl samt Gästen gefangen zu nehmen. Er wurde verraten und musste sich mit einigen hundert Bagagepferden und 200 Gefangenen begnügen. Heilmann, Band 2, S. 717.

Ufern den Lech stromab, die Kaiserlichen auf der Suche nach einer Möglichkeit des Übergangs, die Verbündeten in der Absicht, einen solchen zu verhindern. Schließlich hatten die Kaiserlichen Glück. Während die Verbündeten bei Friedberg, östlich gegenüber von Augsburg, auf Straßen, die sich in der Schneeschmelze in Schlamm aufgelöst hatten, mit ihrer Artillerie hoffnungslos stecken blieben, konnten die Kaiserlichen am Westufer des Lechs die Stadt bequem passieren und weiter stromab, auf der Höhe von Thierhaupten, am 16. November den Fluss überqueren. So waren sie gerettet. Doch die Initiative war nun wieder bei den Verbündeten, und die Lechlinie – mit Ausnahme von Augsburg – endlich in ihrem Griff.

Die kaiserlich-bayerische Armee sammelte sich zunächst bei Thierhaupten und zog sich dann in die Umgebung von Schrobenhausen zurück. Der Erzherzog legte sein Hauptquartier weit Donau-abwärts nach Kelheim unweit Regensburg. Im Geist hatte er sich von seinem Kommando längst verabschiedet. Die Armee war in schlechter Verfassung. Das lag einmal an unzureichender Verpflegung und den Strapazen des missglückten Zuges nach Oberschwaben, doch der allgemeine Tiefstand von Disziplin und allgemeiner Moral war Folge schlechter Führung. So lag Bayern jetzt, Mitte November, wie schon vor einem Monat, schutzlos vor dem Zugriff des Feindes.[64] Nun waren es auch kaiserliche Reiter, die zu Raub und Plünderung das bayerische Land durchstreiften.[65] Die Behandlung, die man dem bayerischen Kurfürsten hatte zuteil werden lassen, hatte nunmehr die gewünschten Ergebnisse gezeitigt: Sein Land war verwüstet, seine Armee ruiniert, und sein kaiserlicher Verbündeter am Ende seiner Kräfte. Er konnte nur noch in einem Waffenstillstand seine Rettung suchen.

Für die schwedischen und französischen Armeen war dies ein Augenblick von traumhaften Möglichkeiten. Zum einen konnten sie nun ihr eigentliches Feldzugsziel, den Angriff auf Bayern, welches bisher allerhand anderen Dringlichkeiten hatte untergeordnet werden müssen, mit voller Kraft verfolgen. Entsprechend ihrem Auftrag, den Kurfürsten durch Zerstörung seiner Wirtschaftskapazität an den Verhandlungstisch zu bringen, konnten die Schweden leichte, vorwiegend berittene Truppenteile (die Franzosen nahmen daran nur in begrenztem Umfang teil) zu weit ausholenden Streifzügen ausschicken mit dem Auftrag, bewegliches Gut zu erbeuten und Unbewegliches, insbesondere die Mittel der landwirtschaftlichen Produktion, zu zerstören.[66] Dieser offizielle Auftrag verband sich zwanglos mit der natürlichen

---

64 Die Angaben über solche Streifzüge in der Spezialliteratur sind unklar und widerspüchlich, siehe Steckzén, S. 111 und 114, Heilmann, S. 109–111, 116–117.

65 Zum Zustand der Armee siehe Immler: Kurfürst, S. 321; eindrucksvolle Einzelheiten zum Verfall der Armee bringt auch Bilgeri, III, S. 164–165.

66 Die planmäßige Zerstörung der wirtschaftlichen Basis eines Landes als Methode der Kriegführung im Dreißigjährigen Krieg ist noch nicht befriedigend erforscht. Die schwedische Forschung, die sich

Lust aller Armeen an Plünderung und Beute. Geraubt wurden Lebensmittel für den sofortigen Bedarf sowie Wertgegenstände, Geld, Gold und Silber zur Besoldung der Soldaten und Bereicherung der Offiziere. Die einzelnen Aktionen, die oft kriminellen Charakter annahmen, lagen in der Verantwortung der ausführenden Einheiten, die meist in kleineren Gruppen operierten und daher schwer zu überwachen waren. Daneben gab es auch weiterreichende Perspektiven. Da die bayerischen und kaiserlichen Armeen ausgeschaltet waren, erschien für die Schweden, und namentlich Wrangel, nichts mehr unmöglich. Sie konnten die vor ihnen liegenden Landschaften ungehindert ausplündern, sie konnten von den größeren Städten, zum Beispiel München oder Regensburg, nach Belieben Besitz ergreifen; selbst der Gedanke, bis nach Wien vorzustoßen, war vorstellbar. Zwar gab es auch eine Menge handfester Einwände gegen solche Versuchungen, welche Wrangel, dessen Charakter neben Unternehmungslust und Übermut auch eine verantwortungsvolle Seite hatte, erkannte, von denen er aber im Moment nichts hören wollte.

Inzwischen hatte Kurfürst Maximilian begriffen, dass er sich militärisch nicht mehr behaupten konnte und seine Rettung in der Diplomatie lag. Mit den freundfeindlichen Franzosen sprach man über einen Waffenstillstand schon seit einiger Zeit, aber seit August 1646 nahm er auch mit dem eigentlichen Feind, den Schweden, behutsam Verbindung auf. Dank französischer Vermittlung fiel es den bayerischen Gesandten am Friedenskongress nicht schwer, mit Johan Adler Salvius, dem zugänglicheren der beiden schwedischen Bevollmächtigten, in Osnabrück ins Gespräch zu kommen. Zunächst galt es, die gegenseitigen Standpunkte und Erwartungen kennenzulernen, doch dabei rückte die Frage eines Waffenstillstands allmählich in den Mittelpunkt. Diese Gespräche setzten sich bis zum Dezember fort, blieben aber zunächst unverbindlich.[67]

Etwa gleichzeitig propagierten auch die französischen Gesandten in Münster mit erneuter Energie einen Waffenstillstand mit Bayern. Frühere Unterhandlungen waren gescheitert, weil man sich nicht einmal darüber einigen konnte, ob man einen allgemeinen oder begrenzten Waffenstillstand wünschte, und – im letzteren Falle – ob mit oder ohne Schweden, mit oder ohne Habsburg. Nun aber waren alle einverstanden, dass es nur ein bayerisch-schwedisch-französischer Stillstand sein konnte. Dabei

---

hauptsächlich auf Material in schwedischen Archiven, vor allem die Korrespondenz zwischen der militärischen und politischen Führung stützt, spricht dieses Thema nicht an. Die ältere deutsche Literatur, mehr bestrebt, die Leiden der Bevölkerung zu dramatisieren als die zugrunde liegenden rationalen militärischen Absichten zu analysieren, zeigt eine Tendenz zur Verallgemeinerung von Anekdoten und ungenügend dokumentierten Einzelfällen, siehe zum Beispiel Heilmann, S. 709–711. Einen unvoreingenommen-quellenkritischen Ansatz zeigt die Arbeit von Deutinger, S. 718–733.

67 Immler: Kurfürst, S. 323–339.

wirkten unterschiedliche Motive. Beim bayerischen Kurfürsten war es akute Not; er wünschte baldigste Beendigung der Feindseligkeiten und Abzug der fremden Armeen aus seinem Land. Motiv der Franzosen war, neben dem Wunsch, Bayern militärisch vom Kaiser abzuspalten und auf die eigene Seite zu ziehen, Argwohn, dass der schwedische Verbündete in Süddeutschland zu mächtig würde. Bei den Schweden war das einzige Motiv die Abhängigkeit von Frankreich; im Übrigen standen sie einem Waffenstillstand skeptisch gegenüber.

Etwa Mitte Oktober entsandte Mazarin Herrn von Croissy (Antoine Fouquet de Marcilly, Seigneur de Croissy) mit einem Waffenstillstandsangebot zu Turenne und dem Auftrag, planmäßige Unterhandlungen einzuleiten. Ihm stand noch ein zweiter Unterhändler zur Seite, Oberst Alexandre de Prouville, Marquis de Tracy. Das gleiche Waffenstillstandsangebot wurde auch den bayerischen Gesandten in Münster vorgelegt.[68] Über die Frage, ob Waffenstillstand oder nicht, wurde fortan nicht mehr diskutiert; nun ging es nur noch darum, einen solchen zur Zufriedenheit aller Partner zu gestalten. Nicht viel später gab auch Kurfürst Maximilian seinen beiden Unterhändlern Küttner und Schäffer[69] formal und schriftlich, in Form des Reskripts vom 25. Dezember 1646, den Befehl, für Bayern die Verhandlungen zu führen.[70]

In dem Augenblick, da der Kurfürst sich fest für die Verfolgung eines Waffenstillstands entschieden hatte, war für Frankreich das Feldzugsziel erreicht. Die schwedischen Raub- und Zerstörungszüge, die man auf französischer Seite mit Skepsis betrachtet hatte, waren nun nicht mehr sinnvoll. Daher riet Oberst Marquis de Tracy Marschall Turenne etwa um Mitte Oktober, zweifellos im Namen Mazarins (und auf dringende Bitte Kurfürst Maximilians), von derartigen Aktionen fortan Abstand zu nehmen und stattdessen mit seiner Armee westlich des Lechs ins Winterlager zu gehen. Turenne, der sich, wie es scheint, an solchen Aktionen ohnehin kaum beteiligt hatte, gab der Bitte ohne zu zögern statt.[71]

Der französische Rückzugsbefehl war jedoch nicht nach Wrangels Geschmack. Zwar war ein Befehl der französischen Krone für ihn nicht bindend, doch die Al-

---

68 Immler: Kurfürst, S. 399.

69 Johann Küttner von Küniz, bayer. Kriegsrat, Johann Bartholomäus Schäffer, bayer. Generalkriegskommissar.

70 Immler: *Kurfürst*, S. 404.

71 Über die französische Kehrtwendung ist wenig bekannt. Tracys Begründung war, dass die Verwüstungen niemandem nützten außer den Schweden, dafür aber das Risiko einer Schlacht erhöhten; Immler, S. 474. Heilmann, S. 718, zitiert zu ihrer Erklärung Pufendorf, welcher als die wahre Ursache angibt, dass »sich die Frantzosen über ihren Glaubensgenossen und alten Freund erbarmet, den sie nicht gantz wollten verderben lassen; zumal da sie auch vor diesen Raison gehabt, diesen Aemulum [Rivalen] des Hauses Oesterreich zu unterhalten.« (Pufendorf, II, S. 215). Siehe auch Steckzén, S. 127 und Immler, S. 320f.

ternative, seinen Feldzug auf eigene Faust fortzuführen, war nicht zu rechtfertigen. Eine Trennung von Turenne hätte seine Armee nicht nur militärisch geschwächt, sie hätte ihn auch der politischen Rückendeckung des mächtigen Frankreichs beraubt. Die Aussicht auf ein Winterlager im feindlichen und – von ihm selbst – bereits rücksichtslos ausgeplünderten Bayern war nicht einladend. Seine Verbindungen zurück zur Ostseeküste wären länger geworden und stärker gefährdet. Und was ihm sein Mentor Torstensson sagen würde, könnte er ihn um Rat fragen, wusste er gut. Kurz: Als Turenne umkehrte, musste Wrangel folgen.

11.7 Winterquartier in Oberschwaben

Ein besonderer Faktor bei den nun folgenden Operationen war das Klima. Dass diese in die denkbar unangenehmste Jahreszeit, den Hochwinter, fielen, war zwar nicht beabsichtigt, aber unvermeidlich. Jedoch war der süddeutsche Winter von 1646 / 47 von anderem Kaliber als der heutige; es ist erwiesen, dass gerade im 17. Jahrhundert zur Zeit des Dreißigjährigen Krieges die Wintertemperaturen in Süddeutschland einen Tiefpunkt erreichten zwischen einer Wärmeperiode im Hochmittelalter und der allmählichen Erwärmung der Neuzeit. Fachleute sprechen von einer kleinen Eiszeit.[72] Schon im November 1646, als Wrangel im östlichen Schwaben mit den kaiserlichen Truppen unter Erzherzog Wilhelm Leopold ein Katz-und-Maus-artiges Verfolgungsspiel durchführte, hatten Schnee und der Schlamm der Schneeschmelze die Kriegsführung behindert. Und nun waren Schneespuren nützlich bei seiner Verfolgung der Vorarlberger Miliz von Isny nach Bregenz sowie bei der Eroberung von Bregenz selbst. Andererseits war der Wasserspiegel des Bodensees selbst, da die Gebirgsflüsse, die ihn speisten, gefroren waren, so weit gesunken, dass man trockenen Fußes zur Lindauer Insel und außerhalb der Mauern um sie herumspazieren konnte.

Ein Trost war die Aussicht auf angenehme Winterquartiere in den fruchtbaren Ländern von Oberschwaben. Mit diesem Ziel zogen die französischen und schwedischen Truppen gegen Ende November aus Bayern ab. Die Woche nach der rettenden Lechüberquerung des Gegners am 18. November verbrachten die Schweden vermutlich am oberen Lech; Wrangel soll am 23. November in Füssen gestanden und mit dem Gedanken eines Handstreichs auf die Ehrenberger Klause gespielt haben.[73] Tatsächlich aber überquerten die Verbündeten bei Schongau, das sie zunächst gewaltsam erobern

---

72 Behringer, Wolfgang: *Kulturgeschichte des Klimas*, München, 2007, und »Wir Kinder der Eiszeit«, *Welt am Sonntag*, Nr. 36, 2. September 2012, S. 3.

73 Bilgeri, III, S. 167, Fn. 186.

mussten,[74] am 26. November den Lech und zogen weiter nach Kaufbeuren, wo sie sich teilten. Man hatte vereinbart, dass die Schweden Winterquartiere beim Bodensee beziehen würden, die Franzosen aber weiter im Norden, bis hin zur Donau und ins Württembergische. Fast alle Städte öffneten ihnen die Tore freiwillig. Die einzelnen Quartiere waren weit verstreut, um die Belastung der Bevölkerung in erträglichen Grenzen zu halten. Wrangel errichtete sein Hauptquartier, etwa ab dem 2. Dezember, in Babenhausen (15 Kilometer nördlich von Memmingen), und Turenne das seinige in Weißenborn, ca. 15 Kilometer südöstlich von Ulm (wohl schon im Ausblick auf die Waffenstillstandsverhandlungen, die dort im Januar beginnen sollten).

Wrangel hatte seine Pläne gegenüber Bayern noch nicht aufgegeben; einstweilen betrachtete er das Gebiet zwischen Donau und Lech als potenzielles Aufmarschgebiet für einen neuen Feldzug im kommenden Frühjahr, und er beabsichtigte, dieses Gebiet gegen feindliche Einfälle zu verteidigen. Seine linke Flanke (ostwärts blickend) war die Donaulinie, gesichert durch die Festungen Rain, Donauwörth und Lauingen; mit der Sicherung der rechten Flanke waren seine Garnisonen in Mindelheim und Kempten betraut, welche die Landstraßen von Osten her zu kontrollieren und alle Aktivitäten am Lech, insbesondere an den Einfallspforten Landsberg und Schongau, zu beobachten hatten. Besondere Unternehmungen hatte Wrangel nicht geplant. Die Truppen beschäftigten sich mit Routine-Aufgaben wie zum Beispiel der Störung der feindlichen Verbindungslinien, der Einnahme von feindlichen Festungen und der Verteidigung der eigenen. Dass Wachsamkeit nicht überflüssig war, zeigte der Versuch bayerischer Dragoner unter dem Obristen Caspar Schoch, verstärkt durch eine Rotte von Bauern, Kempten am 11. Dezember bei Nacht im Handstreich zu nehmen. Die Besatzung konnte den Angriff abwehren.

Ernster zu nehmen waren undurchsichtige Berichte, dass kaiserlich-bayerische Truppen, die zwischen Donau und Lech bei Rain, Neuburg und Schrobenhausen standen, oberhalb und unterhalb von Neuburg Brücken über die Donau errichtet hätten. Das ließ befürchten, dass sie Angriffe gegen Donauwörth, Rain oder sonstige schwedische Garnisonen vorbereiteten und damit die Hauptverbindungs- und Etappenlinie der Schweden nach Norden bedrohten. Wrangel entschied sich zu einem schnellen Eingriff. Er ritt am 14. Dezember mit dem größeren Teil seiner Reiterei nach Lauingen, wo sich auch Turenne und Königsmarck hinzugesellten (Königsmarck hatte bereits vorsorglich die kleine Besatzung von Donauwörth in Sicherheit gebracht). Am Tag darauf setzte Wrangel 150 Infanteristen unter einem Major in drei große Boote mit dem Auftrag, stromab zu fahren zum Rendezvous mit ihm vor Donauwörth. Er selbst ritt gleichzeitig mit der Kavallerie die Donau stromab, biwakierte und nahm

74 Heilmann, II, S. 717–718.

am 16. Dezember frühmorgens am Ufer vor Donauwörth die Boote der Kameraden in Empfang. Er sah noch zu, wie seine Infanterie ihren Angriff begann und wie die kaiserliche Besatzung, die sich in Donauwörth gerade eingenistet hatte, sofort die Flucht ergriff, und nahm dann sein eigenes Vorhaben wieder auf. Gegen Mittag überschritt er den Lech bei Oberndorf. Der Gegner hatte auf Wrangels Erscheinen bereits reagiert, hatte seine bei Neuburg angelegten Schiffsbrücken wieder abgebrochen und nach Ingolstadt gebracht und seine Truppen, die schon bis zum Lech vorgerückt waren, wieder zurückgezogen. Jenseits des Lechs kam die gegnerische Nachhut bald in Sicht. Die Schweden nahmen die Verfolgung auf, holten die Fliehenden bei Staudheim ein und blieben ihnen bis kurz vor Neuburg auf den Fersen. Schließlich mussten die Schweden umkehren, weil ihre Pferde erschöpft waren. Bei der Verfolgung verlor der Gegner etwa zweihundert Mann an Gefallenen und noch etwas mehr an Gefangenen, darunter viele Offiziere. Zu Wrangels Enttäuschung waren aus den Gefangenen, die nur kurze Zeit bei ihrer gegenwärtigen Einheit gedient hatten, weder Erklärungen über den Zweck ihres gegenwärtigen Unternehmens noch brauchbare Hinweise für weitere Schritte herauszuholen.[75] Die undurchsichtige kaiserlich-bayerische Unternehmung, die sich von außen, von gegnerischer Seite her, als verwirrt und widersprüchlich darstellte, war auch von innen gesehen genau das. Die kaiserlich-bayerische Armee war körperlich und moralisch dem Zusammenbruch nahe. Der Generalissimus hatte Übersicht und Fassung verloren und schon am 1. Dezember den Kaiser um Ablösung gebeten; gegen Ende des Monats setzte er sich, zusammen mit seinem Stellvertreter Hatzfeld, stillschweigend ab und floh nach Wien.[76] Bis zur Ankunft von Generalleutnant Gallas Anfang Januar war die kaiserliche Armee buchstäblich führerlos. Für Kurfürst Maximilian bekräftigten die chaotischen Zustände in der kaiserlichen Armee seinen Entschluss, einen Waffenstillstand mit den Gegnern anzustreben.

Einige Tage nach Rückkehr von seiner Donau-Exkursion, am 22. Dezember, verlegte Wrangel sein Hauptquartier von Babenhausen nach Leutkirch. Der Grund für den Umzug war wohl, abgesehen davon, dass ihn an Babenhausen nichts hielt, die größere Nähe Leutkirchs zu den fruchtbaren und von hungriger Soldateska über die

75 Wrangel berichtete über die Aktion in zwei Briefen, vermutlich an Oxenstierna, im Riksarchivet Stockholm. 1. (Extrakt) vom 6. Dezember (a. St.) 1646, Oxenstierna samlingen, E867A; und 2. (Entwurf) vom 14. Dezember (a. St.), Skokloster samlingen, E8257. Die Darstellung von Steckzén, S. 136–137, beruht auf diesen Quellen. Vom Standpunkt der Gegenseite ist die Episode beschrieben bei Immler: *Kurfürst*, S. 320–322.

76 Zu Erzherzog Leopold Wilhelms Rücktritt siehe Immler, S. 322. Er wurde im Februar 1647 als Statthalter der spanischen Niederlande nach Brüssel entsandt. Sein Nachfolger, Generalleutnant Matthias Graf Gallas, seit März 1647 wegen Krankheit dienstunfähig, starb am 29. April 1647.

Jahre nur wenig heimgesuchten Landschaften am Bodensee. So begann er auch sofort, seine Armee hier in neue Winterlager zu verteilen. Die Franzosen blieben, wo sie waren, Turenne mit seinem Hauptquartier in Weißenhorn und seine Mannschaften verteilt nach Norden bis an die Donau und nach Westen bis weit jenseits der Iller. Turenne bevorzugte diese Gegend vermutlich aus mehreren Gründen; zum einen war es erklärtes französisches Kriegsziel, in Südwestdeutschland Bereiche französischen Einflusses zu schaffen; in diesem Sinne hatte Turenne sich planmäßig in Lauingen und Schorndorf Etappenfestungen geschaffen, die seine Verbindungen zur Heimat sicherten; auch war die Nähe Weißenhorns zu Ulm nützlich, weil dort demnächst die Waffenstillstandsunterhandlungen mit Bayern beginnen sollten. Schließlich war die französische Präsenz im nördlichen Oberschwaben auch den Schweden von Nutzen, indem sie die schwedischen Verbindungen nach Norden schützte. Die Iller selbst erleichterte die Kommunikation zwischen beiden Hauptquartieren, da ihre Ufer bequeme Straßen boten.

Über Wrangels Aufenthalt in Leutkirch, wo er wieder nur knapp zehn Tage blieb, sind wir durch die »Oberländische Jammer- und Strafchronik« eines Augenzeugen, des Leutkircher Patriziers Gabriel Furttenbach, unterrichtet. Leutkirch war eine paritätische, d. h. konfessionell gemischte Freie Reichsstadt und damit den Schweden gegenüber nicht von vornherein feindselig eingestellt. Die Stadt hatte aber bei Wrangels Ankunft bereits zwei schlimme Monate hinter sich. Ende Oktober, als die kaiserliche Armee unter Erzherzog Leopold Wilhelm ihren Vorstoß nach Memmingen und bis an die Iller machte, wurde die Landbevölkerung von selbstständig herumstreifenden kaiserlichen Armeeeinheiten ausgeplündert. Dank einer Schutzwache (»salvaguardia«), die der in Memmingen stationierte bayerische Obrist Kaspar Schoch gegen Bezahlung zur Verfügung gestellt hatte, konnte Leutkirch die Plünderer wenigstens am Eindringen in die Stadt hindern. Als die kaiserlichen Plünderer schließlich verschwanden, erschienen gegen Ende November mit gleicher Zielsetzung schwedische Streifzüge. Von Kempten ausgehend, drang eine solche Truppe am 23. November in Isny ein, stand schon am nächsten Tag vor Leutkirch, brach das Stadttor auf und plünderte die Stadt brutal und gründlich. Dasselbe wurde in den folgenden Tagen von weiteren schwedischen Einheiten mehrfach wiederholt. Als Wrangel schließlich am 22. Dezember in Leutkirch einzog, begegnete er einer fassungslosen und verzweifelten Bürgerschaft. Er dagegen, jetzt schon im neunten Monat seines Feldzugs, war gegenüber den Klagen der Bevölkerung ziemlich abgehärtet. Als ein Ratsherr sich bei ihm über die Brutalität der Streifzügler beklagte, sagte er kalt: »Bernhäuter habens gethan – man habe die Armee wol im Lande gewußt; warumben man sich nicht beyzeiten um ein Salvaguardia beworben habe.« Ähnlich reagierte auch General Königsmarck, als man ihn vor dem Abzug der schwedischen Armee um eine Salvaguardia zum Schutz vor Plünderern bat: »Was wolt ihr Leuth? … Wo nichts ist, da hat der

Kayser das Recht verlohren. Ich will Euch schon Salvaguardieren. Sontags werden Euch die 6 Compagnien die zu Kempten liegen einquartiert.«[77]

Bei all seinem Kummer konnte der Augenzeuge nicht umhin, die geräuschlose, eingeschliffene Präzision zu bewundern, mit der die schwedische Armee ihren Dienst versah. »In wehrendem disem Haubtquartier sein die Porten Tag und Nacht offen geblieben, und das hin und wider fahren mit Stucken und andern Kriegsachen die gantze nacht gewehret. Es war bey so vielem Volck alles so still, treflich wol bestelt, und alles in grossem Geheimb gehalten das man sich höchlich darüber verwundern hat müssen.« Das Gefühl von Energie und Vitalität, das von dieser Armee ausging, ergab sich schon aus den Größenverhältnissen, denn es hatte sich eine Armee von rund 10 000 Mann in einer Stadt von (friedensmäßig) etwa 2–3000 Einwohnern niedergelassen. »Alle Häuser und Winckel ausser und in der Statt waren mit Soldaten angefüllet, und hat schier unmöglich geschienen das so viel Tausend Menschen und Pferdt alhier könten und solten undergebracht werden.« Auch der Tross, der alle Feldzüge begleitete, aber selten Erwähnung fand, kam hier zur Geltung: »Nach ankunfft diser Armee haben die mit reisende Kauffleuth, Apotheker, Crämer, und Marchetenter alßbalden die Läden unnd Gewölber eingenommen, auff dem gantzen Marck herunder diß und jenseits Ständt auffgemacht, und allerhand schöne und köstliche Wahren was man erdencken hat mögen feyl gehabt.«

Ein freudiges Ereignis anderer Art beleuchtet die Tatsache, dass Offiziere wie Soldaten auf den Feldzügen jenes Krieges von ihren im Tross mitziehenden Familien begleitet wurden. Bald nach Ankunft in Leutkirch war die Gattin des Generals Robert Douglas in der Rathsstube »eines jungen Herrens genesen«. Die Taufe fand am 25./15. Dezember im Beisein vieler hoher Offiziere[78] in der Rathslaube statt; Marschall Turenne war Gevatter und Wrangels Gemahlin Gevatterin. Auf das kirchliche Ritual folgte ein »überaus köstliches« Bankett, begleitet von einer »trefflichen« Musik, dargeboten von Ulmer Musikanten, welche die Franzosen mitgebracht hatten, sowie den Heerpauken und Trompeten der eigenen Armee. Nach dem Essen wurde getanzt, und zwar je länger, desto wilder, sodass General Königsmarck sich bald mit »saurem Angesicht« in sein Quartier zurückzog.

77 Furttenbach, S. 121, 123.

78 Unter den Gästen waren die Generäle Königsmarck, Mortaigne, Douglas, Helmut (»der Tolle«) Wrangel, Hammerstein, Steinbock, der französische Botschafter D'Avaucourt und Feldmarschall Turenne (der sich früh verabschiedete, um noch vor der Nacht sein Quartier in Waldsee zu erreichen); Furttenbach, S. 118–120.

11.8 Bregenz[79]

Nach dem Fest hielt es Wrangel in Leutkirch nicht mehr lange. Als Standort für sein Hauptquartier konnte sich die ausgeplünderte kleine Stadt mit den reichen Städten am Bodensee nicht messen. Dort lockten ein fruchtbares Hinterland und einmalige Verkehrs- und Nachrichtenverbindungen; sogar der See selbst bot sich an als Medium von Kommunikation und Machtausübung. Wrangels bevorzugte Ziele waren wohl Bregenz und Lindau. An Bregenz hatte er seit Ende November schon dreimal schriftliche Forderungen von Proviant und Quartier gerichtet, unterstrichen durch drastische Drohungen im Fall der Weigerung.[80] Nach den Gepflogenheiten des Krieges waren solche Forderungen als Einladung zur Unterhandlung zu verstehen, in denen man sich mit der kampflosen Übergabe der Stadt nebst Barzahlungen und Sachleistungen die Verschonung vor Plünderung und Zerstörung sowie den freien Abzug des verteidigenden Militärs erkaufen konnte. Doch der Bregenzer Vogt und Obristhauptmann hatte diese Aufforderungen weder beachtet noch beantwortet und damit den Weg der militärischen Auseinandersetzung gewählt.

---

79 Obwohl die Geschichte der dramatischen Eroberung von Bregenz schon mehrfach erzählt worden ist, wäre eine neue wissenschaftliche Darstellung erwünscht. Die folgende Kurzfassung möchte eine solche nicht vorwegnehmen. Zu beachten sind drei wissenschaftliche Darstellungen. Die früheste ist die kurze Monografie von Byr, Robert: *Die Einnahme der Stadt, des Passes und Schlosses Bregenz durch die Schweden im Jahre 1647*, Lindau, 1873, mit einem Anhang von wichtigen Originaldokumenten. Originell sind auch die Ausführungen von Bilgeri, III, Kapitel XI, S. 156–181, Anm. 94–386. Am aktuellsten, doch in einigen Punkten korrekturbedürftig, ist der Aufsatz von Broucek, Peter: *Die Eroberung von Bregenz am 4. Jänner 1647*. Militärhistorische Schriftenreihe Heft 18 (1971), 2. Auflage Wien, 1981. Grundlage für diese Arbeiten sind zwei Berichte von Augenzeugen, die »Relation« von Wrangel selbst und die Chronik des Priors Franziskus Ransperg O. S. B. vom Kloster Mehrerau bei Bregenz. – Wrangel schrieb seinen offiziellen Bericht unmittelbar nach der Eroberung, vermutlich für Reichskanzler Oxenstierna. Das Riksarkiv Stockholm besitzt davon mehrere Versionen. In den Skokloster samlingen, E8257, befindet sich der anscheinend endgültige Entwurf von Wrangels eigener Hand, datiert »Hauptquartier Bregenz, den 27.12.1646«. Der Adressat ist nicht genannt, wohl aber eine Liste von 13 bei der Schlacht nicht anwesenden Offizieren, beginnend mit Feldmarschall Torstensson, anscheinend ein Verteiler von Kopien. Dieser Entwurf ist nahezu identisch mit einer bei Byr, S. 10–11, abgedruckten Version der »Relation«. In den *Oxenstiernska samlingen* E867, befinden sich zwei zeitgenössische Abschriften der »Relation«, die sich in der Rechtschreibung unterscheiden. – Prior Ransperg schrieb nach dem Krieg eine zweiteilige Geschichte seines Klosters, deren zweiter Teil, abgeschlossen im Jahr 1660, sich ausschließlich mit dessen Schicksalen im Dreißigjährigen Krieg beschäftigt. Das leider noch unveröffentliche Manuskript, aus welchem Bilgeri ausgiebig zitiert, befindet sich im Ferdinandeum in Innsbruck. Eine zeitgenössische Abschrift, allerdings mit abweichender Paginierung, besitzt die Vorarlberger Landesbibliothek in Bregenz (Nr. 5780).

80 Ein solches Schreiben, von Gen. Feldmarschall Wrangel an Grafschaft Bregenz, Günzburg, 21. 11. 1646, befindet sich im Bayerischen Hauptstaatsarchiv München: Kurbayern Äußeres Archiv 2902, Tomus 616, fol. 328. Siehe auch Bilgeri, III, S. 167.

Ein triviales Ereignis gab Wrangel den Anlass zum Aufbruch. Die kleine Freie Reichsstadt Isny, etwa 20 Kilometer südlich von Leutkirch, war schon seit Ende November in schwedischer Hand. Eine Abteilung der Vorarlberger Landwehr unter Obristwachtmeister (i. e. Major) Gallus Vögel war gegen Ende Dezember vor Isny erschienen, hatte einen Kornspeicher ausgeraubt und sich dann am »Kalbfehl« verschanzt.[81] Das war Wrangel zu viel; am 1. Januar 1647 brach er mit 2000 Mann Infanterie, 1000 Mann Kavallerie »und einigen Stücken« auf in Richtung Isny. Das Kommando über den in Leutkirch verbleibenden größeren Teil der Armee übertrug er General Königsmarck mit dem Auftrag, die Garnison von Kempten nach Leutkirch zu verlegen, dann in Wangen eine kräftige Garnison zu hinterlassen und selbst nach einigen Tagen über Wangen nach Lindau zu marschieren. Abends in Isny angekommen, ließ Wrangel den »Bregenzer Bauern«, die sich noch in ihren Schanzen befanden, ausrichten, »sie sollen ohne verlengerung solchen posto verlaßen, und sich bis morgen alda nit mehr finden laßen«[82]. Sie verschwanden über Nacht. Am folgenden Tag, dem 2. Januar, nahm Wrangel trotz einiger Schneelage die Verfolgung auf und war abends, als er sich mit seiner Truppe zum Biwak (vielleicht bei Scheidegg?) einrichtete, nur noch drei Stunden von Bregenz entfernt. Am dritten Tag der Unternehmung, dem 3. Januar, kamen die Schweden bequem über die Ruggsteig bis kurz (ca. 12 Kilometer) vor Bregenz. Wrangel nahm Quartier im Schloss Hofen bei Lochau, der Residenz des Vorarlberger Obristhauptmanns, und hatte noch Zeit genug, die Bregenzer Befestigungen zu inspizieren.

Nach Schwaben hin ist Bregenz geschützt durch den Bodensee und einen 1000 Meter hohen Bergrücken, den Pfänder, der sich vom See in nordöstlicher Richtung bis weit ins Allgäu erstreckt.[83] Zum See hin bietet der Pfänder eine aus Felsabstürzen und Waldhängen bestehende Steilflanke, die damals unvermittelt in den See stieß (im Gegensatz zum heutigen Zustand, in dem der See von einem aufgeschütteten Uferstreifen gesäumt ist, breit genug für Eisenbahn, Landstraße, Fahrradweg, Badestrand sowie allerhand Besiedelung). In diese Steilflanke, etwa 100 Meter hoch über dem See, war eine schmale Straße eingeschnitten, die einzige Straße zwischen Oberschwaben und dem Rheintal. Dieser natürliche Engpass, bekannt als die Bregenzer Klause, war mit Toren, Türmen und Wällen sowie einigen starken Vorwerken schwer

---

81 Zur »Kalbfehl«-Episode siehe Bilgeri, III, S. 167f und Anm. 194. Eine »Kalbfehl« genannte Örtlichkeit ist heute in Isny nicht mehr bekannt. Augenscheinlich handelt es sich um einen bewaldeten Hügel an der Straße nach Maierhöfen, knapp 2 Kilometer südlich von Isny; das dort vorhandene Gasthaus zeigt eine Erinnerungstafel.

82 Ransperg, Innsbrucker Handschrift, S. 148.

83 Instruktiv ist die Abbildung des Kampfes um Bregenz von Georg Wilhelm Kleinsträttl aus dem *Theatrum Europaeum*, Frankfurt, 1651, abgedruckt bei Bilgeri, III, S. 168–169.

befestigt und galt als uneinnehmbar. Als zweite Verteidigungslinie lag die erst 1643 errichtete »Neue Schanze« halbwegs zwischen der Klausenschanze und der Stadtmauer von Bregenz. Auf der mäßig geneigten, dicht bewaldeten Nordwestseite des Pfänders gab es einen Fußpfad, der von Lochau über den Weiler Haggen zum Pfändergipfel führte. Hier lag also eine Möglichkeit, die Klause zu umgehen. Unterhalb Haggens war dieser Weg durch mehrere Reihen von Schanzen gesperrt, die sich zum See hin direkt an die Steilflanke anschlossen und auf der anderen Seite weit in die Nordwestflanke hineinreichten. Ein weiteres Befestigungswerk befand sich am Pfändergipfel.[84]

Die Schweden hatten schon am Nachmittag vorher, gleich nach ihrer Ankunft, das Gelände erkundet, hatten sich von der Stärke der Befestigungen an der Klause überzeugt sowie von einer Möglichkeit ihrer Umgehung erfahren. Bei ihrer Ankunft standen den Schweden insgesamt 2200 Mann von der Vorarlberger Landwehr gegenüber. Das waren unten am See je 300 Mann an der Klause und an der Neuen Schanze,[85] 400 am Haggen und oben am Pfändergipfel 1200 Mann unter Gallus Vögel, die ohne Kontakt mit ihren Kameraden weiter unten den Tag tatenlos aussaßen. Früh am Morgen des 4. Januar 1647 (nach dem alten Kalender der Weihnachtsfeiertag) begann Wrangel den Angriff. Den Sturm auf die Klausenschanze übernahm er selbst und beauftragte seinen Kameraden Mortaigne, mit »etzlichen 100 Mann« zum Haggen hinaufzusteigen und sich mit den dortigen Bauern auseinanderzusetzen. Dieser konnte die Verteidiger der dortigen Schanzen, die unter unmöglichen Bedingungen zu kämpfen hatten, leicht überwältigen. Sie ergriffen die Flucht auf Schleichwegen durch die Steilflanke hinunter zum See, dicht gefolgt mithilfe ihrer Spuren im Schnee von den Schweden. Der Fluchtweg endete am See, hinter der Klausenschanze und vor der Neuen Schanze. Da an der Neuen Schanze, um die Fliehenden einzulassen, die Zugbrücke gesenkt und das Tor noch geöffnet waren, drangen die Schweden zusammen mit jenen in die Stadt ein. Wrangel selbst hatte inzwischen erkannt, dass er bei der gut befestigten und geschickt verteidigten Klause auf Eisen biss; als er von Mortaignes besserem Fortkommen am Haggen erfuhr, sprang er aufs Pferd und folgte ihm nach. Der Gegner war längst auf der Flucht; schwierig war nur noch, die steilen, mit Felsen und Wald durchsetzten Schneehänge, mit dem Pferd am Zügel, möglichst unbeschädigt hinabzugelangen. Dort konnten die Schweden nicht nur durch die geöffnete Neue Schanze unbehindert in die Stadt einziehen, sondern auch durch ihre unverteidigte Rückseite mühelos in die Klausenschanze eindringen, deren Verteidiger nunmehr keine Wahl hatten, als sich zu ergeben. So war am späten Vormittag, vielleicht noch vor 11 Uhr, die Verteidigung von Bregenz zusammengebrochen und die

84 Beim heutigen Gasthaus »Schwedenschanze«.

85 Bilgeri, III, S. 170 und Broucek, S. 10.

Stadt in der Hand der Schweden. Die Sieger mussten nur noch die letzten Reste von Widerstand überwältigen, die feindlichen Truppen, sofern nicht tot oder geflohen, gefangen nehmen und alle strategisch wichtigen Punkte, namentlich den Hafen, besetzen. In der Festung auf dem Pfannenberg (heute Gebhardsberg) errichtete Wrangel sein Hauptquartier. Vor allem wollte er seine ungeheure Beute sicherstellen. Wrangel selbst behielt an seine Eroberung von Bregenz die erfreulichsten Erinnerungen, »weil er Bregenz so leichtlich gewonnen, und khein grössere gefahr darbey gehabt, als das er habe förchten müeßen, er falle mit gebühr zue reden den arsch entzway. Da er nemblich zue sambt den seinigen so mühesam und schwerlich vom Haggen herunder gerutschet, und auf dem hinderen herab geschlittet: Pfui unser grosser schandt!«[86]

Die Stärke der Klausenschanze sowie die Tatsache, dass die Stadt noch nie erobert worden war, hatten Bregenz einen Ruf der Uneinnehmbarkeit gegeben. Dieser hatte nicht nur die Verteidiger der Stadt sorglos gemacht, er hatte auch die Reichen der Umgebung, darunter viele Mitglieder des schwäbischen Adels, dazu verleitet, ihren beweglichen Besitz dort in vermeintliche Sicherheit zu bringen. Nun hatte die Stadt bewaffneten Widerstand geleistet, und das gab dem Eroberer das Recht auf Plünderung. Und geplündert wurde radikal und besessen. Etwa ein Dutzend Personen, die sich den Plünderern widersetzten, verloren das Leben. Die Gründlichkeit der Plünderer lässt sich daran erkennen, dass einfaches Haushaltsgerät aus Bregenz auf den Märkten der benachbarten Schweiz zum Kauf angeboten wurde und Bregenzer Bürger sich dort einfanden, um Verlorenes zurückzukaufen. Aber die wichtigsten Plünderer waren nicht die einfachen Soldaten, sondern die Generalität, an der Spitze Feldmarschall Wrangel selbst. Mehrere hundert mit Beutegut beladene Wagen rollten nach Norden.

Für die schwedische Armee und für Wrangel persönlich krönte die Einnahme von Bregenz den neun Monate langen gefahrvollen und entbehrungsreichen Feldzug von Thüringen zum Bodensee. Zwar war es schon ein Erfolg, dass die Armee diesen Zug in guter Verfassung und ohne wesentliche Verluste durchgeführt und ihre vorgegebenen Aufgaben trotz unberechenbarer Schwierigkeiten planmäßig ausgeführt hatte. Doch war das ein Erfolg, den nur der Fachmann würdigen konnte. Die Einnahme der berühmten Festung dagegen bei winterlichen Bedingungen durch einen schnellen, taktisch brillanten Handstreich, praktisch ohne eigene Verluste und mit sagenhafter Beute, das beeindruckte die Öffentlichkeit. Wrangel tat das Nötige zur Verbreitung dieser Nachricht.

Interessant sind Wrangels Vorstellungen über den Zugang zu Italien. Als er die Nachricht seiner Eroberung von Bregenz verbreitete, hatte er zunächst den neu ge-

86 Ransperg, Bregenzer Handschrift, S. 177.

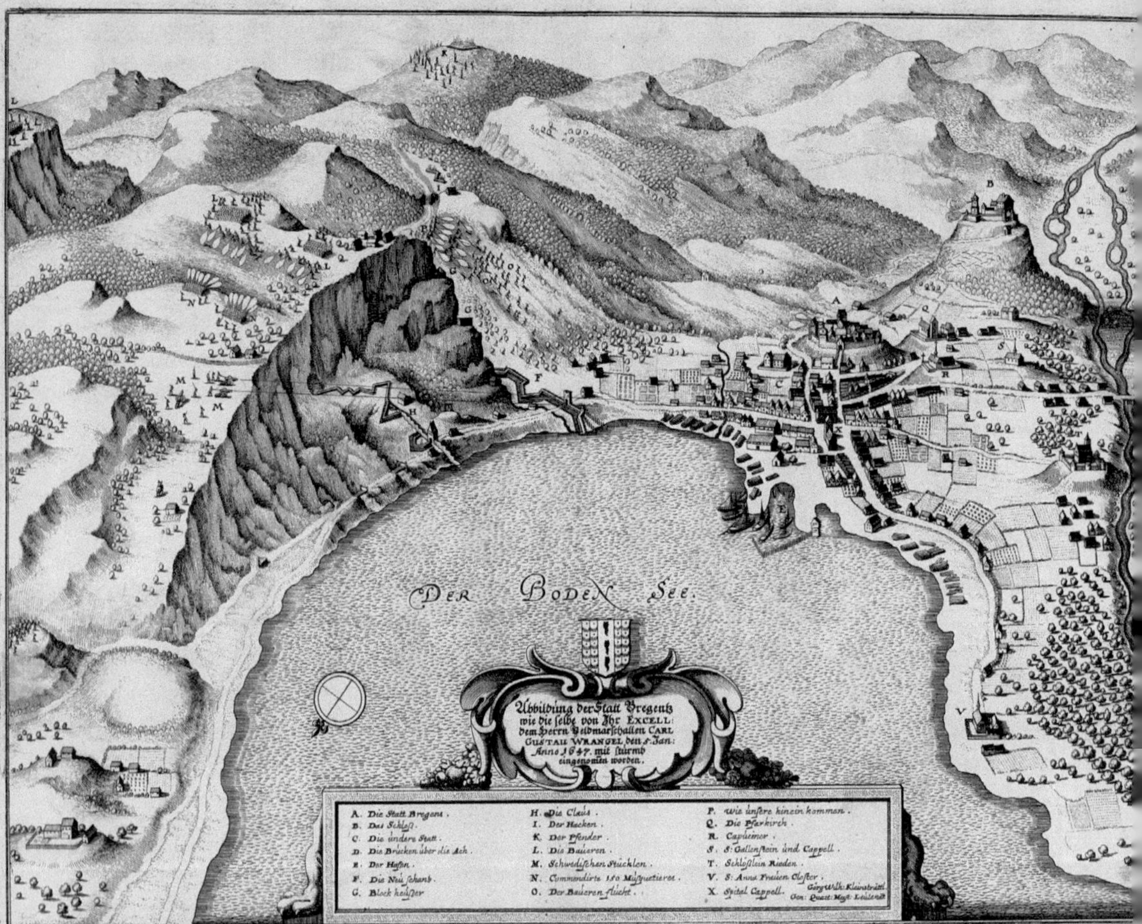

Die Eroberung von Bregenz am 4. Januar 1647/25. Dezember 1646. Die Abbildung zeigt den gelungenen Handstreich: Die befestigte »Klause« sperrt die Straße unten am Seeufer; nach dem Durchbruch der Schweden am Haggen (oberhalb des Felsabbruchs links) fliehen die Verteidiger abwärts in die Stadt, die Schanze am Pfändergipfel bleibt unbeteiligt. Kupferstich des schwedischen Ingenieur-Offiziers Georg Wilhelm Kleinsträttl, 1647.

wonnenen direkten Zugang nach Italien als einen wichtigen Teil seines Erfolgs herausgestellt (ähnlich wie vor ihm General Gustav Horn bei der Rechtfertigung seiner Belagerung von Konstanz). Wenn solche Reden ernst gemeint waren und nicht nur seinem Reichskanzler Axel Oxenstierna schmeicheln sollten, dann waren sie naiv. Nicht nur fehlte Schweden jeder Anlass zu einem Einbruch nach Oberitalien, noch hatte es die Mittel dazu oder eine klare Vorstellung von den Schwierigkeiten eines solchen Unternehmens. Man fragt sich, ob Wrangel jemals von einem Aussichtspunkt über das obere Rheintal nach Süden geblickt hat.

Für Bregenz war die Eroberung eine böse Demütigung. Das Trauma begann mit Verlusten an Leib und Leben, gefolgt von katastrophalen wirtschaftlichen Einbußen und Unterjochung durch eine fremde Militärregierung und endete mit der planmäßigen Demolierung der Befestigungen. Die Schuldfrage beschäftigt die Bregenzer bis heute. Viel Schuld trifft zweifellos die in Bregenz Verantwortlichen. Der militärische Befehlshaber, Oberst Hans Werner Escher von Binningen, Obersthauptmann der Herrschaften vor dem Arlberg, war ein erfahrener Offizier mit einwandfreiem Ruf, dessen Versagen in der Krise allerdings so total war, dass man nach einer medizinischen Erklärung suchen möchte.[87]

Die schwedische Armee richtete sich alsbald in neuen Winterquartieren ein, welche sich weit verteilt über das Bregenzer Hinterland und das schwäbische Bodenseegebiet ausdehnten. In die Städte von Dornbirn bis Vaduz und auf die stärkeren Burgen legte Wrangel Garnisonen. In südlicher Richtung drangen einzelne schwedische Einheiten in den vorderen Bregenzer Wald bis Bludenz und, am weitesten südlich, bis zur Luziensteig vor; den Zugang zu den höheren Gebirgstälern versperrte jedoch der Schnee. Mit den Schweizer Nachbarn traf Wrangel ein Abkommen, in dem er ihre Neutralität zu achten versprach, sich aber für seine Operationen auf der rechtsrheinischen Seite und auf dem Bodensee keine Einschränkungen auferlegen ließ. Sofort stellte er sich die Aufgabe, die Herrschaft über den Bodensee zu erringen, und begann mit dem Aufbau einer Kriegsflotte. Seine erste und wichtigste militärische Entscheidung war jedoch die Belagerung von Lindau.

87 Die vernichtende Verurteilung von Escher durch Bilgeri, III, S. 168f., gestützt auf den Augenzeugen Ransperg, wird nicht von allen geteilt; eine neutralere Charakterisierung gibt Broucek, *Die Eroberung*, S. 17.

12. BELAGERUNG UND EINSCHLIEẞUNG VON LINDAU (VON JANUAR 1647 BIS MÄRZ 1647)

Die Frage, wie viele Belagerungen insgesamt im Dreißigjährigen Krieg stattgefunden haben, hat noch niemand beantwortet; gewiss käme ihre Zahl in die Hunderte. Belagerungen konnten nur auf eine von drei verschiedenen Weisen enden: mit gewaltsamer Einnahme durch einen siegreichen Belagerer, mit Abzug eines erfolglosen Belagerers oder mit freiwilliger Übergabe an den Belagerer aufgrund eines »akkordierten« Vertrags. Die beiden ersteren Lösungen waren einfach, klar und von Fall zu Fall ähnlich. Sie waren immer für die eine Seite höchst erwünscht und für die andere in gleichem Maße unerfreulich, wenn nicht geradezu tragisch. Allerdings sind Fälle von Städten, die trotz aussichtsloser Lage nicht kapitulierten, sondern mit Gewalt gestürmt werden mussten und dann ein schlimmes Schicksal erlitten, zwar berühmt, weil sie Stoff für weit verbreitete Horrorgeschichten lieferten, aber nicht zahlreich. Dagegen konnten Übergaben per Akkord große Unterschiede im Einzelnen zeigen, bedingten aber immer, dass beide Parteien ihre Ziele reduziert hatten, um das Ergebnis beiderseits erträglicher zu machen. Daraus folgte, dass mit zunehmender Dauer des Krieges die Zahl akkordierter Übergaben zunahm und gewaltsame Erstürmungen immer seltener wurden. Anfänglich hatte der Angreifer / Belagerer die Initiative, konnte sie jedoch leicht verlieren, während er lernte, dass Belagerungen unberechenbar waren. Die Verteidiger waren nicht nur besser motiviert, sie hatten auch die Vorteile einer vertrauten Infrastruktur. Dagegen mussten die Belagerer vor den Mauern der anzugreifenden Stadt oft im Freien biwakieren, auf ungünstigem Gelände und den Elementen ausgesetzt, ohne gesundes Trinkwasser, ohne örtlich verfügbare Lebensmittel. Oft hatten sie die größeren Verluste, nicht nur weil bei ihnen wegen schlechter Verpflegung und unzulänglicher Hygiene häufig Seuchen ausbrachen, sondern auch weil das Schießen der Verteidiger, sei es mit Gewehren oder Kanonen, aus sorgfältig ausgebauten, gesicherten Stellungen gewöhnlich zielsicherer war. Darum hatte der kluge schwedische Oberbefehlshaber Torstensson dem jungen General Wrangel im Frühling 1646, vor Aufbruch auf den langen Feldzug nach Oberschwaben, eingeschärft, Belagerungen sowie offene Feldschlachten grundsätzlich zu vermeiden. Die meisten Belagerungen dauerten nur wenige Wochen. Gewiss gab es Ausnahmen; die Festung Breisach am Rhein zum Beispiel kapitulierte 1638 nach achtmonatiger Belagerung erst, als praktisch alle Einwohner verhungert waren. Die Lindauer Belagerung dauerte 61 Tage, vom Montag, dem 7. Januar 1647 / 28. Dezember 1646, als die ersten Schweden sich vor der Stadt festsetzten, bis zum Freitag, dem 8. März / 26. Februar 1646, als sie ihren Abmarsch begannen.

Zahl der beteiligten Personen

Da mangels einschlägiger Untersuchungen präzise Daten nicht zur Verfügung standen und ihre Ermittlung im Einzelnen im vorgegebenen Rahmen unmöglich war, soll hier wenigstens versucht werden, in der Größenordnung annähernd richtige Zahlen anzugeben. Um mit der Stadt Lindau selbst zu beginnen, ergab eine Haus-zu-Haus-Zählung von Ende 1646 durch die Obleute der Zünfte eine Einwohnerzahl von »über 3000«.[1] Die Lindauer Garnison bestand aus ihren planmäßigen vier Kompanien von je etwa 200 Mann, also aus rund 800 Mann; damit lag sie erheblich unter ihrer Stärke zur Zeit des ersten Schweden-Einbruchs und galt als ungenügend. Die Zahl wurde allerdings durch bald eintreffende Hilfstruppen von Nachbarorten etwas aufgebessert.

Die Gegner betreffend, lag die Mannschaftsstärke der schwedischen Armee zu Beginn ihres Feldzugs im Juli 1646, nach der Vereinigung von Wrangels und Turennes Armeen bei Wetzlar, bei rund 20 000 und die der französischen bei etwa 7000 Mann. Nach Schluss des Feldzugs im Spätherbst 1646 hatten die Alliierten sich getrennt, nun lagen die Franzosen in der Nähe von Ulm und die Schweden am Bodensee. Beide Mannschaftsstärken waren inzwischen gesunken, doch bei den Schweden mehr als bei den Franzosen. Obwohl die Schweden keine verlustreichen Kämpfe bestehen mussten, so hatten doch Unfälle, Krankheiten und Desertionen ihren Zoll gefordert; Kranke und Verletzte wurden gewöhnlich örtlicher Pflege überlassen, während die Armee weiterzog. Beide Armeen hatten, um ihren Rückweg und ihre Nachrichtenverbindungen zu sichern, in regelmäßigen Abständen geeignete Städte unter ihren Befehl gestellt und mit Garnisonen (bis zu mehreren 100 Mann) versehen. Zudem hinterließ Wrangel, der systemhaft dachte, an wichtigen Orten, auch wenn sie seinen Rückweg nicht betrafen, Garnisonen zurück. Ferner entließ er kurz nach der Einnahme von Bregenz seinen Kollegen Königsmarck – einen außerordentlich fähigen Reitergeneral, der sich aber schlecht unterordnete – aus seinem Verband mit der Freiheit, unabhängig zu operieren. Wrangel stattete ihn mit einer kleinen Armee von vielleicht 5000 Mann aus, denn er kannte die großen Vorteile, schon allein in Bezug auf Verpflegung und Quartier, wenn Armeen sich dezentral bewegten. Bezüglich der Truppenstärke der Schweden, die vor Lindau eingesetzt waren, hatten die Lindauer von einem bei einem Ausfall gemachten Gefangenen die Auskunft erhalten, »daß 10 brigaden fußvolck bey 3000 starck bey der Statt herumb ligen«[2]. Will man diese Zahl

1 KrCh, S. 536.

2 Ebenda, S. 554.

akzeptieren, kann das nur bedeuten, dass die meisten Truppen einfach in der weiteren Umgebung von Lindau überwinterten, während die Zahl denjeniger, die zu einem gegebenen Zeitpunkt aktiven Dienst hatten, vermutlich viel geringer, wohl kaum über 500 Mann lag. Insgesamt belief sich die Zahl der Truppen, die in Wrangels Armee am Bodensee und in Vorarlberg überwinterten, wohl auf nicht mehr als 7–8000 Mann.

12.1 Lindau vor der Belagerung

Die Belagerung von Lindau war ein zufälliges Nebenergebnis einer französisch-schwedischen Strategie, die Feldmarschall Lennart Torstensson schon gegen Ende des Vorjahres 1645 mit französischen, in Stockholm sowie Münster stationierten, jedoch von Cardinal Mazarin von Paris aus straff geführten Diplomaten konzipiert hatte mit dem Ziel, das Kurfürstentum Bayern dermaßen zu schwächen, dass es vom Kaiser abfallen und seine Gegner um einen Waffenstillstand ersuchen würde. Die dafür gewählte Methode war die systematische Verwüstung von Bayerns Landwirtschaft. Als Wrangel im Frühjahr 1646 auf Torstenssons Betreiben zum neuen Oberbefehlshaber der schwedischen Armee in Deutschland ernannt wurde, wurde er auf diese Strategie eingeschworen. Seine Bewegungen wurden von französischen und schwedischen Diplomaten ständig überwacht. Als ihm im Sommer eine französische Streitmacht unter Marschall Turenne beigeordnet wurde, hatte diese nicht nur die Aufgabe, ihn zu unterstützen, sondern auch auf Weisung des Kardinals ihn gelegentlich zu bremsen. Im Spätsommer in Bayern endlich angekommen, konnten sich die beiden Armeen ungehindert der systematischen Zerstörung der Landwirtschaft widmen. Kurfürst Maximilian verstand diese Sprache und erklärte sich bald verhandlungsbereit. Sofort wurde Turenne auf das linke Ufer des Lechs zurückkommandiert. Wrangel, nominell selbstständig und mit der verlockenden Aussicht auf die wehrlosen Länder von Bayern und Oberösterreich direkt vor Augen, musste sich widerwillig dem Verbündeten anschließen. Schließlich gingen beide in ihre Winterquartiere, die Schweden am Bodensee, Turennes Franzosen südlich von Ulm.

Die Waffenstillstandsverhandlungen zwischen Frankreich, Schweden und Bayern begannen informell im Herbst 1646 noch in Münster und Osnabrück. Als Verhandlungsort einigte man sich auf Ulm, wo die bayerischen, schwedischen und französischen Unterhändler im Januar 1647 eintrafen. Die Ulmer Verhandlungen waren nicht ganz einfach, weil die Vorgaben der Regierungen in den drei Hauptstädten sowohl mit den Meinungen ihrer diplomatischen und juristischen Spezialisten in Münster und Osnabrück als auch jenen der Unterhändler vor Ort in Ulm abgestimmt werden mussten. Dennoch verliefen sie ganz planmäßig und endeten mit dem gewünschten

Waffenstillstand zwischen Frankreich, Schweden und Bayern, dessen Vertragsdokumente die Daten vom 14. und 27. März 1647 trugen. Persönlich war Wrangel übrigens ein Gegner des Ulmer Waffenstillstands; er meinte, dieser könnte seinem Land nur schaden.

Wenn Wrangel gegen Ende des Jahres 1646 seine Armee im Bodenseegebiet ins Winterquartier legte, genügte er damit nicht nur einer unausweichlichen Notwendigkeit, sondern auch einem offiziellen Auftrag im Zusammenhang mit den Ulmer Unterhandlungen. Für die Entscheidung, Lindau zu belagern, bestimmten ihn noch weitere Motive. Das Ziel, eine der bedeutendsten Hafenstädte des Bodensees zu gewinnen als Basis für die Beherrschung des Sees, war bei ihm bereits geformt, bevor er den Bodensee erreichte. Für ihn war es nur noch eine Frage der Ausführbarkeit, und diese beurteilte er nach seinem Bregenzer Triumph optimistisch. So begann er ohne Zögern mit der Belagerung von Lindau. Ein drittes Motiv hatte zu tun mit der Fruchtbarkeit und den vielfältigen Reizen der Bodenseelandschaft. Schon General Horn hatte sich vor Jahren unter dem Zauber dieses Landes vergeblich bemüht, hier einer schwedischen Präsenz eine dauerhafte Grundlage zu geben, und dieser Traum mag auch auf den unsentimentalen Wrangel eine heimliche Wirkung gehabt haben. Schließlich hat wohl eine persönliche Charakterschwäche Wrangels mitgewirkt, nämlich seine ungewöhnlich stark ausgeprägte Raffgier. Nichts war für beutegierige Söldner verlockender als eine bisher noch nie geplünderte Stadt. Dieser Traum war in Bregenz schon einmal über alle Erwartung erfüllt worden, und die Reichsstadt Lindau, der man noch größeren Reichtum nachsagte, versprach das Bregenzer Ergebnis noch zu überbieten. Vielleicht hing damit auch zusammen, dass Wrangel die Lindauer vor der Belagerung nicht mit dem üblichen Ultimatum zu kampfloser Übergabe aufgefordert hatte. Bregenz dagegen hatte er vor dem Angriff mehrmals durch förmliche Briefe zu Unterhandlungen eingeladen,[3] was die Bregenzer zu ihrer späteren Reue ignoriert hatten. Dass Wrangel den Lindauern eine akkordierte Übergabe gar nicht erst anbot, deutet darauf hin, dass er hier auf eine uneingeschränkte Plünderung besonderen Wert legte.

Während die Schweden stetig näherrückten, hatten die Lindauer längst begriffen, dass eine Belagerung auf sie zukam. Seit Übernahme seines Kommandos vor sieben Jahren hatte Oberst Max Willibald von Waldburg-Wolfegg die Festung stets so geführt, dass er sie auf diese Prüfung vorbereitete. Man hatte die Befestigungen verbessert, die Flotte ausgebaut, große Mengen von Getreide eingelagert. Und allmählich hatte der Kommandant der Zusammenarbeit von Garnison und Stadt eine hand-

3 Wrangel an Bregenz, Aufforderung zur Übergabe, 21.11.1646. Bayerisches Hauptstaatsarchiv München: Kurbayern Äußeres Archiv 2902, Tomus 616, fol. 328. Einzelheiten berichtet Bilgeri, III, S. 167.

lungsfähige Form gegeben. Die kaiserliche Garnison war der Freien Reichsstadt 1628 auferlegt worden zur Strafe für laxe Handhabung eines Krawalls, allerdings wohl seitens des Hauses Habsburg mit dem Hintergedanken, die Reichsstadt bei Gelegenheit seinen Erblanden einzuverleiben. In der Festung hatten Bürger und Garnison aber gelernt, sich gegenseitig zu vertrauen und ehrlich miteinander zusammenzuarbeiten. Der Stadt mit ihren rund 3000 Einwohnern[4] stand eine Garnison von Regimentsstärke, d.h. nominell von vier Kompanien gegenüber, deren tatsächliche Mannschaftsstärke über die Jahre zwischen 600 und nahezu 2000 schwankte. Zu der Zeit bestand die Garnison aus vier Kompanien von je 200 Mann und lag damit erheblich unter ihrer Stärke zur Zeit des ersten Schweden-Einbruchs. Die Zahl wurde allerdings durch bald eintreffende Hilfstruppen von Nachbarorten etwas aufgebessert.

Der Oberst dieses Regiments war zugleich Stadtkommandant und Gubernator der kaiserlichen Festung und hatte als solcher absolute Macht über die Stadt. Dem Oberst unterstand knapp ein Dutzend von Offizieren, darunter als Stellvertreter des Kommandanten Oberstleutnant Burkart Kleinhans, ferner ein Regimentsschultheiß und ein Corps weiterer Offiziere zwischen Fähnrich und Major, deren Besetzungen oft wechselten und über die wir wenig wissen. Eine Ausnahme ist der Kommandant der Leibkompanie des Obersten, der junge Kapitänleutnant Johann Ernst von Altmannshausen, gleichzeitig des Kommandanten Adjutant und besonderer Vertrauensmann. Wichtig war ferner das Amt des Kriegskommissars (gelegentlich auch Kreis- oder Oberkommissar genannt), der sich um Geld, Verpflegung und Personalfragen kümmerte und oft auf Reisen war. Dieses Amt hatte schon seit einigen Jahren Kreiskommissar Ferdinand Handel[5] inne, dessen Tochter mit Oberstleutnant Burkart Kleinhans verheiratet war. Der Kriegskommissar war dem Kommandanten nicht direkt unterstellt, sondern nur beigeordnet und gehörte zur Hierarchie des Kaiserlichen Generalkriegskommissars.

Als Freie Reichsstadt hatte Lindau eine quasi-republikanische Verfassung, laut welcher sie dem Kaiser Treue, Gehorsam sowie Steuerzahlung schuldete, dafür aber das Recht hatte, sich selbst zu verwalten. Die höchste Autorität der Stadt war der Stadtrat, dem die Wahl und die Besetzung der städtischen Ämter und Gremien oblagen. Oberhaupt der Stadt war der Amtsbürgermeister, der aus der Mitte von drei Bürgermeistern gewählt wurde und sein Amt jeweils nur wenige Jahre innehatte. Das Geheimnis für gute Zusammenarbeit zwischen Stadt und Garnison war es, einen Ausgleich zu

4 Eine Haus-zu-Haus-Zählung von Ende 1646 durch die Obleute der Zünfte ergab eine Einwohnerzahl von »über 3000«; KrCh, S. 536.

5 Der ursprüngliche Rittmeister Ferdinand Handel hatte bei Lieblachsberg unweit der Leiblach ein Gut mit einem kleinen Schloss erworben und nannte sich seitdem Ferdinand Handel von Leiblachsberg.

finden zwischen dem streng autoritären Funktionieren des Militärs und den politisch komplizierten Entscheidungsprozessen der Stadt. Mit diesen umzugehen, hatte der Truchsess von Waldburg-Wolfegg in den sechs Jahren in seinem Lindauer Amt wohl gelernt – besser als seine Vorgänger. Nun hatte er kurz vor Weihnachten unter dem Eindruck der näherrückenden Schweden mit dem Stadtrat einige Abreden getroffen, die seine Handlungsfähigkeit verbessern würden. Zum einen hatte die Bürgerschaft auf seine Aufforderung erklärt, dass sie »neben der Garnison für einen mann stehen wolle«. Damit gaben die Lindauer ihren Traum von der Neutralität endgültig auf; nun wollten sie die Schweden als das erkennen, was sie waren: nicht Glaubensbrüder, sondern erbarmungslose Feinde. Dabei mussten sie nicht bewaffnet werden, sondern ihre Pflichten sollten sich auf Verbauen, Feuerlöschen, Wachen und dergleichen beschränken, unter ihrem eigenen Kommando. Zur wirksameren Zusammenarbeit sollte der Lindauer Rat dem Kommandanten zwei Personen zuordnen, welche ihn bei der Verständigung mit dem Rat und bei der Durchsetzung notwendiger Maßnahmen unterstützen würden. Beide Vorschläge des Kommandanten wurden von den Lindauern spontan, vorbehaltlos und – was ihn vielleicht überraschte – sofort angenommen. Um ganz sicher zu gehen, bat er um den Beschluss der kathegorischen Resolution zwei Wochen später (5. Januar 1647 / 26. Dezember 1646) noch einmal, und wieder taten es die Lindauer bereitwillig und ohne Zögern.[6] Die zweite Forderung des Truchsessen, ihm zwei Ratsdeputierte als Verbindungs- und Vertrauensleute beizuordnen, wurde erfüllt durch die Benennung der angesehenen Ratsherren Wolfgang Bensperg und Martin Matthias Rader.

Trotz aller Vorbereitung kam die Belagerung überraschend. Die Schweden hatten Bregenz am Weihnachtstag erobert. Am zweiten Feiertag (Samstag, dem 5. Januar 1647 / 26. Dezember 1646), noch erschöpft von den anstrengenden fünf Tagen seit ihrem Aufbruch von Leutkirch, doch hochgestimmt durch die triumphale Einnahme von Bregenz, hielten sie Ruhetag. Am Tag darauf (Sonntag, dem 6. Januar 1647 / 27. Dezember 1646) erschienen sie schon abends vor Lindau und nahmen das Vorfeld am Festland in Besitz. Damit waren Lindaus Landverbindungen abgeschnitten, die Insel blockiert und eingekreist; die Belagerung hatte begonnen. Merkwürdigerweise hat Wrangel es unterlassen, den Lindauern die übliche Aufforderung zur akkordierten Übergabe zuzustellen. Gewöhnlich geschah das durch einen Unterhändler, der die Aufforderung entweder in schriftlicher Form übergab oder mündlich verlas. Es ist unwahrscheinlich, dass eine solche Aufforderung zwar gemacht worden, nur später in Vergessenheit geraten ist, denn dies wäre vor Augenzeugen geschehen und wäre dem Chronisten-Stadtschreiber mit Gewissheit zur Kenntnis gekommen.

6 KrCh, S. 536f.

Die Lindauer hatten zunächst auf dem Vorfeld, das sie nicht zu verteidigen gedachten, noch einiges zu erledigen, bevor sie es den Schweden überließen. Sie mussten die Reste der Landbrücke entfernen (»die Brugg vor dem Thor nicht allain abwerffen sonder auch gar die joch hinweg thun«)[7] und die noch neue Kapuzinerkirche bei der Achbrücke zerstören und die Reste verbrennen. Der Abbruch der Landbrücke brachte auch den Abbruch der Rohrleitung von wohlschmeckendem Quellwasser aus der Umgebung der Burg Senftenau mit sich; fortan musste man sich auf der Insel mit dem weniger geschätzten Wasser aus gegrabenen Tiefbrunnen begnügen. In der Nacht rückten die Schweden nach und besetzten das Vorfeld. Am folgenden Tag (Montag, dem 7. Januar 1647 / 28. Dezember 1646) ließen sich einzelne Schweden sehen, auf die man von Lindau aus erste symbolische Kanonenschüsse abgab. Sie brachten eine erste Batterie in Stellung und richteten Wachtposten ein. In der Nacht zum Dienstag rückten größere Einheiten der schwedischen Armee nach, um vom Vorfeld vor der Insel Besitz zu ergreifen und die Belagerung vorzubereiten. Auf dem Gelände gegenüber der Insel sah man den ganzen Tag über Wagenkolonnen, von Reitern eskortiert, seeab nach Westen ziehen, vermutlich mit dem Bregenzer Raub beladen.

In Lindau war die Stimmung zur Weihnachtszeit von 1646 alles andere als fröhlich. Am zweiten Weihnachtsfeiertag hatte der Truchsess den Rat der Stadt feierlich an die vor zwei Wochen beschlossene »Kategorische Resolution« erinnert und die Lindauer Bürger in tiefem Ernst aufgefordert, ihre darin eingegangene Verpflichtung zu einer gemeinsamen Verteidigung noch einmal zu bekräftigen. Wieder taten sie es ohne Fragen und Zögern. Wie verabredet war die Verpflichtung der Bürger auf unbewaffnete Einsätze begrenzt. Unter den schutzsuchenden Bauern fand der Truchsess jedoch nicht wenige, die bereit waren, Wehr und Waffen zu tragen; sie wurden der Garnison eingegliedert.

Solange das Stadttor noch offen war, war eine Flut von Flüchtlingen auf die Insel geströmt. Sie wurden sofort registriert. Auch wenn ein Teil von ihnen sofort über den See zur Schweiz weiterfuhr, brach doch im ohnehin überfüllten Lindau das mühsam errichtete Gleichgewicht von Unterbringung und Verpflegung aller Menschen von Neuem zusammen. Die Flüchtlinge brachten oft Lebensmittel mit sowie Vieh und Viehfutter. Wenn es sich um größere Mengen handelte, wurde auch dies registriert, und der Kommandant behielt sich das Recht vor, darüber frei zu verfügen. Für die Unterbringung der Flüchtlinge gab es keine befriedigende Lösung. Die Stadt war seit Einlegung der Garnison ohnehin überfüllt, und ein gewisser stetiger Zustrom von Fremden war seit Langem, schon seit dem ersten schwedischen Einbruch, nicht zu vermeiden gewesen. Bemittelte Flüchtlinge fanden gewöhnlich annehmbare

---

7 Hünlin, S. 55.

Lebens,bedingungen. Das Schicksal von Flüchtlingen, die mittellos in die Stadt kamen, war hart. Wenn sie nicht mit Geld oder Glück in der »Stadt« selbst unterkommen konnten, wurden sie auf die »Insel« verwiesen, jenen durch einen Graben abgetrennten Westteil von Lindau, der traditionell nur landwirtschaftlich genutzt worden war, wo sich aber im Laufe des Krieges allerhand Baracken und Hütten angesammelt hatten. Über diese ist wenig bekannt; über ihren technischen Zustand und ihre sanitäre Ausstattung ist wenig Gutes zu vermuten. Hier herrschten Krankheit und, vor allem unter den Kindern, hohe Sterblichkeit, über die aber die Quellen wenig berichten, vermutlich, weil schon dieses unerträglich war.

Gegen die Überfüllung der Stadt gab es nur ein Mittel; dieses war hart, aber vergleichsweise am humansten; und derjenige, der es am konsquentesten propagierte, war der Kommandant selbst. Es bestand in dem einfachen Prinzip, alle Leute abzuschieben, die nicht ihren Lebensunterhalt bestreiten oder aktiv zur Verteidigung der Stadt beitragen konnten. Sie wurden registriert, jeder wurde mit einem Batzen ausgestattet und, wenn sich eine Schiffsladung angesammelt hatte, bei Nacht in die Schweiz übergesetzt und der Barmherzigkeit der Schweizer anempfohlen. Über ihr weiteres Schicksal wird nicht berichtet. Das gleiche Verfahren wurde auch auf überzählige Pferde angewendet. Da Pferde unter normalen Umständen wertvoller Besitz sind, hatten flüchtende Bauern ihre Pferde mitgebracht. Schnell stellte sich heraus, dass hier mit ihnen nichts anzufangen war und sie mangels Futters rasch ihre Kräfte und damit ihren Wert verloren. Die Chronisten berichten, dass Pferde für wenige Kreuzer verkauft oder sogar einfach laufen gelassen wurden. Da war es vorteilhafter, auch sie in die Schweiz auszuführen, wo sie leicht Käufer fanden.

Daneben kümmerte sich der Truchsess um eine wichtige, jedoch auf den ersten Blick nicht als dringend erscheinende Vorkehrung, die Verteidigung der Festung betreffend. Die Stadtmauern, welche die ganze Festung umgaben, hatten selbstverständlich nur Sinn, wenn sie überall auf ganzer Länge und rund um die Uhr bewacht wurden. Das war ein Dienst von bitterer Monotonie und – bei Winterwetter – von brutaler Härte. Um diese Härte zu lindern oder, genauer, den Wachtdienst überhaupt zumutbar zu machen, hatte der Truchsess begonnen, planmäßig rund um die Insel Wachtlokale oder Bereitschaftsstuben einzurichten, wo die Wachen sich aufwärmen oder auch nach Ablösung ausruhen konnten. Die Funktion dieser Wachtlokale war nicht neu, aber ihr Bedarf groß. Noch am ersten Tag der Belagerung befahl der Truchsess die Einrichtung einer Anzahl solcher Lokale, denen weitere folgen sollten. Das Landtor hatte mit Abbruch der Landbrücke seinen Sinn verloren. Dieses, wie für alle Stadtmauern ein natürlicher Schwachpunkt, war schon 1635 auf die Höhe der Stadtmauer abgetragen worden; nun wurde die Toröffnung massiv barrikadiert und mit einem vorgehängten Segel verhüllt. Diese Arbeit zog sich über den ganzen nächsten Tag (Montag, 7. Januar / 28. Dezember) hin.

Am 8. Januar / 29. Dezember kam Kreiskommissar Handel vom unteren Ende des Bodensees zurück, wo er versprochene Hilfsttruppen abgeholt hatte. Das waren zunächst von Konstanz 25 Soldaten, 20 Ruderknechte, 4 Konstabel und 2 Leutnants. Weitere waren von Überlingen und von Radolfzell zugesagt, trafen aber nie ein. Damit blieb die Mannschaftsstärke der Garnison weiterhin unter 1000.

Im Durcheinander dieser Tage erlitt die Festung Lindau einen nicht ganz belanglosen Verlust. Bei Langenargen, etwa 15 Kilometer den See abwärts, stand auf einer kleinen Bodenseeinsel, etwa 50 Meter vom Ufer, die kleine, wohlgebaute Festung Argen.[8] Sie gehörte dem Grafen von Montfort-Tettnang, stand aber auf Dauer des Krieges unter dem Schutz des Lindauer Stadtkommandanten. Vor dreizehn Jahren, beim ersten Schwedeneinbruch am 4. Februar 1634, hatte diese Festung, verteidigt von einer Besatzung von 60 Mann unter einem kaiserlichen Hauptmann, einem Angriff des Generals Gustav Horn Stand gehalten. Nunmehr, Ende 1646, stand sie in der Obhut einer sehr viel kleineren Besatzung unter Corporal Sylvester Frey. Auf die bloße Nachricht vom Anmarsch der Schweden ergriff diesen eine Panik und er beschloss, am Dienstag dem 8. Januar / 29. Dezember um Mitternacht die Festung zu räumen. Die Truppe stieg in ein Boot und ruderte zurück nach Lindau. Nun stand die Festung einen Tag lang leer; als am übernächsten Tag (dem 10. Januar / 31. Dezember) schwedische Truppen unter General Robert Douglas vor der merkwürdig stillen Festung ankamen, ließ der General nach dem üblichen Ritual die Aufforderung zur Übergabe übermitteln. Als dies keine Reaktion erzeugte, stiegen Soldaten mit Leitern über die Mauer und begegneten dort einem einsamen, entsetzt schreienden Schwachsinnigen, kenntlich durch an der Kleidung angenähte Schellen.

In Lindau begrüßte man die unerwartete Heimkunft der Langenargener Garnison ohne Freude. Der Corporal wurde verhaftet und zwei Wochen später standrechtlich verurteilt und enthauptet. Das harte Urteil war unvermeidlich; nach militärischem Brauch gehört das eigenmächtige Verlassen eines anvertrauten Postens, zumal ohne zwingenden Grund, zu den schwersten denkbaren Verfehlungen. Doch blieben einige Fragen. Der Vorwurf der Feigheit war vielleicht gültig, verfehlte aber den Kern der Sache. Offensichtlich war der ahnungslose Corporal für seine Aufgabe völlig ungeeignet. Um sein Leben zu retten oder auch nur um einem gefürchteten Gefecht aus dem Weg zu gehen, hätte er die Festung einfach per Akkord an die Schweden übergeben können; er wäre in Gefangenschaft geraten und später vielleicht sogar in

8 Zur Festung Langenargen: Moll, Albert: *Schloss Argen*, 1880; Kichler, J. B.; Eggart, H.: *Die Geschichte von Langenargen und des Hauses Montfort, S. 82, 87–89.*

schwedischen Dienst übernommen worden. Die eigentliche Verantwortung für den Verlust der Festung lag beim Lindauer Kommandanten, dem Truchsessen von Waldburg-Wolfegg selbst. Er hatte die Festung mit einer unzureichenden Besatzung unter ungeeigneter Führung versehen und sie dann ihrem Schicksal überlassen. Hatte er sie in der Hektik des Augenblicks einfach vergessen? Oder hatte er sie von vornherein als unhaltbar und strategisch wertlos abgeschrieben? Die Frage erinnert an des Truchsessen mehrfach geäußerte Einschätzung der Festung Mainau, als er, angesichts deren unfähiger Führung, heruntergekommener Besatzung und maroden Bauzustands, dem kaiserlichen Oberkommando vergeblich empfohlen hatte, sie aufzulassen und ihre Besatzung, Bewaffnung und Unterhaltsmittel anderswo vorteilhafter einzusetzen.[9] Begreiflicherweise behandelte man das peinliche Thema von der Aufgabe der Festung Langenargen künftig mit diskretem Schweigen.

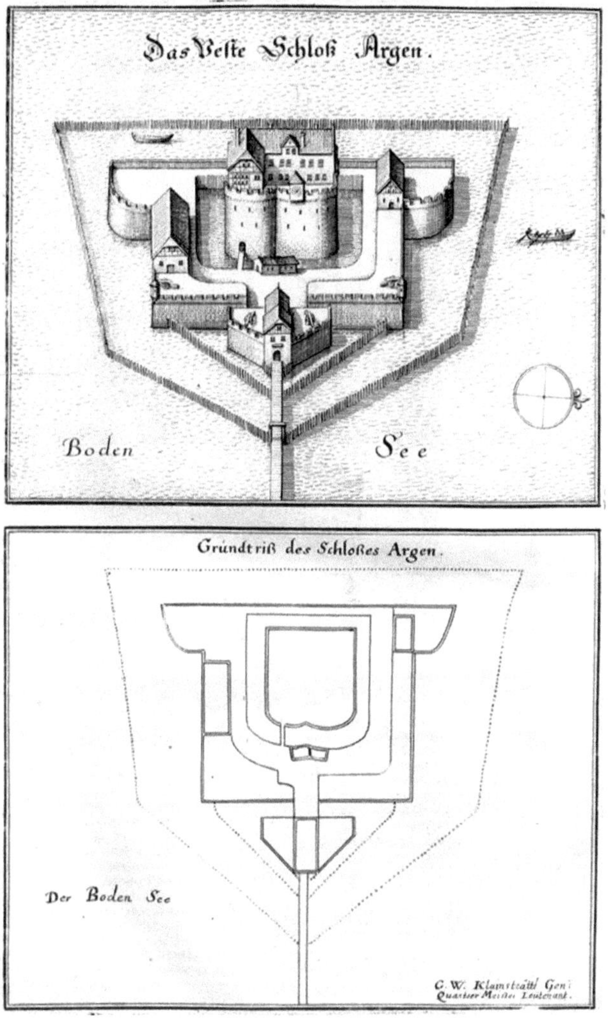

»Das Veste Schloß Argen«, Vogelschau und Grundriss. Nachdem Argen den Schweden zu Beginn der Lindauer Belagerung kampflos in die Hände gefallen war, konnte auch das Innere der Festung besichtigt, vermessen und aus der Nähe gezeichnet werden. Kupferstich, Georg Wilhelm Kleinsträttl 1647.

9 Ein paar Tage nach der Evakuierung von Langenargen, am 15./5.1, forderte der Truchsess den Komtur Humpiss der Inselfestung Mainau noch einmal auf, die deutlich unhaltbare Festung in guter Ordnung aufzugeben und ihre Besatzung und Ausstattung der Festung Lindau zugute kommen zu lassen; dieser, das Langenargener Beispiel vor Augen, wagte nicht, sich dies zu gestatten. Vochezer, III, S. 855f.

12.2 Einschließung

Als Lindau nun vollständig eingeschlossen war, verbot der Truchsess, um dem Feind möglichst wenig Einblick in das Innenleben der Festung zu geben, das Läuten der Glocken, Schlagen der Turmuhren und Rufen der Nachtwächter.[10] Weiter ordnete er die Abschaffung unnützer Hunde (sog. »Untiere«) an wegen des störenden Bellens und im Interesse der Reinlichkeit.[11] Unter dem Eindruck der völligen Einschließung kam der Truchsess (am 9. Januar/30. Dezember) zunächst auf die Idee, eine Truppe von 30 Dragonern auszurüsten, um eine gute Kommunikation zwischen den Wachen auf den Mauern und der Befehlszentrale in der Hauptwache zu fördern und als eine Art von Überfallkommando einzurichten für schnelle Hilfe, falls vor Ort erforderlich. Diese Truppe mit Pferden, Sätteln und Pistolen auszurüsten und für die Pferde Stallungen zu bauen, erwies sich jedoch als zu schwierig. Stattdessen wurde wenige Tage später (am 16./6. Januar) eine Bereitschaftstruppe von 120 Mann zu Fuß aufgestellt, mit selbstständiger Verantwortung für die Bewachung und Verteidigung der »Insel« und mit Quartieren dortselbst. Die inzwischen wohlbefestigte »Insel«, wo die größten Entfernungen von Punkt zu Punkt unter einem halben Kilometer lagen, war übersichtlich genug, um von beweglichen Fußtruppen verlässlich verteidigt zu werden.

Die Begriffe Einschließung oder Blockade sind missvertändlich, wenn sie ein Bild von Einsperrung oder Gefangenschaft vorgeben. Denn nicht nur sperrte die Blockade die Lindauer ein, sondern sie sperrte auch die Schweden aus. Oft waren kleinere schwedische Schiffe bei dem Versuch zu beobachten, sich unauffällig den Mauern anzunähern und nach schwachen Stellen zu suchen. Diese Bemühung wurde durch ein primitives, doch unüberwindliches Mittel der Befestigung verhindert. Wie erinnerlich war die Festung durch einen dichten Gürtel von Palisaden, d. h. von nebeneinander eingerammten dicken Holzpfählen, eingerahmt, größtenteils doppelt. Diese Pfähle hatten vom schwedischen Standpunkt aus die teuflische Eigenschaft, dass sie viel leichter einzurammen als wieder herauszuziehen waren. Dem selbstbewussten General Wrangel mit seiner immer noch jugendlichen Energie und seiner übermächtigen, unbesiegten Armee muss es unerhörte Qualen verursacht haben, dass ein Kunstgriff prähistorischer Technik ihn um die Eroberung der Stadt und um die darin enthaltene gewaltige Beute bringen sollte. So setzte er für jeden Soldaten, dem es gelänge, einen Pfahl herauszuziehen, eine Belohnung von mehreren Dukaten aus.[12]

10 KrCh, S. 541.

11 Ebenda, S. 542.

12 Ebenda, S. 568.

Das war viel Geld und für Soldaten, die ohnehin wenig zu tun hatten, ein stattlicher Anreiz. Es gelang keinem.

Die schwedische Armee beherrschte Vorarlberg und Oberschwaben östlich der Linie Buchhorn–Ravensburg–Ulm und am westlichen Ende des Bodensees das Einflussgebiet des Hohentwiels. Die Schifffahrt auf dem See beherrschten sie trotz großer Anstrengung noch nicht. Da war es für die Lindauer tröstlich zu wissen, dass die neutrale Schweiz jenseits des Sees einen Ausweg in die Freiheit bot. Hier war die Bevölkerung konfessionell gemischt, hier konnten sowohl städtische Protestanten wie auch katholische Landleute mit konfessioneller Solidarität rechnen. Gute Beziehungen zur Schweiz, begründet auf Freundschaft, Verwandtschaft und Geschäft, reichten weit zurück. Für Lindau hatte das viele Vorteile. Zum einen mahlten Schweizer Müller den Lindauern ihr Getreide. Korn war das Hauptlebensmittel der Lindauer; zwar hatten sie davon reichlich eingelagert, doch es war ungemahlen. Die Lindauer Mühlen, ausnahmslos Wassermühlen, befanden sich am Festland in der Hand der Schweden. Zwar hatte man eine, später zwei, Rossmühlen, doch diese allein konnten mit dem Bedarf nicht Schritt halten. So nahm man Zuflucht zu den Mühlen der Schweiz. Lindauer Schiffe brachten fast regelmäßig Getreide zu den Schweizer Mühlen und das resultierende Mehl wieder zurück. Zwar waren die Mühlen des Rheintals nicht geeignet, da die Schweden die Rheinmündung beobachten konnten. Darum hielten sich die Lindauer an die Mühlen des Thurgaus, weiter westlich am See, deren Zugang für die Schweden in Bregenz nicht zu sehen war. Wenn Lindauer Schiffer bei Nacht fuhren und geschickt navigierten, kamen sie immer durch, wenn auch manchmal nur nach Bestehen einer Verfolgungsjagd.

Inzwischen waren die Schweden auch zu Wasser handlungsfähig geworden. Unter Montag, dem 11./1. Februar notierte Jakob Heider in seinem Tagebuch der Belagerung: »Es sein auch disen Nachmittag von Bregentz 17 kleine und grosse Schiff den See hinabwartz gefahren und unfern von der Statt fürüber passiert, wohin aber ist unbewust.«[13] Mehrere Tage später erfuhr man, dass die Reise der Insel und Festung Mainau gegolten hatte, die sich den Schweden am 13./3. Februar bereitwillig ergab.[14] Einstweilen jedoch erregte die schwedische Flottenparade die Neugier der Lindauer, und für die Festungskommandantur war es schon im Interesse der Sicherheit wichtig, den Zweck der Unternehmung zu kennen. Die Festung reagierte auch mit konkreten Maßnahmen, über die jedoch nur zwei Chronisten berichten. Jakob Heider erwähnt im Zusammenhang mit der Ausfahrt der schwedischen Flotte drei Einsätze der Lindauer Kriegsflotte. Am Dienstag, den 12./2. Februar wurden »auff den Abend …

13 Reinwald, *SVG* 1 (1869), S. 99; KrCh, S. 557.

14 Vochezer, III, S. 859. Lochner von Hüttenbach: »Kriegerische Ereignisse«, *SVG* 15 (1886), S. 35f.

4 Krieges Schiff außgerüstet welche in der Nacht nach Wasserburg gefahren, vermeinend von dem Feind etwann anzutreffen, weilen aber daselbst niemand gefunden, sein sie wider zuruck gefahren«. Am Donnerstag (14./4. Februar) »abends hat man 12 Schiff mit 180 Mann ausgerüst, welche in großer kälte auff dem See bey Langenargen gehalten, aber nichts verricht«. Und am Freitag, (15./5. Februar) »ist man Abends abermalen mit etlichen Schiffen und Volck außgefahren, den Feind zu suchen. Und obwolen man gewust, wo er anzutreffen were, hat doch ein Welscher Oberster Leutenannt[15], der über das Schiff das Commando gehabt, nicht ans Land wollen fahren lassen, hat vielleicht seiner Haut geforcht, ist also nichts anders verricht worden, als das die Knecht schier erfroren.«[16] Calixt Hünlin schreibt: »Den 5 Hornung [15./5. Februar] wurdent 4 Schiff armiert und under des Spanischen Leuttnants Commando mit 250 Mann uf Langenargen gesandt, selbiges schloß zu recuperiren, kommt aber bald ohnverrichter sachen wider alhero.«[17]

Diese Unternehmungen sind unverständlich. Um den Verbleib der Schweden zu erkunden, den man anscheinend in der näheren Nachbarschaft, etwa zwischen Wasserburg und Langenargen, vermutete, war der nächtliche Einsatz beachtlicher Streitkräfte ungeeignet; zu solchem Zweck wäre eine Ausfahrt des schnellen Jagdschiffs bei Tageslicht wohl nützlicher gewesen. Wenn es aber darum ging, einen bekannten Feind bei Nacht zu überraschen und zu überwältigen, dann hätte man vermutlich seine Stellung vorher genau erkundet. In der berichteten Form ist bei den drei Einsätzen ein vernünftiger Zweck nicht zu erkennen. Man kann sich die Entscheidung zu diesen Einsätzen nur als ein Ergebnis von Meinungsverschiedenheiten und Verwirrung in der Festungskommandantur erklären. Bemerkenswert ist, dass von den Verantwortlichen nur der »Welsche Oberstleutnant« genannt wird, ein Außenseiter, dem man keine wichtigen Aufgaben anvertraute, während die unbestreitbare Verantwortlichkeit der Führungsspitze – Truchsess, Crivelli und Oberstleutnant Kleinhans (welcher die beiden ersten Einsätze angeführt haben soll)[18] – verschwiegen wird.

Solange die Schweden Oberschwaben beherrschten und für Lindau der Landweg zur Außenwelt gesperrt war, verliefen aller Verkehr und alle Kommunikation von und nach Lindau über den See mit dem Umweg über die Schweiz. Doch das war

15 Der »welsche« oder »spanische« Oberstleutnant (sein Name wird in den Quellen nie genannt) war als Teil des Radolfzeller Sukkurses zu Beginn der Belagerung nach Lindau gekommen. Man gab ihm verschiedene marginale Aufgaben, die nicht immer zum Abschluss kamen, sei es aus Unfähigkeit, sei es aus Mangel an vertrauensvoller Führung. Heiders voreilige Kritik verrät Vorurteil. Nach der Belagerung wurde der Oberst in Ehren verabschiedet.

16 Reinwald, *SVG* 1 (1869), S. 99–101.

17 Hünlin, S. 70: 4. Februar 1647 s. v.

18 Kichler, S. 92.

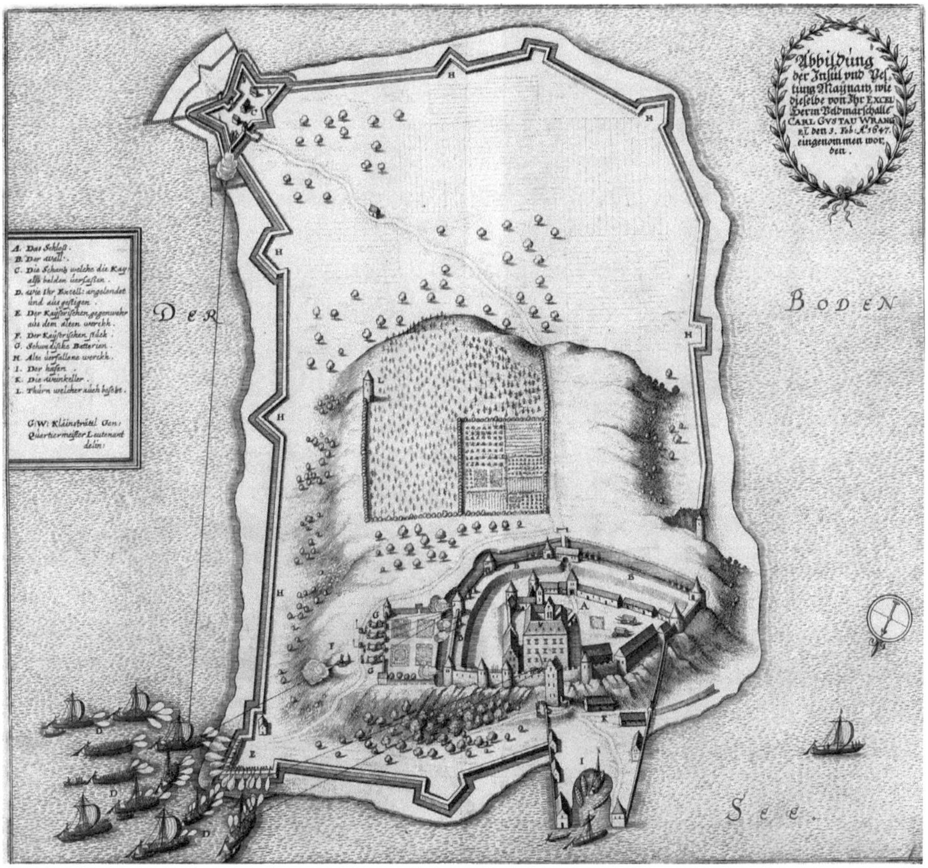

Die Einnahme der Insel Mainau. Die Schweden waren am 10./1. Februar 1647 mit ca. 20 voll besetzten Schiffen den See hinunter zur Insel Mainau gesegelt, und hatten diese am folgenden Tag widerstandslos eingenommen. Damit gewannen sie am unteren Bodensee ihren lange ersehnten Flottenstützpunkt. Kleinsträttl fuhr mit und hielt das Unternehmen 1647 in einem Kupferstich fest.

keine große Beeinträchtigung, denn die Entfernungen über den See waren gering (nach Rheineck 10 Kilometer und Rorschach 16 Kilometer) und die Reisezeiten entsprechend kurz. Die verwendeten Schiffe waren altbewährte, sehr einfache Bodenseesegler verschiedener Größe. Daneben besaß die Stadt einige schlanke, sehr schnelle, galeerenartige »Jagdschiffe«, die zum raschen Personentranport und zur Beförderung von Post dienten, die man aber auch bewaffnen konnte. Gewöhnlich lief jedoch ein Rorschacher Postschiff Lindau ziemlich regelmäßig an, um Post zu bringen und abzuholen. Als dieser Dienst wegen der Belagerung für einige Zeit ausfiel, übernahm ein Lindauer Postschiff diese Aufgabe. Die Beförderung aller Post, darunter auch die

Korrespondenz mit dem Kaiser, dem Kurfürsten von Bayern oder dem Generalissimus der kaiserlichen Armee, erfolgte auf diesem Wege.

Der Personenverkehr zur Schweiz war beschränkt auf offizielle Missionen von Garnison und Rat, Geschäftsreisen von Kaufleuten im Auftrag der Stadt, auf Transporte von Hilfstruppen von Konstanz oder Überlingen sowie die großen Transporte zur Abschiebung mittelloser Flüchtlinge in die Schweiz. Sonstige Schiffsreisen zur Schweiz, zum Beispiel von wohlhabenden Lindauern und Adeligen aus dem Hinterland – sei es für kurze Zeit, sei es, um sich dem Krieg ganz zu entziehen –, erforderten die Genehmigung des Rats. Oft wurden Anträge abgelehnt, weil man der Begründung misstraute; Spionageverdacht lag immer in der Luft. Solche Reisen resultierten nicht selten in Anekdoten von lustigen oder peinlichen Abenteuern von reisenden Lindauern. Sie führten dann zu Vorladungen vor den Stadtrat, meistens wegen Unziemlichkeiten infolge von Trunkenheit, mit dem Ergebnis von entsprechenden Ermahnungen, die in den Ratsprotokollen sorgsam verzeichnet wurden.[19]

Der größte Teil der Lindauer Schifffahrt diente dem Transport von Frachten. Lindauer Frachtschiffe brachten vielerlei lebenswichtiges Material, mit Getreide (zeitgenössisch »Frucht«) an der Spitze. Roggen und Weizen sowie Hafer für die Pferde waren die Hauptnahrungsmittel des Krieges; Kornvorräte galten, insbesondere im Falle einer Belagerung, als dermaßen wichtig, dass die Stadtregierung schon vor Jahren und auf eigene Kosten große eigene Vorräte angelegt hatte. Wegen besserer Haltbarkeit blieb das Korn ungemahlen. Da der Bedarf die Leistungsfähigkeit der Lindauer Mühlen weit überstieg (alle Wassermühlen waren in Feindes Hand; die Stadt hatte zunächst nur eine einzige leistungsfähige Rossmühle; eine zweite kam im Januar 1647[20] hinzu), musste man sich zusätzliches Getreide in der Schweiz mahlen lassen. Dabei handelte es sich um erstaunliche Mengen.

Die Ernährung, wenn ausschließlich auf Korn begründet, konnte leicht als eintönig empfunden werden. Das, was man sich zur Abwechselung oder zum Ausgleich von Brot und Mehlspeisen am meisten wünschte, war Fleisch. Daran herrschte immer Mangel, und darum verband sich mit dem Genuss von Fleisch immer ein Hauch von

---

19 Auch verhinderte Reisen konnten Geschichte machen; Anfang Februar 1647 wurde Martin Köberlin, dem Köchlinwirt, die Genehmigung verweigert, weil der Kreiskommissar Handel ihm seine Begründung nicht glaubte. Als letzterer am 16./6. Februar das nächste Schiff vor Abfahrt durchsuchte, konnte er den Köchlinwirt unter einer Sitzbank hervorzuziehen. Darauf verlangte der Truchsess »gebührende Demonstration«, und der Stadtrat verordnete, »daß er etliche tag in gefangenschafft gesetzt« wurde. Vier Tage später, »auf Fürbitte seiner Ehewirtin‹, ließen der Oberst und der Kreiskommissar beim Rat melden, da »der Köberlin bereits eine gute Zeit im [Karzer] ausgestanden, könne man ihn wol wider ledig lassen«, doch nicht ohne gründliche Verwarnung. Kr.Ch.560, Ratsprotokoll: 18./8. Februar 1647; 21./11. Februar 1647.

20 Hünlin, S. 67: 28. Januar 1647 s. v.

Luxus. Überfluss an Fleisch konnte nur das Kriegsglück bescheren, wie zum Beispiel, als beim ersten Einbruch der Schweden die Bauern der Umgebung in großer Zahl mit Vieh und Pferden in die Stadt flüchteten. Als das Viehfutter in kurzer Zeit verbraucht war und die Tiere keine Käufer fanden, gab es keinen Ausweg, als sie in großer Menge abzuschlachten. Alle schlachteten selbst, an den Häusern der Bürger, auch an den Quartieren der Soldaten, hingen geschlachtete Rinder. Nur war der paradiesische Zustand nicht von Dauer.

Vielleicht war die Diät der Lindauer dennoch nicht so eintönig, wie es scheinen möchte, denn der fürsorgliche Einfluss der Obrigkeit war nicht einheitlich. Der freie Markt, wenn auch durch die Belagerung äußerst eingeschränkt, war standhaft, weil er allen nützte, und die Lebensmittel produzierenden Zünfte (zum Beispiel die Fischer, Bäcker, Winzer, Metzger) waren ebenso motiviert wie fähig, sich die Treue ihrer Kundschaft zu erhalten. Sowohl der Fischfang wie der Weinbau waren in jener Zeit von einer heute nicht mehr zu ermessenden wirtschaftlichen Bedeutung. Auch darf man die Findigkeit und den Unternehmungsgeist der Bürger nicht unterschätzen; sie hatten ihre eigenen Gärten, direkt hinter dem Haus oder auf der »Insel«, mit Gemüse-, Obst- und Weinbau, mit Hühnern und Kleintieren bis hin zu Schweinen. Und sie hatten sich, wie gewohnt, aus ihrer sommerlichen Ernte Vorräte für den Winter angelegt. Kurz: Im Lindau des 17. Jahrhunderts lebte man mit Stil und speiste kultiviert; unser Zeuge ist ein Franzose. Michel de Montaigne, der große Philosoph, der sich im Jahr 1580 einige Tage lang in Lindau aufhielt und im Gasthof Zur Krone wohnte, sprach in seinem Reisebericht der kulinarischen Kultur und dem Lebensstil der Lindauer geradezu überschwängliches Lob aus.[21] Gewiß hatte der lange Krieg Einschränkungen erzwungen, doch es ist unwahrscheinlich, dass er das Stilgefühl der Bürger gänzlich ausgelöscht hat.

In diesen Januarwochen von 1647 war es allgemein still und neblig-winterlich. Die Schweden hatten sich in Äschach, Reutin und auf dem Spitalhof einquartiert und begannen den Bau von Geschützstellungen und Laufgräben. Auf dem Festland sah man viel schwedischen Durchgangsverkehr in beiden Richtungen, dessen Zweck nicht immer zu erkennen war, auf den man aber, wenn tunlich, einige Kanonenschüsse abgab. Ein gewisses Maß an Kleinkrieg hielt man ständig im Gang. Anfänglich bestanden die Kämpfe vorwiegend aus nächtlichem Kugelwechsel und wurden von den Chronisten Heider, Fels und Hünlin von Tag zu Tag in fast gleichförmigen Sätzen verzeichnet. Erstmals hieß es am 25./15. Januar 1647: »Die Nacht hindurch haben die Unserigen aus dem Schänzlein, und hingegen der Feind herein, miteinander stark Kugeln

21 Wolfart, II, S. 363.

gewechselt.«[22] Und wieder am folgenden Abend (26./16. Januar) »haben abermal die Unsere im Schäntzlein mit dem Feind die ganze Nacht hindurch Kugeln gewechselt«. Das setzte man stetig fort, bis es am 9. Februar/30. Januar hieß: »Die gantze Nacht darauf hindurch haben beede Theil starck auß dem Schäntzlein, und auß dem Lauf-Graben, auf einander geschossen.«[23] Und am 10. Februar/31. Januar: »Aber die Nacht über sein abermalen underschidliche Schüß auß dem Schäntzlein hinauß und dargegen herein beschehen.« Es ist nicht zu erkennen, dass solch nächtlicher Schusswechsel der einen oder anderen Seite Gewinn brachte. Zwar gab es Verluste; über schwedische Verluste sind wir nicht informiert, doch auf kaiserlich Lindauer Seite waren es rund eineinhalb Dutzend Tote. Auf dem See war die neue schwedische Flotte aktiv; es kam zu kleinen Scharmützeln mit Lindauer Schiffen, die ergebnislos blieben, vielleicht, weil beide Seiten Vorsicht walten ließen, vielleicht auch, weil die behelfsmäßig auf Handelsschiffen und Fischerbooten eingebauten Kanonen nicht sehr wirksam waren. Dagegen war die Festungsartillerie der Lindauer recht tüchtig und fähig, die feindliche Marine zur Einhaltung eines respektvollen Abstands von der Insel zu zwingen.

Die Schanzarbeiten der Schweden schritten fort. Sie errichteten Batteriestellungen vor der Ruine der Kapuzinerkirche (etwa 200 Meter nordöstlich vom Brückenkopf)[24] und vor der Kalten Gasse[25] (etwa gleich weit in nordwestlicher Richtung); dazu gruben sie Laufgräben, die alle wichtigen Punkte untereinander verbanden, mit reichlicher Verwendung von Sichtblenden. Direkt gegenüber dem Schänzlin bauten sie ein »hohes Werk … von Erden und Faschinen«, welches die Schanzarbeiten der Schweden vor dem Schänzlein verdeckte und schützte. Dahinter entstanden Stellungen für steilschießende, großkalibrige Mörser; von hier aus grub man später Stollen, um das Schänzlein zu unterminieren.[26]

Am 17./7. Januar erschien ein schwedisches Schiff vor der Stadt mit einem Trompeter, der durch Zeichen andeutete, dass er Kontakt begehrte. Ein Soldat der Garnison fuhr zu ihm hinaus und erhielt ein Schreiben von General Wrangel an den Stadtkommandanten. Es enthielt den Wunsch, schwarzes Tuch, Taftbänder und Flor zu kaufen für die Herstellung eines Totengewands für das Begräbnis des jungen Hauptmanns Johann Wrangel, eines Verwandten des Feldmarschalls, der beim Angriff auf Bregenz gefallen war. Einen Tag später kam der Unterhändler wieder, um das Gewünschte abzuholen, das ihm der Schneider Uli Martin samt Rechnung aushändigte, und am

22 Heider, S. 133.

23 Heider, S. 142.

24 Heute etwa bei der Kreuzung Hundweiler und Kolpingstraße.

25 Heute Laubeggengasse.

26 KrCh, S. 551.

dritten Tag noch einmal, um die Rechnung zu bezahlen. »Dieser Trompeter sagte unverholen und schwerer sorgen, die Statt werde in kurzem feindlich angegriffen werden.«[27]

12.3 Oberst Freiherr von Crivelli

Unter dem 20. / 10. Januar 1647 berichtet die Kriegschronik von einer Erscheinung am Nachthimmel. »Abends umb 9 Uhr hat sich am himmel ein weißer stern einer lanzen sich gleichend sehen laßen, da dann der vordertheil etwas roth, hinten aber schön hell und weiß gewesen.« Ein ähnlicher Bericht war schon vorher im Ratsprotokoll vom Silvester 1646 s. v. erschienen (mit dem Nachsatz »Gott geb daß dises Zaichen etwas guetes bedeut und mitbring, Amen«), und Jacob Heider wiederholte ihn noch einmal in seiner Belagerungschronik, ohne Stellungnahme.[28] Der nüchterne Calixt Hünlin würdigte dieses außerweltliche Zeichen nicht durch Aufnahme in seine Chronik. Tatsächlich erlebte die Festung, kaum drei Tage später, einen erstaunlichen Glücksfall.

Schon früh, wohl noch vor der Einschließung der Festung, hatte der Truchsess pflichtgemäß und auf dem Dienstweg seinen direkten Vorgesetzten, den kaiserlichen Generalissimus Generalleutnant Matthias Gallas, von der bevorstehenden Belagerung unterrichtet und ihn um Verstärkung gebeten. Dieser Hilferuf erhielt auch unerwartete Unterstützung von dritter Seite. Angesichts der auch für Tirol gefährlichen Bedrohung von Lindau hatte Erzherzog Ferdinand Karl von Tirol[29] seinen Vetter, den Kurfürsten Maximilian von Bayern, am 20. Januar 1647 s. n. um militärische Hilfe gegen die Schweden gebeten.[30] Dieser, der von seiner Habsburger Verwandtschaft grundsätzlich wenig hielt, war nicht geneigt, Hilfstruppen zu senden. Die bayerischen und kaiserlichen Armeen, beide nachhaltig geschwächt durch die unglücklichen Feldzüge des Vorjahrs, standen gegenwärtig gemeinsam unter dem Oberbefehl des kaiserlichen Generalissimus Gallas[31], welcher zu der Zeit die Belagerung von

27 Hünlin, S. 60.

28 KrCh, S. 548; Ratsprotokoll 1646, S. 435; Heider, S. 127.

29 Erzherzog Ferdinand Karl von Tirol (1628–1662), Sohn der Erzherzogin Claudia von Tirol und seit 1646 deren Nachfolger.

30 Bayerisches Hauptstaatsarchiv München: Kurbayern Äußeres Archiv 2502.577.

31 Matthias Graf Gallas (1584–1647), einer der bekanntesten Generäle des Dreißigjährigen Krieges, ist eine umstrittene Gestalt. Im Winter 1644 / 45 hatte er bei einem glücklosen Feldzug in Norddeutschland einen großen Teil seiner Armee verloren und sich darauf total dem Alkohol ergeben, was ihm für immer den Titel »Heeresverderber« eintrug. Früher (1634) hatte er einmal mit mehr Glück die große

Weißenburg persönlich leitete. Am 7. Januar 1647 s. n. bat der Kurfürst diesen um Stellungnahme zum Hilferuf des Erzherzogs[32] und Gallas antwortete, dass ihm die nötigen Truppen fehlten (er kannte die Neigung des jungen Fürsten, lieber um Hilfe zu rufen, als sich selbst zu helfen). Daraus entwickelte sich, in bemerkenswert kollegialem Ton, ein lebhafter Briefwechsel zwischen Kurfürst und Generalissimus, in dem der Kurfürst anfangs bemerkte, dass Tirol keinen Mangel an wehrfähigen Männern hätte, nur Mangel an tüchtiger Führung. Und am 10. Januar fügte er die Anregung hinzu, dem Erzherzog zwei oder drei berittene Offiziere zu senden, am besten darunter einen General.[33] Diese Idee nahm im Briefwechsel der folgenden Tage konkrete Gestalt an und wurde von Gallas sofort verwirklicht. Am 16. Janaur s. n. meldete er dem Kurfürsten: »Damit es aber [dem Lindauer Kommandanten] an einem guten offizier zur assistenz nicht ermangle, so habe ich den Obrist Leutenant Crivelli[34] auff der Post dahin abgefertiget, ob er etwa auf der Schweizerischen seiten in ermelte Vestung kommen könnte.« Gallas gab Crivelli zwei jüngere Offiziere als Gefährten mit sowie einen ermutigenden Brief an den Truchsessen zur persönlichen Aushändigung in Lindau. Der Auftrag des Generals, von der Schweizer Seite her Einlass in die Festung zu suchen, bestätigt, dass dies der einzig mögliche Weg in die Festung war, und die konjunktivische Formulierung »ob er etwa … könnte« verrät Verständnis für die Risiken der Unternehmung. Die drei kaiserlichen Offiziere kamen am Mittwoch, dem 23. / 13. Januar 1647 frühmorgens, vermutlich noch bei Dunkelheit, per Boot vor der Festung an. Nachdem sie sich bei den Wachen ausgewiesen hatten, zeigten diese ihnen den Weg durch die Palisaden in den Hafen.

Außer der Bemerkung von General Gallas, dass er die drei Herren am 16. Januar auf der nächsten Poststation in Richtung Schweizer Bodenseeufer abgefertigt hatte, und der Tatsache, dass sie eine Woche später am Hafen von Lindau ankamen, wis-

---

Entscheidungsschlacht von Nördlingen gewonnen. Nun, Januar 1647, schwer krank und drei Monate vor dem Tod, beobachten wir ihn bei der geschickten Erledigung einer heiklen Aufgabe. Seine Zusammenarbeit mit dem hochintelligenten, aber scharfkantigen bayerischen Kurfürsten war effektiv und wurde offensichtlich von Letzterem geschätzt. Siehe Rebitsch, R.: *Matthias Gallas*, Münster, 2008.

32 Bayerisches Hauptstaatsarchiv München: Kurbayern Äußeres Archiv 2502.507.

33 Ebenda, 2502.510.

34 Eusebius Baron von Crivelli (ca. 1610–1663) stammte aus einer Mailänder Adelsfamilie, die in München seit mehreren Generationen ansässig war und dem Kurfürstentum mehrere Offiziere, Diplomaten und Beamte geliefert hatte. Crivelli wird als Oberstleutnant und Kommandant des Infanterieregiments »FZM Fernemont« von 1642 bis 1646 genannt, das 1643–44 unter Gallas in Norddeutschland gekämpft, 1645 an den Schlachten von Jankau und Alerheim und 1646 am Gefecht bei Bonames (gegenüber Wrangel, s. o.) teilgenommen hatte. Crivelli war begleitet von zwei jüngeren Offizieren, von denen der eine als sein Sekretär diente, der andere als Ingenieuroffizier und Festungsspezialist. Wrede, Alphons Frh. von: *Geschichte der K. u. K. Wehrmacht*, Band 2, Wien, 1898, S. 103.

sen wir über diese Reise nichts. So sei es erlaubt, darüber zu spekulieren. Insgesamt kam die Reise vom Hauptquartier der Armee in Thalmäßing bei Weißenburg – auf dem Wege über Augsburg, Reutte, Fernpass, Landeck, Arlberg Pass, Feldkirch, Rheineck – bis zum Lindauer Hafen auf eine Entfernung von etwas über 400 Kilometern (oder über Augsburg, Kufstein, Innsbruck, Landeck auf etwa 100 Kilometer mehr). Die Reise war begünstigt dadurch, dass sie zum größeren Teil, mindestens zwischen Augsburg und Innsbruck, auf der meistbefahrenen Strecke des Thurn & Taxis'schen Postsystems verlief. Dennoch war diese Entfernung mit der Postkutsche bei ihrer Durchschnittsgeschwindigkeit von unter 5 km/h in der verfügbaren Zeit nicht zu bewältigen; das konnte man nur zu Pferde, und zwar mit gemieteten Pferden bei Verwendung der vielen Pferdewechselstationen am Wege. Wenigstens verliefen etwa vier Fünftel des Weges im eigenen Land in besiedeltem Gebiet ohne feindliche Bedrohung. Abenteuerlich wurde die Reise erst nach Überquerung des Arlbergpasses ins schwedisch besetzte Vorarlberg. Von hier an war man nicht nur in hochalpinem Gelände – das Klostertal war berüchtigt wegen seiner Lawinengefahr –, sondern hier war die Einstellung der zeitweiligen schwedischen Eroberer gegenüber heimlich eingedrungenen kaiserlichen Offizieren in höchstem Maße feindselig. Auch wenn die drei Herren hier mit einheimischer Unterstützung rechnen konnten, waren die Gefahren beachtlich. In Sicherheit waren sie erst, sobald sie, an Bludenz und Feldkirch (bei Nacht?) vorbei, auf nächstem Weg über den Rhein und in die rettende Schweiz gelangt waren.

Crivellis erste Handlung nach seiner Ankunft in Lindau, vermutlich noch vor Morgengrauen, war eine kritische Inspektionsrunde der Befestigungen über die ganze Stadtmauer rund um die Stadt. Er kam zurück mit einer Liste schleunigst vorzunehmender Verbesserungen. Danach konnte er sein Quartier im Gasthof Zur Krone beziehen und sich beim Kommandanten melden. Dieser stellte ihn später dem Amtsbürgermeister Calixt Hünlin (uns bereits als Chronist bekannt) und dem Stadtrat vor. Nun konnte Crivelli dem Bürgermeister auch den Brief vom 15. Januar des Generalissimus überreichen.

Sowohl die Stadt als auch der Kommandant schrieben an Gallas am 24. Januar Dankbriefe für die wichtige Unterstützung. Wenige Tage später (am 28. Januar) schrieben der Kommandant und Crivelli Gallas noch einmal, um ihm mit stärkster Betonung die Schwierigkeiten der Verteidigung, die Unsicherheit des Ausgangs und ihre persönliche Entschlossenheit zum Kampf bis zum letzten Mann zu schildern. Auch die Lindauer Ratsherren hatten in ihrem Dankschreiben nicht unterlassen, ihre Schwierigkeiten, Belastungen und Ängste eindringlich und wortreich zu schildern. Man gewinnt den Eindruck, dass die Herren bei der kaiserlichen Generalität grundsätzlich auf keinen Fall einen unbekümmerten Eindruck machen wollten. Wenn der

Brief des Truchsessen an Gallas mit der Bemerkung begann, es sei wegen Lindaus Einschließung »ein Schreiben bisher nicht durchzubringen gewesen«[35], war das auch nicht die reine Wahrheit, wenn man an den nächtlichen Schiffsverkehr zwischen Lindau und der Schweiz denkt. Dass die Stimmung in der Festung so schlecht gar nicht war, bezeugte ein Lindauer Jesuit am 22. Januar 1647 gegenüber Abt Pius bei einem Besuch des Klosters von St. Gallen: Der Kommandant erschrecke nicht ob der Belagerung; er getraue sich wohl, die Stadt zu halten.[36]

Tatsächlich betrachteten die Lindauer ihre Lage ganz unsentimental. Beim Geheimen Stadtrat hielt man es bei aller grundsätzlichen Zuversicht für klug und notwendig, darüber nachzudenken, wie man sich verhalten sollte, wäre man gezwungen, mit dem Feind wegen Übergabe der Stadt zu akkordieren. Im Sitzungsprotokoll vom 22. / 12. Januar findet man nur den kurzen Tagesordnungspunkt, dass man über diese Frage nachdenken sollte. Am 26. / 16. Januar wurde die Frage eingehender angesprochen, aber der brisante Inhalt der Unterhaltung wurde nicht protokolliert. Besonders beauftragt mit der Verfolgung dieses Themas wurden die Herren Bürgermeister Eckolt, Rader und Lic. Jacob Heider. Künftig behandelte man die Sache streng vertraulich.[37] Tatsächlich war die Frage »was wollen die Schweden?« leicht zu beantworten; neben der üblichen Beute – transportablen Werte in Form von barem Geld, Gold und Silber, Juwelen und Kunstschätzen, und zwar so viel wie möglich – ging es ihnen vor allem um die Beherrschung des Bodensees, und darüber war ein Kompromiss nicht denkbar. Am Nachmittag des folgenden Tages begann die Beschießung.

12.4 Die Schweden in Bregenz

Nach der Einnahme von Bregenz hatte Wrangel die nächsten Schritte für die Belagerung von Lindau durchdacht. Die Schwierigkeiten des Vorhabens waren ihm klar vor Augen; sein Vorgänger Horn hatte diese seinerzeit bei seinen erfolglosen Belagerungen von Konstanz (1633) und Überlingen (1634) unterschätzt. Die Eroberung einer Inselfestung würde zweifellos noch schwieriger. Sorgfältigere Planung, vermehrte Mittel und energischer Einsatz sollten diese überwinden. Nur fehlte einstweilen die erforderliche schwere Artillerie. Auf seinem neunmonatigen Kriegszug von Westfalen zum Bodensee hatte Wrangel nur eine kleine Zahl leichter Geschütze mitgeführt, die nicht geeignet waren, Breschen in Stadtmauern zu schießen oder Verteidiger durch

35 Vochezer, III, S. 858; Original im Kriegsministerialarchiv in Wien.

36 Vochezer, III, S. 857; Original im Tagbuch des Abts Pius von St. Gallen, 1, S. 762.

37 Ratsprotokoll 1647, S. 11 und 13.

massive Beschießung verhandlungsbereit zu machen. Darum hat er vermutlich sofort nach Einzug in Bregenz Kuriere ausgeschickt zu schwedisch besetzten Städten und Festungen, von Ravensburg und Memmingen bis Kempten und Bludenz, mit dringendem Befehl, geeignete Kanonen mit Munition nach Lindau zu expedieren. Die angeforderten Geschütze trafen schließlich auch ein, aber es dauerte für die Schweden uncharakteristisch lange, bis sie endlich aktiv wurden.

Wrangel hatte sein Hauptquartier während seines Winters am Bodensee immer in Bregenz; er residierte auf der Burg Pfannenberg (heute Gebhardsberg) hoch über der Stadt. Zu seinen Beschäftigungen gehörte nicht nur die Belagerung von Lindau. Er musste auch die Rolle des Vertreters der schwedischen Krone in Oberschwaben gerecht werden. Für den besetzten Teil von Vorarlberg den Landesherrn zu spielen, interessierte ihn vermutlich weniger, abgesehen von der Einziehung hoher Kontributionszahlungen von allen Herrschaften und Städten. Die schwedische Herrschaft in Vorarlberg reichte bis zur St. Luziensteig im Süden und bis an den Rhein im Westen; sie war aber oberflächlich, beschränkte sich auf die strategisch wichtigsten Punkte und machte Halt vor den zahlreichen, tief verschneiten Gebirgstälern. Mit den Schweizer Nachbarn, die anfänglich einen schwedischen Einbruch befürchtet hatten, hatte Wrangel sich freundlich verständigt und versprochen, ihre Neutralität zu achten, gegen das Versprechen ihrerseits, den deutschen Feind (insbesondere Lindau) nicht zu unterstützen. Zu seinen strategischen Zielen gehörte neben der Eroberung von Lindau der Aufbau einer Kriegsflotte zum Zweck der maritimen Vorherrschaft auf dem Bodensee. Seine Rolle als militärischer Schutzherr für die Ulmer Waffenstillstandsverhandlungen erfüllte er widerwillig. Da er dieses Projekt grundsätzlich ablehnte, überließ er dessen Betreuung einschließlich der Teilnahme an den Ulmer Unterhandlungen seinen Kollegen, den Generalmajoren Robert Douglas und Mortaigne.

Von seiner Residenz auf dem Pfannenberg aus war es Wrangel möglich, eine gewisse Hofhaltung zu entfalten. Zunächst war die Stadt ziemlich menschenleer; die nach der Eroberung geflohenen Bregenzer kehrten nur allmählich zurück. Prior Franz Ransperg des Benediktinerklosters Mehrerau beschreibt in seiner Chronik das Zusammenleben mit den (großenteils aus Norddeutschland stammenden) Schweden. Die Soldaten erwiesen sich, als ihre erste Raublust gestillt war, als ganz freundlich. Sie liebten es, die Mönche zu sticheln, welche es jedoch ihrerseits verstanden, sich Respekt zu verschaffen. Auf einen ersten Umtrunk folgten Essenseinladungen. Auch Wrangel beteiligte sich mit Vergnügen.[38] Wrangel hatte interessante Gäste. Dazu ge-

38 »Der General macht sich underdessen lustig, außgenommen, das ihm der schlechte progres mit Lindaw den mueth vilmahlen zerstöhrte, ließ auß lauter silber, und vergulten geschier speisen, fürn-

hörten auch königlich-französische Gesandte katholischer Konfession, die in Bregenz den Beginn der Ulmer Verhandlungen abwarteten; die Anwesenheit prominenten Katholiken empfanden die Mönche als beruhigend.

Mehr nach Wrangels Geschmack war Oberst Rudolf Werdmüller (1614–1677), der, aus vornehmer Züricher Patrizierfamilie stammend und hochgebildet, doch Soldat aus Leidenschaft, den deutschen Krieg unwiderstehlich fand. Er war auf schwedischer Seite praktisch überall dabei gewesen – mit Horn bei den Belagerungen von Konstanz und Überlingen und bei der Katastrophe von Nördlingen, mit Herzog von Rohan in Graubünden, mit Torstensson in Dänemark, bei Jankau und vor Wien – und stand nun, als Oberst und General-Adjutant in Wrangels Armee, vor Lindau. Als Bürger von Zürich unterstand er aber immer zuerst der Zürcher Obrigkeit, und für auswärtigen Kriegsdienst benötigte er die Genehmigung des Rats der Stadt Zürich. Da er jetzt bei der Belagerung einer kaiserlichen Festung mitwirkte, wurde ihm diese entzogen, weil er dadurch gegen die »Erbeinigung« verstieß. Bei dieser hatten sich die Schweiz und Österreich 1511 auf alle Ewigkeit verpflichtet, niemals gegeneinander Krieg zu führen. Wrangel schrieb persönlich an den Zürcher Rat mit der Bitte, Werdmüller freizustellen. Die Bitte wurde am 20. Februar 1647 abgelehnt. Werdmüller ließ sich mit der Befolgung Zeit, kehrte aber zum Sommer in die Heimat zurück. Später erklärte er, sein Dienst bei den Schweden wären die glücklichsten Jahre seiner militärischen Laufbahn gewesen. Leser von Conrad Ferdinand Meyers »Schuß von der Kanzel« werden sich seiner erinnern.[39]

Enge Beziehungen unterhielt Wrangel mit dem Frankfurter Verlagshaus Merian. Wrangels Freundschaft mit dessen Gründer Matthäus Merian sr. beruhte nicht nur auf des Verlegers Geschäftsinteresse und Gefühl für protestantische Solidarität, sondern auch auf Wrangels Sinn für Propaganda und auf seiner zunehmenden Kunstbeflissenheit (mit zunehmendem Reichtum wurde Wrangel ein ehrgeiziger Kunstsammler). Merians Sohn Matthäus jr., der nicht nur wie sein Vater ein guter Kupferstecher war,

---

emblich da ansechliche bottschaften zuegegen waren. Er kam mehrmahlen zue unß herab zue pferdt, oder mit einem schlitten sambt seinen generalen und majoren, Mortaigne, Steinbockh etc., auch Schwedischen frawen zimer, erzeigten unß allen guetten willen und respect nach gebühr, außgenommen, daß sie nach ihrer arth etwelche schmoz und stich reden wider die mönch und nonnen schießen laßen, und unß darmit gefoppet. Der Obrist Intentant, und Praedicant, deßen vatter guet catholisch, undt seines handtwerkhs ein buechbinder zue Newburg gewesen, that uns grosse ehr an mit darreichung des besten weinß, kalter kuch von huenner und capaunen, und unglaublicher einbrockhen des zueckherß in das getranckh (deßen bißweilen der Bregenzer wein vonnöthen hate), daß wir wohl sagen können, wir haben unser lebtag niemahl so vil zuckher verzehrt.« Ransperg, Bregenzer Handschrift, S. 173f.

39 Weisz, Leo: *Die Werdmüller: Schicksale eines alten Zürcher Geschlechts*. 3., Zürich, 1949, Band 1, S. 130–288, bes. 166–168.

sondern auch ein fähiger Porträtist und der Wrangels Feldzüge mehrmals skizzierend und malend begleitete, war wohl in Bregenz nicht anwesend. Die Kunst lag auch Wrangels Beziehung zu einem jungen Ingenieuroffizier, Georg Wilhelm Kleinsträttl, zugrunde, der in seiner Armee als Generalquartiermeisterleutnant diente. Unbeschadet seines Titels war sein Wirkungsbereich das Befestigungswesen und die Kartografie. Vor allem war er ein hervorragender Grafiker. Von Kleinsträttls Anwesenheit bei der Belagerung von Lindau zeugen viele signierte Kupferstiche zum Beispiel von der Einnahme von Bregenz, von Schloss Langenargen, von der Einnahme der Insel Mainau sowie unsignierte Momentaufnahmen von der Lindauer Belagerung.[40]

Die Belagerung begann mit einer 18-tägigen Waffenruhe, in der die beiden Gegner, die einen auf der Insel, die anderen auf dem Festland, sich scheinbar passiv gegenüberstanden, die Schweden mit sich selbst beschäftigt, die Lindauer den Gegner angespannt beobachtend. Wrangels Säumigkeit scheint auch der höheren schwedischen Führung (wahrscheinlich Reichskanzler Oxenstierna persönlich) aufgefallen zu sein, die sich schließlich nach Neuigkeiten erkundigte. Die Antwort darauf war ein Brief, den Wrangel Mitte Januar 1647 durch einen ungenannten Vertreter schreiben ließ, von dem nur ein Exzerpt überliefert ist.[41] Der Umstand, dass das Exzerpt im Archiv des Reichskanzlers überliefert worden ist, spricht dafür, dass dieser auch der Empfänger des Originalbriefs war. Wrangels Absicht, Lindau anzugreifen, war Oxenstierna schon bekannt, nun aber wollte er wissen, ob es Fortschritte gäbe. Solche Fortschritte wurden nun aufgezählt. An die glanzvolle Eroberung von Bregenz wurde noch einmal erinnert, auch an die mühelose Einnahme der Festung Langenargen. Eine Belagerungsartillerie von »18 schweren Stücken« wäre versammelt, und die für den Angriff erforderlichen Schiffe könnten »heute oder längst morgen auslaufen«. Darauf folgte eine Schilderung der Schwierigkeit der Eroberung. Lindau werde für »den verwahrtesten ohrt des gantzen Bodensee gehalten«, sei überaus »vortheilhaftig und wohl gelegen«, und der die Insel umgebende Palisadengürtel könne »denen, so zue wasser anfallen sollen, nicht wenige hinterung geben«. Dennoch müsse man den Ort für verloren halten, weil die Besatzung von höchstens 800 Mann nicht ausreiche; weil der »darinnen kommandierende Graf für den besten Soldaten … nicht geachtet werde«;

---

40 Hinweise auf Werke von Kleinsträttl findet man reichlich in Antiquariatskatalogen, doch sein Leben ist unzureichend erforscht. Seine Lebenszeit schätzt man auf von ca. 1620 bis nach 1668. Die Abhandlung von Ruhland, Robert: »Georg Wilhelm Kleinsträttl«, *Komm. für geschichtliche Landeskunde in Baden-Württemberg*, Reihe B, Band 46, Stuttgart 1968, S. 166–193 beschränkt sich auf eine spätere Phase von Kleinsträttls Leben.

41 E869.01–02 Oxenstiernska Samlingen – documents and letters 1647. Das Exzerpt trägt das offensichtlich falsche Datum 30.1.1647. Mehrere im Brief erwähnte Ereignisse datieren den Originalbrief etwa auf den 20./10.1.1647.

und »über dieß … die evangelische bürgerschaft darin zum mitfechten nicht geneigt seye«. Schließlich könne »die verlohrne hoffnung entsetzt zue werden, … die übergab umb ein guetes maturiren«. Insgesamt zeugt der Brief von Unlust zum Angreifen und der Neigung, die als unvermeidlich beurteilte Kapitulation der Stadt friedlich abzuwarten. Allerdings hatte Wrangel es vorgezogen, das unkriegerische Dokument nicht selbst zu unterzeichnen.

Vielleicht angeregt durch Oxenstiernas sanfte Ermahnung schritt man nun zur Tat. Am Abend des Dienstags, des 22. / 12. Januar erschienen vor Lindau zwei Bregenzer Schiffe, die sich durch einige abgegebene Schüsse als Feinde auswiesen; sofort fuhren ihnen drei Lindauer Schiffe entgegen und verwickelten die Angreifer in ein Gefecht, bis sich diese zurückzogen.[42] Doch am 24. / 14. Januar konnte man von Lindau aus beobachten, dass der Feind an den Batterien an der Kalten Gasse immer »noch stark arbeitete«; man konnte hier elf aufgestellte Geschütze zählen sowie sechs weitere an der Kapuziner Schanze.[43] Diese 17 (oder die im Exzerpt erwähnten 18) Geschütze eröffneten noch am selben Nachmittag die Beschießung.

42 Heider, S. 129f.

43 Ebenda, S. 131.

13. BESCHIEẞUNG UND NAHKAMPF AM BRÜCKENKOPF (BIS MÄRZ 1647)

13.1 Beginn der Beschießung

Die Schweden hatten in den zwei Wochen seit Beginn der Einschließung von Lindau nichts unternommen. Nun sollte die Beschießung ihre schwedische Macht und Entschlossenheit demonstrieren. Die Gefahren für Leben und Eigentum der Belagerten sollte den Lindauern die Vorteile einer rasch akkordierten Übergabe vor Augen führen. Andernfalls würde man die Intensität der Beschießung steigern, bis die Befestigungen zerstört und die Stadt sturmreif war. Um Lindau auszuhungern, hatten die Schweden eine Kriegsflotte improvisiert, um die Blockade wahrhaft undurchdringlich zu machen. Und gleichzeitig, parallel zu den allerdings zeitraubenden Belagerungstechniken von Beschießung und Blockade, wollten die Schweden versuchen, mit der gewohnten Kombination von Artillerie und Infanterie in die Stadt einzubrechen und die Belagerung zu einem rascheren Abschluss zu bringen. Dies waren vermutlich die Erwartungen der erfolggewohnten Schweden, als sie das neue Abenteuer antraten. Die Lindauer sahen der Belagerung vermutlich mit geheimem Grauen entgegen. Sie hatten weder Lorbeeren, auf denen sie sich ausruhen konnten, noch Erfahrungen von früheren Belagerungen. Zwar hatte der Truchsess schon einmal, als Kommandant von Konstanz, einer schwedischen Belagerung widerstanden (1633) sowie in Überlingen (1634) bei der Verteidigung gegen die Schweden und später (1644) bei der Rückeroberung von den Franzosen entscheidend mitgewirkt. Lindaus neuer Nothelfer Crivelli hatte unter Fachleuten einen guten Ruf, war aber in der Öffentlichkeit unbekannt. Die Lindauer Garnison selbst hatte kaum Kriegserfahrung. Als zur Zeit des ersten Schwedeneinbruchs Generalkriegskommissar von Ossa und Oberst von Vizthum es gelegentlich gewagt hatten, den Schweden direkt entgegenzutreten, waren die Ergebnisse stets gleichbleibend enttäuschend gewesen. Vermutlich hatte die schwedische Überlegenheit nicht nur mit ihrer größeren Kriegsfahrung zu tun, sondern auch damit, dass schwedische Soldaten von ihrer Führung mit mehr Fürsorge und Verständnis behandelt wurden als auf der Gegenseite. Solche ernüchternden Umstände waren den Lindauern, Soldaten der Garnison ebenso wie Bürgern der Stadt, nicht verborgen. Nichtsdestoweniger gelang es ihrer Führung – dem Truchsess für die Garnison, dem Stadtrat für die Stadt und dem Oberst von Crivelli für alle –, die Angst vor dem überlegenen Feind zu überwinden und den Schweden entgegenzutreten.

Die Kanonade begann am 18. Tag der Belagerung und endete an ihrem 54. Tag, eine Woche vor dem Abzug der Belagerer, mit einem spektakulären letzten Schuss. Die Beschießung erfolgte nicht ununterbrochen, sondern immer nur in Abschnitten von je einigen Stunden; auch nicht täglich, sondern mit unregelmäßigen Pausen. Sie wechselte auch in der Zahl und Art der eingesetzten Geschütze. Man begann schlagartig am späten Nachmittag von Donnerstag, dem 24. / 14 Januar 1647; die Geschosse schlugen ein mit einer Frequenz, die jeden überzeugte, dass es jetzt allen Ernstes um Besitz und Leben ging.

Vermutlich hofften die Schweden, dass die psychologische Wirkung der Kanonade zu einer raschen Kapitulation führte. Das traf nicht ein. Tatsächlich löste sich bei den Lindauern, als die Beschießung in Gang kam, die Spannung bald auf. Es begann eine Zeit des Handelns. Die einschlagenden Geschosse zeigten, was man tun musste, und zwar *sofort* und *selbst*. Gewiss waren die Nachbarn hilfsbereit, aber sie hatten ihre eigenen Hände voll zu tun. Nun gab es Arbeit; durch Tätigkeit überwand man den Schrecken. Rasch durchschaute man die Blindheit der Geschosse; man konnte sie nicht abwenden, aber man konnte sich vor ihnen schützen und ihre Schädlichkeit durch geistesgegenwärtiges Handeln entschärfen. Man musste sich um Verletzte kümmern, Feuer löschen, bevor es sich ausbreitete, beschädigte Gebäudeteile sichern, Kanonenkugeln als Andenken sammeln.

Drei Augenzeugen erfuhren die Belagerung aus unmittelbarer Nähe. Stadtschreiber Johann Heinrich Fels d. J. verzeichnete seine Erlebnisse in der von ihm zusammen mit Vater und Bruder geschriebenen Kriegschronik: »Diesen abend [Donnerstag, 24. / 14. Januar 1647] nach 4 Uhren haben die Schwedischen angefangen, die Statt zu beschießen, wie denn auff die 2½ stund lang gar ernstlich mit glüenden kuglen, und auch etwas granaten herein geschoßen worden. Sollen, wie mann dafür halten wollen, über 200 Schüsse herein beschehen sein, welche doch ohne sonderen schaden, durch Göttl. Gnad. verleihung abgangen, und die kuglen, wo sie hingefahren, durch der bürger wachtsamkeit gedämbt worden, allein hat ein granatkugel in der Schmidgassen dem [Isaac] So[h]m sein hinterhaus eingeschlagen, und ein weib, so ein pfaffenköchin gewesen, darin getroffen und erschlagen. Ist auch das kleine häuslin an der Kirchen, darinnen der Statt Karrer gewohnt, durch einfall einer kugel nieder geschlagen worden. Jenner 15: Ist nach acht uhren morgens widerumb herein geschossen worden, und ein starcke granatenkugel, neben der Kirchen und das Pfaffenhaus nieder gefallen, welche die schloßer werckstatt an der Kirchen zerschlagen, sonst aber ohne schaden abgangen. Darauff mann die pfeiffen in der orgel ausheben, und in einen gewölbten keller versorgen laßen, und sein 20 mann von der Baurschafft zu

Dem unsignierten Kupferstich der Vogelschau von Norden liegt vermutlich eine Zeichnung von Georg Wilhelm Kleinsträttl zugrunde, die er aus Zeitmangel an den Nürnberger Kupferstecher Lukas Schnitzer abgab, der sie in ein Flublatt verarbeitete. Leider ist die Schlüsselstelle der Belagerung, das Schänzlin am Brückenkopf, nicht deutlich. Das Flugblatt kam wohl noch im April 1647 auf den Markt. Wenig später diente es als Vorlage für das große Ölbild eines unbekannten Malers (siehe Frontispiz).

der Kirchen verordnet worden, auff die einfallende kuglen achtung zu geben, und dieselbe zu dämmen.«[1]

Calixt Hünlin, Kaufmann aus alteingesessener Familie, zu der Zeit Amtsbürgermeister der Stadt, gab in seiner persönlichen Chronik von Lindau folgende Beschreibung vom Anfang der Beschießung: »Den 14. Jenner kament wider 6 schwedische schiff auff den See, zum recognosciren und die Statt zue wasser genugsam zu besichtigen, was gestalt dero zu zue khommen. Deß tagß abents umb 4 uhren fiengen die Schweden mit solchem ernstlichen schießen mit glühenden kuglen an zusammen, daß aller orthen glüende kuglen herein flogen, unnd alß eben etliche Herren und Prediger by mir gasst waren, aber gleich vor mir hinüber ain glüende kugell in [der] Rebleuthe jezigen Zunfthaus oben underem tach eingegangen und auf einem tromen ligent blib, alßpaldt giengen die herren jeder heim zu sein hauß. Und liessen wir die kugell herab zue bringen daß sie nichts anzündt dann negst darbey stroo lage, also hat man sie herab geworffen so ich behalten. Und in kaltem wasser in zwo stund warm bliben. Allso wo ein kugel eingienge lauffte man gleich zue und rettete dz kein schad beschäche. In dessen schosse man von hier auch dapffer hinauß. Über Ime Herrn Comandante Gravens v. Wolfegg quartier, eben in seiner schreibstube, ist ein granat kugell eingefallen, hat ime großen schaden getan und das zimmer sehr verderbt, und wider ain granat kugel auff daß negste zimmer daran das Trollische Haus ist auch eine gefallen. So alles übell zerschmettert und verdirbt, mehr fielen zwo granat kuglen in Closters Rebgarten, und eine in Closter Krautgarten, die zwar ohne schaden abgangen. In Summa Sie Schweden brauchten große Ernst, und machten zwar zimlichen schreckhen, aber dißmal ist den leuthen kein schaden beschächen. Den 15 Jenner schosse man vormittags wider starckh herein allso daß ein schuss weilen man in der Kirche ware ein kugel oben durchs tach gegangen, daß uns ziegeln stuckh herab gefallen, und nach deme man auß der Kirch gangen. Ist eine große Granat Kugel gleich neben unserem Kirchenthurm zwischen beeden Kirchen auff den Platz gefallen mit großem krachen zersprungen, und die dabei stehenden läden sehr zerschmettert.«[2]

Ein dritter Augenzeuge war Ratsadvocat Lic. jur. Jacob Heider, der während der Belagerung ein Tagebuch führte, das erst 1669, einige Jahre nach seinem Tod (1655), in Wangen gedruckt wurde. Er schrieb folgenden Bericht vom Beginn der Beschießung. »Donnerstag, den 24./14.1., hat man gesehen, daß der Feindt an der Battereyen bey der kalten Gassen noch starck gearbeitet, und sein am Morgen früe 2 Schuß auß halben Carthaunen hinauß beschehen. Man hat auch wargenommen, das in den Bat-

1 KrCh, S. 549f.

2 Hünlin, S. 62: 24./14. Januar 1647.

tereyen in der Kalten Gassen 11 und dan bey den Capucinern 6 Stuck stehen. Was in der Battereyen bey der Linden ufm Platz, hat man nit eigentlich sehen können. Abens ungefehr umb 5 Uhr hat der Feindt angefangen, auß allen Stucken zu schiessen, und mehrerentheils alles glüende Kugeln, welches dann in die 3 Stund lang gewehret, da in die 250 Kugeln herein gespielt worden. Es sein auch underschidliche Granaten herein geworffen worden, welche ausserhalb 3 derselbigen unschädlich gefallen; die 3 aber haben ihren Effect erlanget, dann eine zu Schmiden in Isaac Sohmen Hinderhauß gefallen, dasselbig zertrümmert und eine Pfaffen Köchen erschlagen; die ander hat deß Statt-Karrers Hauß an St. Stephans Kirchen ruiniert, die 3. hat Hanß Trollen Hinderhauß nechst an ihro Excell. Herren Obersten Quartier zerschlagen und übel zugericht. Und obwollen man besorget, es werde die glüende Kugel mit Anzindung der Häuser hin und wider Schaden thun, ists doch Gott Lob kein Feuer außkommen sondern, weil alles deß Feürs halber wol bestellet und versehen gewesen, gleich gedempt worden. Alß nun diß fürüber, ist der Feind die Nacht hindurch still verblieben.

Den folgenden Freytag, alß den 25. Dito, aber gleich am Morgen hat der Feind wider anfangen mit Stücken herein spiehlen. Da dann under wehrendem Gebett und alß man auß der Kirchen gehen wollen, ein halbe Carthaunen Kugel durch das Kirchendach gefahren. Gleich darauff ist ein Granat herein geworffen worden, welche bey dem Schlosser-Laden an S. Stephans Thor gefallen und die Schlosser Werckstatt gantz zurschlagen. Und weilen nach solchem wider ein Schuß von aussen herein in gemelte Kirchen gangen, hat man die Orgelpfeiffen außgehebt und die Bilder davon gethan und an sichern Orth verwahrt.

Nachmittag hat der Feind wider 4 Granaten herein geworffen, deren erste ist in das Stifft, wie man auff den Platz gehet, gefallen und zimlich grossen Schaden gethan an Zimmern. Die ander ist in deß Stiffts Krautgarten kommen und ohne Schaden zersprungen: Die 3. ist in die Herberg zur Cron oben durch das Dach gefallen und darinnen sehr übel gehauset. Die 4. aber auff den Platz zwischen beide Kirchen und ohne Schaden abgegangen. Und weilen der Feind zimlich starck auß den Stucken herein gespielet, ist ein Handlanger erschossen worden. Die Nacht hindurch haben die Unserige auß dem Schäntzlein, und hingegen der Feind herein, miteinander starck Kugeln gewechslet.«[3]

Das Schauspiel hatte auch Fernwirkung. Weithin über den See hörte man den Donner der Kanonen, sah bei Nacht das Aufblitzen des Mündungsfeuers und – deutlicher noch – den Schein der Brände. Prior Franziskus Ranzperg vom Kloster Mehrerau bei Bregenz berichtete: »Allein haben wir allhir auf dem thurm aller sachen fürgan-

3 Reinwald (1869), S. 93–95.

Die Belagerung Lindaus in Vogelschau von Süden. Kupferstich von Matthäus Merian nach Vorlage von Georg Wilhelm Kleinsträttl, erschienen im Band V des *Theatrum Europaeum*, 1647.

Der Bodensee.
1000 Schritt
Belagerung der Statt Lindaw im Bodensee Anno 1647.
21. Das Fürstliche Stifft.
22. Pfarkirchen zu S. Steffen.
23. Closter zun Barfüssern.
24. Das Rathhauß.
25. Kaißerliches zeughauß.
26. Daß Burger zeughauß.
27. Haubt Wacht.
A. Die New gebaute Capuciner Kirch.
B. Die Ach bruck.
C. Des Feindes Blendungen.
D. Des Feinds Lauffgräben.
E. Ein Kessel in form eines Triangels worauß sie Granaten Ernst und Steinkuglen geworffen.
F. Kleine Kesseln zu Fewermörslen.
G. Baterien zu Grosen Stucken.
H. Baterien zu minderen oder leichten Stucken.
I. Ein Bateri hinder der höltzeren Capuciner Cappellen.
K. Der Feind zu Wasser.
L. Des Feindes 3. Brücklen über die Ach.
M. Feuermörßer bei der Capuciner Kirchen.
N. Der Feind zu Land.

genheit mit augen von weitem erkhundigen mögen; wie sie mit, und gegen einander gestritten, gefochten, gespihlt, gebocht, und getonnert haben; daß die gebew alda sich erschüttlet, und die herzen im leib bewegt worden. Und hat diese dapfer[keit] und mannheit deren in Lindaw sich befindendten obrist, officeren, und soldaten dem schloss und statt Bregenz wie auch der festung Meinaw (…) spoth und unehr gedopplet und vermehrt.«[4]

Die drei Chronisten zeigen die in der Stadt vorherrschende, besonnene, auf das Praktische gerichtete Haltung. Diese Haltung haben die Lindauer während der Belagerung nicht nur aufrechterhalten, sondern gefördert und dabei an Selbstvertrauen und Zuversicht gewonnen.

13.2 Verlauf und Ergebnisse der Beschießung

Die Belagerung begann mit einer Vorbereitungsphase von knapp zwei Wochen, gefolgt von sechs Wochen extremer, dann nachlassender Druckausübung, und endete mit einer kurzen Schlussphase zur Vorbereitung des Abmarsches. Die letzten Nachzügler verschwanden am Tag darauf, und am übernächsten sangen die Lindauer das Tedeum. Mit einer Dauer von zwei Monaten gehörte die Belagerung schon zu den längeren. Doch verhungerte hier niemand, sondern es waren es die Belagerer, die den Versuch aufgaben und unbefriedigt davonzogen. Im Gesamtbild des großen Krieges zeichnete sich die Lindauer Belagerung weder durch überragende politische oder strategische Bedeutung aus noch durch Aufsehen erregenden Heroismus. Lindau hielt stand, einfach weil alle Leute in der Stadt sich auf ganz normale Weise gut verhielten; die militärische Führung war klug und geschickt; die Soldaten taten nicht nur zuverlässig ihre Pflicht, sondern stellten sich auch für risikoreiche Einsätze zur Verfügung; die Bürger verbanden Gemeinschaftssinn mit Initiative und Gelassenheit mit Humor. Die Stadt hatte Glück mit ihrer Führung. Stadtkommandant Truchsess Max Willibald von Waldburg-Wolfegg, keine kriegerische Natur, sondern nur durch den Krieg in eine militärische Rolle gestellt, fühlte sich im Grunde wohl als ein Landedelmann. Als Mitglied des Hochadels nahm er seine damit verbundenen Pflichten zwar ernst, bewegte sich jedoch auch zwanglos und natürlich unter Bürgern und Bauern. Er besaß wirkliche Intelligenz und wusste, dass es seine wichtigste Aufgabe war, dafür zu sorgen, dass das gesamte Gemeinwesen der Festung – Soldaten, Bürger, Flüchtlinge – während der Belagerung weiterhin harmonisch funktionierte. Darin lag sein besonderer Beitrag. Durch einen seltsamen Glücksfall – gleich dem Erscheinen eines

4 Ransperg, Innsbrucker Handschrift, S. 211.

»deus ex machina« – erhielt Lindau genau im kritischen Moment einen hochqualifizierten militärischen Mentor in der Person des Oberst Eusebius Freiherr von Crivelli, der den Truchsess ideal ergänzte. Er besaß vielfältige Kriegserfahrung und war fähig, die Lindauer Garnisonssoldaten mit genug Zuversicht zu erfüllen, um den scheinbar unschlagbaren schwedischen Veteranen entgegenzutreten.

Natürlich waren die Lindauer durch ihre Insellage begünstigt. Der Bodensee machte einem Feind nicht nur den Zugang zur Insel schwer, es ermöglichte den Belagerten auch ein Maß an Kommunikation mit der Außenwelt, das eingeschlossene Städte gewöhnlich entbehrten. Während der ganzen zweimonatigen Belagerung unterhielten die Lindauer stetigen nächtlichen Schiffs- und Bootsverkehr mit der neutralen Schweiz. Zwar hatte Wrangel die Eidgenossen unter Androhung empfindlicher Repressalien vertraglich verpflichtet, Lindau nicht zu unterstützen, doch das Verbot erwies sich als unwirksam gegenüber den alten geschäftlichen und persönlich-familiären Beziehungen der Lindauer mit den Nachbarn am gegenüberliegenden Seeufer. Gewiss taten die Schweden ihr Bestes, diesen Schiffsverkehr zu unterbinden, doch es ist ihnen nie gelungen, ein mit der Schweiz verkehrendes Lindauer Schiff abzufangen oder zu versenken. Dank dem Zusammenwirken solcher Faktoren konnten sich die Lindauer gegenüber der seinerzeit besten in Deutschland operierenden Armee ganz souverän behaupten. Dabei waren ihre Verluste erstaunlich gering.

Während der ganzen Belagerung wurde viel und gern geschossen, von Schweden wie von Lindauern, mit Kanonen und Mörsern, Musketen und Arkebusen; das Knallen und Donnern von Feuerwaffen waren in Lindau gewohnte Geräusche. Auch wenn Schießpulver teuer war, scheint niemand daran gespart zu haben, denn das Schießen macht Vergnügen. Die Lindauer schossen auf alles, was sich im Vorfeld bewegte. Wenn sich dort, wie sie meinten, General Wrangel selbst zeigte, schossen sie auf ihn mit schweren Geschützen und äußerten sich befriedigt, wenn ein Projektil in seiner Nähe landete. Wenn schwedische Kriegsschiffe kamen, um auf die Insel zu schießen, wurde von den Lindauer Wällen zurückgeschossen, ebenso wie von Lindauer Schiffen, die dann herbeieilten. Dass solche Schüsse Nennenswertes ausrichteten, wird nicht berichtet. Anlass für besonders intensives Schießen war das Schänzlein; da hier für die Schweden die beste Möglichkeit lag, in die Stadt einzubrechen, und für die Lindauer die größte Gefahr, wurde hier fast unausgesetzt gekämpft und geschossen.

Nicht alles Schießen gehörte zur Beschießung der Festung, sondern hier ist nur solches Kanonieren gemeint, das dem Belagerer den Weg auf die Insel eröffnen sollte, entweder durch Niederreißen der Befestigungen oder durch Vernichtung der Widerstandskraft der Verteidiger. Gerade im Falle einer wohlbefestigten Insel wie Lindau, wo die Aussichten des Belagerers, sich durch Artilleriefeuer direkten Zugang zur Insel zu erzwingen, gering waren, lagen die besten Erfolgsaussichten auf der psychologischen Wirkung. Das erklärt, warum sich die Schweden mit ungezieltem Schießen begnügten.

Der Beschuss von Lindau begann am Nachmittag vom Donnertag, dem 24. / 14. Januar mit einem gewaltigen Tutti-Einsatz der gesamten Belagerungsartillerie und endete am 1. März / 19. Februar mit einem einzelnen Schuss im Morgengrauen. Die kostspielige Veranstaltung hatte über fünf Wochen (37 Tage, vom 24. Januar bis zum 1. April) gedauert, doch da diese Zeitspanne wenigstens zwölf stille Tage enthielt, an denen nicht geschossen wurde, kam die wirksame Dauer der Beschießung nur auf etwa 25 Tage. Am ersten Tag warf Wrangel alle Mittel, die er besaß, in die Schlacht; das waren neben einer Anzahl von Mörsern 18 schwere Feldgeschütze (nach schwedischer Angabe[5], 17 nach Heiders und 16 nach Fels' Zählung). Laut Heider schoss diese Artillerie in drei Stunden etwa 250 größtenteils glühende Kugeln in die Stadt neben unterschiedlichen Granaten;[6] nach Fels' Schätzung waren es über 200 Schüsse in 2½ Stunden.[7]

Das Ergebnis war unbedeutend. Gezieltes Schießen war nur möglich auf den sichtbaren Bereich der Stadt, welcher, etwa 750 Meter entfernt, den Batterien direkt gegenüber lag und hauptsächlich aus Befestigungen bestand. Alle anderen Geschosse wurden ungezielt in hohem Bogen in die Stadt geschossen und landeten im Unsichtbaren. Unvermeidlich gingen die meisten ins Leere. Trafen sie ein Gebäude, so richtete das zwar Schaden an, der jedoch dank der inhärenten Elastizität von Holzhäusern begrenzt und reparabel war. Nichtsdestoweniger erschlugen die Trümmer eines getroffenen Hauses eine »Pfaffenköchin«, das einzige bürgerliche Todesopfer der Beschießung. Die gefürchteten Feuerkugeln verursachten keine offenen Brände, weil die Lindauer, der Brandgefahr für ihre Stadt bewusst, in der Technik des Feuerlöschens geübt waren. So war das wichtigste Ergebnis dieser ersten Kanonade, dass die Lindauer ihre Furcht verloren und Selbstvertrauen gewannen.

Der zweite Tag (Donnerstag, 25. / 15. Januar) begann wie eine Fortsetzung des ersten, zunächst mit Stückkugeln, deren eine während des Gottesdienstes durchs Kirchdach schlug und und die Entscheidung zum Ausbau der Orgel herbeiführte. Doch am Nachmittag verschob sich der Schwerpunkt der Beschießung von Kanonenkugeln auf Granaten und von Kanonen auf Mörser. Die steil feuernden Mörser schossen weniger weit, schleuderten dafür aber Geschosse von unvergleichlich größerem Gewicht und fast beliebiger Form.

---

5 Exzerpt.

6 Reinwald, S. 94 (Heider, S. 132).

7 KrChr, S. 549.

Bevorzugt wurden Granaten; dieser Sammelname galt für eine Vielzahl von unterschiedlichen Geschossen, welche alle ähnlich dem Granatapfel – jener Südfrucht, der sie den Namen verdankten – aus einer dünnwandigen, mit allerhand gefährlichem Inhalt gefüllten Schale bestanden und bei Aufschlag auf höchst zerstörerische Weise explodierten. Jeder Granateneinschlag für sich machte solchen Eindruck, dass man sich in der Stadt angewöhnte, sie einzeln zu zählen und über jeden als selbstständiges Ereignis zu berichten. An diesem Nachmittag kamen vier Granaten herein. Am Tag darauf (26./16. Januar) gab der Feind zehn Kanonenschüsse auf die Fledermausschanze ab, worauf er eine dermaßen massive Antwort erhielt, dass er es für angezeigt hielt, die Verschanzung seiner eigenen Batterien wesentlich zu verbessern. Am Sonntag (27./17. Januar) landeten zwei Granaten; »die eine ist ins Stifft und die ander in Johannis Rewlings Hauß am Marckt gefallen und mächtig umb sich geschlagen, aber kein Mensch beschädiget«. Am 28./18. Januar »sein abermalen underschidliche Canon Schüß herein und hinauß beschehen« und am 29./19. Januar »ist abermahlen mit Stucken hinauß gespielt, aber wenig herein geschossen worden«. Mitwoch (30./20. Januar) »hat man widerumb beyderseits zimlich starck gegeneinander canoniert, und der Feind 3 Granaten herein geworffen, aber Gott Lob keine ihren Effect erlanget, sondern ohne Schaden abgegangen. So haben auch die jenige Stein, die sie gegen Abend abermahlen herein geworffen, niemand beschädigt, und ist die Nacht hindurch wie vorgehende daher gegangen.«[8]

Das war die erste Woche der Beschießung. Nach dem dramatischen Auftakt war sie bald zu einer langweiligen Routine abgeglitten. In der zweiten Woche (vom 31./21. Januar bis 6. Februar/27. Januar) war die Beschießung müde und lustlos.[9] In der dritten Woche (7. Februar/28. Januar bis 13./3. Februar) zeigten die Schweden mehr Energie; man sah lebhaften Kugelwechsel der beiderseitigen Feldgeschütze zwischen den schwedischen Batterien am Festland und den Batterien auf der Insel, die sich bis in die Nacht hinzogen. Gleichzeitig nahm der Einsatz von Granaten und anderen, von Mörsern geworfenen schweren Geschossen weiter zu. Und allmählich verlagerte sich der Schwerpunkt des Kampfes auf das Schänzlein. Aus ihren inzwischen gemachten Erfahrungen schienen die Schweden gelernt zu haben, dass sie mit einer Beschießung im bisherigen Stil nicht vorwärts kommen würden und die kleine, schwächliche Bastion am Brückenkopf bessere Aussichten auf einen Durchbruch bot. Zunächst wollten sie aber der schweren Artillerie noch eine letzte Gelegenheit geben, sich zu bewähren. Der Plan war, in größerer Nähe zur Insel unterhalb der Linde, direkt am Seeufer und fast neben dem Schänzlein, eine dritte Batterie aufzustellen. Das geschah bei Nacht.

8 Reinwald, S. 95 (Heider, S. 134f.).

9 Ebenda, S. 95–98 (Heider, S. 135–139).

Am Morgen des 13./3. Februar sahen die Lindauer eine Anzahl neuer Kanonen in bedrohlicher Nähe auf sich gerichtet. Die Lindauer Kanoniere reagierten schnell; durch wohlgezielte Salven ruinierten sie die neue Batterie, bevor diese den ersten Schuss herausbringen konnte. Am folgenden Morgen (14./4. Februar) war sie wieder repariert und wurde wieder prompt zerschossen. Am dritten Morgen (15./5. Februar) war die störende Batterie verschwunden; ihre Kanonen standen nun bei den anderen oben an der Kalten Gasse.[10]

In ihrer vierten Woche kam die Beschießung zum totalen Stillstand. An den Tagen 39 bis 43 der Belagerung (14./4. Februar bis 18./8. Februar) bzw. den Tagen 22 bis 26 des Artillerieeinsatzes fiel kaum ein Schuss. Zwar sind keine Quellen schwedischerseits vorhanden, um diese merkwürdige Enthaltsamkeit zu erklären, doch kann sich der objektive Beobachter leicht vorstellen, was vorging. Dass die Beschießung keine Ergebnisse brachte und die Belagerung der Festung sich in einer Sackgasse befand, war offensichtlich. So wird General Wrangel eine Kampfpause befohlen haben, um alle verantwortlichen Persönlichkeiten einzuladen und zu besprechen, was zu tun sei. Was dabei gesprochen wurde, können wir nicht wissen, doch gewisse Entscheidungen wurden getroffen, die zu sichtbaren Ergebnissen führten. Dazu gehörte vor allem eine veränderte Taktik der Beschießung. Ab Dienstag, dem 19./9. Februar, stützte sich der Angriff auf die Festung fast ausschließlich auf von Mörsern geworfene große, schwere Geschosse, von gewaltigen steinernen Kugeln und Felsbrocken bis hin zu riesigen, technisch komplizierten Granaten. Von der Verwendung jener Stückkugeln, die von Feldgeschützen mit beschränktem Kaliber geschossen wurden, hört man nicht mehr. Während beim Einsatz von Feldgeschützen gewöhnlich Dutzende, wenn nicht Hunderte von Kugeln verschossen wurden, war der Schuss jeder einzelnen Granate ein unabhängiges Ereignis.

Die neue Taktik trat in Kraft Dienstag, den 19./9. Februar. An diesem Nachmittag schlugen zehn Granaten in der Stadt ein, deren Wirkung Jakob Heider, der Chronist, ausführlich – fast möchte man sagen: liebevoll – darstellt: »Die erste [ist] in Herren Hanß Jacob Sohms Hinder-Hauß gegen der Fledermauß werts, die ander unfern darvon in der Lebzelterin Hauß, welche beede am Zimmerwerck grossen schaden gethan; die 3. in den Zwinger auch daselbst gefallen, aber ohne schaden; die 4. in deß Stifts Krautgarten an Kirchgassen gefallen, welche sich selbst in Boden versteckt und gantz gebliben; die 5. auf die Gassen unferen von der vordern Färben (von diser hat ein Stuck einen Bauren etwas wenig beschädiget); die 6. bey der alten Tauben (darin diser Zeit Herr Docter Theophilus Mercklin wohnet, sonsten Herr Burgermeister Vögelins Erben gehörig), und weilen am Eck daselbsten im Küchelin ein

10 Reinwald, S. 100 (Heider, S. 145), siehe auch Waldburg-Wolfegg, *Kurze Relation*, Z. 28–32.

Baur Schiltwacht gestanden und nicht gewichen (welches er wol thun können), hat ihm ein Stuck darvon den Fueß entzwey geschlagen, und darzu ein Loch in Kopf, der ist über 14 Tag hernach gestorben; die 7. in das nechste Beckenhauß an der alte Mädlin Schuel, welche am Tach und Gebäu grossen Schaden gethan; die 8. vor der Kirchenthür beim Spittal, ohne Schaden; die 9. ist auf die Porkirchen in St. Stephans Kirchen gegen dem Spittalwerts und in den Schnecken daselbst kommen; und weil sie die Weitin nicht gehabt, hat sie in Springen den Schnecken übel zerschlagen und zertrimmert; die 10. ist in ein Beckehauß bey der Tauben gefallen, welche zwar am Hauß etwas Schaden gethan, es ist aber ausser obgemelte zweyen Persohnen Gott lob niemand beschädiget worden oder Feür aufgangen, und sind dise Granaten zimlich bald auff einander gefolgt. Hernach ist es deß Schiessens halber zimlich still gewesen, sowolen auch die Nacht hindurch.«[11]

In diesem Stil fährt Heider fort. Mittwoch, den 20./10. Februar schlugen sieben Granaten ein; Donnerstag, den 21./11. Februar 17; Freitag, den 22./12. Februar fünf; Samstag, den 23./13. Februar 32; Sonntag, den 24./14. Februar keine; Montag, den 25./15. Februar sieben; Dienstag, den 26./16. Februar fünf; Mittwoch, den 27./17. Februar keine; Donnerstag, den 28./18. Februar keine; Freitag, den 1. März/19. Februar eine Kanonenkugel – der letzte Schuss.[12]

Dieser letzte Schuss, der die Beschießung im Morgengrauen des 1. März 1647 abschloss, flog über die ganze Stadt hinweg und landete im See; der Schuss hat, wie Jakob Heider berichtet, »so greulich gekracht, dergleichen die ganze Belägerung über keiner gehört worden, und ist dies der letzte Canonenschuß von dem Feind gewesen«[13]. Gleichzeitig hatten die Schweden ihren Abmarsch bereits begonnen und damit die Belagerung von Lindau endgültig aufgegeben.

Mit ihrem Abzug bestätigten die Schweden, dass ihre lange, aufwendige Belagerung fehlgeschlagen war. Besonders die Beschießung hatte sich als vollständig wirkungslos erwiesen. Sie hatte an den Befestigungen keine Treffer erzielt und nur an Bürgerhäusern Schäden verursacht, aber keine, die einem Angreifer den Zugang ins Innere der Festung eröffneten. Was die Wirkung der Beschießung angeht, so hatte sie alle Menschen in der Stadt schwer belastet, hat körperliche Verletzungen, psychische Belastungen, schwere materielle Schäden verursacht, aber sie hat bei niemandem jemals den Gedanken an eine Kapitulation aufkommen lassen.

---

11 Reinwald, S. 101f. (Heider, S. 147–148).

12 Ebenda, S. 105 (Heider, S. 149–155).

13 Heider, S. 155. Dieser rätselhafte Schuss hat später zu fantasievollen Interpretationen angeregt, darunter die historisch ziemlich abwegige Erzählung von Strindberg, August: »Der letzte Schuss« (Det sista skottet). Ich verdanke diesen Hinweis Herrn Michael Kiss, Lindau.

Chronist Fels schreibt abschließend: »Der liebe Gott hat die kuglen und granathen so wunderlich geleitet, daß die ganze währende belagerung über kein feuer in die flammen ausgeschlagen, oder einig gebaw in brand gerathen, auch kein einiger mensch von solchen eingefallenen kuglen umbkommen, oder gefährlich beschädigt worden, außer einer frembden pfaffenköchin, welche in Isaac Sohmen haus sich aufgehalten, und daselbst ein stück von einer granaten sie getroffen, daß sie sterben müssen.«[14]

Und der Lindauer Stadtkommandant Max Willibald Truchsess von Walburg-Wolfegg beurteilte die Wirksamkeit der Beschießung, kurz vor deren Ende, als gering: Der Feind hat durch seine Artillerie »allhisiger Statt ... mit granaten, ernst- und fewr kuglen auch steinwerffen über alle massen starckh zusetzen, und nunmehr etlich hundert dergleichen herein gehen lassen, ... darmit aber, ... außer das er das Stifft, Lutherische Kirche, Spital und mein quartier, die Haubtwacht, auch etlich wenig andere häußer, in etwas durch die granaten ruiniert, gotlob kheinen schaden gethan; worob sich zwar anfangs die Bürgerschaft in etwas entsetzt, aniez aber gar gering mehr achten, und sich sehr fleißig und eyferig mit fewrlöschen auch in anderweg erweisen und ganz kheinen widerwillen erscheinen lassen«[15].

13.3 Kämpfe um das Schänzlein

Die Schweden mussten einsehen, dass die Beschießung der Stadt die Belagerung nicht zum Erfolg führen würde. Nun blieb ihnen nur noch eine Hoffnung. Das Schänzlein, jene kleine Bastion am festländischen Ende der Landbrücke, war die schwächste Stelle der Lindauer Befestigungen. Gelänge es ihnen, diese Bastion zu durchbrechen, so könnten sie bis zur Mauer vordringen und die Stadt aus unmittelbarer Nähe angreifen. So hing die Sicherheit der Stadt ab von der Fähigkeit der Verteidiger, die Schweden an dieser Stelle abzuwehren. Vom festungstechnischen Standpunkt war das Schänzlein ein fragwürdiges Bauwerk[16], in das die Verteidiger selbst wenig Vertrauen hatten und dessen erfolgreiche Behauptung sie selbst erstaunte. Darum war die Verteidigung des Schänzleins, im Vergleich zu der bei der sonstigen Abwehr der Stadt durchweg gezeigten Tapferkeit und Tüchtigkeit eine heroische Leistung.

Wir sind gezwungen, die Geschichte des Schänzleins ohne sichere Kenntnis seiner physischen Beschaffenheit, allein auf der Grundlage von Merians unzuverlässiger Ansicht von Lindau von 1638 zu besprechen. Im Wesentlichen war das Schänzlein mit

---

14 KrChr, S. 569.

15 Waldburg-Wolfegg, *Kurze Relation*, Z. 39–50.

16 Das Schänzlein ist eingehend besprochen in den Kapiteln 1.4 und 7.4.

seinem pflug- oder hornförmigen Grundriss im Jahre 1647 immer noch so beschaffen wie auf Merians Ansicht dargestellt. Gewiss hatte man die Schanze in der Zwischenzeit in einen verteidigungsfähigen Zustand gebracht. Die Brücke (die so, wie Merian sie zeigt, gewiss nie ausgesehen hat) war größtenteils abgetragen. Der Graben um das Schänzlein herum war vertieft und verbreitert worden, an beiden Enden mit dem See verbunden und tief genug, um sich mit Seewasser anzufüllen. Die hölzerne Zugbrücke für den normalen Verkehr war vor Beginn der Einschließung entfernt worden. Innerhalb der Schanze gab es ein Wachthaus und einen Tiefbrunnen. Nicht bekannt ist die Ausstattung mit Artillerie; während schwere Kanonen im Schänzlein kaum infrage kamen, gab es vielleicht einige leichte Geschütze und Mörser. Grundsätzlich verließ sich die Verteidigung des Schänzleins jedoch auf Arkebusen, Musketen und Pistolen sowie auf traditionelle Handwaffen wie Säbel, Schwert und Spieß.

Die Eigenart des Schänzleins lag jedoch weniger in seinen baulichen Eigenschaften als in seiner Lage. Seiner Funktion als Brückenkopf entsprechend lag es auf dem gegenüberliegenden Festland, von der Insel 300 Meter entfernt, konnte aber von dort wegen des zu der Zeit niedrigen Wasserstandes trockenen Fußes erreicht werden. Der 300 Meter lange Zugang auf dem trockenen Boden des Sees, unter der ehemaligen Brücke, hatte mehrere Sicherheitsabschnitte sowie Laufgräben, Schutzstände und Sichtblenden. Die Steinbrücke war bis auf wenige Reste abgetragen, über deren Abbruch man noch diskutierte. Viel geringer war die Entfernung zum Feind. Bis zur Ankunft der schwedischen Armee überschaute das Schänzlein ein weites, sorgfältig eingeebnetes und von allen die Sicht behindernden Gegenständen (Gebäuden, Mauern, Zäunen, Bäumen, Sträuchern usw.) befreites Feld[17], das sich vor und neben dem Schänzlein mit einem Radius von etwa 250 Metern und mehr ausdehnte. Hier richteten sich die Schweden ihren Bedürfnissen entsprechend ein. Zuerst gruben sie im Hintergrund dieses Feldes, an der Kalten Gasse und beim Kapuziner Kloster, ihre schwere Artillerie ein und verbanden diese und ihre sonstigen Installationen mit Laufgräben. Allmählich drangen ihre Schanzen und Laufgräben zum Seeufer und zum Schänzlein vor. Am 26./16. Januar hatten sie den Platz an der Linde erreicht und errichteten in der folgenden Nacht, beachtlich schnell und von den Lindauern unbemerkt, hinter dem Schänzlein »ein hohes werck von erden und fachinen«, einen mit Faschinen befestigten Erdwall, hoch genug, um den Verteidigern des Schänzleins die Sicht auf die Tätigkeiten der Schweden zu verbergen.[18] Die Schweden legten Wert

---

17 Es gab eine Ausnahme: Westlich neben dem Schänzlin, an einer als »Platz« bezeichneten Örtlichkeit, hatte man einen Lindenbaum stehen gelassen, der in den Quellen oft erwähnt wird und den Krieg überlebt hat.

18 KrChr, S. 551.

darauf, dass dieser Erdwall dem Schänzlein so nahe kam wie möglich (vielleicht nur 15 bis 20 Meter?); das erleichterte nicht nur Versuche, es zu erstürmen, sondern auch ihre Absicht, das Schänzlein zu unterminieren. Hinter dem Erdwall, den Augen der Lindauer im Schänzlein verborgen, gruben sie »Kessel«, Stellungen für steil aufwärts schießende Mörser ein, mit denen sie das Schänzlein sowie auch die Stadt selbst beschießen konnten. Als die Schweden einige Wochen später (am 4. Februar/25. Januar) mehrmals versuchten, direkt links neben dem Schänzlin auf dem Platz bei der Linde eine dritte Batterie schwerer Artillerie einzugraben, wurde sie von der Lindauer Artillerie jedes Mal sofort »darnider geschossen« Die Schweden hatten diese Batterie direkt am gegenüberliegenden Ufer, also in größtmöglicher Nähe zur Insel, bei Nacht aufgestellt, die Lindauer hatten das wohl beobachtet, und sobald es hell genug war, und bevor die Schweden den ersten Schuß getan hatten, mit ihrer hervorragenden Artillerie zerstört. Das gleiche wiederholte sich in der folgenden Nacht. Nach der dritten Nacht war die Batterie, zur Enttäuschung der Lindauer Artilleristen, nicht mehr da. Sie stand jetzt weiter hinten neben der schon vorhandenen Batterie.

Zwei Tage nach Beginn der Beschießung von Lindau durch die schwere Artillerie der Schweden und unmittelbar nach Errichtung des die Sicht blockierenden Erdwalls griffen die Schweden auch das Schänzlein an. Die Kämpfe um das Schänzlein hatten ihren eigenen Charakter; schwere Geschütze waren für den Angriff ungeeignet, ausgenommen Mörser, welche gelegentlich schwere, jedoch ungezielte Geschosse hereinwarfen. Vielmehr wurden die Kämpfe zwischen den Verteidigern des Schänzleins und den Schweden, die in Gräben am Platz bei der Linde und auf dem Erdwall lagen, hauptsächlich im Nahkampf ausgetragen. Darum musste das Schänzlein rund um die Uhr von einer ausgesuchten Mannschaft bewacht worden sein, deren Stärke, da sie jederzeit auf einen massiven Angriff vorbereitet sein musste, nicht unter 20 Mann gewesen sein dürfte, mit der Fähigkeit, im Ernstfall rasch Verstärkungen abzurufen. Gewiss hat die gesamte Besatzung nicht jederzeit zusammen auf den Wällen gelegen – es handelte sich bekanntlich um Januar und Februar eines sehr kalten Winters; vielmehr standen vermutlich jeweils nur wenige (zwei oder drei Mann?) auf Wache, während die übrige Mannschaft sich unter erträglichen Bedingungen in der Wachthütte im Schänzlein selbst oder in einer benachbarten Schutzhütte aufhielt.

In den ersten zweieinhalb Wochen bestanden die Kämpfe vorwiegend aus nächtlichem Kugelwechsel und wurden von den Chronisten Heider, Fels und Hünlin[19] von Tag zu Tag in fast gleichförmigen Sätzen verzeichnet. Anfangs hieß es, am 25./15. Januar 1647: »Die Nacht hindurch haben die Unserige aus dem Schänzlein, und hinge-

---

19 Quellen über die Kämpfe ums Schänzlein sind Heider, Jakob: »Verlauf der Statt Lindau Belägerung«, Waldburg-Wolfegg, *Kurze Relation* und zwei Chroniken (Kriegschronik und Hünlin).

gen der Feind herein, miteinander stark Kugeln gewechselt.« Und wieder am folgenden Abend (26. / 16. Januar) »haben abermal die Unsere im Schäntzlein mit dem Feind die ganze Nacht hindurch Kugeln gewechselt«[20]. Das setzte man stetig fort, bis es am 9. Februar / 30. Januar hieß: »Die gantze Nacht darauf hindurch haben beede Theil starck auß dem Schäntzlein, und auß dem Lauf-Graben, auf einander geschossen.« Und am 10. Februar / 31. Januar: »Aber die Nacht über sein abermalen underschidliche Schüß auß dem Schäntzlein hinauß und dargegen herein beschehen.« Es ist nicht zu erkennen, dass solch nächtlicher Schusswechsel der einen oder anderen Seite wesentlichen Gewinn brachte. Zwar gab es Verluste; über schwedische Verluste sind wir nicht unterrichtet, doch auf kaiserlich Lindauer Seite waren es insgesamt rund eineinhalb Dutzend Tote. Einzelheiten erfahren wir nur in einem Fall. Beim Tod des jungen Fähnrichs Gasser erklärt die Kriegschronik: »Dieser Fendrich soll hinaus gegen den Schwedischen getrotzt und sich gar zu frech erwiesen haben.« Hünlin fügte hinzu, dass der Fänrich, »so im Schänzlin daß commando gehabt, von hagelschüz getroffen, daß er eben biß morgens gelebt, dann alß man ime heimbgetragen, ist er gleich gestorben«. Offenbar hatte er sich im Glauben, dass man ihn mit einer Kugel nicht treffen könnte, zu weit hervor gewagt, ohne zu bedenken, dass jemand grobes Schrot geladen haben könnte. Gleichzeitig sind auch vier Soldaten »gequetscht worden«. Beim Schusswechsel der folgenden Nacht wurden drei Soldaten getroffen, davon zwei tödlich. Am 29. / 19. Januar hat der Feind Steine ins Schänzlin geworfen, ohne Schaden anzurichten. Darauf folgte ein Musketen- und Doppelhakenduell. In der Nacht darauf traf eine Granate ins Schänzlein, »welche das Wachthaus darinnen übel zertrümmert, aber niemand beschädiget«[21]. Zwei Tage später fiel eine Granate in den Brunnen im Schänzlein, da sie nicht zündete, konnte man sie heil herausziehen; sie wog 105 Pfund. Am 6. und 7. Februar wurden bei dem gewohnten Schusswechsel am Schänzlein zwei Musketiere erschossen.

In diesem Stil hielt man ein gewisses Maß an Kleinkrieg ständig im Gang. Jedoch hatten beide Seiten bald eingesehen, dass solche Taktiken nicht zum Ziel führten. Daraus zogen die Gegner unterschiedliche Folgerungen. Die Lindauer machten Ausfälle, die Schweden versuchten, das Schänzlein zu unterminieren.

Einen ersten Ausfall machten die Lindauer in der Nacht vom 2. Februar / 23. Januar Eine kleine Truppe ausgesuchter Leute fuhr mit dem Postschiff zu den »Ziegelhäusern« (beim Gut des Zöllners Hans Georg Kick, in der Nähe des heutigen Leuchtenberg-Palais), überfiel die dort einquartierten Schweden, von denen sie »etliche nieder machten« (darunter einige Kriegsgefangene aus Konstanz, die auf die Auswechslung

---

20 Reinwald, S. 95f. (Heider, S. 133f.).

21 Heider, S. 135, 137.

warteten), und brachten zwei Gefangene heim. Dabei erfuhren sie, dass die für die Belagerung eingesetzten Truppen der Schweden aus insgesamt zehn Brigaden von insgesamt 3000 Mann bestehen sollten.[22] Bei einem Ausfall in der Nacht vom 4. Februar / 25. Januar sprangen 30 Mann aus dem Schänzlin direkt in den schwedischen Laufgraben, »machten« an die zwei Dutzend der überraschten Schweden »nieder« und kehrten mit drei Gefangenen heim; die eigenen Verluste waren zwei Mann. Ebenfalls direkt aus dem Schänzlein unternahmen 40 Lindauer einen Ausfall am 23. / 13. Februar; es lag Schnee und sie hatten sich weiße Hemden übergezogen; in dieser Tarnung wagten sie sich weiter vor bis in die Stellung der schweren schwedischen Kanonen an der Kalten Gasse. Eine Anzahl Schweden wurde »nieder gemacht«, drei Geschütze wurden vernagelt und drei Gefangene heimgebracht.[23]

Einen weiteren Erfolg verdankten sie guter Spionage. In der Nacht vom 24. / 14. Februar fuhren acht Musketiere unter einem Korporal über den See nach Hard, wo ein feindlicher Kapitänleutnant einquartiert war; sie zogen ihn aus dem Bett und nahmen ihn, samt seinem Diener, mit sich heim. Der Wert eines gefangenen Offiziers lag in dem Lösegeld, mit dem er sich freikaufen musste.[24] Ein letzter Ausfall gelang am 7. März / 25. Februar, dem letzten Tag der Belagerung. Ein kleiner Trupp fuhr zum Giebelbach und nahm in Schachen einen Feldwebel und zwei Kriegsknechte gefangen; von ihnen erfuhren sie, das der Abzug der Schweden in vollem Gange war.[25]

Gewiss waren diese Ausfälle ohne strategische Bedeutung. Wenn sie überhaupt einen Wert hatten, dann war es ein moralischer. Für die Lindauer muss das Erlebnis der nächtlichen Unternehmungen erfrischend gewesen sein, während die Aussicht auf solch tödliche Heimsuchungen den Schweden Albträume verursacht haben mag. Vor allem zeigten die Ausfälle der schwedischen Führung an, dass die Moral der Lindauer gut war und sie an eine Übergabe der Stadt nicht dachten.

Auch die Schweden führten eine neue Taktik ein, die sich bewährte: Sie versuchten, das Schänzlein in die Luft zu sprengen. Der Eingang zum Minentunnel befand sich, den Augen der Lindauer verborgen, hinter dem Erdwall. Das Graben und Bohren verursachte jedoch genug Geräusch, um den Verteidigern im Schänzlein zu verraten, was man gegen sie vorbereitete. So begannen sie, in Richtung auf diese Geräusche zu kontraminieren. Es gelang ihnen, das Ende der schwedischen Mine zu erreichen und diese zu punktieren. Als man die Sprengladung in der Nacht vom Dienstag, dem

---

22 KrCh, S. 554.

23 Heider, S. 152.

24 Heider, S. 153.

25 KrCh, S. 568.

5. Februar / 26. Januar, zündete, verpuffte sie harmlos.[26] In der nächsten Nacht machten die Lindauer den schon erwähnten Ausfall, diesmal direkt aus dem Schänzlein. Der neue Angriffsgeist der Lindauer schien auch die Schweden angesteckt zu haben. Als sie am Nachmittag vom 9. Februar / 30. Januar mit Leitern erschienen, um ins Schänzlein einzusteigen, waren die Verteidiger bereit, stießen die Leitern um und sendeten ihnen zum Abschied noch ein paar gute Schüsse nach. In der Nacht darauf gelang es ihnen, ins Schänzlein zu einzudringen, doch die Lindauer trieben sie prompt wieder zurück. Eine zweite Mine zündeten die Schweden am folgenden Montag gegen Mittag (11. / 1. Februar), diesmal mit Erfolg. Das hatte für die Lindauer schlimme Folgen. Fünf Soldaten und zwei Bauern wurden erschlagen, zwei verschüttet und weitere, darunter der kommandierende Fähnrich, schwer verwundet. Die Mine war »in dem egg gegen dem see hinauß gesprungen« (Hünlin), hatte »ein Eck am Schäntzlein weggenommen« (Heider) und »hatte den 3ten theil des Schänzlins zerrissen« (Kriegschronik). Die Verteidiger zogen sich zurück auf einen »vorher gemachten Abschnitt«, eine hinter dem Schänzlein angeschlossene, vorbereitete Rückfallstellung, sammelten sich dann aber zum Gegenangriff und vertrieben die Schweden wieder aus dem ruinierten Schänzlein.[27]

Eine dritte und letzte Mine haben die Schweden am Abend von Montag, dem 25. / 15. Februar »springen lassen«, dieses Mal im »Eck gegen der Linden werts«, und haben damit die Zerstörung des Schänzleins vollendet. Dabei wurde jedoch niemand verletzt, weil die Besatzung sich rechtzeitig hinter den »Abschnitt« (eine Barrikade am Rücken des Schänzleins) zurückgezogen hatte. Hier fühlten sie sich so wohl, dass Oberst von Crivelli sie hinaustreiben musste zur Verfolgung der eingedrungenen Schweden.[28]

Für die Schweden wäre dies der Moment gewesen, das Schänzlein zu besetzen und mit einem energischen Angriff bis vor die Stadtmauern vorzudringen. Allerdings hatten die Lindauer und ganz besonders Crivelli für diesen Fall Vorbereitungen getroffen. Sie hatten den 300 Meter langen Weg vom Schänzlein bis zum Landtor, auf dem nur noch wenige Reste der Steinbrücke standen, in Abschnitte eingeteilt und jeweils mit Gräben, Spanischen Reitern, Erdwällen und direkt vor der Stadtmauer mit einer (noch nicht vollendeten) Halbmondschanze versehen, dass man hier wirksam Widerstand leisten konnte. Vermutlich wären die Schweden fähig gewesen, dieses Hindernis zu überwinden. Aber – zur Verwunderung der Lindauer – taten sie nichts dergleichen.

---

26 KrCh, S. 555ff., Heider, S. 141.

27 KrCh, S. 557, Heider, S. 143, Hünlin, S. 68.

28 KrCh, S. 566, Heider, S. 154, Hünlin, S. 72.

Kommandant Max Willibald von Waldburg-Wolfegg drückte das in seiner *Kurzen Relation* klar aus: »Sonsten aber hat die in berüehrtem hornwerckh gemachte Mina … solchen grossen effect gehabt, das es beedes auf der rechten hand gegen dem land biß an die aufzieh bruggen, und auf der seithen gegen dem See, den wall oder brustwehr zuem halben thail hinweg geworfen und dem boden eben gemacht, ich daraufhin auch anders nichts erwartet, und er faind solche Schanz ohnfelbahr zu stürmen und sich deren zu bemächtigen ein versuch thuen werde.« Das tat er nicht, sondern »hat er bishero, außer mit beständigem granat und stein einwerfen, weiter absonderliches nichts tentiert, obwohlen das eingefallene sehr kalte wetter und gefrörne besagtem feindt auch sovil fortel eingeraumbt, das er nit allein biß an die mauren, sondern schier gerings umb die vestung herumb mit trockhenem fueß gleichsamb hette khommen khönden. … Ohnerachtet er nun gar leicht darein khommen khönden, so hat der iedoch selbiges, weilen es, wie gehört, mit abschnitten und sonsten sehr wol verbaut, auch sowohl beedes von allhisigen canonen, allß meiner in dem gestrackh darhinder gemachten abschnit haltenden Musqueteria möglichst defendiert worden, weiter anzusetzen und sich dessen völlig zu impatronieren, *das courage nicht gehabt*.«[29]

Diese etwas leichtfertige Erklärung für das passive Verhalten der Schweden korrigierte Max Willibald später bei einer Ratssitzung (es ging um die Notwendigkeit des Abbruchs der Brücke): »Wann der feind weiter avanziert und das Schänzlin einbekommen hette, welches wol geschehen können, *wenn derselbe hett volckh wagen wöllen*, würd man wol erfahren, waß er für einen vorteil bekommen, und wie er stündlich der Königsschanz zugesezt haben, dann sich auff die 100 soldaten in den bogen begeben und darin halten können.«[30] Wie Max Willibald richtig vermutete, war Wrangel die Einnahme von Lindau das Leben einer größeren Zahl von Soldaten nicht wert. Denn Wrangel, der mit seiner Truppe seit über einem Jahr eng zusammengelebt und viele Abenteuer bestanden hatte, stand in engerer Beziehung zu seiner Mannschaft, als man es auf kaiserlicher Seite zwischen General und Soldat gewohnt war. Gewiss war er auch die Lindauer Belagerung, die sich als eine schlechte Investition erwiesen hatte, herzlich leid. Wichtiger aber waren die Aufgaben, die vor ihm lagen. Seine Verantwortungen im Zusammenhang mit den Ulmer Waffenstillstandsunterhandlungen waren erledigt; der Vertrag stand kurz vor dem Abschluss. Es war März, der Frühling war nah und eine neue Feldzugssaison wartete auf ihn. So beschloss Wrangel den Aufbruch seiner Armee.

---

29 Waldburg-Wolfegg, *Kurze Relation*, passim.

30 Ratsprotokoll 1647, S. 53 (14./4. März 1647), wörtlich zitiert in KrCh, S. 571.

13.4 Abzug der Schweden

Gegen Ende Februar bemerkte man in Lindau das ungewohnte Schweigen der schwedischen Kanonen. Von Dienstag, dem 5. März/23. Februar bis zum Freitag, dem 8. März/28. Februar beobachtete man in Lindau das unaufhörliche Vorbeiströmen von Fußvolk, Reiterei und Wagenkolonnen. Acht vollbesetzte große Schiffe liefen aus mit Kurs nach Westen, nur zwei große Lädinen wurden in Brand gesteckt. Am Donnerstag wurde die Burg Pfannenberg (heute Gebhardsberg), Wrangels Residenz, gesprengt und in Brand gesetzt, am Freitag die Befestigungen an der Klause. Wrangel quartierte sich nun in der kleinen Burg Gießen (oberhalb der Argenmündung) ein. Der Auszug der Schweden aus Bregenz und Vorarlberg war vollständig, nur auf der Neuburg bei Hohenems hinterließen sie eine kleine Garnison.[31]

Am Freitagnachmittag trafen einige schwedischen Offiziere am Äschacher Friedhof ein und schickten einen Trommler zur Lindauer Stellung an der Linde mit der Einladung, über einen Gefangenenaustausch zu parlamentieren. Der Kapitänleutnant von Altmannshausen ging hinaus und begegnete dort einem gleichrangigen Schweden, Schotte von Geburt. Man unterhielt sich, vereinbarte den Austausch von je fünf Gefangenen, und zur Bekräftigung wurde »ein Trunk getan«. Mit diesem ritterlich-stilvollen Ritual hatte die Belagerung ihren militärischen Abschluss.

13.5 Verluste

Auf Lindauer Seite hatte die Garnison einen Fähnrich und 30 Soldaten (einschließlich einiger freiwilliger Bauern) verloren; unter den Bürgern war die Pfarrersköchin, die am ersten Tag der Beschießung von einer explodierenden Granate erschlagen worden war, das einzige Todesopfer.[32] Allerdings ist damit nicht alles gesagt, denn auf der »Insel«, wo Hunderte von Flüchtlingen unter höchst unzulänglichen Umständen untergebracht waren, herrschte hohe Sterblichkeit, besonders unter den Kindern. Für sie alle wurde an Ort und Stelle ein besonderer Friedhof eingerichtet, auf dem rund 600 Personen begraben wurden.[33]

Über die Verluste der Schweden gibt es keine fundierten Angaben. Die einzigen überlieferten Zeugnisse sind drei große Gedächtnistafeln von schwedischen Offizie-

31 KrCh, S. 568, Heider, S. 155ff.

32 KrCh, S. 569.

33 Hünlin, S. 73.

ren in der Reutiner Kirche,[34] stellvertretend wohl für ungezählte weitere, nicht mehr erhaltene Gräber schwedischer Krieger auf den Reutiner und Äschacher Friedhöfen. Die Lindauer Chronisten sprechen die Frage der schwedischen Verluste nicht an, nur die Verfasser der beiden Flugblätter über die Lindauer Belagerung nennen Verlustziffern, vermutlich auf Gefangenenaussagen beruhend, von rund 500 bis über 1000.[35] Diese Angaben sind gleich fragwürdig in ihren Quellen wie in ihrem Inhalt. Bei Aussagen von Gefangenen handelt es sich um Hörensagen vom Hörensagen, bei denen das »Wer? Wann? Wie?« nicht beantwortet wurde; wohl aber waren die angeblichen Zeugen motiviert, ihren Zuhörern, den Lindauern, zu schmeicheln, weil diese von hohen Verlusten ihres Feindes gewiss gern hörten. Realistischer wäre die Annahme, dass die schwedischen Verluste vielleicht etwas höher, aber in ähnlicher Größenordnung wie bei den Lindauern waren.

---

34 Reinwald, S. 89.

35 Augsburger Flugblatt, S. 5; Konstanzer Flugblatt, S. 6.

14. KRIEGSENDE (1647–1649)

14.1 Lindau nach der Belagerung

Mit dem Gefangenenaustausch hatten sich die Schweden am Freitag, dem 8. März/26. Februar 1647 verabschiedet. Nun musste man das Leben in der Stadt und vor allem ihre Wirtschaft schnellstens wieder zum Funktionieren bringen. Noch am Nachmittag ließ der Stadtkommandant die Uhren wieder schlagen, die Glocken läuten und die Nachtwächter ihre gewohnte Tätigkeit aufnehmen. An der Aachbrücke wurde eine militärische Wache aufgestellt, und den umliegenden Dörfern wurden Salvia-Guardien erteilt.

Am Samstag, während die letzten vor Lindau stehenden Schweden abzogen, vom Musketenfeuer der Lindauer gefolgt, wurde das verbarrikadierte Landtor geöffnet. Die Aussicht von der Schwelle des Tors zeigte, was zu tun war. Ohne Brücke war das Tor nicht passierbar, denn man brauchte eine Leiter, um zum mehrere Meter tiefer liegenden Seeboden hinabzusteigen. Auf diesem, unordentlich verstreut über die 300 Meter Entfernung zum Festland, sah man Reste der abgebrochenen Steinbrücke sowie die Spuren der Bemühungen, diese Strecke einem Feind zu versperren – Gräben, Barrikaden, Spanische Reiter. Gegenüber, am Festland, fiel der Blick zuerst auf die Ruine des vollständig demolierten Schänzlins. Dahinter lag das ausgedehnte Vorfeld zwischen der Kalten Gasse, dem Äschacher Friedhof und der zerstörten Kapuzinerkirche vor der Aach. Dieses Gelände, vor der Belagerung sorgfältig kahl rasiert und eingeebnet, war bei den zweimonatigen Anstrengungen der Schweden, die Stadt zu beschießen und zu berennen, mit Batteriestellungen, Laufgräben, Erdwällen und vielerlei Trümmern und Abfall gründlich verunstaltet. Alles dies aufzuräumen, entsprach nicht nur dem normalen menschlichen Ordnungssinn; diese Andenken an eine schlimme Zeit und einen brutalen Feind gründlich zu tilgen, war eine psychologische Notwendigkeit.[1]

Stadtkommandant Max Willibald von Waldburg-Wolfegg, der das begriffen hatte, gab sofort und überraschend bei seinem bekannt gutgelaunt-konzilianten Naturell den grimmig-kompromisslosen Befehl, das ganze während der Belage-

1 Eine weitere Aufräumarbeit blieb noch übrig. Abseits der Quartiere der Belagerer entdeckte man, dass »uffem landt zue Eschach und daselbst allenthalben herum [die Kadaver von] iber 400 stuckh roß und viehe im veld herum lagern«. Diese zu entsorgen, gehörte zu den Pflichten des Nachrichters Jacob Morhaupt. Hünlin, S. 77, Heider, S. 168.

rung verwüstete Gelände – zwischen Landtor und Äschacher Friedhof – aufzuräumen, und zwar: »Heute noch!« Die Lindauer machten mit. Mehrere hundert Helfer – hilfswillige Bürger, Bauern und Frohner – kamen zusammen und bewältigten die Aufgabe tatsächlich noch an diesem Samstag. Zum Sonntag hatten die Vertreter beider Konfessionen vereinbart, ihre festlichen Dankgottesdienste gleichzeitig abzuhalten, ebenso das Glockenläuten aller Kirchen. Zur Begleitung des Kanonendonners der Festungsartillerie sangen die Katholiken das Tedeum und die Evangelischen »Ein' feste Burg«.[2]

Die große Aufgabe war nun, die Stadt wieder dem Verkehr mit der Außenwelt zugänglich zu machen, also einen Ersatz für die fehlende Landbrücke zu schaffen. Die grundsätzliche Frage – Stein- oder Holzbrücke? – hatte sich inzwischen entschieden. Die Steinbrücke, im Falle einer Belagerung eine Gefahrenquelle, war längst bis auf einige Reste abgetragen, und diese Reste waren für den Wiederaufbau des Schänzlins willkommen. So musste die künftige Landbrücke aus Holz bestehen. Man benötigte sie höchst eilig, denn nicht nur war die Insel ohne bequemen Zugang zum Festland von jedem Wirtschaftsleben abgeschnitten und genau so blockiert wie während der Belagerung, sondern das derzeitige Provisorium – Fußverkehr über den trockenen Seeboden mit steilen hölzernen Rampen an beiden Enden – würde enden mit Beginn der Schneeschmelze im Gebirge und dem Ansteigen des Wasserspiegels im See.

Zuerst musste das Bauholz beschafft werden. Wenn Trupps von Zimmerleuten auszogen in die Wälder, um das nötige Holz zu schlagen, brauchten sie militärischen Begleitschutz gegen schwedische Marodeure. Als das geschlagene Holz sich aufhäufte (eine 300 Meter lange Brücke erforderte eine gewaltige Menge, und neue Pfähle für die Reparatur der Palisaden kamen noch hinzu), mussten alle Bürger, die Pferde besaßen, beim Transport mithelfen. Am 16./6. April war die neue Brücke fertig. Gleichzeitig kamen die ersten großen Wagenzüge von Nürnberg (25 Wagen) und Ulm (10 Wagen) in Lindau an und gelangten bequem in die Stadt. Der Wochenmarkt war längst (seit 23./13. März) wieder in Betrieb und beliebt wie immer. Und als am 27./17. Mai die Rohrleitung mit gutem Quellwasser von der Senftenau wieder in die Stadt floss, war das normale Leben in der Stadt wiederhergestellt.

Sofort nach Abzug der Schweden kam der Nachrichtenverkehr wieder zum Leben. Schon am Tag nach dem Dankgottesdienst (11./1. März 1647) erhielt der Rat Schreiben vom Kaiser und vom Generalissimus Gallas, in denen die von der Stadt dem Kommandanten geleistete »so getreue assistenz, hülff und beystand« gerühmt

---

2 KrCh, S. 569, Heider, S. 168, Hünlin, S. 76f.

wurden.[3] Dies gab der Stadt die Gelegenheit, dem Kaiser die erlittenen Schäden eindringlich zu erläutern, um ihn zur Verringerung ihrer Kontributionslasten zu bewegen. Darum beauftragte der Rat am 18. / 8. März 1647[4] die Ratsherren Schwarz und Schnell, die durch die Belagerung verursachten Schäden zu erfassen. Das Ergebnis enthielt unter der Überschrift »Verzaichnuß deßjenigen schadens, so die ganze Bürgerschaft und Paurschaft inn der Statt und auf dem Land inn der fürüber gegangenen Belägerung erlitten und außgestanden« die Namen von über 500 Lindauer Bürgern, nach Zunftmitgliedschaft geordnet. Etwa die Hälfte von ihnen hatte Schäden angemeldet, davon lagen die meisten in der Größenordnung von einigen 100 Gulden und nur wenige über 1000.[5] Vermutlich wurde diese Aufstellung dem Kaiser geschickt. Dass sie etwas bewirkt hat, ist nicht berichtet. Am 10. April erhielt der Truchsess ein weiteres Schreiben vom Kaiser, welches ihm seine Anerkennnung »für erwiesenen Treue und Tapferkeit« ausdrückte, ihn zum Feldmarschallleutnant beförderte (der Oberst war schon am 1. Februar 1642 zum Oberstfeldwachtmeister befördert worden) und ihm einen Gnadenkompens von 70 000 Gulden versprach (der jedoch nie ausbezahlt wurde).[6]

Bald nach Ende der Belagerung erschienen zwei Flugblätter, die über die Belagerung berichteten. Solche Flugblätter wurden vom Drucker auf eigene Rechnung hergestellt und verkauft und waren, da regelmäßige Zeitungen noch nicht verbreitet waren, ein übliches Mittel, um die Öffentlichkeit über bedeutsame Ereignisse zu unterrichten. Gewöhnlich erschienen sie ohne Nennung des Verfassers.

Das erste *Konstanzer* Flugblatt war überschrieben »Summarische warhaffte Relation welcher massen deß Heiligen Rö. Reichs Vöstung vund Statt Lindaw von der Schwedischen Armee in Anno 1647 von dem 5. Jenner an berennt vnd belägert, wegen starcken Widerstands aber vnd mercklichen erlittnen Schadens selbe Belägerung den 8. Mertzen widerumb auffgehebt worden. Gedruckt zu Costantz am Bodensee im Jahr 1647.«[7] Sein rasches Erscheinen, vermutlich nicht später als Mitte März (s. n.), war möglich, weil die Kommunikation über den See wenig Zeit kostete und man mit einem Konstanzer Drucker arbeitete, mit dem man vermutlich bereits Geschäftsbeziehungen besaß. Es ist eine ansprechende, gewandt geschrie-

---

3 Ebenda, S. 571. Die Datierung dieser Schreiben, welche drei Tage nach Ende der Belagerung in Lindau eingetroffen sein sollen, ist fragwürdig. Selbst wenn der Kaiser und Gallas sich am selben Ort befanden, ist es unerklärlich, wie die Nachricht von Lindau dorthin und die Antworten in drei Tagen wieder zurück nach Lindau gelangen konnten.

4 Hünlin, S. 51.

5 Stadtarchiv Lindau, ohne Signatur.

6 Vochezer, III, S. 863.

7 Bayerische Staatsbibliothek München, Res 4 Eur. 365,74.

bene allgemeine Übersicht (2210 Worte) von einem Autor, der dem Stadtkommandanten und der Garnison zweifellos nahestand und der mit der »Kurzen Relation« des Letzteren vertraut war.
Das *Augsburger* Flugblatt »Summarischer Verlauff der Lindawischen Belägerung. Gedruckt [in Augsburg] im Jahr Christi 1647«[8] erschien etwas später (entsprechend der längeren Reisezeit über Land nach Augsburg), aber immer noch im März. Es war etwas länger (2419 Worte), sachlicher und stärker an technischen Einzelheiten interessiert. Dies wurde verständlich, als man später erfuhr, dass der Verfasser derjenige von Crivellis Adjutanten war, den man gewöhnlich als seinen Sekretär bezeichnete (sein Name ist leider unbekannt).

Über die beiden Flugblätter entstand ein aufschlussreicher Streit. Am 3. April lag dem Stadtrat eine Beschwerde von Oberstleutnant Kleinhans vor, des Stellvertreters des Stadtkommandanten. Seine Klage ging »gegen underschidliche personen …, daß die relation über die belägerung, welche zu Augspurg getruckht, die Officiren und Guarnigion alhie zu nicht geringer beschimpfung, weilen derselben darinnen nicht gedacht sein, die sich doch so tapfer gehalten, und [er] halte den jenigen welcher solche aufgesezt, für einen Ehrendieb, und hab derselb nicht alles gesehen«. Darauf wollte der Rat dem Oberstleutnant schriftlich antworten, dass das Flugblatt von Oberst Crivellis Sekretär aufgesetzt und von Herrn Crivelli persönlich revidiert worden war, dass aber umgekehrt das Konstanzer Flugblatt der Leistungen von Oberst Crivelli ebensowenig gedenkt. Darauf machte Crivelli den taktvollen Gegenvorschlag, den Lindauer Offizieren diese Antwort nicht schriftlich im Namen des Rats, sondern mündlich von seinen beiden Adjutanten selbst mitteilen zu lassen.[9]

Damit war für Crivelli selbst die Zeit gekommen, zur eigenen Truppe zurückzukehren. Eine letzte Schwierigkeit war, dass die Lindauer, der Stadtkommandant ebenso wie der Stadtrat, sich gegenüber Crivelli in einer großen Dankesschuld wussten, dass sie aber Mühe hatten, das nötige Geld aufzubringen. Schließlich fand man eine Lösung darin, dass man 1370 fl für Crivelli von der regelmäßigen, von Lindau an das Reich zu entrichtenden Kontribution abzog und ihm außerdem 500 fl in bar aushändigte. Zur Abfertigung des »Spanischen Oberstleutnants« wollte man 300 oder 400 fl aufbringen. Und Crivellis zwei Adjutanten bekamen je 20 Taler.[10] Anfang April 1647 kehrte Oberst von Crivelli wieder zur kaiserlichen Armee zurück. Anscheinend bestand mit ihm kein weiterer Kontakt. Gestorben ist er im

8 Universitätsbibliothek Augsburg Sigel 384.

9 Ratsprotokoll 1647, S. 79: 3. April / 22. März 1647.

10 Ratsprotokoll 1647, S. 54: 14. / 4. März 1647.

Frühjahr 1663 als Oberst der Königlich Spanischen Armee, vermutlich in Namur.[11] Generalissimus Gallas, der Urheber von Crivellis Mission nach Lindau und seit Langem schwer krank, legte Ende März sein Amt nieder und starb am 25. April 1647 in Wien. Sein Nachfolger war Peter Melander, Graf zu Holzappel (1589–1648).

14.2 Der Ulmer Waffenstillstand

Der schwedische Feldzug von 1646 nach Oberschwaben war auf höchster Ebene von Torstensson, Oxenstierna und Mazarin geplant worden, um die Westfälischen Friedensverhandlungen anzutreiben. Wrangels Armee sollte dem Kurfürstentum Bayern durch Verwüstung seiner Landwirtschaft so schmerzhaften Schaden zufügen, dass der Kurfürst, unfähig länger Krieg zu führen, seine Gegner um Waffenstillstand bitten musste. Der Verlust seines stärksten Verbündeten sollte den Kaiser bei den bereits stattfindenden westfälischen Friedensverhandlungen zu den nötigen Zugeständnissen zwingen. All dieses war planmäßig gelungen. Die Verhandlungen zwischen Vertretern der Königreiche Frankreich und Schweden und des Kurfürstentums Bayern hatten Anfang Januar 1647 in Ulm begonnen. General Carl Gustav Wrangel, der dem Projekt skeptisch gegenüberstand, blieb in seinem Hauptquartier in Bregenz am Bodensee und ließ sich in Ulm von seinen Generälen Forbes und Mortaigne vertreten. Am 17. März kamen die Verhandlungen zum gewünschten Abschluss. Zwischen Bayern und den beiden Kronen herrschte nun Waffenruhe. Als Preis musste Bayern die Festungen Memmingen und Überlingen an Schweden übergeben und Heilbronn an Frankreich, musste jedoch keine Geldbuße zahlen. Frankreich und Schweden ihrerseits waren verpflichtet, alles bayerische Gebiet räumen (mit Ausnahme der Oberpfalz, die Wrangel sich für seinen nächsten Feldzug vorbehielt).[12] Der Waffenstillstand trat sofort in Kraft, und seine Vereinbarungen wurden baldmöglichst ausgeführt. Ob das ganze umständliche Unternehmen – von Wrangels Feldzug bis zum Ulmer Waffenstillstand – zur Verkürzung des Krieges beigetragen hat, ist allerdings nicht deutlich. Es hatte auch

---

11 Crivelli hatte seinen Vetter Maximilian Wilhelm von Crivelli als Erben eingesetzt. Da dieser ein Enkel des Giulio Cesare von Crivelli, Kämmerer am Hof Herzog Maximilians I. von Bayern war, dürfte Giulio Cesare auch der Großvater von Eusebius gewesen sein. Sammelakt über die Familie Crivelli, Bayerisches Hauptstaatsarchiv, München (Personenselekt Cart. 51/I »Crivell«). Ich verdanke diese Information Dr. Manfred Hörner, Bayerisches Hauptstaatsarchiv, München.

12 Einen kurzen Abriss des Ulmer Friedens findet man bei Wilson: *The Thirty Years War*, S. 715, ausführlichere Darstellungen geben Albrecht: Maximilian I., Kap. 36, und Immler: *Kurfürst Maximilian I. und der Westfälische Friedenskongreß*.

Nebenwirkungen. Der Kaiser war von Maximilians Abfall tief verletzt, zeigte aber keine vergrößerte Kompromissbereitschaft bei den Friedensverhandlungen Der bayrischen Armee jedoch oder, genauer, ihren höheren Offizieren bereitete der Abfall einen Loyalitätskonflikt. Die Mehrheit blieb auf bayerischer Seite, doch manche, darunter Johann von Werth, der berühmte Reitergeneral, hielten die Treue zu Kaiser und Reich für die höhere Pflicht, zum maßlosen Ärger des Kurfürsten. So brachte der Stillstand auf kaiserlich-bayerischer Seite persönliche Beziehungen wie auch Bündnisverpflichtungen gründlich durcheinander.

14.3 Kriegslage am Bodensee

Die unmittelbare Folge des Ulmer Waffenstillstands war der Besitzerwechsel einiger wichtiger Festungen. Dass Heilbronn an Frankreich ging, ist im vorliegenden Zusammenhang nicht von Belang. Von Bedeutung war jedoch, dass die Schweden, noch vor Ende der Lindauer Belagerung, ihren Aufbruch von Bregenz und Vorarlberg sofort begannen und zügig zu Ende führten. Und Bregenz wurde wieder Lindaus vertraute Nachbarstadt. Die schwedische Flotte und einige Truppen wurden zum westlichen Ende des Bodensees, zur Mainau und nach Überlingen verlegt, und weitere ca. 500 Mann gingen als Garnison nach Memmingen. Wrangel selbst marschierte mit der Hauptarmee nach Norden ab, in Richtung auf Franken und Böhmen.

Um nach dem Aufbruch der Schweden das befreite Vorarlberg zu sichern, hatte der Kaiser sofort zwei Regimenter unter Generalfeldzeugmeister Adrian Freiherr von Enkevort in Marsch gesetzt. Diese Truppe kam über den Arlberg und traf am 10. April 1647 in Bludenz ein. Enkefort ging bedächtig vor; zuerst besetzte er Feldkirch, dann blockierte und belagerte er die Neuburg bei Götzis, den einzigen verbliebenen schwedischen Stützpunkt; die Burg kapitulierte am 23. Mai. Zwischen Hohenems und dem Rhein, wo die Entfernung zwischen den Berghängen und dem alten Flußbett nur 2 Kilometer beträgt, errichtete Enkevort einen wohlbefestigten Schutzwall, der das innere Vorarlberg gegen Einbrüche von Norden wirksam abschirmte. Im Juni übernahm er auch in Bregenz das Kommando. Vom Moment seiner Ankunft und umso mehr jetzt, da er das gesamte Vorarlberg beherrschte, konzentrierte er alle Energie auf den Wiederaufbau der von Wrangel zerstörten Befestigungen.

Inzwischen hatte Enkefort Verstärkung erhalten durch das Eintreffen von Obrist Caspar Schoch mit seinem legendären Kavallerie-Regiment »Caspar«. Über die Jahre hatte Schoch es fertiggebracht, sein Regiment immer auf voller Mannschaftsstärke und durch ausreichende Verpflegung, gute Waffen und Kleidung stets in hervorragender Moral zu halten. So bildeten Enkevorts zwei Regimenter und das Regiment Caspar zusammen eine ernst zu nehmende Streitmacht. Bei der Aufgabe, die verbleibenden schwedischen Stützpunkte im östlichen Oberschwaben zu entfernen – Wangen, Ravensburg, Biberach und Memmingen sowie die kleine Inselfestung Langenargen – gingen sie ganz methodisch vor. Nacheinander schlossen sie diese ein, belagerten sie kurz, aber eindrücklich, um rasch zu Akkordverhandlungen überzugehen. Bei den erstgenannten drei Städten zeigten sich die schwedischen Garnisonen einsichtig, nahmen die angebotenen günstigen Bedingungen an und zogen ab. Langenargen (das erst kürzlich durch eigenes Verschulden ausgebrannt war) verteidigte sich, wie schon gegenüber unterschiedlichen früheren Versuchen, mit Erfolg. Aus dem fünf Kilometer stromauf an der Argen gelegene »Festen Haus« Gießen ließ sich die schwedische Besatzung jedoch mühelos vertreiben. Memmingen, mit seiner starken schwedischen Garnison und einem entschlossenen Kommandanten, lehnte günstige Akkordangebote ab.

Am 9. September machte der bayerische Kurfürst eine überraschende Kehrtwendung: Er trat vom Ulmer Waffenstill stand zurück. Den Krieg gegen Schweden wollte er wieder aufnehmen, den Stillstand gegenüber Frankreich jedoch bestehen lassen. Damit wurde ermöglicht, dass nun vereinigte kaiserliche und bayerische Streitkräfte, unter dem Kommando von Enkevort, die Belagerung von Memmingen in Angriff nehmen konnten. Die Belagerung wurde langwierig. Der schwedische Kommandant, ein tüchtiger Soldat, aber blind gegenüber den Leiden der Bürgerschaft und der strategischen Sinnlosigkeit seines Durchhaltens, verteidigte die Stadt zwei Monate lang, bis auch er sich auf den unvermeidlichen Akkord einließ. Die Belagerung von Memmingen dauerte vom 20. September bis zum 23. November 1647. Die schwedische Besatzung marschierte nach Norddeutschland ab und Memmingen erhielt eine bayerische Garnison.[13]

Einige Schweden blieben weiterhin am Bodensee. Zwar spielten sie am oberen, östlichen Ende des Bodensees keine wesentliche Rolle, umso mehr jedoch am unteren, westlichen Ende. Hier besaßen sie die Insel Mainau mit ihren – nach einigen Reparaturen – brauchbaren Befestigungen sowie die Reichsstadt Überlingen, deren Befestigungen sich bereits bei früheren Belagerungen bewährt hatten. Und hier verbanden sie sich durch gleiche Interessen sowie durch die gemeinsame evangelische Konfession mit der Garnison der nahegelegenen Bergfestung Hohentwiel. Ihre tausendköpfige Besatzung unter Oberst Konrad Wiederhold hatte seit der Schlacht von Nördlingen 1634 vielen Angriffen und mehreren großangelegten Belagerungen

---

13 Die Quelle für die obige Darstellung ist Höfer: *Das Ende des Dreißigjährigen Krieges*, S. 108–133.

souverän widerstanden. Der Hohentwiel lebte, abgesehen von freiwilligen Beiträgen aus der Bevölkerung, wesentlich von den Ergebnissen weitreichender und gelegentlich recht brutaler Raubzüge. Auf ähnliche Weise mussten sich nun auch die Schweden ernähren. Um nicht die Quellen der Hohentwieler zu beanspruchen, versuchten sie, mit eigenen altbewährten Erpressermethoden sich eigene Kontributionseinkünfte zu sichern. Zusätzlich erschlossen sie sich noch eine weitere, ihnen eigentümliche Einkommensquelle, die Seeräuberei. Eine beträchtliche Flotte hatten sie schon von Bregenz mitgebracht, nun begannen sie, weitere Schiffe neu zu bauen. Da sie nicht nur seemännische, sondern auch schiffbauerische Fähigkeiten bereits von daheim her besaßen, konnten sie eine Seemacht aufbauen, die mit der einheimischen Schifffahrt konkurrieren konnte. Auf diese Weise herrschte am Bodensee weiterhin Krieg, obwohl weder schwedische noch kaiserlich-bayerische oder sonstige Armeen bis zum Kriegsende je wieder an den Bodensee kamen.

14.4 Größere Feldzüge 1647

In den ersten Märztagen von 1647, noch bevor die Lindauer Belagerung vollständig abgewickelt war, war Wrangel mit seiner Armee zum Marsch nach Norden aufgebrochen. Seit dem Ulmer Waffenstillstand blieb ihm nur noch ein Gegner, die Armee des Kaisers, und sie befand sich in Böhmen. Wrangels Armee bildete einen gewaltigen Heerzug (12 000 Reiter, 88 Kompanien zu Fuß, 52 Geschütze, 300 Munitionswagen und etwa 3000 Trossfuhrwerke)[14], der sich in gemächlichem Tempo kräfteschonend über Nördlingen und Dinkelsbühl nordwärts wälzte, Anfang April Kitzingen passierte und am 16. April die Belagerung von Schweinfurt begann. Die Stadt ergab sich nach neun Tagen und erhielt eine schwedische Garnison. Hier trennte sich General Königsmarck mit einem Teil der Armee zu selbstständigen Operationen am Niederhein. Wrangel mit der Hauptarmee zog weiter über Bamberg und Kulmbach nach Eger, dem Tor zu Böhmen. Er begann dessen Belagerung am 21. Juni. Die Stadt fiel nach hartem Kampf am 18. Juli. Nach Ankunft der Truppe von General Arvid von Wittenberg, den Wrangel aus Schlesien herzubeordert hatte, kam Wrangels Mannschaftsstärke nun auf 21 000. Der erwartete Gegner, die kaiserliche Armee, welche zu vernichten er beabsichtigte, war noch nicht zugegen.

Die kaiserliche Armee war gegen Jahresende 1646 von ihrem Versuch, Wrangels Marsch zum Bodensee zu verhindern, in jammervollem Zustand heimgekehrt. Ihr

---

14 Höfer, S. 57.

Der originelle Kupferstich, bekannt als »Bodenseekarte«, ist eine Huldigung für Max Willibald von Waldburg-Wolfegg zu seinem 43. Geburtstag am 12.Oktober 1647. Der Entwurf stammt von Johann Ernst von Altmannshausen, und zeigt Stationen im Leben des Truchsessen: den Bodensee, die von ihm verteidigten Städte Konstanz und Lindau und das brennende Schloss Wolfegg.

glückloser Befehlshaber, Erzherzog Leopold Wilhelm, Bruder des Kaisers, Fürstbischof von Beruf und sensibler Schöngeist von Temperament, hatte das Kommando niedergelegt. Es war dann von General Matthias Gallas übernommen worden, der – unabhängig von seinem umstrittenen Ruf – schon aus Gründen von Krankheit und Alter der gewaltigen Aufgabe, die marode Armee rasch zu restaurieren, nicht gewachsen war. Der Kaiser zeigte eine glückliche Hand, als er diese Aufgabe General Peter Melander, Graf von Holzappel (1589–1648)[15] anvertraute. Dieser wurde als Oberbefehlshaber der kaiserlichen Armee, d. h. als ihr Generalissimus, am 17. Februar 1647 bestätigt. Seine Aufgabe war, die kaiserliche Armee baldmöglichst in eine Streitkraft zu verwandeln, die gegenüber den Schweden bestehen konnte. Dies gelang ihm tatsächlich und erstaunlich schnell – doch nicht schnell genug, um den Vorsprung der Schweden aufzuholen. So traf die kaiserliche Armee erst am 28. Juli vor Eger ein, zehn Tage nach dem Fall der Stadt.

---

15 Höfer, S. 44–51, Findeisen, S. 458f.

Die Armee, die Wrangel jetzt vor sich sah, war nicht mehr dieselbe, die er vom Vorjahr kannte. Persönlich mit dem Kaiser zusammenarbeitend, hatte Holzappel zuerst die Verpflegung und Bekleidung der Soldaten verbessert und ihren Sold pünktlich ausbezahlt. Durch Zusammenführungen und Reorganisation hatte er die Armee rasch sowohl in Mannschaftstärke wie Schlagkraft in eine einsatzfähige Verfassung gebracht. Die dringendste Aufgabe sah Holzappel in der Verteidigung von Böhmen. Für diese entwarf er eine besondere Taktik. Vorrangig waren die Beweglichkeit der Truppen und ein System der Aufklärung, das die Armeeführung ständig über Aufenthalt und Absichten des Gegners auf dem Laufenden hielt. Jederzeit waren Spähtrupps unterwegs, die den Feldherrn über die Bewegungen der Schweden unterrichteten. Neu war der Begriff der »Versammlungsräume«, Örtlichkeiten, nach augenblicklichen taktischen Bedürfnissen gewählt, an denen die einzelnen Regimenter ihr schweres Gerät lagern und ihre Trosse stationieren konnten und die ihnen als Aufmarschgebiete dienten. Neuerungen dieser Art, die sich rasch einführen ließen, brachten merkliche Besserung in der Stimmung und Leistungsfähigkeit der Truppe. So hatte Wrangel, wie er bald entdeckte, einen umgewandelten Gegner vor sich.

Am 3. Juli war der Kaiser im Hauptquartier in Budweis eingetroffen. Am Tag darauf setzte sich die Armee in Marsch mit dem Ziel, das von den Schweden belagerte Eger zu entsetzen; der Kaiser und das Hauptquartier folgten. Während der ersten acht Wochen blieb der Kaiser bei der Armee. Als man Eger erreichte, war dieses bereits gefallen und wurde nun von den Schweden verteidigt. Holzappel entschied sich gegen eine vollständige Belagerung. Stattdessen blockierte er die im Tal der Eger gelegene Stadt nur stromab an der Ostseite, besetzte aber, was Wrangel unterlassen hatte, die Höhen nördlich der Stadt. Von hier aus konnte er die Stadt wirksam, doch gefahrlos beschießen. Das machte für Wrangel den Aufenthalt in Eger unangenehm, aber der Weg vorwärts nach Böhmen war versperrt, und dem Feind, den er vernichten wollte, konnte er nicht beikommen. Noch verwirrender war es, dass die kaiserliche Armee bald (am 8. August) ohne sichtlichen Grund (es waren Versorgungsschwierigkeiten) nach Osten abzog. Am 12. August zog Wrangel ebenfalls ab, in südöstlicher Richtung in ein großes Waldgebiet, den »Kaiserwald«, um dort der Truppe zunächst eine Ruhepause zu gewähren und danach weit ins Innere von Böhmen vorzustoßen. Er errichtete sein Lager bei Schloss Triebl östlich von Plan (Plana), ein wenig südlich von Marienbad. Die Kaiserlichen zogen in einem weiten, dreiviertelkreisförmigen Bogen – erst nach Osten, dann Süden, schließlich Westen – von hinten auf Wrangels Stellung zu und errichteten hier ebenfalls ihr Lager. Ihre Ankunft blieb den Schweden nicht verborgen. Dennoch plante Holzappel von hier aus einen Überraschungsangriff. In der Nacht vom 21.

zum 22. August ließ er seine gesamte Kavallerie unter den Generälen Raimondo Montecuccoli und Johann von Werth (zwei der besten Reitergeneräle des ganzen Krieges) sich in aller Stille in den Wäldern beim schwedischen Lager bereitstellen und geduldig auf das Zeichen zum Angriff (einen Kanonenschuss) warten. Alles gelang wie geplant; die Schweden waren nicht vorbereitet, gerieten in Panik und hatten große Verluste,[16] im Gegensatz zu den Kaiserlichen. Gewiß hatte das Gefecht von Triebl keine größere strategische Bedeutung, aber den Kaiserlichen war es ein wohltuendes Erfolgserlebnis und für die sieggewohnten Schweden eine Ernüchterung. Wrangel äußerte, dass er einem Gegner wie Holzappel noch nicht gegenüber gestanden wäre.[17] Was diesen allerdings auszeichnete, war nicht nur die gelungene Planung eines Überfalls wie den bei Schloss Triebl, sondern seine Kunst, einen überlegenen Gegner durch meisterhaftes Manövrieren der Initiative zu berauben und in peinliche Situationen zu bringen.

Im September neigte sich die Feldzugssaison von 1647 ihrem Ende zu. Die Kaiserlichen waren mit den Ergebnissen zufrieden. Beide Gegner verhielten sich abwartend. Man wusste, dass Kurfürst Maximilian von Bayern den Ulmer Waffenstillstand aufgekündigt hatte und mit den Beauftragten des Kaisers über die Wiedervereinigung der bayerischen mit der kaiserlichen Armee verhandelte. Wrangel meldete seinem Reichskanzler Oxenstierna, dass er sich gegenüber einer so entstehenden Übermacht nach Norddeutschland an die Weser zurückziehen müsste. Am 29. September brach er mit seiner Armee auf zur Überschreitung des Erzgebirges über den Pass von Presnitz.[18] Mitte November fand er einen günstigen Platz für sein Winterlager bei Hessisch Oldendorf zwischen Hameln und Minden, am rechten Ufer der Weser mit dem schützenden Wesergebirge im Rücken. Dem Marsch hatte es an Abenteuern nicht gemangelt, denn sobald das kaiserliche sich mit dem bayerischen Heer vereinigt hatte, machte es sich (am 15. Oktober) an die Verfolgung der Schweden. Seiner Übermacht bewusst, hoffte es, Wrangel einzuholen und zu schlagen. Das misslang; durch seinen rechtzeitigen Sprung über die Weser hatte sich dieser den Verfolgern entzogen. Als sich das Wetter verschlechterte, wurde es

16 Gewöhnlich spricht man von rund 1000 Mann auf schwedischer Seite (Höfer, S. 82), andere nennen nur 500; siehe dazu: https://de.wikipedia.org/wiki/Schlacht_bei_Triebl [zuletzt geöffnet am 28.10.2016].

17 Hier irrte Wrangel: Als er im Juni 1646 bei Wetzlar mit kaum 14000 Mann einer kaiserlich-bayerischen Armee von rund 30000 Mann gegenüberstand, riet der soeben eingetroffene General Melander zu Holzappel dem kaiserlichen Generalissimus Erzherzog Leopold Wilhelm, Wrangel sofort anzugreifen und zu vernichten; dieser stimmte zu, ließ sich den Entschluss aber von vorsichtigeren Untergebenen ausreden.

18 Höfer, S. 91.

auch für sie höchste Zeit, sich Winterquartiere zu suchen. Die Bayern zogen nach Franken, mit ihrem Hauptquartier in Kitzingen; die Kaiserlichen verteilten sich unbefriedigend in Hessen über ein weites, bereits ausgesogenes Gebiet zwischen Frankfurt, Saalfeld und Kassel.[19] Die Franzosen überwinterten am oberen Rhein. Die Schweden waren gut untergebracht und gewannen neue Kraft, die schlechten Quartiere der Kaiserlichen dagegen hatten die Wirkung einer verlorenen Schlacht.

14.5 Größere Feldzüge 1648

Noch zu Jahresbeginn von 1648 wusste niemand, wann die Friedensverhandlungen in Westfalen zum Abschluss kämen, und so kämpften die Armeen weiter mit dem Ziel, ihre Verhandlungspositionen zu verbessern (auch wussten sie, dass sie nachher nicht mehr plündern durften). Wrangel war der Erste, der schon Anfang Januar 1648, noch in tiefstem Winter, wieder ins Feld zog. Am 5. und 6. Januar überquerte seine Kavallerie eine Schiffsbrücke bei Hessisch Oldendorf, gefolgt von der ganzen Armee. Ihr Weg führte über Kassel und Alsfeld nach Salmünster an der Kinzig (zwischen Fulda und Frankfurt), wo Wrangel Anfang Februar einige Tage lang sein Hauptquartier hatte. Turenne hatte am 6. und 7. Februar mit 6000 Mann bei Mainz den Rhein überquert und kam auf Wrangel zu. Anfang März überschritten beide Heere den Main südwärts. Am 7. März begann Wrangel, Windsheim zu belagern. Nach fünf Tagen kapitulierte die Stadt und wurde brutal ausgeplündert, dann brach Wrangel nach Süden auf. Am 23. März in Oettingen an der Wörnitz trafen sich die beiden königlichen Armeen, um nun gemeinsam zu marschieren. Das bewegte den Gegner, die kaiserlich-bayerische Armee, die sich im Altmühltal etwa zwischen Eichstätt und Dietfurt aufhielt, sich (am 24. März) über eine Schiffsbrücke unterhalb von Ingolstadt auf die Südseite der Donau zurückzuziehen. Dieses Ergebnis erklärte Turenne als hinreichend, sich von Wrangels Armee wieder zu trennen und mit seiner Truppe an den Main bei Kitzingen zurückzuziehen (wo es bereits frisches Gras für die Pferde gab). So marschierte Wrangel mit seiner Truppe ebenfalls nach Franken, jedoch nicht ohne Reichskanzler Oxenstierna in Stockholm zu unterrichten. Darauf beschloss Königin Christina, Turenne wieder in eine kooperative Stimmung zu bringen. Ihr Abgesandter, Kriegsrat Alexander Erskein, kam Ende April nach Nördlingen und lud Wrangel und Turenne zu einer Besprechung ein, um ihnen den Auftrag zu erteilen, den Kriegsschauplatz nach Kurbayern und in die Habsburgischen Erblande zu tragen. Konkret wurden drei

---

19 Ebenda, S. 107, 145–150.

Ziele festgelegt: 1. das Südufer der Donau gewinnen; 2. das Kurfürstentum Bayern erobern; 3. den Angriff auf die Erblande durch einen Stoß entlang der Donau tief nach Österreich bis vor Wien führen.[20]

Der Ausgangspunkt für das vereinte französisch-schwedische Heer waren die benachbarten Orte Göppingen und Ebersbach an der Fils mit den Hauptquartieren von Wrangel und Turenne. Die beiden Generäle vereinbarten, dass sie sich in der Führung der Armee von Tag zu Tag abwechseln würden. Das Heer brach am 11. Mai auf, marschierte über die Geislinger Steige an Ulm nördlich vorbei und stand am 16. Mai vor der Donaubrücke bei Lauingen.[21]

14.6 Zusmarshausen

Die kaiserliche Armee war am 1. Mai über die Brücke in Donauwörth wieder auf die Südseite der Donau zurückgekehrt; die bayerische Armee folgte in der Nacht. Beide Armeen waren in schlechter Verfassung. Nach einem unangenehmen Winter und immer noch unzureichend verpflegt, war ihre Disziplin zusammengebrochen, ihre Offiziere waren nicht mehr fähig, sie am Berauben und Plündern der Bevölkerung zu hindern. Erst als die Truppen beim Hauptquartier in Günzburg in einem großen Lager zusammengefasst wurden, ließ sich die Ordnung wieder herstellen. Ursprünglich sollte dieser Aufenthalt der Erholung der Truppen dienen. Holzappel hatte vom Kaiser die strikte Weisung, der Plege und Erhaltung des Heeres den höchsten Vorrang zu geben. Daher sah er das plötzliche Erscheinen des Gegners am Nordufer der Donau als einen hinreichenden Grund, die Truppe eilig in die Sicherheit der Festung Augsburg zurückzuführen. Unterwegs rastete die gesamte Armee samt Tross bei Zusmarshausen (zwischen Günzburg und Augsburg). Um Mitternacht vor dem 17. Mai erhielt Holzappel Meldungen von Feindberührung. Sofort gab er Befehle zum Abmarsch, in einer für die Verteidigung sorgfältig durchdachten Marschordnung. Der Weg von Zusmarshausen nach Augsburg war 25 Kilometer lang, teilweise durch schwieriges Gelände. Die Aufgabe für Holzappels Armee war nichts Weiteres, als nach Augsburg zu marschieren. Der Feind dagegen – Wrangel und Turenne – hatte die Absicht, diese Armee zu vernichten. Das Ergebnis war ein schwieriger Marsch, immer wieder von Gefechten und Überfällen unterbrochen, aber keine eigentliche Schlacht. Die kaiserlich-bayerische Armee wurde nicht vernichtet, sondern hat ihr Ziel ordentlich, wenn auch mit Verlusten,

20 Ebenda, S. 172.

21 Eine ausführliche Beschreibung der Schlacht von Zusmarshausen gibt Höfer, S. 179–196.

erreicht. Wrangel und Turenne hatten ihr Ziel verfehlt, waren aber von dessen weiterer Verfolgung auch nicht abgebracht worden. Für die kaiserliche Armee war der wichtigste Verlust der Tod des ihres Generalissimus, Peter Melander Graf zu Holzappel. Er hatte in der Eile des Aufbruchs versäumt, seinen Brustharnisch anzulegen, und starb durch einen Pistolenschuss ins Herz.

Nach der Schlacht brauchte die kaiserlich-bayerische Armee einige Tage, sich zu ordnen und die nächsten Schritte zu überlegen. Zunächst hatte sie den Lech überquert und bei Friedberg ein Lager bezogen. Der Kurfürst hatte seinen Generalfeldmarschall Gronsfeld entlassen und durch Generalfeldzeugmeister Hans Wilhelm Vogt zu Hunolstein ersetzt, und der Kaiser berief Ottavio Piccolomini als Generalleutnant, nämlich als Stellvertreter des Kaisers im Felde. Am 26. Mai hielt die Führung der beiden Armeen Kriegsrat; man entschied, dass die Lechlinie nicht zu halten war und der Inn die einzige haltbare Verteidigungslinie bot. Der Kurfürst war zunächst, wie schon oft zuvor, nach Wasserburg ausgewichen, floh aber wenig später zum Erzbischof von Salzburg. Das verbündete Heer überschritt den Inn bei Braunau am 8. Juni und zog weiter nach Schärding. Die Inn-Linie wollte man unbedingt verteidigen.

14.7 Piccolomini

Am nächsten Tag kam auch Generalleutnant Ottavio Piccolomini im Lager an und wurde von den Truppen mit Begeisterung empfangen. Bei den Kaiserlichen hatte die Mannschaftstärke durch einen stetigen Zustrom von Verstärkungen allmählich zugenommen, und entprechend hatte sich die Stimmung gebessert. Schon der Name Piccolomini brachte Soldaten, die sich entmutigt von ihrer Einheit abgewendet hatten, dazu, wieder zu den Fahnen zurückzukehren.

Wrangel und Turenne besaßen nun Bayern südlich der Donau und bis zum Inn. Jedoch hatten die Kaiserlichen vom nördlichen Ufer der Donau her bei Vilshofen einen Brückenkopf errichtet, der ihnen von Norden her gegebenenfalls bequemen Zugang nach Bayern ermöglichte. Die Schweden und Franzosen versuchten nun mit aller Kraft, den Inn zu überschreiten. Das war nicht leicht, wie Piccolomini bemerkte, »weil das Wasser sehr hoch und der Fluß trefflich starck gehet«. Zunächst versuchten die Feinde, eine Brücke zu bauen: Die Strömung war zu stark. Dann versuchten sie es mit großen Flößen: Sie erwiesen sich als unbeherrschbar. Andere Mittel, das Hindernis zu überwinden, boten sich nicht an. Am 6. Juli kehrten die

Schweden und Franzosen um. Damit war der dritte Teil ihres Auftrags, der Einbruch ins österreichische Kernland, aufgegeben.[22]

Im Juli lebten die beiden feindlichen Armeen, die eine unter Wrangel und Turenne, die andere unter Piccolomini, in einer Art von feindseliger Koexistenz zusammen im östlichen Bayern, die kaiserlich-bayerische Armeen in den befestigten Städten, die Schweden und Franzosen auf dem flachen Land. Erstere gewannen durch sachgemäße Führung, gute Unterbringung und Verpflegung sowie eintreffende Verstärkung neue Kraft, während das bloße Verstreichen von Zeit den Schweden und Franzosen keine Vorteile verschaffte. Inzwischen hatte Kurfürst Maximilian als Oberbefehlshaber der bayerischen Armee General Adrian von Enkevort ernannt, der im Vorjahr die Schweden aus Oberschwaben vertrieben hatte. Auch hatte der Kurfürst seinen Groll gegenüber General Johann van Werth verschmerzt und ihn mit seiner unvergleichlichen Reiterei in die bayerische Armee zurückgenommen. Nun wartete Piccolomini kaltblütig auf den Augenblick, wenn seine Armee stark genug sein würde, den Feind aus dem Land zu vertreiben.

Im September rückte Piccolomini mit dem kaiserlich-bayerischen Heer, in Verfolgung von Wrangel, von Landau an der Isar stromauf in Richtung auf München vor. Am 2. Oktober hatte Wrangel sein Hauptquartier in Dachau, direkt vor München. Hier begegnete den Schweden ein tragikomisches Missgeschick. An einem schönen Herbsttag, dem 6. Oktober, veranstaltete Wrangel mit seinen Offizieren in einem Waldgelände zwischen Dachau und München eine Hirschjagd. Die bayerische Kavallerie unter General van Werth, die dieses unbemerkt beobachtet hatte, machte auf die Jagdgesellschaft sowie die umliegende schwedische Reiterei einen Überfall, bei dem die fliehenden Jäger in einen Sumpf gerieten. Eine größere Anzahl von ihnen versank im Schlamm, Wrangel selbst schlug sich durch, einem Hirsch folgend, verlor aber Degen, Hut und *contenance.* Verstimmt zogen sich die Schweden nach Schwaben zurück, nicht ohne unterwegs alle am Weg liegenden Dörfer anzuzünden, und überquerten den Lech bei Schwabmünchen. Darauf trennten sich die beiden Alliierten; die Franzosen überschritten die Donau bei Lauingen, die Schweden bei Donauwörth.[23]

22 Höfer, S. 212.

23 Ebenda, S. 222–227.

14.8 Prag

Schon im Juni hatte Kavalleriegeneral Graf Königsmarck – wie er es zu tun liebte und durchaus mit Wrangels Segen – sich mit seiner Reiterei von Wrangels Hauptarmee getrennt und war wieder nach Böhmen zurückgekehrt mit der allgemeinen Absicht, durch tüchtiges Plündern die Kaiserlichen zu schädigen und sich selbst zu bereichern. Dabei war er einem invaliden kaiserlichen Oberstleutnant begegnet, der durch unbarmherzige Behandlung von der Habsburger Bürokratie in große wirtschaftliche Not geraten war. Er bot Königsmarck an, ihm zu zeigen, wie man gefahr- und mühelos in die Festung Prag einbrechen konnte. Der Vorschlag wurde Wirklichkeit. Am frühen Morgen des 26. Juli 1648 zwischen 2 und 3 Uhr eroberte Königsmarck mit 600 Infanteristen die Kleinseite von Prag, den kleineren, aber ältesten Teil der Stadt links der Moldau, mit der Burg Hradschin, dem St.-Veits-Dom, vielen Adelspalästen und gewaltiger Beute. Die Eroberung reichte nur bis zur Mitte der Karlsbrücke. Hier stießen die Schweden auf die Verteidiger der eigentlichen Stadt, Bürger und Studenten, die sich über Nacht spontan organisiert hatten. Sie verteidigten die Brücke und die Stadt bis zum Kriegsende. So wurde Prag, wo der Krieg vor dreißig Jahren am 23. Mai 1618 mit der Defenestration von drei kaiserlichen Vertretern einen symbolischen Anfang hatte, am Ende noch einmal Schwerpunkt der Ereignisse.[24]

Gegen Kriegsende erfuhren der Königsthron und die militärische Führung Schwedens einen überraschenden Wandel. Königin Christina war unzufrieden in ihrem Amt und sann auf Wege, sich dieser Last zu entledigen. Um die Krone niederlegen zu können, brauchte sie einen annehmbaren Nachfolger. Ihr Kandidat, der junge Pfalzgraf Carl Gustav von Zweibrücken, musste sich aber erst militärisch bewähren. Er wurde sorgfältig auf diese Rolle vorbereitet, erwies sich als gelehrig und wurde im Januar 1648 zum Generalissimus der schwedischen Streitkräfte in Deutschland ernannt. Das erforderte allerdings, dass der gegenwärtige, überaus erfolgreiche Amtsinhaber General Karl Gustav Wrangel sein Amt dem jungen Fürsten zur Verfügung stellte. Wrangel tat das mit guter Haltung und setzte seine eigene glanzvolle Laufbahn ungebrochen fort. Der junge Pfalzgraf bewährte sich als Heerführer.[25] Im Juli 1648 war er mit neuen schwedischen Truppen in Vorpommern gelandet. Während er mit seiner Truppe ins Innere Deutschlands einzog und sich mit seinem neuen Amt vertraut machte, erreichte ihn die Nachricht

24 Ebenda, S. 215–218

25 Pfalzgraf Carl Gustav von Zweibrücken wurde 1654 zum König von Schweden gekrönt und ermöglichte damit Christina den Absprung ins Privatleben.

von Königsmarcks Eroberung in Prag. So beschloss er, nach Prag zu marschieren und Königsmarck bei der vollständigen Eroberung von Prag zu unterstützen. Die Schweden waren in großer Eile, dieses Ziel vor der Verkündung des Friedens zu erreichen, kamen aber gegenüber dem entschlossenen Widerstand der Verteidiger nicht vorwärts. Inzwischen war Piccolomini mit einem großen Teil der kaiserlichen Armee unterwegs nach Prag, um den Prager Verteidigern zu helfen.

14.9 Der Westfälische Frieden

Die Friedensverträge wurden am 24. / 14. Oktober 1648 in Münster unterzeichnet und der Frieden feierlich verkündet. Die Verbreitung dieser Meldung brauchte Zeit. Die Regierungen und Generalstäbe und viele Städte erfuhren davon in wenigen Tagen (zum Beispiel Lindau am 6. November / 27. Oktober), weiter entfernte Bevölkerung und Truppen entsprechend später.[26] Die Truppen konnten die Waffen nur niederlegen auf Befehl ihrer Regierungen. So folgte auf den Krieg eine kurze verwirrende Übergangszeit, bis wirklicher Frieden alle Menschen umfasste. Was das bedeutete, war einfach – es wurde nicht mehr gekämpft –, aber auch verwickelt – Frieden aller mit allen. Alle Streitigkeiten auf allen Ebenen des Reiches sollten durch ausgehandelte Verträge einvernehmlich befriedet sein. Zu erläutern, was das im Einzelnen bedeutete, ist hier nicht der Ort. Es mag genügen, zu bemerken, dass Lindau eine Freie Reichsstadt blieb, dass ihre Rechte unangetastet blieben und dass es die Reichsvogtei über die vier Kellenhöfe zurückerstattet erhielt. Dieses kaum noch erwartete glückliche Ergebnis verdankten die Lindauer vor allem ihrem Gesandten zu den Friedensverhandlungen, Valentin Heider, aber auch dem Umstand, dass die Stadt im Reich viele Freunde besaß.

Der Frieden, der nun eintrat, unterlag einer Einschränkung: Schweden forderte, als Teil des Friedensvertrags, eine »Militärsatisfaktion« von 5 Millionen Reichstalern, bevor die schwedischen Truppen das Land verlassen würden.[27] Davon kam auf Lindau ein Anteil von 16 000 fl (die Einzelheiten wurden auf dem Nürnberger Exekutionstag vom 7. Mai 1649 bis 20. Juli 1650 verhandelt). Einstweilen blieb auch die kaiserliche Garnison in der Stadt, zum Preis monatlicher Kontributionen von 1200 fl. Davon war ein Restbetrag von 6832 fl aufgelaufen. Am 20. September 1649, als dieser Betrag bezahlt war, zog die Garnison aus. Der Rat erhielt die Schlüssel zu den Toren, Bürger

26 Wolfart, I.2, S. 73.

27 Westphal: *Der Westfälische Frieden*, S. 93.

Herzogin Clara Isabella von Arenberg, zweite Gattin von Truchsess Max Willibald. Selbstbildnis als Porträtistin ihres Mannes, ca. 1650.

und Bauern ihre Waffen zurück, und noch einmal feierte die Stadt ein Freudenfest. [28]

Damit erledigte sich die Aufgabe des Truchsessen Max Willibald von Waldburg-Wolfegg in Lindau. Bald darauf berief Kurfürst Maximilian I. ihn auf das hoch angesehene, doch schlecht bezahlte Amt des kurfürstlich bayerischen Statthalters der neuen Provinz Oberpfalz, mit Sitz in Amberg, das er Ende 1650 antrat. Seine Erfahrungen in diesem Amt unter dem sparsamen Kurfürsten Maximilian fasste er später zusammen in dem Satz, dass »eine österreichische Ungnad besser sei als eine bayerische Gnad«[29]. Als Sammler von Druckgrafik legte er den Grundstock zu einer berühmten Kunstsammlung.[30] Er starb 1667 in Amberg.

General Carl Gustav Wrangel blieb in Deutschland bis zur endgültigen Entlohnung der Soldaten im Jahr 1649. In der Heimat empfing er hohe Ehrungen und einflussreiche Ehrenämter, lebte in stupendem Reichtum, wurde ebenfalls ein bedeutender Kunstsammler[31] und besaß acht Schlösser, darunter Schloss Spieker auf Rügen, in dem er 1676 starb.[32]

---

28 Wolfart, I.2, S. 93.

29 Vochezer, III, S. 895.

30 Knubben, Thomas (Hg), *Von Schongauer zu Rembrandt: Meisterwerke der Druckgraphik aus der Sammlung der Fürsten zu Waldburg-Wolfegg*, Ostfildern, 1996.

31 Eine umfassende Studie von Wrangels kultureller Wirksamkeit ist Losman, A.: *Carl Gustav Wrangel och Europa* (leider nur auf Schwedisch).

32 Carl Gustav Wrangel war nicht derjenige Wrangel, der 1675 die Schlacht bei Fehrbellin gegen den Großen Kurfürsten Friedrich Wilhelm von Brandenburg verlor. Dieser hieß Wolmar (Waldemar) von Wrangel (1641–1675), war ein Halbbruder von Carl Gustav, und wurde von diesem wenig geschätzt.

QUELLEN UND LITERATUR

Abkürzungen

FFoJ	Svensk Försvarsstaben, Krigshistorika avdelningen, *Fran Femern och Jankow till Westfalika Freden*, Stockholm, 1948.
KrCh	Fels, Johann Heinrich d. Ä., und seine Söhne David und Johann Heinrich Fels d. J.: *Lindauer Kriegschronik 1618–1649*.
Neujahrsblatt	Neujahrsblatt des Museumsvereins Lindau.
SVG	Schriften des Vereins für Geschichte des Bodensees und seiner Umgebung.

Lindauer Chroniken zur Zeit des Dreißigjährigen Kriegs[1]

Bertlin, Johann: *Chronik von Lindau* von etwa 1598 bis nach 1622.[2] Bertlin war Stadtschreiber von 1598 bis 1615 und Vorgänger von Johann Heinrich Fels d. Ä. Seine Chronik ist von Bedeutung, weil sie über die Zeit vor der Kriegschronik und der Neukomm-Chronik berichtet. Stadtarchiv Lindau Lit 19.

Fels, Johann Heinrich d. Ä., und Söhne: *Lindauer Kriegschronik 1618–1649*. Das Originalmanuskript ist verschollen. Bekannt sind nur die zwei Abschriften, die von Wolfgang Bensperg, Bayer. Staatsbibliothek München, cgm5690 und die von Johannes Schielin, Stadtarchiv Lindau Lit 26.

Heider, Jakob: *Verlauf der Statt Lindaw Belägerung*, ist ein Tagebuch von der Lindauer Belagerung. Es wurde postum veröffentlicht in: Furttenbach, Gabriel: *Ober-Ländische Jammer Und Straff-Chronic*, Wangen, 1669, S. 125–169. Das Werk ist leicht zugänglich als Teil der Abhandlung von Reinwald, Gustav: »Dr. J. Heider's Tagebuch über den Verlauf der Belagerung Lindau's durch die Schweden.« *SVG* 1 (1869) S. 74–107.

Hünlin, Calixtus: *Lindauer Chronik* (1640–1658). Der Verfasser, Bürgermeister von 1634 bis 1659, stammte aus einer alteingesessenen Lindauer Familie. Einige ihrer Mitglieder gehörten der Lindauer Patriziergesellschaft zum Sünfzen an, Calixt Hünlin jedoch nicht. Er war Mitglied der Schmiedezunft. Stadtarchiv Lindau Lit 25.

1 Werner Dobras, *Die Reichsstädtischen Akten im Stadtarchiv Lindau*. Neujahrsblatt 20, Lindau 1970, S. 78.

2 Franz Joetze, *Die Chroniken der Stadt Lindau*, München, 1905, ist nicht in der Lage, genauere Eckdaten anzugeben.

Unveröffentlichte Quellen zur Belagerung von Lindau

Bayerisches Hauptstaatsarchiv, München, Sammelakt über die Familie Crivelli (Personenselekt Cart. 51/I »Crivelli«).

Kurfürst Maximilian I. von Bayern, Korrespondenz mit Generalleutnant Mathias Gallas, Januar 1647. Bayerisches Hauptstaatsarchiv München: Kurbayern Äußeres Archiv 2502

Polan, Mathias: *Nachlass*, Hauptstaatsarchiv Stuttgart, Sig. B 123 M Bü 34, Film 2010.

Protokolle der Sitzungen des Rats der Stadt Lindau, Stadtarchiv Lindau.

Ransperg, Franciscus: *Geschichte von Mehrerau zur Zeit des 30jährigen Krieges*, Bregenz, 1660; a) Originalhandschrift, Tiroler Landesmuseum Ferdinandeum, Innsbruck; b) Zeitgenössische Abschrift, Vorarlberger Landesbibliothek, Bregenz, Nr. 5780.

Riksarkivet Stockholm, Oxenstierna samlingen. E869.01–02. Exzerpt eines Schreibens vom Hauptquartier Bregenz, 30.1.1647, geschrieben zu Anfang der Lindauer Belagerung im Auftrag von General Wrangel, an Reichskanzler Axel Oxenstierna.

Riksarkivet Stockholm, Skokloster samlingen. E8257.13–16. Wrangel, Carl Gustav: Relation von der Eroberung von Bregenz. Hauptquartier Bregenz, 27.12.1646. Ein vielfältig verteilter offizieller Bericht.

Waldburg-Wolfegg, Maximilian Willibald von: *Kurze Relation von der Verteidigung Lindaus gegen die Königl. Schwedische Armee im Winter 1647*, Manuskript, Lindau Februar/März 1647, Gesamtarchiv Waldburg-Wolfegg, Inv. Nr. 15810.

Wrangel, General Carl Gustav: Schreiben an Stadt Bregenz, Aufforderung zur Übergabe der Stadt, Günzburg, 21. November 1646. Bayerisches Hauptstaatsarchiv München: Kurbayern Äußeres Archiv 2902, Tomus 616, fol. 328.

Veröffentlichte Quellen und benutzte Literatur

Albrecht, Dieter: *Maximilian I. von Bayern 1573–1651*, München, 1998.

»Augsburger Flugblatt« (anonym), *Summarischer Verlauff der Lindawischen Belägerung*, Augsburg, 1647. Universitätsbibliothek Augsburg, Sigel 384.

Baumann, Franz Ludwig: *Geschichte des Allgäus*, 3 Bände, Kempten 1894.

Behringer, Wolfgang: *Kulturgeschichte des Klimas: von der Eiszeit bis zur globalen Erwärmung*, München, 2007.

Ders. et al. (Hg.): *Kulturelle Konsequenzen der »Kleinen Eiszeit«*, Göttingen 2005.

Bilgeri, Benedikt: *Geschichte Vorarlbergs*. Band 3, Graz, 1977.

Bitterli, Daniel (Hg.): *Franz Peter König: Ein Schweizer im Dreißigjährigen Krieg – Quellen*, Fribourg, 2006.

Boulan, Friedrich: *Lindau vor Altem und Jetzt*, Lindau, 1872.

Broucek, Peter: *Die Eroberung von Bregenz am 4. Jänner 1647*. Militärhistorische Schriftenreihe, herausgegeben vom Heeresgeschichtlichen Museum, Heft 18, Wien, 1981.

Ders.: *Der Schwedenfeldzug nach Niederösterreich* 1645 / 46. Militärhistorische Schriftenreihe, herausgegeben vom Heeresgeschichtlichen Museum, Heft 7, Wien, 1989.

Burkhardt, Martin / Dobras, Wolfgang / Zimmermann, Wolfgang: *Konstanz in der frühen Neuzeit*, Konstanz, 1991.

Burmeister, Karl Heinz: *Das Bild der Reichsstadt Lindau: Ansichten der Insel von 1500 bis 1800*, Neujahrsblatt 42, Lindau, 2002.

Ders.: »Geschichte der Bodenseeschiffahrt bis zum Beginn des 19. Jahrhunderts«, *SVG* 99 / 100 (1981–82), S. 165–188.

Ders.: *Geschichte Vorarlbergs: Ein Überblick*, Wien, 1998.

Ders. / Dobras, Werner / Niederstätter, Alois: *Der Reichstag zu Lindau 1496 / 97*. Neujahrsblatt 38, Lindau 1998.

Byr, Robert: *Die Einnahme der Stadt, des Passes und Schlosses Bregenz durch die Schweden im Jahre 1647*, Lindau, 1873.

Conrad, C. / Teske, G. (Hg.): *Sterbezeiten: Der Dreißigjährige Krieg im Herzogtum Westfalen*, Münster, 2000.

Deutinger, Roman: »Schwedische Verwüstungen in Bayern 1646 / 48«, *Zeitschrift für bayerische Landesgeschichte*, Band 57 (1994), S. 718–733.

Dickmann, Fritz: *Der Westfälische Frieden*, Münster, 1998.

Dierauer, Johannes: »Der Zug der Schweden gegen Konstanz 1633«, *SVG* 35 (1906).

Dobras, Werner: *Die Reichsstädtischen Akten im Stadtarchiv Lindau*. Neujahrsblatt 20, Lindau 1970.

Domeisen, Norbert: *Zwingliana*, Gesamtregister 1897–1996. Register zu Band 14 (1974–78), Adam Seenuß, S. 210, 213–221.

Dreher, Alfons: *Geschichte der Reichsstadt Ravensburg und ihrer Landschaft von den Anfängen bis zur Mediatisierung 1802*, 2 Bände, Ravensburg, 1972.

Droysen, Gustav: *Bernhard von Weimar*, 2 Bände, Leipzig, 1885.

Eggert, Hermann / Kichler, Johann: *Die Geschichte von Langenargen und des Hauses Montfort*, Friedrichshafen, 1926.

Engels, Heinz: *Die Sprachgesellschaften des 17. Jahrhunderts*, Gießen, 1983.

Engerisser, Peter: *Von Kronach nach Nördlingen: Der Dreißigjährige Krieg in Franken, Schwaben und der Oberpfalz 1631–1635*, Weißenstadt, 2004.

Ders. / Hrncirik, Pavel: *Nördlingen 1634: Die Schlacht bei Nördlingen – Wendepunkt des Dreißigjährigen Krieges*, Weißenstadt, 2009.

Englund, Peter: *Die Verwüstung Deutschlands: Eine Geschichte des Dreißigjährigen Kriegs*. Stuttgart, 1998 (Original: »Ofredsar om den svenska stormaktstiden och on man i dess mitt …«, Stockholm, 1993).

Faesch, Johann Rudolph: *Kriegsingenieur- und Artillerie-Lexicon*, Nürnberg: Johann Christoph Weigel, 1726.

Falk, Tilman / Mielke, Ursula: *Johann Schnitzer; Lucas Schnitzer*, Hollstein's German Engravings, Etchings and Woodcuts 1400–1700, vol. 46, Rotterdam, 1999.

Findeisen, Jörg Peter: *Der Dreißigjährige Krieg: Eine Epoche in Lebensbildern*, Graz, 1998.

Fröhlich, H.: »Die Schiffahrt auf dem Bodensee«, *SVG* 13 (1884), S. 189–192.

Furttenbach, Gabriel: *Ober-Ländische Jammer- und Straff-Chronic*. Wangen, 1669. Reprint mit Transkription, Tamm bei Stuttgart, 1998.

Gallati, Frieda: »Zur Belagerung von Konstanz im Jahre 1633«, *Zeitschrift für Schweizerische Geschichte*, 2. Jg., No. 2, 1922.

Götzger, Heinrich: *Insel Lindau im Bodensee: Erschließen der Siedlungsentwicklung aus Grundstückslagen*. Neujahrsblatt 16, Lindau, 1967.

Grotefend, Hermann: *Taschenbuch der Zeitrechnung des Deutschen Mittelalters und der Neuzeit*, 10. Auflage, Hannover, 1960.

Haggenmüller, Johann Bapt.: *Geschichte der Stadt und gefürsteten Grafschaft Kempten*, 2 Bände, Kempten, 1840.

Hakelberg, Dietrich: *Das Kippenhorn bei Immenstaad: archäologische Untersuchungen zu Schiffahrt und Holzschiffbau am Bodensee vor 1900*; mit Beiträgen von Johannes Leidenfrost, Willy Tegel und Wolfgang Trogus, Stuttgart, 2003.

Heider, Jakob: »Verlauf der Statt Lindaw Belägerung«, ursprünglich veröffentlicht in: Gabriel Furttenbach, *Ober-Ländische Jammer Und Straff-Chronic*, Wangen, 1669,

S. 125–169. Hier zitiert nach Gustav Reinwald, »Dr. J. Heider's Tagebuch über den Verlauf der Belagerung Lindau's durch die Schweden.« *SVG* 1 (1869), S. 74–107.

Heilmann, Johann: *Kriegsgeschichte von Bayern, Franken, Pfalz und Schwaben von 1506 bis 1651.* 3 Bände; 1. Band: von 1506 bis 1598, München 1868; 2. Band: von 1598 bis 1634, München, 1868.

Ders.: *Das Kriegswesen der Kaiserlichen und Schweden zur Zeit des Dreissigjährigen Krieges, mit besonderer Rücksichtnahme auf Aufbringung, Ergänzung, Unterhalt und Kriegszucht der Truppen nebst den Schlachten bei Breitenfeld und Lützen*, Leipzig, 1850, Reprint Krefeld, 1977.

Ders.: *Die Feldzüge der Bayern in den Jahren 1643, 1644, 1645 unter dem Befehl des Feldmarschalls Franz Frh. v. Mercy*, Leipzig, 1851.

Heydendorff, Walther Ernst: »Vorderösterreich im Dreißigjährigen Kriege: Der Verlust der Vorlande am Rhein und die Versuche zu deren Rückgewinnung.« *Mitteilungen des Österreichischen Staatsarchivs*, 12 (1959), S. 74–141 und 13 (1960), S. 107–195.

Horn, Adam / Meyer, Werner: *Die Kunstdenkmäler von Schwaben. Band IV: Stadt und Landkreis Lindau (Bodensee)*, München, 1954.

Dies.: *Die Kunstdenkmäler von Lindau (Bodensee).* Lindau, 1955 (unveränderter Nachdruck des ersten Teils des obigen Werks).

Höbelt, Lothar: *Ferdinand III. Friedenskaiser wider Willen*, Graz, 2008.

Höfer, Ernst: *Das Ende des Dreißigjährigen Krieges: Stategie und Kriegsbild.* Köln, Weimar, Wien, 1997.

Immler, Gerhard: *Die Bewertung der Friedenspolitik des Kurfürsten Maximilian I. von Bayern 1639–1648 in der Historiographie* (Münchener Historische Studien, Abt. Bayerische Geschichte 13), Kallmünz, 1989.

Ders.: *Kurfürst Maximilian I und der Westfälische Friedenskongress: Die bayerische auswärtige Politik von 1644 bis zum Ulmer Waffenstillstand*, Münster, 1992.

Joetze, Franz: *Die Chroniken der Stadt Lindau.* Programm des Königlichen Maximilians-Gymnasiums für das Schuljahr 1904 / 1905, München, 1905.

Hans Jordan: »Zur Baugeschichte Lindaus als die Stadt noch Festung war«, Neujahrsblatt 7, Lindau, 1926, S. 19–33.

Kammerer, Immanuel: *Isny im Allgäu, Bilder aus der Geschichte einer Reichsstadt*, Kempten, 1956.

Kampmann, Christoph: *Europa und Reich im Dreißigjährigen Krieg.* Kohlhammer, 2008.

Karsten, H. A.: *Karl Gustav Wrangel: hans ungdomstid och första krigarbana 1613–1638.* Stockholm, 1916.

Kessinger, Roland / Peter, Klaus-Michael (Hg.): *Der Hohentwiel*, Singen (Hohentwiel), 2015.

Khevenhiller, Frantz Christoph: *Annales Ferdinandei oder Wahrhaffte Beschreibung Kayser Ferdinandi des Andern … von Anfang des 1578. biß auf das 1637 Jahr.* 12. Bd., Leipzig, Moritz George Weidmann, 1721–26.

Kichler, Johann: *Die Geschichte von Langenargen und des Hauses Montfort*, Friedrichshafen, 1926.

Kiefer, K.: »Der Lindauer Zweig der Familie Haider, von Heider und von Heider zu Gitzenweiler«, *SVG* 36 (1907), S. 154–162.

Knubben, Thomas (Hg.), *Von Schongauer zu Rembrandt: Meisterwerke der Druckgraphik aus der Sammlung der Fürsten zu Waldburg-Wolfegg.* Ostfildern, 1996.

»Konstanzer Flugblatt« (anonym), *Summarische warhaffte Relation Welcher massen deß Heiligen Röm. Reichs Vöstung und Statt Lindaw … berennt und belägert … worden.* Konstanz, 1647. Bayerische Staatsbibliothek Res 4 Ehr. 365,74.

Langenargen: 1200 Jahre Langenargen am Bodensee, herausgegeben von der Gemeinde Langenargen, Tettnang, 1970.

Leidenfrost, Johannes: *Die Lastsegelschiffe des Bodensees: Ein Beitrag zur Schiffahrtsgeschichte* (Bodensee-Bibliothek, Band 11), Sigmaringen, 1975.

Lichti, Erich / Meister, Jürg / Gwerder, Josef: *Die Geschichte der Schiffahrt auf dem Bodensee, Untersee und Rhein*, Schaffhausen, 1981.

Lochner von Hüttenbach, Max:, »Kriegerische Ereignisse auf dem Bodensee«, *SVG* 15 (1886), S. 27–40.

Loewe, Hans: »Lindau während des 17. Jahrhunderts.« Wolfart, Karl (Hg.): Geschichte der Stadt Lindau im Bodensee, Band I.2, Lindau 1909, S. 1–110.

Ders.: »Der Prediger Alexius Neukomm und der Lindauer Kirchenhandel des Jahres 1626«, *Forschungen zur Geschichte Bayerns*, 1906, S. 272–288 und 1927, S. 47–71.

Losman, Arne: *Carl Gustaf Wrangel och Europa. Studier i kulturförbindelser kring en 1600-talsmagnat,* Stockholm, 1980.

Lürzer, Maria Luise: Die »historische Relation« des Benediktinermönches Franz Ransperg. 1656. Edition und Kommentar, Diss. Universität Innsbruck, 2 Bände, Innsbruck 2006.

Macray, William Dunn (Hg.): *Ruthven Correspondence: Letters and Papers of Patrick Ruthven, Earl of Forth and Brentford and his Family, AD 1615–1662,* London, 1868.

Mankell, Julius (Hg.): *Arkiv till upplysning om svenska krigens och krigsinrättningarnes historia.* Band 1–3, Stockholm, 1854–61; Band 2: 1630–32.

Ders.: *Uppgifter rörande Svenska Krigsmagtens styrka, sammansättning och fördelning sedan slutet af femtonhundratalet jemte öfversigt af svenska krigshistoriens vigtigaste händelser under samma tid*, Stockholm, 1865.

Martens, Karl von: *Geschichte … des Königreichs Württemberg,* Stuttgart, 1847.

Merian, Matthäus (Hg.): *Theatrum Europaeum*, 1 (1618–28), Text von Johann Philip Abel, Frankfurt, 1633.

Ders.: *Theatrum Europaeum*, 2 (1629–32), Text von Johann Philip Abel, Frankfurt, 1646.

Ders.: *Theatrum Europaeum*, 3 1633–38), Text von Heinrich Oräus, Frankfurt, 1639.

Ders.: *Theatrum Europaeum*, 4 (1639–42), Text von Heinrich Oräus, Frankfurt, 1646.

Ders:, *Theatrum Europaeum*, 5 (1643–47), Text von Johann Peter Lotichius, Frankfurt, 1647, 1651

Ders.: *Theatrum Europaeum*, 6 (1647–48), Text von Johann Georg Schleder, Frankfurt, 1652, 1663.

Ders.: *Topographia Sveviae*, Text von Martin Zeiller, Frankfurt a.M., Neuaufl. herausgegeben von Lucas Heinrich Wüthrich, Kassel und Basel, 1960.

Mesmer, Franz-Josef: »Begleitheft zum Schwedenweg«, *Lochau Heute*, Sonderheft Juni 2007.

Mess, Friedrich: »Beitrag zur Kriegsgeschichte von Lindau«, *SVG* (1888), S. 110–123.

Ders.: »Buchhorn-Hofen im Dreißigjährigen Krieg«, *SVG* 89 (1971), S. 23–47.

Meyer von Knonau, Gerold: »Heider, Daniel H.«, *Allgemeine Deutsche Biographie*, Band 11 (1880).

Moll, Albert: »Schloß Argen im Bodensee«, *SVG* 10 (1880), S. 119–122.

Montecuccoli, Raimondo: *Ausgewählte Schriften*, Wien und Leipzig, 1899–1900, Band 2, S. 73 und Band 3, S. 71.

Niederstätter, Alois: »Die Vogteien Bregenz, Feldkirch, Bludenz und Neuburg bis 1750. Ein Beitrag zur Verwaltungsgeschichte Vorarlbergs«, *Montfort: Zeitschrift für Geschichte Vorarlbergs* 1 (2011), S. 79–97.

»Nürnberger Flugblatt« (anonym), Eygentlicher Abriß der Belägerung deß H. Röm. Reichs Stadt Lindau / welche den 5. Jan. New-Cal. 1647 blocquirt / und den 8. Mart. wider auffgehebt worden. Eine Seite, mit Kurzversion des Augsburger Flugblatts und Kupferstich der Belagerung (laut J.R. Paas von Lukas Schnitzer, Nürnberg, nach Vorlage von Georg Wilhelm Kleinsträttl, ca. April 1647. Oxenstierna, Axel: *The Works and Correspondence of Axel Oxenstierna*. Kungl. Vitterhets Historie och Antikvitets Akademien, Stockholm, 2007 (643 pp).

Oxenstierna, Axel: *Axel Oxenstiernas Album amicorum und seine eigenen Stammbucheinträge*, bearb. v. Lotte Kurras, Werner Taegert. Kungl. Vitterhets Historie och Antikvitets Akademien, Stockholm, 2004.

Ders.: *Rikskansleren Axel Oxenstiernas Skrifter och Brefvexling*. 27 Bände, Kungl. Vitterhets Historie och Antikvitets Akademien: Stockholm, 1888–1969; Erste Abteilung, 7 Bände, bis einschl. 1632; Zweite Abteilung, 20 Bände; Band 6, Baners Briefe; Band 7, Horns, Torstensons und Wrangels Briefe.

Paas, Roger: *The German Political Broadsheet 1600–1700.* 12 Bände., Wiesbaden, 1985–2014.

Pappenheim, Matthäus von: *Chronik der Truchsessen von Waldburg,* Memmingen, 1777.

Parker, Geoffrey: *The Army of Flanders and the Spanish Road 1567–1659: The Logistics of Spanish Victory and Defeat in the Low Countries.* 1972 / 2004.

Rebitsch, Robert: *Matthias Gallas,* Münster, 2006.

Redlich, Fritz: *The German Military Enterpriser and his Work Force.* Wiesbaden, 1964.

Reinwald, Gustav: »Dr. J. Heider's Tagebuch über den Verlauf der Belagerung Lindau's durch die Schweden«, *SVG* 1 (1869), S. 74–107.

Ritter, Moriz: *Deutsche Geschichte im Zeitalter der Gegenreformation und des Dreissigjährigen Krieges 1555–1648.* 3 Bände, Stuttgart, 1895–1908; Reprint, Darmstadt, 1974.

Roder, Christian: »Tagbuch über die Belagerung der Reichsstadt Überlingen durch die Schweden vom 24. April bis zum 16. Mai 1634«, *SVG,* 40 (1911), S. 116–120.

Roeck, Bernd: *Bäcker, Brot und Getreide in Augsburg: Studien zur Geschichte des Bäckerhandwerks und zur Versorgungspolitik der Reichsstadt im Zeitalter des Dreißigjährigen Krieges,* Sigmaringen, 1987.

Ders.: *Eine Stadt in Krieg und Frieden: Studien zur Geschichte der Reichsstadt Augsburg zwischen Kalenderstreit und Parität.* Schriftenreihe d. Hist. Komm. b. d. Bayer. Akad. d. Wiss. 37, 2 Bände, Göttingen, 1989.

Ders.: *Als wollt die Welt schier brechen: Eine Stadt im Zeitalter des Dreißigjährigen Krieges,* München, 1991.

Roth von Schreckenstein, Karl Heinrich: *Die Insel Mainau: Geschichte einer Deutschordens-Commende vom 13. bis zum 19. Jh.,* 1873

Rottenkolber, Josef: *Geschichte des hochfürstlichen Stiftes Kempten,* 1954.

Ruhland, Robert: »Georg Wilhelm Kleinsträttl«, *Komm. für geschichtliche Landeskunde in Baden-Württemberg,* Reihe B, Band 46, Stuttgart 1968, S. 166–193.

Rystadt, Göran: »Die Schweden in Bayern während des Dreißigjährigen Krieges«, in: Glaser, Hubert (Hg.): *Um Glauben und Reich: Kurfürst Maximilian I.,* 2 Bände, München, 1980. 1. Band S. 424–435 (kritisiert von R. Deutinger, S. 723).

Schilling, »Patrick Ruthven«, *Württembergische Vierteljahreshefte* 11 (1888), S. 149.

Schorer, Christoph: *Memminger Chronick … von Anno 369 bis 1660.* Ulm, 1660. Faksimileausgabe, Kempten, 1964.

Schultes, D. A.: *Chronik von Ulm,* Ulm, 1915.

Semler, Alfons: »Die Tagebücher des Dr. Johann Heinrich von Pflummern 1633–1643«, Beiheft zur *Zeitschrift für die Geschichte des Oberrheins,* 98 (NF 59) 1950.

Stackell, Lars: »Med Karl Gustav Wrangel och hans Svenskar vid Alpernas Fot.« *Norlandsförsvar* 1940–41, S. 35–89.
Steckzén, Birger: *Karl Gustav Wrangels Fälttag 1646–1647 till och med Fördraget i Ulm*, Uppsala, 1920.
Stolze, Alfred Otto: *Der Sünfzen zu Lindau*, Lindau, 1956.
Ders.: »Jakob Heider und Wolfgang Bensperg, zwei Lindauer Familienforscher des 17. und 18. Jahrhunderts«, Neujahrsblatt 11, Lindau 1949, S. 37–54.
Ders.: »Geschichte des Lindauer Stadtarchivs«, Neujahrsblatt 12, Lindau, 1951, S. 4–35.
Svensk Försvarsstaben, Krigshistorika avdelningen, *Fran Femern och Jankow till Westfalika Freden*, Stockholm, 1948.
Svenska Män och Kvinnor. Biografsk Uppslagsbok. 8 Bände, Stockholm, 1942–1955.
Telle, Wilhelm: »Die Belagerung Überlingens durch die Schweden vom 23. April bis 15. Mai 1634«, *SVG,* 52 (1923), S. 12–56.
Ders.: »Die Überlinger Stadtbefestigung«, *SVG,* 54 (1926).
Ders.: »Die Belagerung Überlingens durch die Bayern 1644«, *SVG,* 55 / 56 (1927 / 28), S. 160–176.
Uhland, Robert: »Georg Wilhelm Kleinsträttl: Hauptmann auf Hohenasperg, Zeichner und Kartograph«, *Veröffentlichungen der Kommission für geschichtliche Landeskünde in Baden-Württemberg,* Reihe B Forschungen, 46. Band, Stuttgart, 1968, S. 166–193.
Villiger, Verena; Steinauer, Jean; Bitterli, Daniel: *Im Galopp durchs Kaiserreich: Das bewegte Leben des Franz Peter König*, Baden, 2006.
Vochezer, Joseph: *Geschichte des fürstlichen Hauses Waldburg in Schwaben*. 3. Band, Kempten, 1907.
Warlich, Bernd: *Der Dreißigjährige Krieg in Selbstzeugnissen, Chroniken und Berichten.* 2013, www.30jaehrigerkrieg.de [zuletzt geöffnet am 26.10.2016]
Weinitz, Franz: *Der Zug des Herzogs von Feria nach Deutschland im Jahre 1633*, Heidelberg, 1882.
Westphal, Siegrid: *Der Westfälische Frieden*, München, 2015.
Weiss, Sabine: »Claudia de´ Medici – eine Italienerin als Landesfürstin von Tirol«, *Tiroler Heimat* 69 (2005), S. 5–70.
Dies.: »Erzherzog Leopold V. – Ritter des Ordens vom Goldenen Vlies. Biographische Notizen zu Karriere und Lebenswelt eines frühbarocken Tiroler Landesfürsten«, *Tiroler Heimat* 66 (2002), S. 30–80.
Weisz, Leo: *Die Werdmüller: Schicksale eines alten Zürcher Geschlechts*, 3 Bände, Zürich 1949.
Wilson, Peter H.: *The Thirty Years War: Europe's Tragedy*. Cambridge, Mass., 2009.

Wolf, Thomas: *Reichsstädte in Kriegszeiten: Untersuchungen zur Verfassungs-, Wirtschafts- und Sozialgeschichte von Isny, Lindau, Memmingen und Ravensburg im 17. Jahrhundert*, Memmingen, 1991.

Wöllper, Jörg: »und dahero, weil es mit Hand- und Roßmühlen zihmlich versehen – Getreidemühlen auf Festungen in Süddeutschland«. *Kasernen, Lazarette, Magazine: Gebäude hinter den Wällen. Festungsforschung* 4 (2012), S. 235–266.

Wolfart, Karl (Hg.): *Geschichte der Stadt Lindau im Bodensee.* 2 Bände, Lindau, 1909.

Wrede, Alphons von: *Geschichte der k. und k. Wehrmacht*, 6 Bände, Wien, 1898–1905.

ANHANG

Carl Gustav Wrangel, Die Einnahme von Bregenz am 25. Dezember 1646

Skoklostersamlingen, Carl Gustav Wrangels arkiv.
E 8257 Briefe von CGWrangel, 1646 Juli-Dez.

Die *Kurze Relation* des Kommandanten der Festung Lindau, Oberst Maximilian Willibald Truchsess von Waldburg-Wolfegg, ist der früheste Augenzeugenbericht der Lindauer Belagerung. Der Text ist nicht datiert, enthält aber Hinweise, daß er gegen Ende der Belagerung begonnen und unmittelbar nach ihrer Aufhebung abgeschlossen wurde. Er hat dienstlichen Charakter, ist sachlich und militärisch knapp, und richtete sich vermutlich an das Oberkommando der kaiserlichen Armee, an den kaiserlichen Hof, sowie an benachbarte Fürsten wie den bayerischen Kurfürsten und den Erzherzog von Tirol. Der Bericht scheint auch dem Verfasser jenes anonymen Flugblatts bekannt gewesen zu sein, das noch vor Ende März 1647 in Konstanz im Druck erschien. Erhalten ist sowohl die beschädigte Reinschrift der *Kurzen Relation* als auch ein vollständiger Entwurf. Hier vorgelegt ist die Reinschrift ergänzt durch die entsprechenden Abschnitte des Entwurfs, die durch Kursivschrift kenntlich gemacht sind.

Die »Relation« ist vermutlich Wrangels offizieller Bericht über den Kriegszug, der in der Eroberung von Bregenz am 25. Dezember 1646 (a. St.) gipfelte. Die über dem Text stehende Liste von Namen scheint der Verteiler von Kopien zu sein.

Es sind mehrere Texte dieser »Relation« vorhanden, die untereinander kleinere oder größere Abweichungen zeigen, nicht nur in der Rechtschreibung, sondern auch im Wortlaut, und nicht nur gegenüber dem vermutlichen, hier vorliegenden Originaltext, sondern auch untereinander. Diese Diskrepanzen lassen sich dadurch erklären, dass die Anfertigung vieler erforderlicher Kopien durch Diktat vor einer größeren Anzahl von gleichzeitig mitschreibenden Kopisten geschah. Die Annahme, dass es sich bei dem vorliegenden Text um die ursprüngliche Version handelt, stützt sich darauf, dass sie die wenigsten Fehler in Rechtschreibung, Grammatik und Syntax zeigt, dass sie am sorgfältigsten geschrieben und insgesamt am geschlossensten erscheint.

Relation

Hauptquartier Bregentz, datiert dehn 27. Decembr. 1646.
H. feldtm: Torstensohn
G'ral Major Axell Lillie
G'ral Major Forbes
G'ral Major Wrangell
H. Reichszeugmeister Wittenbergh
Resident Spiring
H. Erskein
Obr. Bonnart
Winter
Österling
Wolff
Bülow
Steinacker

Mein jüngstes vom 14. dießes aus Leutkirch wirdt demselbten eröfnet haben, was für eine rencontre ich jüngstens mit etzlichen Kaiserlichen bei Rain gestandenen feindlichen trouppen gehabt, undt, wie selbige damahlß den kürtzeren gezogen. Wie ich nun nach der zeit die kundschaft erhalten, was maßen sich die Bregentzer bawren von hinter der Stadt Yßni an ihren daselbst im walde gemachten schantzen stark gegen uns gesamblet, von welchen uns dann allerhand wiederwerttigkeiten zugefüget worden, dergleichen auch mehr zu besorgen war, bin ich darauf, solchem ferneren unheil in zeiten zubegegnen, den 22. dieses mit 2000. knechten undt 1000 reuteren, auch einigen stücken, von Leutkirch da hinaus gangen, und habe selbigen abendts, wie ich zu Yßni angelanget, die bawren des orthes noch vor mir gefunden. Wie ich nun darauf den 23. frühe wieder aufgewesen, undt die marche gegen die bauren inß gebirge fortgesetzet, der meinung, sie daselbst noch anzutreffen, seind sie die nacht vorher schon darvon hin, undt wieder inß gebirge, und gegen die Bregentzer Clause zu, verlauffen gewesen. Habe darauf selbigen tages die marche bis 3. stund von gemelter Clause, den 24. aber bis nach Hoffe, einer viertel meil wegs davon, fortgesetzet.

Den 25., als am St. Christtage morgens, bin ich mit dehnen bey mir gehabten knechten unter götlichem geleithe gegen die Clause hinangangen, und weilen wir zu unser linken hand sehr hohe unterschiedliche felsen, die Alpes, gehabt, worauf sich die bauren in ihren daselbst gehabten vortheiles gegen uns stark prasentiret, hab ich zu ihnen etzliche 100. man hinan steigen lassen, welche auch, onerachtet derer bauren gethanen starken gegenwehr, die klippen erreicht, und sind alle glücklich ab- und hinunter getrieben. Weilen die bauren aber auch unten an einem felßen, bey einem oberhalb der Clause gelegenen dorfe, sich verschantzet, und lengst bis an den felsen hinan ein feste brustwehr vor sich gehabt, woselbsten die darhinter gelegenen bauren sich noch tapfer gewehret, ist der Herr Gen. Mortaigne mit theileß knechten, umb sie hiervon abzutreiben, und diesen vortheil zugewinnen, darauf loßgangen, welcher auch dieselben balde in die flucht gebracht, und diesen paß eröfnet. Da dann sowohl dießer, als der so oben auf dem felsen gewesen, ein guter theil nieder gemacht worden. Wie wol nun diese berührten orthes bereits zurück geschlagenen bauren sich mit der flucht an eine an der bey einer tiefen kluft am felsen gelegenen, und über die kluft mit einer zugbrücken verwahrten schanz zu reteriren getrachtet: seindt doch die unsrigen ihnen so stark auf dem fuß gefolget, das sie mit selbigen zugleich dahin kommen und also den bauren keine zeit gelaßen, die zugbrücken aufzuziehen. worauf sich die bauren ferner des felßens hinab an hiesige stadt, und die nechst darbey gelegener real schantze zu salviren vermeinet. Indem wir aber an der linken hand nicht allein bereits die höhe gewonnen gehabt, und sie so mit unseren kleinen hinauf gebrachten stücken, alß mußqueten, stets bestreichen, besonders auch die unserigen hinter sie dergestalt fort drein geworfen, das sie mit ihnen zugleich auch an diese schantze gereichet haben.

Die darin gelegenen soldaten und bauren, weilen diese schantze von hinten zu offen ist, wir ihnen im rücken gewesen und sie sich also darinnen nicht länger zu halten vermocht, dieselbe auch verloffen, und seindt theils zu den bey dieser stadt gestandenen schiffen auffem Bodensee zugeeilet, theils auch haben sich ins land hinein salviren wollen, seind aber auch meisten theils vom wege abgeschnitten, denen unsrigen in die hände gerathen und niedergemacht worden; auch ein theil, so in denen schiffen davon zu kommen verhoffet, im Bodensee ersoffen, weilen sie die schiffe überlästiget.

Wie wir nun diese erwehnte schanz glücklich erobert, auch der stadt meister worden, ist die Clause, so der erste paß und vortheil auch gegen Lindau hinaus sehr fest und wol verwahrt, noch übrig gewesen, woraus sich der feindt noch ein baar stunden lang tapfer gewehret. Weilen wir aber dieselbe so von vornen als hinten zu (in dehme wir uns bereits der hinter schantze, wie erwehnet, bemächtiget hatten) angegriffen, mußten sich die darinen liegenden auch ergeben.

Über dieser wehrender action haben wir auch den Commendanten Obrist Äscher, in der Stadt bekommen, welcher dann so fort auf mein begehren jemandten zu dem Comandanten auf dem Bregentzer Schloß, so oben auf einem hohen spizigen felßen liget und von natur sehr feste ist, hinan schicken und ihn zur übergab anmahnen mußte, welches auch also glücklich gelungen, das sich der darauf gelegene hauptmannn, zumahl weilen ich zugleich ein theil knechte an das schloß mit mir hinan geführet, ohne einigen widerstand ergab, und uns selbiges sofort einräumte, auf welchem ein theil des gemeldeten obristen Äschers, auch etzliche landfähnlein, wie denn auch einige kleine metallene stücke samt darzu gehöriger ammunition, gefunden worden. In der Clause, wie auch den anderen hauptschantzen, seind ingleichen etzliche schöne stück vorhanden gewesen und uns zum theile worden.

Die anzahl der bauren wirdt von denen gefangenen selbst auf 6000. man geschäzt, deren aber kein geringer theil nieder gemacht. Von unseren officirern ist Gott lob niemandt mehr als Capitain Wrangell, sonsten aber nur etzliche gemeine, blieben. Der Major vom Obristen Daniel aber ist durch den mund geschoßen, und sonst wenig knecht beschädiget worden.

Es ist dem allerhöchsten so viel mehr für diese verliehene genade deßwegen höchlich zu danken, weilen der feindt diesen festen paß und schloß gleichsamb unüberwindlich geschätzet, [4] in dehme auf der einen seiten die hohen Alpes, welche unsere knechte mit großer mühe und verwundung zu dehnen bauren erstlich ersteigen und sie den weg in die tiefe hinab verfolgen müßen, auf der anderen seiten der Bodensee, und mitten zwischen der eintzige schmahle weg der Clause ist, so ein wagen dem anderen an vielen orthen nicht ausweichen kann. Es ist hier durch nunmehro der paß in Italien, Tyroll und die Schweitz gott lob eröffnet, welches zeit dießes gewehrten deutschen krieges vorhin nicht geschehen ist.

Die göttliche Allmacht wolle Ihrer K. M. […] zu mehrerer beförderung des allgemeinen heils […] gnädig gewähren.

Max Willibald Erbtruchsess von Waldburg-Wolfegg, Kurze Relation von der Verteidigung Linaus gegen die Königl. Schwedische Armee im Winter 1647.

Gesamtarchiv der Fürsten zu Waldburg-Wolfegg, Inv. Nr. 15810.

Die *Kurze Relation* des Kommandanten der Festung Lindau, Oberst Max Willibald Truchsess von Waldburg-Wolfegg, ist der früheste Augenzeugenbericht der Lindauer Belagerung. Der Text ist nicht datiert, enthält aber Hinweise, daß er gegen Ende der Belagerung begonnen und unmittelbar nach ihrer Aufhebung abgeschlossen wurde. Er hat dienstlichen Charakter, ist sachlich und militärisch knapp, und richtete sich vermutlich an das Oberkommando der kaiserlichen Armee, an den kaiserlichen Hof, sowie an benachbarte Fürsten wie den bayerischen Kurfürsten und den Erzherzog von Tirol. Der Bericht scheint auch dem Verfasser jenes anonymen Flugblatts bekannt gewesen zu sein, das noch vor Ende März 1647 in Konstanz im Druck erschien. Erhalten ist sowohl die beschädigte Reinschrift der ›Kurzen Relation‹ als auch ein vollständiger Entwurf. Hier vorgelegt ist die Reinschrift ergänzt durch die entsprechenden Abschnitte des Entwurfs, die durch Kursivschrift kenntlich gemacht sind.

Waßgestallten der Schwedische Feldmarschall Vrangel, nachdeme er im Allgäw eingebrochen, und sich der Bregenzischen vorschanz (so die pawren bei sein des feindts ankhunft gleich ohne noth verlassen, und sich in die innern posten reteriert) bemächtiget und ersehen, daß er sehr schlechte resistenz findet, gestrackh weiter mit denen bei sich gehabten commandierten völckhern von ohngefahr 1500 zue fuß und 3000 zue pferdt auanziert, und den 3ten passato vor die Bregenzer Clausen sich gelagert, selbige mit khleinen stückhlin anfangen zu beschiessen, andern tags aber durch etliche Ißnische Bürger über die höchste Schanz, den Haagen genant, durch ihnen bekhante weeg den berg hinunder geführt worden, daß er feind denen so die Clausen und das newe werckh defendiert, von innen auf den rückhen khommen, und sie hinden und vornen angreiffen khönden, und also Bregenz, Statt und Schloß mit wenigem verlusst neben denen, daselbst gestandenen 17 khleinen und grossen schiffen (welche ich deß tags zuvor, durch deßwegens aigens abgeschickhten meinen regiments Schuldtheißen hiehero in sicherheit zu bringen starckh begehren lassen, aber in antwort nichts anderes erhallten sonder daß sie, die Bregenzer, wolten ihren posten und die Schiffe, schon verwahren) einbekhommen. Daraufhin er nun gleich den 5ten hernach, allhiesige vestung mit etlichen regimenter berennen, zue land würckhlich belageren, und zue solchem ende daß völlige Corpo anmarchieren lassen. Inmassen dan gedachter feindt nachgehends ohne vil zeit verliehren underschidliche battarien, allß eine bei den Herren Capuziner (deren kirche zuvorhin von unß in brand gesteckht worden), item eine andere auf dem Laubegger gueth zwischen Eschach und allhier, und dan die letste (welche theils zum 3ten mahl neben theyls dabey befundenen stückhen von hier auß wider zue grund geschossen und ruiniert worden); vor ohngefahr 14 tagen nächst an dem Lindenbaum vor der Landtbruggen aufrichten, gleich anfangs aber von tag zue tag nähender gegen deme vor erstberüehrter Landtbruggen ligenden werckh mit seinen lauffgräben sehr starckh approchieren und sich verschanzen, auch ohnferrn davon einen kessel worinnen er seine fewr mörser gepflanzt, verfertigen; bißhero auch darauß und seinen stuckhen sowolen allhisige Statt, allß solchem äußeren werckh (so er von zweyen seithen miniert und gesprengt) mit granaten, ernst- und fewr kuglen auch steinwerffen über alle massen starckh zusetzen, und nunmehr etlich hundert dergleichen herein gehen lassen, welches er noch de facto continuiert, darmit aber biß auf dise stund außer, das er das Stifft, Lutherische Kirche, Spital und mein quartier, die Haubtwacht, auch etlich wenig andere häußer, in etwas durch die granaten ruiniert, gotlob kheinen schaden gethan; worob sich zwar anfangs die Bürgerschaft in etwas entsetzt, aniez aber gar gering mehr achten, und sich sehr fleißig und eyferig mit fewrlöschen auch in anderweg erweisen und ganz kheinen widerwillen erscheinen lassen.

Sonsten aber hat die in berüehrtem hornwerckh gemachte Mina (warinnen zwahr der unserigen sehr wenig gebliben) solchen grossen effect gehabt, das es beedes auf der rechten hand gegen dem land biß an die aufzieh bruggen, und auf der seithen gegen dem See, den wall oder brustwehr zuem halben thail hinweg geworfen und dem boden eben gemacht, ich daraufhin auch anders nichts erwartet, und er faind solche Schanz ohnfelbahr zu stürmen und sich deren zu bemächtigen ein versuch thuen werde.

Nachdeme mehrgemelter feindt ersehen, das ich mich in offtberührtem werckh schon zuvor nach notdurfft abgeschnitten, und volgents mit Spanischen Reutern und von erden gefüllten vassen gerings herumb wohl verwahret, zumahlen im übrigen möglichste gegenwehr geschah, allso hat er bishero, außer mit beständigem granat und stein einwerfen, weiter absonderliches nichts tentiert, und obwohlen, daß eingefallene sehr kalte wetter und gefrörne besagtem feindt auch sovil fortel eingeraumbt, das er nit allein biß an die mauren sondern schier gerings umb die vestung herumb mit trockhenem fueß gleichsamb hette khommen khönden. So befinde ich mich doch in solcher guetter verfassung, habe zumahlen von außen underschidliche plankhwerckh, (warzue die hölzer von der gleich anfangs abgeworfenen Landbruggen sehr dienlich gewesen) legen lassen, und in anderweeg allerhand guethe anstallten gemacht, das es deme nit allein zue schlechtem avantagio geraichen, sondern solcher widerstand erzaigt, wardurch alle seine feindtliche vorhaben und angriff, wie bishero mit der hilff gottes beschehen, noch fürter dapfer und standhafft repouhsiert und zunichten gemacht werden sollen, wie dan mehrgemellte außen schanz noch bishero manuteniert worden.

Nächst welchem ich ohnberichtet nit lassen wollen daß obgesagter feindt die vestung nit allein zue land belägert, sondern vermittels obiger 17 schiffen auch zue wasser ganz beschlossen gehalten, mit welchen er den 12. diß den See abwerths geseglet, die Insel und Schloß Maienaw mit coniunction der Hohentwielischen völckhern zue wasser und land attaquiert, und den 13ten diß vormitag zwischen 9 und 10 Uhren mit accordo auch darinnen einen zimblichen vorrath an prouiant, munition, stuckhen, aller*handt gewehren, insonderheit eine sehr grosse*[3] quantitat an wein *neben vilen schiffen* spötlich erobert.

Folgenden 14ten abents ist ge*dachter feindt, mit bei sich gehabten* troppen zue roß und fueß gegen *Zell am Undersee gangen und* underwegs die Raichenaw zway*mahl auf forderen lassen,* aber von dort die rechte antwort *bekommen, und an gemeltem* Undersee bißhero nichts hauptsächliches *verrichtet außer das* er das Freyh. Ulmische Hauß Marpach abgebrant *haben soll. Sonsten* ist [...] ernanter feindt mittheils schiffen gleich *nach eroberung* der Maienaw wider zuruckh uff hieherowerths gefahren *umb* unß ferrner innzuhalten. Allhier haben wir denen so wohl mit schiessen alls underschidlichen außfallen (warbei iedes mahls gefangene eingebracht, vil niedergemacht und verwunt, auch fewr mörser und 2 halbe cartaunen vernagelt worden), auch in anderweg, sehr grossen schaden zugefüegt; gestalten vermög der gefangenen aussag seinen verlust bereits mehr alls über die 1000 mann so ihm zuschanden gemacht und außgerissen, achtet, insonderheit aber darunder etliche hohe officier und seine beste connestabel, deren 32 wahren gar hoch beklagt.

Von den unserigen seindt dato in allem noch über 30 Mann nit, und darunder ein fenderich todt gebliben, bey 30 kranckh und 30 geschädiget, deren got lob der maißt thail reconvalescieren, und bißhero nur einer bei letsterem außfall vom feindt gefangen bekhommen worden, Gott stehe unnß noch ferrner bey.

Nun hab ich zwahr vermaint es hiemit auf dato des 23ten diß zubeschliessen, mich doch hernach andersten und dahin bedacht, den völligen ausgang der belägerung zu erwarthen, berichte allso weiter, das ich inzwischen noch underschidlich zue wasser und land außfallen lassen, solches auch de facto continuieren und noch mehrere gefangne, und darunter einen Capitänleutenant zue pferdt zue Hard nächst an Bregenz einholen lassen, der feindt dargegen mit beharrlichen granaten einwerfen auch continuiert und vorgesagte Äußere Schanz vorne auf der linckhen seithen nochmahlen miniert, gesprengt, den wahl ganz über den hauffen geworffen und offen gemacht. Ohnerachtet er nun gar leicht darein khommen khönden, so hat der iedoch selbiges, weilen es, wie gehört, mit abschnitten und sonsten sehr wol verbaut, auch sowohl

3 Kursivschrift kennzeichnet Worte, die in der Reinschrift des Originals fehlten und aus dem erhaltenen Entwurf ergänzt wurden.

beedes von allhisigen canonen, allß meiner in dem gestrackh darhinder gemachten abschnit haltenden Musqueteria möglichst defendiert worden, weiter anzusetzen und sich dessen völlig zu impatronieren, daß Chaurage [courage?] nicht gehabt, sondern nachdeme er daß Schloss Pfannenberg gesprengt und verbrennt, item alle Bregenzer Schanzen demoliert und dem verlauth nach das Schloß Newburg am Rhein, Schloß Argen, Schloß Gießen und Mainaw *nottürfftigkhlich besezt gelassen, und mit* allen requisitis wohl fürsehen, *mit großem spoth und merkhlichen* schaden abzuziehen bezwungen.

Allermaßen er den 8. aufgebrochen und den March auf allten Ravens*purg, ich aber dargegen ihre* vor der Vestung gemachten appro*chen, schanzen und batterien* allsobalden wider ein- und niderreissen *lassen*.

ABBILDUNGEN

Umschlag innen links: Stadtarchiv Lindau (B), Graphische Sammlung, ohne Signatur.
Umschlag innen rechts: Stadtmuseum Lindau (B), Graphische Sammlung, G.l.p.p. 26
Frontispiz: ÖHD. 1, Stadtmuseum Lindau.

S. 29: Stadtmuseum Lindau (B), ÖLLD. 6.
S. 31: Stadtmuseum Lindau (B), Graphische Sammlung, G.l.g.a 26 (Einzelblatt aus Merian, Matthäus: *Topographia Sveviae*, Frankfurt am Main, 1643).
S. 34: Bayerisches Hauptstaatsarchiv München, pls_11511.
S. 37: Bayerisches Hauptstaatsarchiv München, pls_09670.
S. 80: Landesarchiv Baden-Württemberg, Hauptstaatsarchiv Stuttgart N 201, Nr. 9–2.
S. 131: Merian, Matthäus: *Topographia Sveviae*, Frankfurt am Main, 1643 (Exemplar der Ehemals Reichsstädtischen Bibliothek Lindau (B), Sign. B I 71, n. S. 100).
S. 150: Merian, Matthäus: *Topographia Sveviae*, Frankfurt am Main, 1643 (gemeinfreie Abbildung)
S. 167: Stadtmuseum Lindau (B), Graphische Sammlung, G.l.p.d. 67c.
S. 170: Merian, Matthäus: *Topographia Sveviae*, Frankfurt am Main, 1643 (Exemplar der Ehemals Reichsstädtischen Bibliothek Lindau (B), Sign. B I 71, n. S. 100).
S. 194: Merian, Matthäus: *Theatrum Europaeum*, V, Frankfurt am Main, 1647, (Exemplar der Ehemals Reichsstädtischen Bibliothek Lindau (B), Sign. E I 78, S. 1134).
S. 228: Herzog August Bibliothek Wolfenbüttel, Graph. C: 1055 (Das Blatt ist erstmals erschienen in: Merian, Matthäus: *Theatrum Europaeum*, V, Frankfurt am Main, 1647).
S. 239: Merian, Matthäus: *Theatrum Europaeum*, V, Frankfurt am Main, 1647, (Exemplar der Ehemals Reichsstädtischen Bibliothek Lindau (B), Sign. E I 78, nach S. 1294).
S. 243: Herzog August Bibliothek Wolfenbüttel, Graph. C: 1048 (Das Blatt ist erstmals erschienen in: Merian, Matthäus: *Theatrum Europaeum*, V, Frankfurt am Main, 1647).
S. 257: Paas, John Roger: The German Political Broadsheet 1600–1700. Bd. 7, Wiesbaden, 2002, S. 326, P-2134.
S. 260: Stadtmuseum Lindau (B), Graphische Sammlung, G.l.h.e 3 (Einzelblatt aus Merian, Matthäus: Theatrum Europaeum, V, Frankfurt am Main, 1643).
S. 285: Kunstsammlungen der Fürsten zu Waldburg-Wolfegg, Schloss Wolfegg.

S. 294: Kunstsammlungen der Fürsten zu Waldburg-Wolfegg, Schloss Wolfegg.

Die Fotos von den Vorlagen aus den Lindauer Instituten wurden von Herrn Christian Flemming, Lindau (B), angefertigt. Die anderen Fotos wurden von Mitarbeitern der jeweiligen Institute angefertigt.

DANK

Bei der Arbeit an diesem Buch hatte ich vielerlei Unterstützung. Dazu gehören Beiträge der Mitarbeiter von Archiven und Bibliotheken nicht nur in Lindau und Umgebung, München, Augsburg und Stuttgart, sondern auch in Österreich (Bregenz, Innsbruck und Wien), Schweiz (St.Gallen), Schweden (Stockholm und Lund), und USA (Library of Congress, Washington, D.C. und Loudoun County Public Library in meinem Wohnort Leesburg, Virginia). Leider ist es nicht möglich, diese unentbehrlichen Archivare und Bibliothekare hier im Einzelnen zu würdigen. Einige Personen verdienen allerdings besonders hervorgehoben zu werden. Das sind Peter Engerisser, Kronach, Autor von vorbildlichen Büchern über den Dreißigjährigen Krieg, der mich anfangs beriet und mir viele Seiten aus seinem Merian kopierte; der Festungsforscher Jörg Wöllper, Stuttgart, der mich auf den Kupferstecher Georg Wilhelm Kleinsträttl und auf Lindauer Spionagematerial aufmerksam machte; Bernd Mayer von den Waldburg-Wolfegg'schen Kunstsammlungen, der mir den entscheidend wichtigen 3. Band von Vochezers *Geschichte des Hauses Waldburg* zur Verfügung stellte, nebst Kopien vieler Archivalien zu Max Willibald von Waldburg-Wolfegg; Norbert Schnetzer von der Vorarlberger Landesbibliothek, der mir, ganz zu schweigen von vielen weiteren Hilfeleistungen seines Hauses, ein Digitalisat von Franziscus Ranspergs Chronik überließ; Dietrich Hakelberg, Freiburg, der mir Wissen und Material zur Bodenseeschiffahrt mitteilte; Heiner Stauder vom Lindauer Stadtarchiv, der mir einmaliges Quellenmaterial zur Lindauer Belagerung zugänglich machte und mich immer wieder wochenlang in seinem Archiv arbeiten ließ; Barbara Reil, Leiterin des Lindauer Stadtmuseums, für Auswahl und Zurverfügungstellung wichtigen Bildmaterials; Klaus Burger, Kenner der Lindauer Baugeschichte, der mich von seiner Theorie der alten Lindauer Steinbrücke überzeugte; Alois Niederstätter vom Vorarlberger Landesarchiv, der mir mit riesigem Wissen und klugem Urteil Komplexitäten der Vorarlberger Geschichte verständlich machte. Meinem Bruder Jörg Mayr, Besitzer des urgroßväterlichen Hauses in Reutin, danke ich für Gastlichkeit und Zugang zur väterlichen Bibliothek. Entscheidend wichtig war die Hilfe von Marigret Brass Kästl, mit der mich, neben gemeinsamen familiären Wurzeln, ein mehrjähriger Dialog über dieses Buch verbindet. Durch ihre guten Beziehungen zu Stadtmuseum und Stadtarchiv, sowie zum Historischen Verein war sie für mich Ortsfremden eine Art von ›alter ego‹ in Lindau. Darüberhinaus gab sie mir für meine Arbeit so manchen – und gern befolgten – guten Rat. Meine Frau Louise schwebte hoch über allem diesem wie eine wohlwollende Gottheit und erteilte ihren Segen.

REGISTER